何如璋像

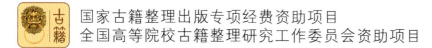
国家古籍整理出版专项经费资助项目
全国高等院校古籍整理研究工作委员会资助项目

何如璋集

清·何如璋 著

吴振清
吴裕贤 编校整理

天津人民出版社

图书在版编目（CIP）数据

何如璋集／（清）何如璋著；吴振清，吴裕贤编校
整理. — 天津：天津人民出版社，2010.3
ISBN 978 - 7 - 201 - 06478 - 9

Ⅰ.①何…　Ⅱ.①何…②吴…③吴…　Ⅲ.①何如璋
(1838 ~ 1891)—文集　Ⅳ.①C52

中国版本图书馆 CIP 数据核字（2010）第 033245 号

天津人民出版社出版

出版人:刘晓津

（天津市西康路 35 号　邮政编码:300051）

邮购部电话:(022)23332469

网址:http://www.tjrmcbs.com.cn

电子信箱:tjrmcbs@126.com

高等教育出版社印刷厂印刷　新华书店经销

2010 年 3 月第 1 版　2010 年 3 月第 1 次印刷

787×1092 毫米　16 开本　26.5 印张　6 插页

字数:530 千字

定　价:68.00 元

清朝首届驻日本公使馆官员合影（光绪四年 1878）
左一何子纶，左三何如璋，右一黄遵宪，右三张斯桂

茂塘公祠，何如璋出生处，何如璋中进士后又名太史第，
建于清嘉庆十年（1805）

耕经别墅，何如璋幼年读书处

通奉第，光绪二年（1876），诰授何如璋为通奉大臣，次年（1877）修建此第

人境庐，何如璋故居，建于清光绪八年（1882）。日本汉学家、书法家大域成濑温为之题写匾额为隶书（为黄遵宪同名故居所题匾额为楷书）

何如璋题"小有洞天"

行扬是何如璋的乳名，兄弟八人，排行第三。

何如璋亲笔家书

父亲大人膝下：写男於正月十五日接由，弟进寄客腊朔前发
平谕敬慎诸禀知十月十二日寄里一函俱史部门
览盖忽念家平安下怀兼闻作腊月廿日寄里一函係史部门
忆戚店由陆路转寄计此时必当到潮头日新既请空
子基先生贤姪稼先苹须请，先生廉加课督不宜过宽毅
年少笔无微涯之乜也五弟稍毅如蚤订史昨谕锐经信去秖
去楊附掄西遵不知曾於程否至以爲合迟當以生秋汪河小水
需秋毅多闻郑朝得兄既画里似晚宸兄尚可徍中设法挪用
现由商爲存款割出规银捌百两寄玄汕頭多局到日由收除
分绍外计可付心之兄于负，毅公勿爲當面図计巴甲福隆各若
必有寄香賈债欤将汕油爲匯敉割为伊峨而就近向邑若
況用毅爲直耀苦劂公事一人下郡同赴兑兄等徍汕油收俟可
弟二亦用出省周衍惜到讀瑞堂叔劂勺家中诸季
大人切勿遇代楳必宜玄乃弟經理日用萬不可過偿促退诸姪兄
萆有亵败立不在尺布寸粟之積也

三男行扬叩禀

何如璋笔家书

天外暖風輕到花

簾前碧雲淨如水

直呂仁仲雅屬

子羲何如璋

司空圖與李生論詩云之雜而詩之難尤難古今之喻多
矣然愚以辨味而后可以言詩止江嶺之南
凡是資於適口者若醶非不酸也止於酸而已若
外醇美者則知其於酸鹹之外者也止於鹹而已若
外之致其鹹美者則知其於鹹酸之外者也
亦不專工於此刺其下者亦右必韋蘇州澄澹精緻格
韵亦意思殊饒大抵附於淡方可言矣句既全
篇意思殊饒大抵附於淡方可言矣句既全

一九九四年夏人間畫甲午年
子羲何如璋外之致年錄唐詩紀事一則

前　言

一、何如璋生平与业绩

晚清时期出现了一位有胆有识的外交家、兢兢业业忠于职守的干练官员，此人就是何如璋。然而，他又是一位含冤负屈、长期背负骂名的悲剧人物，对于他的评价一直存有争议，但毋庸置疑何如璋是中国近代不可忽视的一个人物。

何如璋，乳名行扬，字衍信，号子峨，别号璞山。广东省大埔县双坑村（崧里）人。生于道光十八年（1838），咸丰十一年（1861）乡试中举，同治七年（1868）中进士，选庶吉士，散馆授编修。光绪元年（1875）升翰林院侍讲，二年，赏加二品顶戴，奉命出使日本。光绪八年任满回国，转年升补侍读学士。九年秋，奉旨督办福建船政，授詹事府少詹士。光绪十年七月，中法马江海战爆发，福建水师战败，何如璋率部抗击法军，保卫船厂。旋革职，光绪十一年春，遣戍张家口。光绪十四年释还，主潮州韩山书院讲席。光绪十七年（1891）因病辞世，时年五十四岁。

何如璋是清朝首任驻日本公使，黄遵宪随他出使日本担任参赞。驻日期间，他在处理琉球事件、促进朝鲜对外开放建交、奠定东北亚外交格局诸方面，起了关键作用。对世界形势的逐步认识，让他树立起全新的外交理念，指出领事裁判权、协定关税对国家尊严和主权的损害，积极呼吁谋求修改不平等条约。同时，对日本外交、贸易通商提出建议。他与日本朝野各界广泛交往，无论是政府要人，还是民间学者，均赢得普遍尊敬和友谊。他指导并支持黄遵宪撰写《日本国志》，对驻在国作深入的调查了解和研究，取得丰硕成果，古今中外的外交使团中罕有其匹。他对日本明治维新后的变化给予极大的关注，以切身感受和深邃的洞察，最先向国内发出警告，提醒国人警惕日本对外侵略扩张的野心。

返国后何如璋出任福建船政大臣，在任仅半年，他制订了拓展船厂规模、试制新式舰船和培育军事人才的计划。在中法战争中积极备战，马尾海战中成功地保卫船厂和船政学堂，粉碎了法国侵略军企图占据船厂的阴谋。但最终他被当做军事失利的替罪羊，和张佩纶一道被遣戍张家口。

释还后他主讲于韩山书院，致力于地方事业，不久走完了人生之路。

时代造就了何如璋事业的辉煌，同样也是时代毁灭了他的理想和前途。他的遭际，与中国政局的动荡与变化紧紧相连，他的命运与"甲申易枢"息息相关，他的沉沦埋没，与近代中国历史同步沉浮。

二、何如璋的评价

何如璋一生的作为，分为两个阶段：前一阶段在外交上锋芒毕露，处理琉球一案态度强硬，反对退让。努力促进朝鲜开放，外交活动手法灵活机警。在更新外交理念，与日本、朝鲜实现沟通，奠定东北亚格局方面卓有建树。后一阶段督办福建船政，在任虽然仅有半年，却对船政的管理和发展有很多构想，但因马尾海战失败未及实施。对何如璋的评价产生争议，主要集中在马尾海战一事上。

马尾海战之后不久，何如璋即遭到弹劾，主要罪状是私匿战书、避战、出逃、贪污经费等项，且当时谣传"两张无主张，两何无奈何"（"两张"指海疆会办大臣张佩纶、福建巡抚张兆栋，"两何"指闽浙总督何璟、福建船政大臣何如璋）。奉命调查此事的左宗棠、杨昌浚回复朝廷查无此事，以澄清事实，却为此受到申斥。最终何如璋和张佩纶一起被定罪遣戍。此后邓承修抗问政府处理张佩纶与何如璋时罪罚轻重倒置，同样遭到斥责。

多年以来，隐匿战书、避战求和、贻误战机、临阵出逃、贪污经费等罪名始终伴随着对他的评价，争议也由此而产生，在一些书籍文章、文艺作品乃至教科书中多有贬抑，而澄清事实、还原真相的呼吁，未能引起应有的重视。

实际上在对马尾海战的研究中，使用有关何如璋的资料是很不充分的，特别是其后人的家藏资料，由于不曾面世，少为人们知晓。因此，偏信朝廷中闽籍官员的一面之词以及清政府出于统治需要所作出的处理意见，自然会缺乏大量翔实的事实根据。

附带说明，整理编辑何如璋的集子，目的不是为他翻案，编者用心所在，是想把较多的、此前难以见到的、对于研究和探讨中法战争、马尾海战、评议近代人物诸方面，具有价值的文献资料提供出来，以利于本着客观公正态度，以事实为基础，开展进一步深入探讨，从而推动学术研究的发展。

近年发生的何如璋究竟是不是日本间谍之争便是很好的例证。

国内一教授根据在日本外务省档案馆发现的两封密信，和日本学者合著了《罕为人知的中日结盟及其他：晚清中日关系新探》一书，宣称有"惊人的新史料发现",断定何如璋出卖国家机密。相同内容的类似文章,又在《广东社会科学》、《光明日报》发表。继而又有人撰写《清首任驻日公使竟成间谍》登载于《环球时报》。

此事立即引起反响,广东大埔何如璋研究会撰文质疑,何如璋嫡孙何欢言提出质问,刘宝干、何永年著《还爱国外交家本来面目》一文反驳。我组织本所研究生对相关材料进行自由讨论,认真审视,形成《解读档案文献应当严肃慎重》一文,基本观点是:对密信的解读存在"臆断、擅改、误解"的错误。例如:密信书写字迹与何如璋笔迹不对;信笺中缝印有"在清国日本公使馆",系日本驻华使馆公用笺;存心删去"在"字,理解为中国使馆用笺。"支那某官",没有确证是指何如璋;同时,何如璋没有自称"何侍读"的道理。尤其是第二件"内报"文后的红笔注文"右者何如璋寓所暂居的井上生致渡边书记生之内报,侍读系指何如璋云"。这本来再清楚不过了,却被擅改为"右者,何如璋氏,经井上生致渡边书记生之内报。侍读者,乃何如璋自称",明显删掉"寓居"等文字,凭空增加"经"字,对"何侍读"的解释,变成"自称"。之后,清华大学刘晓峰在《历史研究》上发表《何如璋是否向日本人提供过情报》,终于澄清此事,其实密信乃是何如璋收养在身边的日本孤儿楢原陈政所书。

由上述事例可以看出,文献资料作为研究问题的基础,是必不可少的,依据尽可能翔实的文献资料,加以客观公正的研究,才可能接近事实真相。

三、编辑《何如璋集》的缘起

何如璋的所有文字著述,同黄遵宪一样,生前没有结集出版,身后也没有搜集整理成编。因此,他们大量的诗文著作散逸不传,留下无法弥补的遗憾。所以,将目前能够搜集到的资料整理编辑并出版,成为当务之急。这样做,首先可以避免这些资料流失亡佚,利于保存。其次,提供给广大海内外读者,解决文献无征问题,满足研究的需要。再次,为新资料的发现以及进一步充实和完善奠定初步的基础。

因此,这是一项填补空白、功在当代、利及后世的工作。

数年前我整理编辑《黄遵宪集》,发现携领黄遵宪出使日本,发起并指导黄遵宪著《日本国志》的何如璋,官位、身份、经历,均优于黄,但何如璋的声望、影响却远逊于黄。这固然是由于对何如璋长期存在争议,可归根到底,是百余年来对何如璋缺乏基本的了解,以至许多历史事实不清所致。因此在编辑《黄遵宪集》时便注意搜集资料,《黄遵宪集》出版后,即着手收集整理有关何如璋的文献著作。

2005 年在广东梅州举办"纪念黄遵宪逝世一百周年国际学术讨论会",我的想法得到与会学者赞同。在黄遵宪人境庐文物管理所所长饶金才等同志陪同下,走访大埔县何如璋故居,会见大埔县有关领导和何如璋嫡孙何欢言、何恒丰先生以及何如璋研究会何永年先生,得到他们的支持,得以获见珍贵的文物和文献等资料。大埔人民父老的期望与支持,使我备感肩负使命的重大,感受到岭南文化、客家文化的深厚蕴藉。

张佩纶经遣戍之后,继娶李鸿章之女为妻,再度出仕,其著作《涧于集》、《管子学》得以出版。何如璋却蹉跌不振,因病早逝,著作亡佚严重,少量得以流传的刻本、印本、抄本,散落各地而难以查询;家藏资料未能广泛流传,且有日久散失之虞。所以,一方面在时间上刻不容缓,一方面在内容上难求完备。虽然如此,勉力为之。

几年来,已是耄耋之年的何欢言先生等,信件、电话频频传送,我们斟酌商榷,点滴不遗。何氏后人何维柱先生数年留心先人遗泽,于网上建何如璋资料库,不遗余力予以援手,电子邮件传送商酌,几无虚日。和我同有此志的刘雨珍教授,亦鼎力相助,于是当初的设想渐成雏形,不断充实,逐渐小有规模。

2004 年度此课题在全国高校古籍整理研究工作委员会立项,给予直接资助,使这一工作得以逐步进行。

四、史料文献价值

何如璋的全部诗文著作,不仅展现他的内心世界、行动作为,还展现他所经历的所有重大事件,以及他在事件中扮演的角色、发挥的作用,其内容涉及近代外交、船政建设、马尾海战等。

归纳起来,约有几个方面:

1. 反映了隔绝千年之后,中日两国第一次正式建交,中国使团到达日本初期,两国之间相互认识的真实状况,日本人士对中华文化的崇仰,对中国使团的尊敬和礼遇。

2. 记载了大量中日文化交流内容,与日本朝野广泛交往、诗文唱和。

3. 记述了日本文化和民俗方面的珍贵史料。

4. 是关于"琉球事件"具有权威性质的重要资料,他首当其冲对日交涉,提出"琉球三策",反映了驻日使团的态度和主张,真实记录了处理琉球事件的始末过程。

5. 记录了船政的发展和现实状况,他对船厂、学堂扩展规模的设想,修造新式舰船、培养军事人才的意见。

6. 记录了马尾之战的筹防备战、保厂抗敌、击退法军等真实情况。对马尾海战前后经过、双方交战、战争结果等，有亲身经历的真实叙述。

7. 反映了"清流"人士在晚清政坛的命运。

综上述，《何如璋集》对于东北亚外交、中日外交和文化交流、日本民俗学、琉球事件、朝鲜开放与朝美建交、中法战争和马尾之战、晚清政坛的斗争，都具有重要文献价值。

此前研究琉球事件，常忽略清朝驻日外交使团与朝廷相左的意见。研究中法战争和马尾之战，几乎很少征引船政大臣何如璋的有关资料。文献不足之故耳。何氏后人家藏的文献，首次披露了许多细节，其中不乏鲜为人知的资料，如何如璋主张武力保卫琉球，建议撤使归国，向日本施压；如在日本积极联系美国使节，使其到天津和李鸿章面谈与朝鲜建交事宜；如在马尾战前曾经接到可以放弃船厂和学堂的指令，但是他积极备战设防，主张先发制人，战争中击退法军进犯，保卫船厂。值得注意的是，他和张佩纶均不同意船厂被毁的说法，只是在法军进攻中受到较重损失，努力保全了船厂和船政学堂。以上各条，均是他作为当事人的第一手资料，不失为研究近代史相关课题的重要参考资料，甚至可以填补某些资料方面的空白。

何如璋在赴日途中和初到日本，写作了《使东述略》、《使东杂咏》，很快便风行日本，立即呈进总理各国事务衙门，成为国人了解日本的重要文献。何如璋的诗文写作深得日本人赞誉，所作诗歌、序跋、书法以及和日本人的笔谈，有许多珍藏保存至今。其诗歌风格清丽，韵味深醇，与日本人多有唱和；其文章风范追仿曾国藩，大气磅礴。何如璋虽然不以诗文著名，却不失为岭南文化之典范。

经过数年辛勤收集、集中整理编辑，《何如璋集》即将告成，其文集、《管子析疑》未见刊印成书，且《管子析疑》三十六卷悉属专著，有抄本存上海图书馆，此次编辑未收集中。其他散落著作未能收入集者，想必多有，俟来日补充完善。

编校整理说明

　　何如璋的著作，印行出版的只有几种，《使东述略》、《使东杂咏》有多种印本，温廷敬编印《茶阳三家文钞》中，收入《何少詹文钞》。《何宫詹公家书》有家藏铅印本。其他为稿本、抄本，或散见于其他文献中。

　　本集的编排，分作四个部分：

　　第一卷诗集，所收为何如璋不同时期写作的诗歌，除《使东杂咏》、《袖海楼诗草》，兼收辑佚所得作品。

　　第二卷文集，包括《使东述略》、《何少詹文钞》、《何宫詹公家书》。

　　第三卷奏疏公牍函稿，一是家藏之《峨叔奏稿杂存》；二是奏疏公牍辑存，是从各种文献中搜罗辑佚出来的内容，其中包含奏议补辑，琉球事件函牍节录，出使日本函牍，船政奏议汇编，中法越南函稿，海防档咨文，电文等七项。

　　第四卷笔谈文献，何如璋与驻日使馆人员在和日本、朝鲜人交流之际，采用笔话形式记录并且流传下来，主要者一是与朝鲜人金宏集笔谈，一是与日本人源桂阁笔谈，再者是与日本人宫岛诚一郎笔谈。

　　附录收录两部分内容，一为何如璋传纪行述之类，包括新编简谱和传系。二为"马尾海战事件"文献资料摘录，这部分同何如璋本人命运以及评价息息相关，供阅读时参考。

　　现将校勘整理情况，概述如下。

一、关于版本

　　版本的问题，主要涉及的是《使东述略》、《使东杂咏》，最初的本子应该是何如璋呈进总理各国事务衙门的本子，但是难以寻觅。其后有多种版本，我们所见并采用来校勘的，有如下几种：

　　《使东述略》附《杂咏》　清刻本。

　　《使东杂咏》　清光绪间刻铁香室丛刊本。

　　《使东述略》附《杂咏》　1935年　民国汕头安平路艺文书局铅印本。

《使东述略》附《杂咏》　文海出版社《近代中国史料丛刊》第五十九辑影印木下彪手抄本。

《使东述略》附《使东杂咏》　小方壶斋舆地丛钞本。

《使东述略》、《使东杂咏》　湖南人民出版社"走向世界丛书"本。

《何如璋文集》《使东述略》　梅州文史印本。

何维柱整理本。

另外，《何少詹文钞》录自温廷敬编辑《茶阳三家文钞》。《袖海楼诗草》为科学院图书馆所藏抄本，王宝平先生曾经整理出上卷，今补入下卷以成完璧。

二、关于辑佚

何如璋著作散佚严重，《家书》例言中曾云："先君遗著散失甚多，连年广为搜罗，并将使日函牍十四册，细加别择，仿岳武穆文集编例，成文二卷，诗二卷，书二卷，加以《使东述略》、《使东杂咏》，共成八卷。特以关系较大，未敢草草付印耳。"这其中恐怕多有散失，十四册使日函牍，今存者已经了了。

第一卷中的"诗文补遗"，辑得散见诗文十数篇。第三卷中的"奏疏公牍辑存"，系从《船政奏议汇编》、《清季中日韩关系史料》、《清光绪朝中日交涉史料》、《清季外交史料选辑》等文献中辑录。

三、关于校勘

全集重点是对《使东述略》、《使东杂咏》两书的校勘，因版本较多，分析起来大致有两个系列，木下彪抄本与何维柱整理本基本无出入，属于一系。"走向世界丛书"本和梅州文史、大埔文史本，系属一致。应注意的是，《述略》的段落加了标题，据向何维柱问询，乃是何永年先生在整理时所加，故此次编辑时删去，以保持旧有面貌。

对于字句，凡有可供对校的不同版本，便充分利用，有异之处，出校记说明。校记尽量简明扼要。明显的讹字、误字，一般径改，不出校记。

再者，整理中进行断句、标点、划分段落，使眉目清楚，便于阅读。

目　次

卷一

诗集

使东杂咏
袖海楼诗草
诗文补遗

怡得幽居寄此生，鸥波千顷漾前……
惯坐观云物，千变卧听风涛
花发更风起，萦……宜月上水临……
午……朝平何当买棹寻真隐醉
倚篷……一笛横

何如璋

使东杂咏

相如传檄开荒去，博望乘槎凿空回。

何似手赍天子诏，排云直指海东来。

丁丑七月奉到国书，如璋谨赍以行。航海凡十数日，皆无大风，行人安稳，知海若亦奉护天子威灵也。①

舟出吴淞望戡山，前头花岛又湾环。

飞轮日夜真千里②，弱水何愁径渡难。

十月廿三日午，始由吴淞口展轮，罗针指东南。申正见大戡山，针转正东。戌初过花岛，针指东兼北一字，泛大洋海。

清水洋过黑水洋，罗针向日指扶桑。

忽闻舟子欢相语，已见倭山一点苍。

自过花岛后，目之所及，一望无际。水初作浅碧色，渐作蔚蓝，更为黝黑。至廿五日申正，驾长命舟师登桅，遥望少顷，云已见高岛，盖近日本境矣。

看山半日经高岛，三五如星列一方。

此去舟从东北指，计程三百是崎阳。

初见高岛，相去尚百余里，至戌刻乃过焉，针指东北。由此达长崎，水程约三百里而已。

缥渺仙山路竟通，停舟未信引回风。

烟岚万叠波千顷，不在诗中即画中。

---

① 《走向世界丛书》本、《梅州文史》本等每首诗均加题目，今依清刻本原版旧式删去。

② 真，何维柱整理本作"走"字。

廿六日巳刻到长崎①。初入口，湾环回匝，山皆古秀可爱。松翠万株，中有烟云缭绕之，殆即古之所谓"神山"者耶。②

　　正是张旃入境时，礼行兵舶敬先施。
　　声声祝炮环空响，早见黄龙上大旗。

泊舟少顷，我舟挂日本旗，放炮廿一声，云以敬其国君。彼戍上兵亦悬我龙旗，放炮如数，以敬我大皇帝。盖西人水师通行之仪，所谓祝炮者。

　　八闽两粤三江客，鼓棹相迎谊独亲。
　　笑问东游各情况，大家都是过来人。

华商寓此者分三帮，约七八百人。亦间有胜朝遗臣后裔③，居此已十数世者。

　　虔诣神祠爇瓣香，威仪同肃我冠裳。
　　定知依汉天相等，难怪观宾国若狂。

廿七日，余偕副使张公并诸随员诣会馆之天后宫行香。汉官威仪，东人见所未见。观者如堵。④

　　东头吕宋来番舶，西面波斯辟市场。⑤
　　中有南京生善贾，左堆棉雪右糖霜。

中人多运棉花、白糖来此贸易。⑥"南京生"者，彼人尊我之辞。"生"，犹言先生也。永乐朝，倭大将受明册封为藩王，立勘合互市，故有此称。

　　板屋萧然半亩无，栽花引水也清娱。
　　客来席地先长跪，瀹茗同围小火炉。

东人喜为园亭。贫仅壁立者，亦种花点缀。离地尺许，以板架屋，席其上。

---

① 长崎：《走向世界丛书》本、《梅州文史》本作"崎阳"，今从木下彪本、何维柱整理本。
② 此二句，《走向世界丛书》本、《梅州文史》本作"中有烟云缭绕之态，岂即古之所谓'三神山'者耶"。今从木下彪本、何维柱整理本。
③ 胜朝，木下彪本作"前朝"。
④ 此句后，《走向世界丛书》本、《梅州文史》本有"皆肃然无敢哗者，国家之声灵远矣"十四字，今从木下彪本、何维柱整理本。
⑤ 辟，《梅州文史》本作"闹"。
⑥ 中人，《走向世界丛书》本、《梅州文史》本作"国人"。

客来脱履户外，肃入，跪坐，围炉瀹茗，以淡巴菰相饷。

编贝描螺足白霜，风流也称小蛮装。
薙眉涅齿缘何事？道是今朝新嫁娘。

长崎女子已嫁，则薙眉而黑其齿。举国旧俗皆然，殊可怪①。而装束则古秀而文，如观仕女图。

泽国生涯水作田，兆占鱼梦即丰年。
鲅参带沫龙虾活，晓市争售海物鲜。

中商多以海参、鲅鱼诸海错归。土人参、鲅皆生食。龙虾盈尺，味尤鲜美。市头充斥，大率鱼类也，卖者以升斗计。

小小园亭浅浅池，药栏酒榭影参差。
楼中歌宴纷裙屐，坐对浑如读画时。

长崎山中有园，胜地也。背山临溪，翛然无尘俗气。竹架中列小花盆以百十计，皆精雅。园有酒家，别客饮其中，裙屐纷错，亦饶风致。

入境宜观令甲悬，谁夸过海是神仙。
游踪应少餐霞癖，不近清明也禁烟。

日本烟禁极严，吸食贩卖者均处重刑。

言寻神社陟高冈，石栈连天海气凉。
巨浸四围山一角，临风独立感苍茫。

循石级而上百余步，为诹访神社。四顾形势，宛然在目。

浮海乘桴寄慨深，千秋谁识圣人心。
殊方今日入祠庙，洙泗环门杏满林。

长崎山麓有夫子庙堂。门前遍植红杏，引溪水左右环之，亦称"洙泗"。凡有血气，莫不尊亲，不信然乎？

想是灵山戴巨鳌，海天空阔足风涛。

———————

① 《走向世界丛书》本、《梅州文史》本，此句作"殊为可怪"。

随波莫便归西极，寄语中流砥柱牢。

日本全国孤悬海中，水多土少，无卓立不拔之势。①

童男卯女渡三千，镜玺流传遂万年。

苍海漫漫新乐府②，诗人犹自笑求仙。

距长崎百余里，有熊趾山，山有徐福墓。纪伊国亦有徐福祠。日本传国重器三：曰剑，曰镜，曰玺，皆秦制。其立教首重敬神，亦方士法门。

征韩拂议逆心生，蜗负真同蜗角争。

壮士三千轻一死，鹿儿岛漫比田横。

台湾生番之役，西乡隆盛倡其议。及罢，复议攻朝鲜。执政抑之，弃官归鹿儿岛。今春称乱，八月始平。败时，其党人千人死焉。③

晓出长崎百余里，惊涛翻石浪花粗。

三韩五岛知何处？过眼遥山半有无④。

廿九日巳刻，启轮复行，由长崎越长门入里海。海道曲折，针无定方。初出口，望对马五岛，在若灭若没中，又西北则高丽矣。

岩居茅屋两三家，平港停轮日已斜。

上岸欲寻瑶草去，洞门深处碧云遮。

由长崎至平户港约四百里，因海多暗礁，不敢夜行，泊此。四面皆山，余乘小舟至岸⑤，渔樵数家，民气浑朴。惜以黄昏，不及登山也。

海澜回紫沐朝暾，戈舰东征气远吞。

飞渡鸦苏三百里，响滩尽处是长门。

三十日早，出平户港，望群山联翩如翔禽，舟人云鸦苏山也。海底多石，水声怒吼，土人名为响滩。过滩则入长门矣。

---

① 木下彪本、铁香室丛刊本均无此首诗。

② 漫漫，《走向世界丛书》本、《梅州文史》本作"茫茫"。

③ 木下彪本、铁香室丛刊本均无此首诗。

④ 遥山，《走向世界丛书》等本作"云山"。

⑤ 至，《走向世界丛书》等本作"登"。

天生海峡势回环，一鉴平开入下关。

寄碇晚沽村市酒，坐看渔火带潮还。

是晚泊下关，一名赤马关，土人名为小长崎。山势环拱，泊舟佳处也。此口未通商，而市廛似颇繁庶。登岸匆匆一观，尚未悉其形胜①。

岛屿潆回俨列屏，澄波如镜写真形。

无端风雨纷离合，读罢山经又水经。

十一月朔，早行。历长门内海，水波不兴②，舟极安稳。南北皆山，古秀不及长崎，而岛屿零星，绵亘不断，极似吴越江行光景。

西连丰后南伊豫，滩亘周防溯上关。

日暮好寻湾处泊，灯台东去是松山。

午前所见山，为丰前、丰后境。向午海峡中断。午后所见南岸诸山，为伊豫境；北岸则自长门、周防以致安艺界。晚泊南岸之松山内浦。

无数烟鬟扑面来，苍颜欢对远人开。

低昂船亦如相接，坐挹岚光入酒杯。

初二日遵海而行，岛屿星罗，烟云离合，间亦有超越者③。人家多依山以居，颇多松杉。沙鸟风帆，或远或近，足当卧游也。

使舶遥经安艺国，能文却忆赖山阳。

此中近日刊遗稿，可有流风被一方？

赖襄子成，安艺人，能诗文。日本近刊其草④，曰《山阳遗稿》。余见其所著《日本政纪》及《外史》，文尤雅健⑤。

竹云深处掩松关⑥，屋角梯田带水环。

晚稻获余霜菌熟，令人那不忆家山。

---

① 胜，《走向世界丛书》等本作"势"。
② 兴，木下彪本作"起"。
③ "超越"后，《走向世界丛书》等本有"内海"二字。
④ "草"，《走向世界丛书》本、《梅州文史》本作"遗草"。
⑤ 尤，《走向世界丛书》等本作"甚"。
⑥ 掩，《梅州文史》等本作"有"。

是日泊小豆岛，登岸闲步。黄叶满山，与竹相间。循陇而上，梯田层接不断。晚稻始获，霜葿又青①，其风景皆酷似吾乡也②。

播磨滩亘连天阔，淡路山横逼海回。
南对江崎北明石，怒潮如壁驾船来。

初三日行，北望播磨，南望淡路，海港渐狭，潮势愈横。有灯台独立，舟人言下有暗礁，是江崎也。对峙为明石岛，越此近神户矣。

极目茅渟海市通，蜃楼层叠构虚空。
街衢平广民居隘，半是欧西半土风。

未初到神户口，一名茅渟。海港口南敞，山岭北峙。番楼廛肆，依山附隰约里许。然东人所居皆仄隘。通市以来，气象始为之一变。

户户高悬画日旗，连宵华炬列千枝。
飞觞忘拜东邻赐，错认春灯夜宴时。

初四日上岸，东人肩摩毂击，夹道欢迎。每户皆悬旗，小儿嬉戏亦手执小旗，意以致敬。连夕沿岸张灯千万计。其国主临幸，盖用此礼。商人云③。

气吐长虹响疾雷，金堤矢直铁轮回。
云山过眼逾奔马，百里川原一晌来。

初五日往游大阪。大阪距神户六十中里，铁道火轮四刻即至。烟云竹树，过眼如飞。车走渡桥时，声如雷霆，不能通语。上下车处皆有房，为客憩止之所④。

丰臣奋迹开雄镇，石垒深濠大阪城。
三百六桥余霸业，淀川鸣咽暮潮声。

大阪繁庶，街衢如棋盘。大小桥三百余处，淀川萦贯其中。有石城，表里两层，石巨方或二三丈，濠深莫测。中有台甚高，远望十余里，镇兵驻之，平秀吉之所筑也。

---

① 又，《走向世界丛书》等本作"复"。
② 皆，《走向世界丛书》等本作"殊"。
③ 《走向世界丛书》等本无"商人"二字。
④ "客"前，木下彪本、铁香室丛刊本有"坐"字。

天满神宫祀道真，瓣香长爇此方民。

姝姝暖暖争崇奉①，恍似安南解大绅。

大阪有天满宫，极华丽，祀菅原道真，日本先世名臣，世管学政者也，祠宇遍其国中。《安南行记》称其土人祀解缙，亦其类欤？

剩水残山旧国都，前王宫阙半荒芜。

司阍老吏头垂白，犹记当年辇道无？

初六日，乘火车往西京游览故宫，大阪府知事先以电信告守者。已至，老吏导入。有曰紫宸殿者颇庄严，其他稍杀，俱暂颓废矣②。

三代名臣暨汉唐，殿屏图列古冠裳。

维新孰建东迁策，顿改官家旧日装。

其殿壁画古名臣，有传说中姜子牙及汉唐诸臣像，皆中人也。西京为其国王旧宫。自今王迁都东京，收复政权，明治来所布令甲曰维新，服色亦易矣。

蟠曲苍松拂槛低，池边芳草绿萋萋。

忘机却有穿林鸟，不管游人只管啼。

宫中有御花园，引水为池，水从石罅泻入，曰"青龙瀑"。池上草树繁茂，尤多苍松。迁都后，除门前守吏外，殆无人迹。

乘兴来登第一楼，楼前烟景接天收。

东屏睿岭南襟海，俯瞰关西十六州。

华顶山有"第一楼"，西京最高处也。登而望之，全城在目。西京地势稍狭，南连大阪，襟内海；其西则山阴、山阳二道，所谓关西十六州也。

寒林摇落带残霞，咫尺仙源路未差。

会属东君速芳讯③，一湾春水泛桃花。

归过大阪，历神崎。译者云，此地遍植桃花，约四五里；方春花时灿烂如红锦。惜我行值冬日，寒雪满林，未得一睹尔。

---

① 暖暖，《走向世界丛书》等本作"媛媛"，误。

② 暂，《走向世界丛书》等本作"渐"。

③ 属，《走向世界丛书》本作"嘱"。

悬崖两道垂奔瀑，水若空行失所依。

一勺讵堪龙变化？不甘雌伏妄雄飞。

初六晚归神户。次日，游布引山①，亭阁林树俱幽绝。有瀑布二，土人名为一雌一雄。其雄二十余丈，惊波喷雪，亦殊可观。

间关一旅熠樱井，仗义楠公节独高。

欲问南朝兴废迹，凑川东去咽灵涛。

神户西南曰凑川，旧有樱井驿。后醍醐南徙时，其臣楠正成殉节处也。明治初于此立神社②，以表其忠。

险过江行遇石尤，由良濑户急停舟。

渔人不解风波恶，闲弄寒潮狎海鸥。

初八早，由神户启轮东南行，至由良、濑户。濑户者，译言峡也，出峡即大洋。是午天气骤变，风浪险恶不可行，沿峡而西，泊加大岛以避之③。

卷浪黑风吹海立，打船白雨挟云飞。

当窗忽讶波光闪，电掣金蛇绕一围。

是晚雷雨交作，风吹海立。虽岛内泊舟，逢索猎猎，终夜有声，四鼓后始止。若行大海中，不知颠簸如何矣。

出峡南经纪伊海④，舟轻如叶浪浮天。

搏霄倘假飞鹏翼，便拟乘风到日边。

初九日，出由良峡，泛纪伊海。舟向南行，暴雨后风波犹恶，舟中多呕吐者。与内海所历，景象迥别。

天际白云浓晚景，西瞻乡国重低徊⑤。

寒宵一觉还家梦，飞渡东瀛万里来。

---

① 布引山，《走向世界丛书》等本均作"市引山"，木下彪本、《小方壶斋舆地丛钞》本、何维柱整理本作"布引山"。

② 初，木下彪本作"始"。

③ 《走向世界丛书》等本无"以"字。

④ 经，《走向世界丛书》等本作"行"。

⑤ 重，木下彪本作"又"。

是晚泊大岛。岛势四面回环,寄碇甚佳;且天朗气清,无大风,夜卧始安枕云①。

> 北峰积雪南峰火,烟絮纷纷逐逝波。
> 一样屏颜分冷热,山犹如此奈人何。

初十日,夜行约三百里。十一日,过骏河境。北岸有山如盎,一白无际,舟人曰富士山,积雪盖终年不消。南岛为火山,黑烟盘盘,闻夜中视之有光,倘《海赋》所谓烛龙者邪?相距仅百里,截然迥殊,亦异观也。

> 观音崎外岛如城,晚泊无风浪亦惊。
> 片月衔山灯在水,倒涵波镜转空明。

十一日晚泊城岛。岛东北为观音崎。崎之北即江户内海,距横滨仅百余里云。

> 弹指沧桑迹屡移,石填蠡测总成痴。
> 阿谁快订麻姑约,亲见蓬莱水浅时。

西人初来互市,在横滨外口下田港。嗣以地震,地形改易②,不可泊舟,乃立约移神奈川市场③。开山填海,化灌莽为肆廛矣。

> 重洋直泛五千里④,绝域相从四十人。
> 负弩翻劳神奈令,郊迎使节驻横滨。

十二日午抵横滨,泊舟神奈川。令遣人来云,奉其外务省令,备出张所为行馆,明日当驾马车相迎也。

> 峨峨伊势敝神宫⑤,碑记维新一代功。
> 不作佉卢蟹行迹,周秦文字本同风。

近横滨有伊势山,新建神宫,祀其所谓天照大神者。刻石其旁,纪维新之事颇详,字用篆隶体。

---

① 始安枕云,《走向世界丛书》本作"甚安"。
② 地形,《走向世界丛书》等本作"情形"。
③ "神奈川"后,《走向世界丛书》等本有"县"字。
④ 直泛五千,《走向世界丛书》等本作"横泛三千"。
⑤ 敝,何维柱整理本作"敞"。

一枝梅向客窗开,有脚春先海外回。

欲问山中近消息,更无人自故乡来。

　　十六日上岸,暂寓出张所。房为西式,颇宽敞。阶前古梅一株,花开烂漫,红艳如桃,睹此始觉海外春意盎然。

磴道盘云三两家,苍松蟠曲石槎牙。

山翁迟客茶铛爇,亲瀹寒泉试嫩芽。

　　由伊势山渡平沼桥,海岸山巅有园,依岩壑以点缀之,结构甚佳。主人见远客来,瀹茗相饷。汤作湛碧色,味似龙井,彼上品也。

倒海排山道始通,铁桥千丈又横空。

经营毕竟穷人力,漫诩飞行意匠工。

　　二十日赴东京①,计程七十里,凿山填海,以通铁道。中途阻水,架木桥里许。近听西人言,易以铁,费三十余万金,工亦劳矣。

武州形胜控关东,拱卫伊房跨斐浓。

新定畿疆旧藩府,泱泱也有古齐风。

　　东京即武藏州之江户城,旧为将军府地。左扼下总、安房,右抱骏河、伊豆,旁跨甲斐、信浓,中原沃衍,最为关东形胜。

横滨西去镰仓镇,百里河山老战争。

吊古闲披化外史,首更时局是源平。

　　镰仓郡在横滨西三十里,后鸟羽时源赖朝攻平氏而夺之,置府其地。德川以前,大将军率居于此。余往游焉,四山中狭,不及江户远甚。

柔能绕指硬盘空,路引金绳万里通。

一掣飞声逾电疾,争夸奇巧夺神工。

　　电气报以铜为线,约径分许,用西人所炼电气。或架木上,或置水中,引而伸之,两头以机器系之。所传之音,傅线以行,虽千万里顷刻即达②。

---

　　① 赴,《走向世界丛书》等本作"上"。

　　② 即,《走向世界丛书》等本作"可"。

经纬当机尚未分,蛮笺幅幅遂成纹。

任教败絮翻新样,过眼空裁一段云。

东人仿西法造纸,广收败絮,以机揉碎熬烂。视其白而茸也,复用水调匀,由机出之。机轮递转,泻浆成幅。腐者新,厚者薄,湿者干,少顷即就①,坚致如雪。制造之巧,真化腐朽为神奇矣!

家书远寄凭邮便,一纸何嫌值万金。

五岭极天隔瀛海,鲤鱼风紧碧波深。

东人公私文报,设局经理,名曰邮便。置柜中衢,任人投之。定期汇收分寄,无遗漏者。所收资②,局中供用之余皆入公。

聘问仪修三鞠躬,免冠揖客甚雍容。

承书却讶云霞烂,拜贶新霑膏雨醲。

廿四日赴王宫呈递国书,王免冠拱立敬受。出入三鞠躬,王答如礼。其容甚肃,而其礼甚简。

寻常计日阴晴变,我到偏逢候不齐。

欲借东风吹万里,流甘直雨太行西。

日本天气,数日必雨,每雨即晴,少终日者。我来正值冬令,乃一雨连三四日,人以为少见。因念晋旱,不禁有憾于造物云。

黄钟建子岁更新,趋贺班联各使臣。

右立君王左妃子,交传吉语颂元辰。

廿八日为日本及泰西各国元旦,随例趋贺。王右妃左,交颂互答。出入三鞠躬,如递国书仪,西俗然也。

插绿浑如换旧符,风行西俗遍街衢。

村民未惯更除夕,欲饮屠苏酒懒沽。

东人都市效西俗,新岁插松竹叶于门,如换桃符。然村野习俗,守旧岁,尚不尽从也。

---

① 就,《走向世界丛书》等本作"成"。
② "所收资",《走向世界丛书》等本作"所收邮资"。

睿山松柏郁寒云,东照宫前日易曛。
野老不知时事改,尚持钱赛故将军。

余游上野东睿山,山有神宫,祀故将军东照公。宫前松柏环植,寒翠蔽日。野人持钱赴赛者,踵相接也。跪而合掌,不知喃喃作何语。

公园十里附城隅,树老泉湮草又枯。
剩水一泓山一角,称名曾说小西湖。

上野为东京五公园之一。园侧有湖,广数十亩。残冬水涸,土人名曰"小西湖"。

宾筵酒馔翻新式,乐部笙歌倚旧声。
沿习太平唐代舞,诸伶白首忆西京。

日官宴客,改用西式。酒阑,召伶人奏"兰陵王破阵乐"及"唐代太平舞"二阕,颇饶古趣。盖西京旧时乐工,今比之广陵散矣。

附郭芝山郁万松[①],漫天风雪舞群龙。
客居自笑耽幽癖,时听寒涛杂晓钟。

十二月廿一日,移寓东京芝山月界僧院。院外万松盘郁,风起涛生,与山寺疏钟相答,都市中殊得山林之趣。

天门诀荡五云春,万国衣冠拜舞辰。
西望觚棱遥稽首,数千里外二行人。

既来东京舍馆驻节,越十日,为我四年元旦。如璋以海外行人,谨偕副使率随员行庆贺礼,瞻望阙廷,如在天上。

附　影印木下彪本书后有跋

本书系在沪友人之所赠,其叙事颇涉珍异,是以乞阅览者亦颇多矣。辄将印刷,普颁同好,而期速成,附之活版,故不能无脱误,而原书亦不免无此忧。今不敢尽订正之者,或恐失著者真率之气象也。

亚茶山人敬志

---

① 附,《走向世界丛书》等本作"负"。

袖海楼诗草

目 录

访芳野老人于城北次龟谷韵

饮宫岛家,三浦安以家妓侑酒,一名阿滨,一名阿梅,最小者曰阿爱。座中索诗
　　赋三绝

宫岛主人索赠复赋一绝调之

日本临海亭望雨有作

秋日偶感

题佐野觚亭八胜

辛巳秋日过关啸云家,步原韵成七律一首

辛巳冬日大雪,饮墨江楼步黄公度前游原韵,得五言古诗六首

失题

长崎为九州境,乾隆间崎人高旸谷以诗介商人求序于沈归愚宗伯,宗伯以义无
　　外交却之。琼海,彼人称长崎之语

平安之俗,每岁元夕张灯桥外,少年士女倾城往游,歌舞相欢,舄履交错,有采兰
　　赠芍之风,彼土名曰"盆跃",其俗甚新。平安四大桥一曰"御幸"

八幡宫咏古三章

晴湖女史为作芦雁图,书此志谢

题耕蔼女史画

花蹊女史工诗,善书画,于戊寅夏携女弟子六人见访,皆韶龀美材,即席赋诗相
　　赠,因次韵答之

三条惠子年六龄,书"鸣凤"二字,甚遒劲,字高于人,为之惊讶不已,以一绝赠之

花香女史年仅逾十龄,书大字及画菊俱佳,以一绝赠之

花翠女史聪颖绝伦,下笔尤奇特。昔桓夫人贵品称快马入阵,而卫氏之簪花格
　　艳称千古,皆艺苑盛事也。若女史者近之矣

花萼女史年十一岁,字甚浑雅,作兰花交柯乱叶可寻其源,松亦朴茂

花云女史作梅花,苍劲而夭矫。书"龙翔"二字,既称其书又称其画,可宝贵也

花山女史作荷花,姿态天然,正如初日芙蓉,书"艺苑"二字,盖其志也

花蹊女史以绒绣"花蝶"小折及"月中芦雁"花笺见赠,赋此以答

辛巳冬任满将归国,副岛种臣以诗见赠,因步韵答之,即以为别

日本大学教授中村敬宇以序文见赠,赋此答之

步元老院副院长佐野赠别原韵

步宫岛栗香赠别原韵

步浅田宗伯赠别原韵

日本外务官饯别于芝山酒楼,席间以画梅属韵,因书五绝一首

上　卷

日本一条梅轩招观梅花即席和主人韵

淑气先回不用催,故乡十月报梅开。江城芳讯来何晚,留与东风作好媒。

园树垂垂向暖开,绛云晴雪满池台。咏花我亦添豪兴,小集琼宴斗韵来。

赠日本海军卿川村纯义

江户湾前浪作堆,军门捶鼓响如雷。一麾战舰排云出,亲策灵鳌破晓来。

赠吉井友实

清节为秋和气春,淡交有味得斯人。寻常一见应相忆,况是天涯旧比邻。

赠梅外诗翁

倚树闲吟兴不孤,先生风致足清娱。一门著作传家学,海外如今有老苏。

翁为长三洲之父,故云。

赠木村信卿

海上仙山事有无,我来四载住蓬壶。扶桑自是人间世,益地何妨写作图。

赠蒲生重章

不薄今人爱古人,英雄儿女各传真。廿年无限沧桑感,写入毫端自有神。

蒲生著有《日本近世儿女英雄传》,故云。

赠宫内卿德大寺实则

内府班崇荷庞嘉①,西京门望最高华。廿年共佐维新业,勋绶亲承拜菊花。

赠粟本锄云

大树阴横江上村,轮囷深护百年根。而今风雨悲摇落,独向青山赋小言。

赠长三洲茭

苦学钟王三十载,肯辞簪绂事陶糜。墨江江水深如墨,疑是君家洗砚池。

笔横东海荡波澜,矫矫游龙势郁盘。忽地云垂天泼墨,并将风雨集毫端。

赠副岛种臣

昆仑极天界华戎,周环岳镇中高嵩。太行左转逾碣石,三韩直走扶桑东。
八洲纷罗隔沧海,地脉虽断神能通。富士山高又灵秀②,亭亭百尺生孤桐。
为言根柢出淮泗,清气蜿蜒来无穷③。乘时崛起作梁栋,若论勋伐君其雄。
历聘昔传吴扎贤,运筹今仗留侯忠④。偶然不适解簪组,驾言江汉恣游踪。
遍探名胜富篇什,乃理归棹锄蒿蓬。我来珥节江户城⑤,冠盖衮衮超群公。
握手订交恨君晚,脱略形迹披心胸。不嫌对酒具蔬食,时复寄诗报邮筒⑥。
经纶余绪抒妙理,上窥骚雅追遗风。英词讵觉润金石,绮语未肯谐儿童。
天鸡见日一长叫,雄鸣破晓开群聋。异邦求此那易得,新诗愿和难为工。
会当告别蹑云海,架桥鞭石呼乘龙。约游汗漫子应许⑦,振衣西上岷峨峰。
就穷星宿宴王母,同听钧乐瑶池宫。醉骑黄鹤倚长啸,俯看烟峤空溟濛。

---

① 庞,王宝平整理稿作"宠"。
② 又,《崧里何氏族谱》艺文志卷、何维柱收集此诗作"也"。
③ 蜒,《崧里何氏族谱》艺文志卷、何维柱收集此诗作"鳣"。
④ 仗,王宝平整理本作"伏"。
⑤ 珥,《崧里何氏族谱》艺文志卷、何维柱收集此诗作"弭"。
⑥ 邮,《崧里何氏族谱》艺文志卷、何维柱收集此诗作"筑"。
⑦ 汗,原作"污",据《崧里何氏族谱》艺文志卷、何维柱收集此诗改。

赠中洲先生

解组归载松二株,春风满座集生徒。吾儒自有真经济,始信名山道不孤。

赠源桂阁故侯

莫向青山听鹧鸪①,故城池馆已荒芜。数竿且结临江屋②,禁受风波作钓徒③。

绕槛春流带落花,恼人无计遣韶华。午窗一觉东陵梦,闲课园丁学种瓜。

轻盈舞袖绾双鬟,洗盏殷勤劝小蛮。含恨低翻旧时曲,一声声是念家山。

留髡送客日初斜,相约春游兴又赊。记取清明好时节,墨川东岸看樱花。

宾筵酒馔翻新样,乐府新歌倚旧声④。沿习太平唐代舞,诸伶白首说西京。

赠中村敬宇谢刻图章⑤

片石流传蝌蚪文,周秦篆籀派歧分。雕虫技亦千秋业,海外今推扬子云⑥。

寿伊达宗纪八十

宗纪先生,海东旧藩宗城君之尊甫也,年逾八十,好学工书,老而弥笃。戊寅季秋,宗城君假归祝嘏,因寄诗寿之,以博老人一笑。
果然仙侣集蓬瀛,翰墨风流老更成。尚说衣冠重南海,翻劳书札讯东京。
梨眉自得闲居乐,莱彩曾联上国盟。远道难将菊花酒,聊凭斑管祝长生。

---

① 青,《崧里何氏族谱》艺文志卷作"春"。
② 数,《崧里何氏族谱》艺文志卷作"投"。
③ 钓:原作钧,显系笔误。
④ 新,《崧里何氏族谱》艺文志卷作"笙"。
⑤ 中村:原作中井,据王保平整理稿注释改。
⑥ 推:原作堆,显系笔误。

即席赋赠日友某君　失其姓名

东方夙号君子国，我来欢接幼安席。高旸谷外生其尤，携示佳文意殊惜。
今晨共醉千秋楼，为涤炎嚣会嘉客。楼前墨江清且深，有酒如江盏玉液。
兴酣落笔惊长吟，潜鱼出渊鹘下壁。四座争探骊颔珠，所惭和句逊元白。

赠日友某君　失其姓名

一麾向日远乘槎，来觅安期海上瓜。地迥雅宜今雨集，楼高不碍晚云遮。
新诗如水涛翻墨，快论随风笔灿花。与子神交在文字，儒宗同仰鲁东家。

和宫岛栗香见示原韵

向岛春晴雪乍消，溶溶江水接天遥。记曾三度携壶榼，为看花过两国桥。

读青山氏昆季名花有声画诗集题辞，即用青山季卿原韵

家学世传东国史，著书真似玉成杯。离骚情性英雄骨，翻为名花写照来。

暑雨连朝快晚晴，佳章一读一心倾。最难花萼联成咏，都是埙篪迭和声。

东渡曾看墨水樱，春风万里倍关情。莫嫌领袖来香国，琼岛当年有定评。

华笺十幅让阿兄，修凤才难与弟争。回首联吟花下日，风流得似庾兰成。

本来丽质自天生，一例繁华总俗情。花里春樱山富岳，好参诗格细题评。

岁岁花堤踏艳晴，阴围夏绿盖还倾。眠琴试读有声画，应有流莺识旧声。

联翩群季尽名流，眉白应推秦少游①。况有王珉好书法，骎骎真欲度骅骝。

---

① 秦：原作春，显系笔误。

英含若木烂瑶滨,拟乞仙山托素鳞。奇种肯移三岛植,不妨长作岭南人。

舞枪气壮推奇侠,咏史词雄逼大家。堪怪广平心铁石,梅花不赋赋樱花。

桃杏东风嫁底忙,不矜浓艳自明妆。清风写入才人笔,一样花魁荷宠光。

巢鸭町主人邀饮,座客有吟诗作画者,用粟本韵赋答宫本主人兼示同席

一片红云散绮霞,我从万里赋皇华。搜岩似采三山药,渡海曾浮八月槎。
过鸭町欣文谦启,对樱花仗酒兵加。写生座有徐熙笔,元白联吟未足夸。

过青山老人松风阁,用其落成原韵赋二律以赠

地拓城西半亩宫,小楼谡谡起松风。任披庭叶空摇翠,好避车尘隔软红。
左史嗣官知世美青山老人世掌日本史官,中郎传女信辞工。
花时退食招吟侣,豪气应惊吸酒虹。

倒屣相迎记上宫,倚楼今又把清风。笔谈有兴兼浮白,花笑无言半亚红。
抱岁寒心书自老,和阳春曲技难工。衔杯莫惜韶华晚,霁景遥天见海虹。

向岛看樱花即席次同人韵

墨江樱冒雨中开,几日飞花径作堆。惟有天公真解事,今朝破例放晴来。

十里春风烂漫开,香云成幄锦成堆。当筵莫惜诗兼酒,如此花时我正来。

娇如红杏艳如桃,花好何堪妒雨遭。到眼还惊春似海,彩虹晴映晓云高。

倚楼酒竟醉蒲桃,海外看花第一遭。欲把寒梅比标格,添些香雪韵同高①。

---

① 些,王宝平整理本作"此"。

过爱宕山寺和友人韵

池畔朱楼开晓花,错疑梅亚竹横斜。谭经小坐维摩室,户外雷声任走车。

禅堂钟鼓动黄昏,归岛争枝隔院喧。西望岭霞明树杪,衔山落日已平吞。

访芳野老人于城北次龟谷韵

上溯唐虞三代还,道分圣域与贤关。早渐教泽倭东海,共仰宗风鲁泰山。
奉使我方来日下,能文君不让云间。出郊同馆经师宅,绛帐春深隔市阛。

饮宫岛家,三浦安以家妓侑酒,一名阿滨,
一名阿梅,最小者曰阿爱。座中索诗赋三绝

好是相逢洛水滨,翩翩玉立见长身。回风忽舞惊鸿影,罗袜凌波迥绝尘。

眉如点翠髻盘鸦,瞥见人间萼绿华。我是罗浮上下客,欲扶清梦到梅花。

国色天香爱牡丹,如斯艳福欲消难。婷婷袅袅十三女,妙舞应须掌上看。

宫岛主人索赠复赋一绝调之

我是前身杜牧之,华堂初见紫云时。狂言惊座君应笑,亲嘱佳人侑一卮。

日本临海亭望雨有作

笑指朝虹绝峤横,长风万里挟潮声。在天云本无心出,忽地雷堪贯耳惊。
似有龙来倾碧澥,已教霓望慰苍生。三山雨霁如新沐,徐驭羲轮上太清。

秋日偶感

江城气肃秋风凉,草木凋枯天雨霜。玉虎肆虐苍鹰翔,骇鹿奔避趋羊肠。
游踪孤子知何乡,西行悠悠天一方。独夜思君愁洞房,寒日苦饥惨难忘。

上无完衣下无裳，况闻悲笳音戛商。层冰路滑阻且长，胡不早归横玉床。
琴瑟左右樽中央，倚门日日遥相望。何时回轸通津梁。①

题佐野舣亭八胜

舣亭吟眺趁朝还，八景环呈几案间。晓挹烟霞晚风月，近依泉石远云山。
最宜胜赏兼诗酒，难得幽栖隔市阛。咫尺芳邻有圆峤，相期携手日趋攀。

辛巳秋日过关啸云家，步原韵成七律一首

海上仙人唤可应，江城高会接茵凭。客从跨鹤来三岛，台是凌云耸九层。
对岭晴飞琼圃雪，当筵凉沁玉盘冰。兴酣笑问沧桑迹，清浅蓬莱变未曾。

辛巳冬日大雪，饮墨江楼步黄公度前游原韵，得五言古诗六首

北风吹墨水，势撼江楼危。玉龙战长空，纷纷摧颔髭。问谁弄狡狯，幻状乃有兹。

呼僮扫轩槛，对酒酣高楼。弥望浩然白，直穷东海头。安得偕安期，去乘云际游②。

沿堤万樱树，树树横枯枝。忽如春风来，琪花开一时。变化此顷刻，造物何神奇。

积雪纷作堆，堆满寺傍碣③。信步事探讨④，剔苏字半灭。扣门寂无人，来往行迹绝⑤。

篱落探古梅，簇簇香而清。老鹤向人舞，翩翩若为情⑥。忽然戛翼鸣，当花胡不平。

冒冷趣尤适，寻幽妙莫名。徘徊日已夕，倒景殊空明。回车度长桥，娟娟凉月生⑦。
谨案：廿年前在友人处见府君有题屏诗数首，末首为"道逢古梅树，簇簇香而清。

---

① 原稿如此，疑有脱句。
② "去乘云际游"，《崧里何氏族谱》艺文志卷、何维柱收集此诗作"乘云天际游"。
③ 傍，《崧里何氏族谱》艺文志卷、何维柱收集此诗作"前"。
④ "信步"，据何维柱考订何如璋手书条幅作"行行"。
⑤ "行迹绝"，据何维柱考订何如璋手书条幅作"人迹绝"。
⑥ "若为情"，《崧里何氏族谱》艺文志卷、何维柱收集此诗作"若有情"。
⑦ "娟娟凉月生"，《崧里何氏族谱》艺文志卷、何维柱收集此诗作"娟娟江月生"。

老鹤向客舞,胡为鸣不平"。其余语意亦多与此相同,但不能记忆矣。疑一原作,一改定之稿。录此以待参考。

编者按:何维柱收集此诗为七首,并云第五首为抄本所无,今补录于下:

老渔撑孤舟,横江涉险难。江流冻不波,欲渡渺无岸。忍寒戴箬笠,有如沐猴冠。

失　题

昔圣去千载,污俗日波靡。海浑蛟鳄翻,地逼虎狼视。唯公障狂澜,不学鄙夫鄙。
论高众所惊,事堕身独耻。碌碌何足言,掉首公往矣。谁知宗臣心,去国忧玉毁。
栖栖行复回,世异道一揆。东来订缟纻,深谭入名理。我掎而子角,务各整纲纪。
强起谋苍生,行行我心喜。

谨案:玩诗中词意殆为副岛种臣而作者。

长崎为九州境,乾隆间崎人高旸谷以诗介商人求序于沈归
愈宗伯,宗伯以义无外交却之。琼海,彼人称长崎之语

能诗竞说高旸谷,修贽难通沈尚书。今日轺轩采琼海,九州风雅近何如。

平安之俗,每岁元夕张灯桥外,少年士女倾城往游,
歌舞相欢,舄履交错,有采兰赠芍之风,彼土名曰
"盆跃",其俗甚新。平安四大桥一曰"御幸"

倾城士女各招邀,盆跃相期御幸桥。妾为郎歌郎妾舞,妮人灯月是元宵。

八幡宫咏古三章

宫有古铜镜一,日本神功后物,后在三国时曾
遣使入贡,受亲魏倭王之封
封崇亲魏女倭王,古鉴千秋尚有光。曾写神功前后影,一时巾帼化冠裳。

宫有宝刀一口,寒芒堪然①,秀吉物也。秀吉状如猕猴,
创霸东土,分封诸将,封建之局沿至明治始革云

怪状天生一猕猴,手提三尺弄群侯。除根无策终滋蔓,依旧瓜分八十洲。

宫有竹杖一具,为德川将军旧物。德川初为骏河国
王,秀吉平关东,益以江户封之,临殁,受托列家
老五人之一,卒灭其嗣而夺之,忍哉!

危倩相持颠倩抚,仗随家老托遗孤。如何一掷矜龙变,忘却丰臣旧剖符。

晴湖女史为作芦雁图,书此志谢

不让风流郑板桥,闲拈彤管写生绡。伊人宛在芦花水,雁字排云下碧霄。

题耕藹女史画

一湾流水小桥横,绝壑凉飔向晚生。吹得白云归屋角,萧萧古木起秋声。

花蹊女史工诗,善书画,于戊寅夏携女弟子六人
见访,皆龆龀美材,即席赋诗相赠,因次韵答之

鲁邾风雅接东邻,渡海乘槎喜作宾。多少宣文女弟子,雅龄弄笔便相亲。

三条惠子年六龄,书"鸣凤"二字,甚道劲,
字高于人,为之惊讶不已,以一绝赠之

腕力千钧笔有神,书成鸣凤墨痕新。聪明那得人间有,知是天孙现化身。

花香女史年仅逾十龄,书大字
及画菊俱佳,以一绝赠之

傲霜姿态爱黄花,陶令篱边几朵斜。应是嫦娥怜瘦影,亭亭秋色印窗纱。

---

① 堪然,疑当作"湛然"。

花翠女史聪颖绝伦，下笔尤奇特。昔桓夫人贵
品称快马入阵，而卫氏之簪花格艳称千古，
皆艺苑盛事也。若女史者近之矣

彤管从来属美人，兰烟浓淡墨痕新。合将侧理苔纹纸，玉润珠圆写洛神。

花萼女史年十一岁，字甚浑雅，作兰
花交柯乱叶可寻其源，松亦朴茂

写出骚词九畹香，一花一叶麝兰芳。马湘空擅当时誉，那及扶桑窈窕娘。

花云女史作梅花，苍劲而夭矫。书"龙翔"
二字，既称其书又称其画，可宝贵也

大枝盘屈似虬龙，骨力森严翔雪中。不学蜀王宫内女，风神却有雪湖翁。

花山女史作荷花，姿态天然，正如初日
芙蓉，书"艺苑"二字，盖其志也

莲花艳艳叶田田，妙笔纷披侧翠钿。慧质灵心真绝世，不须檀粉自天然。

花蹊女史以绒绣"花蝶"小折及
"月中芦雁"花笺见赠，赋此以答

宛似穿花蛱蝶图，写生翻有绣工夫。隔纱受业诸名媛，为问金针度得无。

一轮明月雁行斜，锦字传来萼绿华。我是蓬莱山下客，愧无霓被奉芦花。

辛巳冬任满将归国，副岛种臣以诗见赠，因步韵答之，即以为别

大海东旋近带方，镇山葱郁此钟祥。斩蛇帝子传遗剑，织锦天孙有报章。
前席尚邀明主眷，行吟莫遣老怀伤。三年缟纻难为别，相约西游再挦裳。
副岛于维新初任参议兼外务卿，嗣与执政不合，辞官。日主复强起之，充宫

内讲官。其先本中土汉高之后,故诗中及之。

日本大学教授中村敬宇以序文见赠,赋此答之

惺窝诸老后, 今又见儒林。 绩学天人贯, 高名妇孺钦。
松交贞本性, 兰臭证同心。 感子临歧赠, 情如东海深。

敬宇学通中西,道貌粹然,为海东人文之冠,曾为女师范校长兼领幼稚园,故诗语及之。

步元老院副院长佐野赠别原韵

久钦高节著觥觥,况抱匡时济物情。为我开樽招旧好,与君解带写真诚。
三年零雨劳王事,万里长风动客旌。亭外梅花也伤别,晚扶明月上南荣。

步宫岛粟香赠别原韵

天风浩浩吹海涛,送我万里麾云旄。江城聚首几何日,倏忽西燕东伯劳。
始君识我在僧馆,入门倾倒歌同袍。袖中诗卷满珠玉,乞攻瑕玷烦讥褒。
我笑吾君世多故,五洲百怪纷噬嗥。各斗诈力出机械,互矜牙爪争锥刀。
折冲无术愧忝窃,誓欲攓甲摧吟毫。输君官闲事哦咏,有如孤鹤唳九皋。
洞札锐比神锥利,执耳高踞吟坛豪。自嫌钝拙囿于俗,敢希昌黎师李翱。
掲来鞠町结邻好,推敲时复相矜高。纵迹未必同苏李,风格直继追谢陶。
我家罗浮见初日,时闻若木天鸡号。今归故乡行复尔,思君东望酬松醪。
蓬莱何时水清浅,峤岭连跨十五鳌。欣然过从共赓和,旧游日日寻蟠桃。

步浅田宗伯赠别原韵

往来柳雪思依依,万里乡心逐雁飞。藏箧有君好诗句,此行原是不虚归。

日本外务官饯别于芝山酒楼,席间
以画梅属韵,因书五绝一首

铁干横古梅, 本是吾家树。 题赠素心人, 岁寒交益固。

留别日东诸友

远泛星槎到日边，黄龙云护此张毡。一千年继裴清后，五百人寻徐福仙。
俗有唐风知旧好，书经秦火问遗编。西欧东米盟新缔，不及同文国最先。

曾闻缥缈说瀛洲，亲历蓬莱最上头。万里津原通析木，三山风不引回舟。
桑田蔓衍开蚕市，云浦迷茫幻蜃楼。我本玉堂署中吏，此行端合住丹邱。

公余文筵错觥筹，冠盖江城集胜流。大海波澜穷远望，九春花雨极酣游。
每烦笔语通喉舌，亦藉诗心作献酬。今后东西各相别，白云遥隔粤天秋。

归赋皇华仗节旄，骃征靡及敢言劳。连城有价思完璧，倾盖成交感脱刀。
落日浮云沧海晚，飞鸿踏雪富山高。归装画取江山去，夸示乡人亦足豪。

再别日东诸友

江城邂逅恰同舟，远役何嫌道阻修。好约安期历三岛，不教徐福占千秋。
幸逢海外能文士，爱住关中为武州。多谢临歧一樽酒，醉题红叶写离愁。

失　题

蓬矢桑弧志四方，厌闻野老说农祥。为专文史三冬业，罢咏豳风七月章。
儒果怀珍须待聘，道难谐俗也无伤。故山吟啸群猿鹤，曾纫秋兰作佩裳。

记随杞梓贡南方，日下云书五色祥。尘扰中原思战伐，班联史馆事文章。
忽看幻蜃惊波谲，便欲屠鲸惧手伤。长忆瞻天紫光阁，图开王会集冠裳。

亲持使节赴殊方，云护龙旗绕日祥。但守齐盟申五命，不烦汉法约三章。
田因接壤争瓯脱，树为同根戒斧伤。倘得相依固唇齿，邠须我欲赋褰裳。

结交深喜志同方，直谅如公实国祥。为谏青苗罢司马，欲陈丹宸抑奇章。
当关虎豹多忧患，撼树蚍蜉故谤伤。千载灵均许同调，也寻香草集蓉裳。

29

讲幄从容侍上方，原知麟凤本威祥。时撼忠谠回天眷，勉励娇修自日章。
狩野早惊飞鸟尽，渡河莫使老蛟伤。赤松好访三山侣，驭鹤逍遥整羽裳。

别后相望天一方，海东云起卜机祥。汪汪度忆波千顷，款款诚通诗数章。
迹喻云龙许相逐，心悬日月又何伤。神交万里犹同室，莫为临歧泪洒裳。

谨案：细玩诗中语意，想系步韵副岛种臣赠别之作。

下　卷

感　事

五洲泛滥势滔天，极目横流四十年。未必桑田变沧海，祇虞烽火达甘泉。
东南断港连群岛，西北长城拓九边。从古山河界中外，忍教草木杂腥膻。

柔远真成王会图，梯航万里集中都。通商尚守和戎策，平准谁操富国枢。
难得库缯将马换，翻教丛爵自鹦驱。贸丝抱布嗤嗤事，争奈奇赢属贾胡。

地乞牛皮始海隅，蜃楼变幻遍通衢。野狼入室奸依狈，市虎惊人威假狐。
租界竟教成垄断①，莠民从此作渊逋。明农莫忘艰难业，非种何时仗一锄。

翻江倒海涌惊涛，怪雨腥风满九皋。异类难填惟欲壑，生灵易竭是脂膏。
却看狡兔争营窟，忍为亡羊不补牢。我欲持竿向瀛峤，安排钩饵钓连鳌。

帝并东西屡押盟，市通南北任横行。一匡伟烈推齐相，五饵雄才仰贾生。
莫解倒悬堪痛哭，能令转败在权衡。连乡典属寻常事，王霸空垂二子名。

感　春

洪钧一气鼓鸿濛，递嬗应推造化工。历历星辰皆拱北，离离斗柄又迥东。
八荒广漠随风转，万物昭苏验棣通。但祝皇仁布遐迩，承明冠盖极从容。

---

① 租界，《崧里何氏族谱》艺文志卷作"互市"。

横天锦绣妙彰施,一样江山孰转移。共说太平真有象,要知造物本无私。
甲荄萌达滋生地,蠕动翻飞得气时。化育可参吾道大,襟怀合与古人期。

七万里遥春递及,四千年外局更新。草苏绝漠骄胡马,冻解沧溟跋海鲸。
东望云霞分曙色,北来鸿雁变秋声。从知淑气钟华夏,好散阳和遍八纮。

扶桑万里返征槎,忆与东风共到家。白日驰过忽陈迹,黄粱炊熟又春华。
天涯绿遍瀛洲草,日下红酣御苑花。赢得官闲事游赏,未嫌都市语喧哗。

出岫云间得自由,旷观物我两悠悠。吐丝堪笑蚕缚茧,拂羽乃知鹰化鸠。
燕雀噪晴争暖树,烟波送暝入沧洲。与时无补须行乐,回首韩江泛白鸥。

和钟西耘同年买菊行

忆昨东游赤阪园,东君召客我居前。纷纷欧米缀末席,天假菊花为之缘。
君言此花传中国,红蓝紫白各颜色。就中正色夸黄华,俯视阶前那敢逼。

失　题

□□□□□□□,耐冷不如霜中花。举觞拜嘉醉花里,同心之臭言何美。
愿约仙樱为弟昆,直视洋葩作奴婢。乞归馆舍栽瓷盆,花如游子回里门。
诵君诗句触陈迹,旅梦犹飞天外村。浪迹浮萍乡思竹,等是泥鸿与焦鹿。
娟娟霜月侵九街,何当把酒酹寒菊。①

日本之花以樱为第一花,似海棠而不实,中土所无者。菊花则传自中国,五
色备具,但不香耳。

癸未三月孝贞显皇后升遐再周,奉旨随往东太陵行礼,恭赋六章

圣代中兴治独隆,和熹明德总难同。记从东海传遗诏,曾向遥天哭梓宫。

欲泣非宜哭则休,子瞻哀挽写难忧。微臣特荷天恩厚,叩谒恭承岁再周。

---

① 原抄本失题,缺首句,今仍其旧式。

又策单车出国门，野氓挥泪说隆恩_{陵中殿名}。骎骎节序过寒食，杜饭犹思旧日言。

训政忧勤风夜殚①，廿年同此济艰难。告天一语灵堪慰，圣母于今报大安。

葱葱郁郁气佳哉，宫殿深严拂曙开。咫尺定陵神道接，辇扶双凤驾云来。

灵峪乔松势郁盘，翠华想象碧云端。两朝功德高千古，记述应惭老史官。

送子清五弟客游江南

邸舍追随秋复春，无穷志愿两因循。陆云入洛思游学，许武为官奈食贫。
自笑驽骀甘栈豆，为怜鹰隼困风尘。儒冠潦倒征衫薄，欲向长沮问去津。

棠棣花开老屋中，廿年摇落两番风。庭帏却喜亲还健，羞膳时惭养未半。
难得鸰原同凤夜，那堪鸿迹各西东。韶华似水家山隔，相对劳劳悔转蓬。

潇潇风雨长安夜，听到联床第几声。正及飞花好时节，翻随飘絮下江城。
离群目送遥天雁，求友情同出谷莺。此别相期各努力，莫将徵逐误浮名。

片帆海上屡经过，地控东南势若何。五部市通黄歇浦，三江潮接白茆河。
连樯烟雨惊鸦集，近水楼台幻蜃多②。须识出山泉自别，不教混混逐浑波。

鹤发苍颜倚旧闾，倦游我亦鬓萧疏。白云远望同搔首，黄犬频来好寄书。
世变渐多何日了，躬耕相约买山余。楝冈松柏参天长，待拓风轩赋遂初。

塞上秋怀　用杜少陵秋兴韵

羊堡山环洗马林，禁门中锁石森森③。狐关屏拥神京壮，鸳泺云连瀚海阴。
野属燕分次箕尾，辰占龙伏是房心。惊秋戍客征衣薄，落叶萧萧动晚砧。

---

① 风，疑当作"凤"。
② 唇，据《崧里何氏族谱》艺文志卷，当作"蜃"。
③ 原缺一"森"字，据《大埔文史》本补入。

西山朝爽挹晴晖,云寺泉甘涌翠薇。柳老蟠虬阶下卧,梁空归燕杜前飞。
鲈莼寄兴知何晚,鸡黍寻盟约不违。极目千家村郭外,战场草没马初肥。

河山中外一枰棋,兴废千秋事可悲。涿鹿首传开国地,野狐常记守边时。
城横枳岭风霜厉,水合桑乾日夜驰。前有轩辕后元魏,旧畿遗迹系人思。

惆怅西风吹帽斜,记曾簪笔侍京华。济川誓击中流楫,持节虚乘东海槎。
李广数奇空射虎,刘琨援绝祗吹笳。廿年一觉春明梦,策塞来看塞上花。

南从岭徼历边头,万里寒生大漠秋。日暮白云屡回望,风凄黄叶不胜愁。
帛书远寄胡天雁,旅梦间寻粤海鸥。上谷地形当右辅,谪居恩许近皇州。

迢迢官驿接阴山,都护军屯两堡间。右卫地冲雄六镇,长城天险扼三关。
不妨互市通罗刹,赖有卡伦界诺颜。入口又闻来贡马,东西盟长换年班。

仁庙绥边奋武功,六龙亲此驻师中。要令荒服遵王化,兼为时巡采土风。
迎辇草仍今日绿,洗兵泉泻昔年红。台空幸值军书少,得马何须问塞翁。

大通桥畔独逶迤,雨过平沙水满陂。迹共塞鸿羁北徼,心如越鸟恋南枝。
壶中日月骎骎去,身外炎凉故故移。欲赋采薇归未得,家山回首极天垂。

梁诗五出塞相访,别后却寄

察罕事征戍,　　羁旅无匹俦。　朋旧感畴昔,　　遥遥隔中州。
人情有胡越,　　矧乃关路修。　属役分当尔,　　胡为肯来游。

稀世荆山璞,　　未献足先刖。　弹冠俟知己,　　知己情空结。
往义苟不亏,　　诚至石为裂。　繄彼冰岭松,　　期保岁寒节。

西风吹白草,　　塞燕飞南征。　之子忽言别,　　离人空复情。
浮云怅天未,　　落日下边城。　归路指京国,　　悠悠思旆旌。

春 柳 用王渔洋秋柳韵

黯然惟别最销魂,万里春风度玉门。花拂长堤红有影,草连荒苑碧无痕。
渭城尘浥前朝雨,灞岸烟迷隔水村。唱罢阳关三叠曲,攀条好与故交论。

漫漫飞絮白如霜,化作浮萍满古塘。丝绾玉骢徐揽辔,衣翻金缕试开箱。
五株应许依元亮,三弄何烦奏野王。正值上林花事好,托根端合锦为坊。

弹计曾经染素衣,想传神语入非非。灵和殿里临风见,太液池边顾影稀。
塞北雪消通雁讯,江南草长带莺飞。树犹如此真堪惜,莫似桓公叹愿违。

千条万绪剧相怜,半惹东风半拂烟。色映春旗同旖旎,怨含羌笛总缠绵。
营开细柳怀当日,猎校长杨忆昔年。自是降精由列宿,倚云栽向白榆边。

秋 柳

天涯浪迹聚浮萍,惆怅秋风取次经。娇艳昔曾藏小小,飘零谁复唱青青。
章台月冷眠犹倦,羌笛霜寒梦易醒。寄语行人好将护,攀条新有玉骢停。

饯别高楼得纵观,长堤柳色带烟寒。纤腰懒向风前舞,疏影偏宜月下看。
金缕抛残余旧曲,玉樽醉倒接神欢。沾泥絮果从头证,离绪千条欲缩难。

第 一 功

给军京索守关中,课绩千秋议特公。图籍自收丞相府,规模先立未央宫。
漫疑沛橼无奇节,能荐淮阴即大功。野战攻城一时事,宗臣谁得比文终。

萧相当年起刀笔,碌碌世未称奇节。一朝佐汉腾风云,始信宗臣是人杰。
高皇奋迹由丰沛,故人攀附互亲昵。参作中涓何作丞,督事输忠冠同列。
义旗西指咸阳宫①,诸将冲锋君造膝。未肯贪财取金帛,独先入府收图律。
背约不封迁南郑,恶项欲攻怨空结。劝王就国抚巴蜀,反定三秦扫残孽。

---

① 咸字:原作感,显系笔误。

三载相持京索间,胜败纷纷了难说。顺流转漕军自给,计户补伍卒无缺。
鸿沟既划垓下围,羽非天亡乃人失。汉军奏凯入函谷,论功先晋鄷侯秩。
群臣百战少数十,方以萧公非其匹。发纵指示殊从容,功人功狗聊区别。
醉争朝坐讙相呼,拔剑砍柱眦皆裂。鄂侯献议帝曰都,属任关中予良弼。
攻城略地一时事,万世之功难比挈。何当为首参次之,烂然上媲宏散烈。
讵知论人贵特识,千秋所言未征实。都尉道亡身自追,设坛拜将礼独绝。
一语荐信恢炎基,刘项兴亡从此决。即看国士推无双,不愧元勋第一□①。

磐 石 宗

有周建懿亲,鲁卫藩实雄。始皇改郡县,下与黔首同。汉兴酌古制,国邑疆华戎。
推恩广支庶,遂收齐代功。孝文纳贾策,淮阳扼吴冲。乃知安庙社,端由固垣墉。
维景十三王,连枝锡茅封。一体托肺腑,形分情自通。栗姬有三子,河间被儒风。
临江国重启,荣乃废东宫。江都自程出,胶西偕鲁共。余虽好狗马,易以材力庸。
儿婳立四王,常山恩最隆。清河广川外,造镍伤胶东。彭祖出贾姬,中山福所钟。
长沙自卑狭,舞袖颇难容。数传及春陵,佳气殊葱葱。百男延厥世,桑盖亦童童。
犬牙势交错,燕翼谋特工。东都兴西蜀,继业恢庞洪。善建固不拔,滋大斯无穷。
带砺保分土,信哉磐石宗。

白 璧 双

郊迎汉使气先降,南越终教奉大邦。改号敢矜圭有邸,称藩应献璧成双。
充庭倍觉连城重,酌丰奚论拔剑撞。海国输琛同纳谷,千金无价贱珉江。

祝 延 之

傅姬名冠汉昭仪,惠逮宫人效祝辞。他日螽斯延国绪,应如樛木诵绥之。

继统哀皇奉上仪,当朝隆礼亦宜之。祝虽有益诅应损,修怨新都报逆施。

---

① 末句有脱字,疑为"功"字。

赫蹏书

昭阳擅宠绝皇储，宫史生儿手自除。裹药二枚缄一纸，绿囊还似美人香。

燕啄皇孙计本疏，赫蹏传语事何如。吹求殆顺王家指，匡救犹在耿育书。

铜虎符

范铜气禀西方宿，飞虎兵征列郡符。用比牙璋崇古制，令偕羽檄肃中枢。
金门式在曾图马，山国威宣漫假狐。快举韩章歌偃伯，好持龙节劳征夫。

衣弋绨

孝文俭德高西汉，郭璞躬行尚弋绨。衮有文章昭黼黻，袍无藻缋示黔黎。
缁衣好与风人协，恶服仪还夏后齐。负扆垂裳王化洽，万方冠带集航梯。

龙之媒

汉武神威畅九陔，亲驱宛马玉关来。笯云始信龙为友，拊石应宜凤作媒。
瑞协河图从地出，精流房驷自天开。权奇俶傥真无匹，合与飞黄上紫台。

飞将军

陇西矫矫真虎臣，飞而食肉清塞尘。猿臂善射自天性，一箭惊落单于魂。
数持其能与虏角，射雕虽巧应轮君。有时受困为所获，还夺胡马驰南奔。
屏居闲诚灞南猎，临秋复防燕北屯。敌人远避不敢入，军无刁斗开边门。
汉家名将数卫霍，如君骁健超其群。万户封侯何足道，时来偏校膺茅分。
美哉材力称公孙，身经百战名益闻。讵惟威绩出程守，匈奴亦号飞将军。

三神仙

渤海之东榑木湾，群峰插水翻涛澜。帝遣禺疆奠山足，戴鳌十五安如磐。
偶来龙伯钓紫渊，一竿乃使六鳌连。岱舆西徙员峤没，海中唯有三神仙。

瞳瞳晓日开烟鬟，蓬瀛缥缈方丈环。石栈天梯自钩著，别成林壑非尘寰。
峭逾华岳横空盘，黄金宫阙白玉栏。瑶圃自长不死药，福地长栖紫府仙。
或跨赤鲤骖青鸾，姑射神人时往还。洞天名籍知第几，径绝未许凡夫攀。
燕昭威宣嗟未贤，秦皇汉武亦可怜。乘船且至辄引去，沧溟极望空云烟。
会看水浅桑为田，安期有约相招延。褰裳遍涉三山顶，握手一笑风泠然。

金 石 交

汉皇提剑收英豪，龙虎斗野风云遭。具礼拜将坛何高，当时意气倾同朝。
推衣解食思渥叨，主臣相得逾漆胶。以石投水言可要，若金作砺心无挠。
与子偕作修戈矛，上下欢洽歌同袍。还定三秦展六韬，势如破竹兵争麐。
虏魏破赵神算操，降燕下齐厚赏邀。封王锡命司元枏，剖符直土分白茅。
断金利占同人父，以心匪石坚不摇。矢将琼瑶报木桃，武涉游说空相招。
功成垓下汉业昭，飞鸟既尽弓宜弢。不能辟谷师松乔，乃笑生与哙等曹。
山石易缺惊峣峣，众口相烁金亦销。蒯成钟室轻鸿毛，张陈隙末翻同嘲。
嗟乎！铁契丹书膺帝褒，有终君子惟谦劳。信苟学道思无骄，带砺应传金石交。

纬 六 经

一篇叙传语如铭，班氏文章炳日星。结体可能郛象说，精心直欲纬群经。
志详礼乐抒豪素，义取诗书缀汗青。窃比春秋传史法，定知图象协坤灵。

跋

  袖海楼者，府君使东时所用图章，盖取袖中有东海之意。府君少以词章知名，嗣窥国家多故，外患日亟，始专注于经世之学。未通籍前诗文不复置意，稿亦随手散佚，故至今不可复得。溯自奉命使东时以同种同文之关系，而彼都所谓汉学宿儒者，又迭呈诗文相质证。于是居东四年，唱和赠答之篇章独伙。每一诗文宣布，东京书肆竞写，刊一纸风行不胫而走。兹所搜集，从东人文艺中捡搜而转抄者约得十之二三，谨编为上卷。
  其出于故旧口耳之传诵，或不肖兄弟所追忆，如《戍塞》、《秋怀》之类，零碎撖拾，又谨编为下卷。至若《春柳》四律，为堂弟蔼人应金山月课所改削，《乐府》数首则为不肖改削应学使观风之试题，缘初稿存者不及数句，几全为府君手定，亦录存卷末。其年月之先后，阅时既久，或有不能稽考，且有佚其题者，统名为袖海楼诗草云。

民国九年三月　次男寿朋谨识

诗文补遗

目　录

华严经音义私记跋

华严经为唐则天朝沙门惠菀译。菀复撰《音义》两卷,日本抄录者附以和训,故名私记。标题有"马道手箱",疑即其书人也。圣武初号神龟,当唐开元十一年癸亥后六岁,政纪天平,时通使中华,始服冕受朝,敕诸道,建护国、灭罪二寺,造金铜卢舍那像及浮图,《华严经音义》流播东土,殆此时欤?

其书骨力刚凝,和人音释汉文,当以此为最古,留镇山门,应不殊学士玉带。考敏达朝佐伯连赍佛像西来,距此仅一百四十载,当由世主供奉,故时人精研释教乃尔。公余丙夜,剪烛谛玩,适月上纸格,花影横斜,清趣翕然,当与彻公共之。

光绪四年太岁在著雍摄提格律中夹钟　岭南何如璋子峨记

陶件虎菩萨处胎经跋

晋人真迹流传后世者,有右军《曹娥碑》,扬真人《内景经》,明季董思白尚及见之。近零落殆尽。予以光绪丁丑奉使至江户。其明年,僧彻公携《菩萨处胎经》及《大炭楼华严音义私记》来,展读数过。西魏大统庚午,去今千五百有九年,不图于海东得见墨宝,自诩眼福不浅。经中见体运腕,仿佛《内景》,知渊源皆自钟太傅来。陶件虎跋,典质朴茂,所云一切乘藏,搜访尽录,则此卷在当日,匹诸麟角凤毛。何幸累劫尚存人间,彻公其宝持之! 当有恒河沙数,梵天帝释于昼夜亦时为之呵护也。

戊寅仲春中浣　何如璋跋

苏庆节大炭楼经跋

昭陵重二王书坟,唐人书法,皆宗会稽。此册微入虞褚,笔意大似苏灵芝,虽断阙,亦无上妙品也。按《唐书》:苏烈,字定方,破贺鲁都曼、百济,以功封邢国公。高宗乾封二年卒,帝悼惜,加褒赠经。末识咸亨二年,距卒已四岁,子庆节,初封武邑县公,改封章武,当在烈身后,故史不究言之。方是时,武氏专政,象法盛行,庆节于造经追荐外,另无表现,岂睹唐室中衰,翻然高蹈欤? 殊令人掩卷低徊不能自已。

光绪四年戊寅二月十八日　何如璋书于芝山使廨

编者按:以上三则跋文,辑自郑子瑜、实藤惠秀编校《黄遵宪与日本友人笔谈遗稿》中《戊寅笔话》第七卷。刘雨珍先生辨释云:此三篇实为沈文荧代作,笔谈中沈文荧(字梅史)对大河内辉声(字桂阁)说:"公使公事无暇,故令弟代作也。"详见《黄遵宪全集》上581页。亦见《大河内文书》。

墨江植半楼招饮诗二首

戊寅四月十六日午后,何如璋、张斯桂、黄遵宪、廖锡恩、潘邦仕、王泰园、王琴仙,应日本友人之约,饮于墨江植半楼,日人与会者源桂阁、内村绥所、加藤缨老,酒酣,分韵即景作诗。

十里春风烂漫开,墨川东岸雪成堆①。当筵莫惜诗兼酒,如此花时我正来。

飞仙不惜醉蒲桃②,海外看花第一遭。有客正吹花下笛,阳春一曲调尤高③。

编者按:以上二诗,辑自《黄遵宪与日本友人笔谈遗稿》中《戊寅笔话》第九卷。亦见《大河内文书》。

赠阿爱

戊寅十月廿七日,应关义臣招请,何如璋、张斯桂、黄遵宪、廖锡恩、沈枢仙、王泰园,日本友人源桂阁、副岛与会。赋诗赠雏妓阿爱。

为爱莲花胜牡丹,天然富贵本来难。婷婷袅袅娇无力,妙舞真宜掌上看④。

编者按:此诗辑自《黄遵宪与日本友人笔谈遗稿》中《戊寅笔话》第二十三卷第一五九话。

──────────────

① 此一首诗,又见《袖海楼诗草》上卷,此句作:香云成幄锦成堆。
② "仙"字,刘雨珍整理本作"舠"。
③ 此诗,亦见《袖海楼诗草》上卷,文字不同,录如下:
倚楼酒竟醉蒲桃,海外看花第一遭。欲把寒梅比标格,添些香雪韵同高。
④ 此诗又见《袖海楼诗草》上卷、刘雨珍《宫岛诚一郎文书》整理本,文字不同,录如下:
《袖海楼诗草》本:国色天香爱牡丹,如斯艳福欲消难。婷婷袅袅十三女,妙舞应须掌上看。
《宫岛诚一郎文书》本:国色天香爱牡丹,翩然风韵本来难。婷婷袅袅十三女,如意珠宜掌上看。

和　韵

五云宝盖拥经坛，齐仰弥天释道安。今日黑灰经浩劫，诸公砥柱挽狂澜。
物情迁转随丝染，象法兴衰拊枕叹。山隔榛苓西望处，相期携手碧云端。

神山遥指快乘风，问俗新来大海东。且喜僧祇逢法显，愧无注义比房融。
教分儒释源虽异，字溯周秦道本同。衡宇相望还不远，芝房时约访生公。

解　嘲

余初未见石川先生，以其偕彻定来也，和其诗误为僧，作此以解嘲。
访我偕僧侣，　疑君净俗缘。　新诗推岛佛，　妙诀戏坡仙。
呼马何妨马，　逃禅总近禅。　谁知东海客，　愿学仰尼宣。

编者按：以上《和韵》、《解嘲》二诗见日本人石川鸿斋《芝山一笑》，据刘雨珍整理稿录。

松风楼和青山老人

昨访青山老人于松风楼，属余赋之，因用其落成原韵，录呈一笑。
地拓城西半亩宫，小楼谡谡起松风。任披庭叶摇空翠，为避车尘隔软红。
左史嗣官知世美，中郎传女信辞工。花时退食招吟侣，豪气应惊吸酒虹。

倒屐相迎记上宫，倚楼今又挹清风。笔谭有兴兼浮白，花笑无言半亚红。
抱岁寒心书自老，和阳春回技难工。衔杯莫惜韶华晚，霁景遥天见海虹。

1878 年 4 月 19 日

次　韵

近西人有电器，名得律风，足以传语，故以此为戏。
何须机电诩神通，寸管同掺用不穷。卷则退藏弥六合，好扬圣教被殊风。

1878 年 6 月 14 日

书赠阿滨

好是相逢洛水滨，惊鸿翩若见丰神。果然标格环肥妙，题品由来出主人。

书赠阿梅

情浓暮雨脸朝霞，信是人间萼绿华。我本罗浮山下客，欲扶清梦到梅花。

书赠阿爱

国色天香爱牡丹，翩然风韵本来难。婿婷袅袅十三女，如意珠宜掌上看。

寿一瓢翁

一瓢翁者，宫岛太史之尊人，耄耋齐眉，儿孙绕膝，洵海东福人也，戊寅六月下浣，岭南何如璋拜稿。

鹤发鲐梨望蔼然，五云深处拜神仙。板舆野服游花径，莱彩宫袍出木天。
澹泊自甘颜子乐，养颐应得老聃年。儿孙罗列环南极，只在青邱紫气边。

1878 年 7 月

和长冈护美诗

新诗感慨让公多，好倩关西大汉歌。一阕短箫相倍和①，不须铁板与铜琶。

1880 年 6 月 17 日

步宫岛粟香赠别元韵

天风浩浩吹海涛，送我万里麾云旄。江城聚首几何日，倏忽西燕东伯劳。
忆君识我在僧馆，入门倾倒歌同袍。袖中诗卷满琲玉，乞攻瑕玷烦讥褒。
我笑语君世多故，五洲百怪纷噬嗷。各肆诈力出机械，互矜爪牙争锥刀。
折冲无术愧忝窃，誓欲掷甲摧吟毫。输君官间事哦咏，清如孤鹤唳九皋。

---

① 倍，当作"陪"。

洞札锐比神镞利,执耳雄踞骚坛豪。自惭钝拙囿于俗,敢希昌黎师李翱。
羯来鞠町结邻好,推敲时复相矜高。踪迹未必同苏李,风格直堪追谢陶。
我家罗浮见初日,远闻若木天鸡号。今归故乡行复尔,思君东望酬松醪。
蓬莱何时水清浅,岭峤连跨十五鳌。欣然过从共赓和,旧游日日寻蟠桃。

栗香以诗为别,步韵答之,辛巳腊月岭南何如璋

1882 年 1 月 30 日

赠友人诗

大树阴横江上村,轮囷深护百年根。而今风雨悲摇落,独向空山赋小言。

1882 年 2 月 9 日

留别日本赠宫岛栗香

远泛兴槎到日边,黄龙云护始张旃。二千年继装清迹,五百人传徐福仙。
俗有唐风知旧好,书经秦火问韦编。西欧东米盟新缔,那及同文国最先。

曾闻飘渺说瀛洲,今到蓬莱最上头。一水津原通枕木,三山风不引回舟。
桑田曼衍开蚕市,海浦迷茫幻海楼。我是玉堂署中吏,此行端合任丹丘。

公余文燕错觥筹,倾盖江城集胜流。霜叶晚寻泷水约,春花晴赴墨川游。
快谭挥笔妙于舌,分韵敲诗清可讴。此后东西各相望,海云遥隔粤山秋。

归赋皇华伏节旄,骍征靡及敢言劳?连城有价思完璧,赠带论交感脱刀。
落日遥怜沧海晚,飞鸿留影富山高。樱花觅得仙家种,还示乡人兴亦豪。

壬午元月五日,录留别近作四章,即乞栗香先生吟定,岭南何如璋初稿。

1882 年 2 月 22 日

编者按:以上诸诗见《宫岛诚一郎文书》,据刘雨珍整理稿录,诗后所署日期亦据以录入。

致张树声函

侍于十月中旬出都,航海赴闽,南北洋小有句留。十一月廿六日行抵马江,

本月朔接受关防视事。自维钝拙,早在衡鉴之中,承乏巨工,深虞陨越。乃蒙赐手谕,奖饰逾恒,捧诵再三,弥增惭汗。

辰下甫到工次,于局中利弊,尚未洞彻,第综其大要,不外用人、理财两端。惟经费日见支绌,时有停工待料之虞。且独责之闽海关,亦必势难持久。查近日闽厂造船,视外购者较坚实。若通筹大局,各省协款以济闽厂之急,闽厂造船以应各省之需,则经费日裕,规模日扩,自足张防海之军而立中土自强之本。

我公忠诚谋国,不遗余力,他日有所指挥,侍自当执斧斤以从事也。

局员薪水开报向照例章,故月给无几。旧有津贴,现自九年后须造细册报部,欲加津贴,苦无闲款可筹。局中人苦思累月,究无善法。且向定薪水不优,蹇步者竟为栈豆之谋,轶群者不受车盐之困,即用人一节,亦觉大费踌躇。

(录自《梅州文史》第六辑,见《张树声往来函牍》)

对日人汉籍序跋评批

编者按:何如璋对日本友人汉文著作的序跋评批,录自郭真义、郑海麟编著《黄遵宪题批日人汉籍》一书,仅采录何如璋相关文字。书中所据,绝大部分系郑海麟博士在日本各研究单位从事研究工作时搜罗所得,国内罕传,极富价值。征得郭先生同意,兹以录入。

诗人小野长愿《湖山楼诗稿》评语

小野长愿,日本近汇人,原以其故国地名横山为氏,故世称横山先生。后复本姓小野,名卷,字怀之,又字舍予公。晚年又更名长愿,字侗翁、湖山。号狂狂。人们亦常称其仙六、侗之助等。诗作汇刊为《湖山楼十种》,于光绪八年先后由游焉吟社出版,集中杂有何如璋、黄遵宪等人点评。

统读大著,无美不备,而气格浑成。笔力奇崛,尤擅胜场。诗体至今日颓靡极矣,言性灵者趋于浅薄,尚议论者失之直率,所谓温柔敦厚之旨,鲜有解者。不图来东得闻正声,殊令人寻绎不厌。咏史诸作,凭吊古今,兴会淋漓,昔人所谓"感均顽艳",可以持赠。　　　　　　　　　　　　　　岭南何如璋识

诗人关义臣所编文集《日本名家经史论存》批语

关义臣,号湘云外史,日本明治功臣,男爵。曾任租税局长、会计局长、高等法院陪席裁判官、大审院评定官、贵族院议员。明治初年曾游历广东,归国后与

南海诗人李长荣隔海唱和,编成《海东酬唱集》。因"以文章之盛衰,观世代之变迁"的动机,编纂《日本名家经史论存》,并请中国公使馆"名官硕学"批评删正,出版时将评语一并收入书中。

安井衡(息轩)《鬼神论上》附何如璋批语:

国于天地,必有与立。王者事天明,事地察,事先孝,无怨恫于鬼神,斯邦家以安。故《虞书》典之秩宗,《周礼》掌之大宗伯,凡事鬼神,必推本礼乐,所以昭诚格,导民情,致之中和者,制作具有精意,系辞之精气为物,游魂为变,则推极其情状言之,末流滋为妖妄。淫祀日兴,寝失礼乐本源。乃隐怪之徒,反倡为无鬼神之说,欲举先圣典制弃之,几何其不胥而为禽兽也。

此论以人情作骨,于圣人缘情制礼,神道设教之意,反复推阐,笔气流畅,足以达其所见,洵有益人心世道之文。

《日本名家经史论》存序

关司泫湘云于治事之暇取国人所著述为集,曰名家经史文,而谒予序之。览其所选皆宏通尔雅,乃作而言曰:吾观于东而益信文章与政事相表里,盖世治则其言醇庞,世衰则其辞诐遁,故政治以文章为菁英。穷经则义理明,明则政有条理;读史则得失稔,稔则政无偏颇。故文章于政治为根柢,交相裨益,不可废也。

日本自应神始兴学术,至延熹而淡海菅原彬彬以词章显,厥后政枋下移,武夫执权,废儒黩学,文既阒寂而国亦分裂。德川起关左,戎服讲肄,水户诸藩招致俊乂,徂徕、南郭相继为师,文章遂炳彪可观,国以治安。吾故曰文章者政治之根柢也。

往古徐福、王仁赍书来东,坟典略备,其时为学者惟王子及公卿大夫,士庶鲜有闻。其文虽俪耦,而有浑噩之风,阳成初载文多质朴,元禄、享保文多条达,维新之际文多奇崛,吾故曰文章者政治之精英也。

覆载之内惟华夏建国最古,神圣首出,政教布在方策者极广大而尽精微,其文理深而辞达,与华夏同文者,藩属之外惟日本,故其伦纪法度优于他国。盖尝习周孔之道,闻礼乐之化,是以其文斐然成章。关氏此编抉择其精,凡言情述景、无补于实用者概从芟削,所存皆足以发明义理而扩充智能者也。方今学校宏开,读者得此以为矜式,敦本而抑末,舍歧而趋正,扶持名教,造就以成有用之才,则关氏编辑之功,岂在水户诸贤下哉!

大清光绪五年二月　　岭南何如璋序

编者按:此序《黄遵宪题批日人汉籍》书中未收,兹据郭真义寄来郑海麟复印原书卷首原件录入。

宫岛诚一郎《养浩堂诗集》序

宫岛诚一郎,字栗香,日本羽前米泽藩士。十三岁能作汉诗,曾参与倒幕维新,任修史馆书记官,其后与长冈护美、曾根俊虎等共创兴亚会。任贵族院议员。《养浩堂诗集》于明治壬午年(1882)由万安文库出版,集中附有何如璋、黄遵宪、沈文荧、黎庶昌等人序跋批语。

昔崔德符语陈去非以作诗之要曰:"工拙所未论,大要忌俗。在多读而勿使斯为善。"然则德符之所谓俗者,非肤浅鄙俚之谓,无性情学问以贯之,一切烦言碎辞皆俗诗也。此其事得于人者半,得于天者亦半。

日本栗香先生以诗称久矣,与余往来甚密,目得读其全稿,大抵涤濯瀌瘷,无纤尘障翳,而兴象深微之什,亦往往在焉,殆所谓得于天者独厚欤!由是而深造之,未能限其所至。吾愿东人之为诗者以栗香悬之的,则庶乎风人之旨,而免于昔人之所谓俗矣。

大清光绪七年辛巳正月上浣,大埔何如璋子峨撰

《养浩堂诗集》卷二·评语

意态既雅,情味尤佳,读至妙处,几有海上弹琴,将移我情之叹。

戊寅七月,岭南何如璋评

《养浩堂诗集》卷三·评语

雨窗披君诗卷,读至佳处,如倩麻姑长爪搔着背痒,令人叫快不置。

戊寅八月九日,何如璋评

《养浩堂诗集》卷五·跋语

大著四、五两卷,诗境愈老,格律益高,自是必传之作。古人云"精选",弟必得深知此道,始能去就得当。若仆者,直门外汉,不过以己意为之,恐不得当。此在作者甘苦必自知之,请仍以雅意裁酌。此千秋之事业,不可草草了之也。然文章之流传,原不在多。考之史、汉所列艺文,一人或数篇,或十数篇而止;而文之至者精神自不磨灭也。

拙序殊不佳,弟恐不免佛头着粪之诮耳。勉强应命,请藏之,以志一时交契可也。他日刻大集,宜别求名手序之。

辛巳正月十三日,大埔何如璋

《筑城词》批语

原诗曰:去岁防胡人,骨没沙上尘。今年筑城卒,血染沟上雪。

欲筑城兮筑未成,防胡在谋不在城。

音节古雅,惟"在谋"二字,殊不容易,非有绝大识力,能见远大而不狃目前小利者不能。其次则亲仁善邻,以礼义为本,如子产相郑,亦可为国家数十年之计。   何如璋批

《晓发白河城》批语

原诗曰:悲歌一曲夜看刀,风雨灯前鸡乱号。

宿酒才醒驱马去,白河秋色晓云高。

一气起直下,骨力峥嵘,真是杰作。   何如璋批

《梅花书屋》批语

原诗曰:其花洁者香最多,其人静者德愈和。

人与梅花趣相似,不怪前贤爱此花。

万树梅花一书屋,榧几明窗焚香读。

窃比林逋卧孤山,其德其花同芳馥。

屋不栽梅无丰姿,士不读书骨不奇。

安得一脉春风力,吹送清香天下知。

笔力劲健,斡旋得妙。   何如璋批

《同副岛吉井》批语

原诗二首,

其一曰:相逢相笑墨江头,三匝阁前徐系舟。

绝世高风推二老,一年明月属中秋。

金蟾光入杯间跃,白鹤影从舷上浮。

良夜不妨吟且醉,此游最喜伴名流。

一起老健无匹,可惜是夜月为微云所掩耳。   何如璋批

其二曰:蒹葭声战二州秋,回棹长江下急流。

灯火参差知夜市,管弦清脆认歌楼。

潮将满处风初起,月已生时云渐收。

舵转不知舟入海,帆樯林立浪悠悠。

前联写景,画所不到。后联亦壮阔,亦精细。转结非牢把之不可。

何如璋批

《赠清国公使何子峨》批语

集中卷五有赠何如璋七律二首,诗序曰:"二月五日,庭前早梅放一枝,余适伤寒腰痛,连句不起,因赋二律,以赠何子峨公使。"

其一曰:可无酌酒且题诗,喜见梅花放一枝。

　　　　月上树头怜影瘦,寒冲篱角较开迟。

　　　　林添雪色香犹冷,鹤守冰魂梦亦奇。

　　　　此际芳情谁领略,春风回首立多时。

其二曰:踏遍淡烟浓霭村,黄昏探句涉林园。

　　　　疏枝冷极香无迹,瘦影横时月有痕。

　　　　怜汝丰神宜夜静,凭君消息漏春温。

　　　　不嫌寒气孤山甚,爱傍花边醉一樽。

梅花二首,格高气逸,足称二绝。

何如璋批

《二月十二日有作书寄副岛——学人》批语

原诗曰:梅花在我前,天寒频飞雪。林园白皑皑,咫尺香先绝。

　　　　半枝已春催,半枝犹冻闭。造化何意思,幽贞谅苦节。

　　　　想是气未和,阴阳序或失。孤芳世所尊,况见天心悦。

　　　　烂漫应有时,爱护养高洁。雪虐与霜威,不损心肠铁。

人诗俱高,是为双绝。

何如璋批

《向岛会晚香吟社分韵得咸》批语

原诗曰:晚香吟社果不凡,有友十人一人监。

　　　　群才矫矫鹰逐兔,凌云健笔高峻巉。

　　　　词坛随处令不严,松楼柏亭横碧蒌。

　　　　云外青浮筑峰嵒,烟中白走墨水帆。

　　　　今夕何夕杯频衔,满盘新鲜杂海咸。

　　　　长吟临风发髟髟,红袖侑酒手掺掺。

　　　　介堂介比江头岩,竹亭清继林下咸。

　　　　淡交有味殊酸咸,晚香耐久谁能芟?

　　　　世人何事背面谗,见利忘义宛似獭。

　　　　嘉偶怨偶顷刻嵒,所以吟会贵和诚。

一醉揭帘月在杉,魍魉避影逃岩嵌。

清韵铿锵诗盈函,酒痕淋漓浣青衫。

锤幽凿险,音韵铿锵。

何如璋批

蒲生重章《近世伟人传》题跋

蒲生重章,字子闇,号裘亭,又号青天白日楼主人。诗人,对中国经学颇有研究。曾任议政官,史官,大学教授。与清使馆人员往来密切,为黄遵宪校评《日本杂事诗》。著《近世伟人传》记述日本近代"有伟功于中兴维新之际"的人物事迹。

读蒲生先生《近世伟人传》,于海东人物有关于忠孝节义者,采述甚备,其笔力生峭,摹写入神,能令读者感发兴起,真有益人心世道之文,不徒作丛书说部观也。

己卯仲春跋　岭南何如璋

《近世伟人传》题辞

立德、立功、立言,谓之三不朽。此天壤之伟人也。下此,则一节之奇,一艺之长,苟有可存,必录而传之。作者与人为善,所以发幽光、厉末俗者,用意不诚深且厚哉!

读蒲生子《近世伟人传》,书此归之。

己卯冬月,何如璋题

《近世伟人传》仁集五编上卷题辞

千载仰雄名。　　　　庚辰仲秋,书李青莲句。

何如璋

《近世伟人传》仁集四编卷首《三种园记》(代序)批语

胸襟洒落,故文笔如倪高士画本,萧疏淡远,秀出天成。种德一语,克践其言,可敬可敬。

何如璋

冈千仞《藏名山房集》批语

冈千仞,本名庆辅、启甫,字天爵,日本仙台下级藩士。著名汉学家、史学家。自幼读汉籍,任仙台藩议局议员,文部省编修察、修史馆编修,东京书籍馆干事等职。明治初年辞职归家,钦慕中国西晋诗人左思"振衣千仞冈"的浩荡英风,遂改名千仞,字振衣,号鹿门。与清使馆人员交往密切,其著作中保留有中国友人序跋批语等文字。

《答王先生书》(王韬)批语

笔致亦翩翩可喜。

何如璋

《南极草堂记》批语

如此题目,乃发出绝大议论,绝好文章,非识趣卑琐之人所能道其只字。

何如璋

《书昌平黉书生寮名簿后》批语

记及节义事,便觉笔下有神。念旧之笃,风义之高,当于古人中求之。文章之佳,犹其余事也。

何如璋

中川雪堂《雪堂诗抄》批语

中川雪堂,名英助,又名胧,号雪堂,羽前人。日本经史学家、诗人,晚年以文墨自娱,《雪堂诗抄》于明治十八年由聚远楼出版,集中有诸多中日名士点评批语。

《题二乔图》批语

原诗曰:翡翠帐暖沉檀香,大乔小乔各倚床。
　　　　隔窗海棠春月淡,银烛迢迢照兰房。
　　　　大乔半睡云鬌鬈,睫重于山支频坐。
　　　　含露芙蓉带雨桃,一朵宝钗偏欲堕。
　　　　小乔绣倦对月时,双蛾轻颦似有思。
　　　　纨扇半遮春花面,含娇凝睇点玉脂。
　　　　郎有奇策谁敢敌,东风吹火烧赤壁。
　　　　阿瞒百万七分休,枉思铜雀锁春色。
细腻艳逸,颇似飞卿。结犹高。

何如璋

《铜雀台怀古》批语

原诗曰：君不见魏武创业时，群雄蜂骇交驱驰。左提右挈程与郭，旌旄一麾尽靡披。诛吕驱袁如扫槁，压刘跨孙开鸿基。大汉之鼎轻如叶，九州之七如拾遗。天禄已固谁不服，万里肃然护鼎足。高台峥嵘掣青云，铜雀映日漳水曲。莲炬光摇夜宴阑，珠帘日上绮筵㼈。罗帷锦幕琉璃屏，娇娥三千美夺玉。谁知富贵如转轮，三马同槽梦更真。只瓦不存星霜换，峨峨杰构付一尘。唯有青山独依旧，水色山光愁杀人。

一世之雄，于今安在？盛衰感人，如读东坡《赤壁赋》。

何如璋

《天狗舞》批语

原诗曰：天狗舞，欃枪吐。镰府实为怨之府。羒犬饱肉新郎来，白旗一动战骨堆。海神得剑潮水涸，东鱼立枯委尘埃。东鱼虽枯猕猴在，其奈君王再有亢龙悔。

佅色揣声，颇有古乐府遗意。

何如璋

《出塞》诗二首批语

其一曰：十八出蓟北，四十初归家。归家未数月，驱将赴交河。
　　　　出家日已远，日日执干戈。仰望暮云南，惨然涕滂沱。
　　　　何日灭骄虏，兜鍪换笠蓑。仗矛月明前，空忆马伏波。
其二曰：丈夫在世间，身当不徒朽。三十佩金印，腰间曳紫绶。
　　　　烟尘西北起，召募蓟门走。千金买宝刀，其利铁可剖。
　　　　亲戚及同里，送行拥巷口。酒酣牵我袂，乃我同袍友。
　　　　戒我莫多杀，只斩天骄首。

意境声色，直逼老杜。

何如璋

《秋晴》批语

原诗曰：独弄秋晴立小园，残鸦啼树已黄昏。
　　　　暮山烟灭天寥廓，林螰徐升月一痕。

似江湖派小诗。

何如璋

《养蚕词》批语

原诗曰：蚕将老，食叶多，满堂促促风雨哗。条桑小姑手胼胝，守箔大姑鬟鬖髿。稚儿不解蚕事急，桑葚染衣向人夸。

朝采桑，夕采桑，大麦将秋昼日长。蚕三眠起可上簇，姑妇相呼家家忙。喜见满箔团团雪，绵茧如拳丝茧粟。鼎中汤跳丝方长，缲车索索风雨掣。阿妹啼呼诉长饥，阿姐未改寒时衣。谁图贵人身上锦，缕缕蚕妇苦中丝。

音节意境，皆骎骎入古。昔有谓张、王乐府多新声而乏古意，此殆兼有古意矣。

何如璋

《苦热作夏白纻》批语

原诗曰：兰汤浴罢凭高楼，紫抹珠帘西日收。
梧桐濯濯受新月，满庭坠露多于秋。
湘裙不耐峭凉至，手抚胸雪有余思。
麝煤染唇香动人，映月细写回文字。

清绝，艳绝，如读李后主"冰肌玉骨凉无汗"词，使人洒然。

何如璋

《感秋》五首批语

其一曰：才残清暑已难留，云物凄凉入素秋。
按剑空谈毛遂勇，捶床长叹子房筹。
风铃不语幽蛩咽，冰练无声银汉流。
耿耿疏灯孤影寂，沉吟遥夜倚高楼。
其二曰：万里秋光入望月，夕阳将落草虫鸣。
山从白雨晴边出，烟自幽林缺处生。
长铗横腰弹夜月，短衣露肘剔孤檠。
百年光景终如此，碧海何当掣怒鲸。

（其三、四、五首略，不录）
抚时感序，情文相生，慷慨怀思，音节铿然可诵。

何如璋

《观诸士角抵》批语

原诗曰：治不忘乱古所美，武以济文何二理。春讲大铳秋讲马，枪戟弓刀足绝技。桓桓满城熊虎士，以其余眼试角抵。孟秋将尽天始凉，角抵之例是为常。

设场花溪佐氏址，整整土豚置中央。数里旷原人鼎沸，来观之者如堵墙。东西对偶各自取，一喝蹶起双斗虎。观者不挥两把汗，发尽上指目如炬。喊声震天逆万雷，忽然一虎倒西陲。堤松相应成喝彩，后班将进黑尘埃。呜呼！昔者龙战虎争际，北越将士皆刚锐。遗风绵绵今尚存，可以想吾永天世。四海升平二百年，人惯文恬卑武艺。君不见河中搏战殪彦六，四郡如崩入封内。

飞眉色舞，奕奕有神。司马法曰："国虽大，好战必亡；天下虽平，忘战必危。"抚今追昔，言之慨然。

何如璋

《光春琵琶湖骑渡图》批语

题画诗曰：满堂凛然杀气生，画出一幅神觥觥。

对此人尽竖毛发，如闻当年叱咤声。

战袍度水云龙跃，霜蹄高蹴浪花轻。

可怜英雄终古恨，系马徐步入孤城。

骁勇不须说黥彭，死非其主犹有荣。

丈夫岂必云台上，湖上留得千载名。

（针对开篇四句）起笔突兀，殆法杜工部"堂上不合生枫树"得来。

何如璋

《登云梦楼》批语

原诗曰：人间何处扫春愁，赤汤温泉有此楼。登临辄觉骨已换，岳阳之奇何足俦。金泽山高当栏峙，万松蓊郁拥巍峨。松溪鹄溪连其南，势如波涛望逦迤。一丝樵路挂层巅，负薪担花皆可指。村屋带花山麓攒，倚门人似招我俟。渺渺大湖照颜明，蔚蓝春水接天生。盘云俊雕落寒影，倚山古寺铿钟声。晚风度处碧鳞皵，渔舟一一望岸行。天为我晴拂烟雾，日为我留不忍暮。此时神仙亦来游，洞箫声响凤凰蓍。手举大杯立栏杆，九霄长风不足御。诗篇裁得云汉章，休说是得江山助。噫嘻！年年何限倚楼人，未闻先忧后乐言谆谆！

起手不凡，逸情胜慨，高唱而入，飘飘有凌云气。楼虽不逊岳阳，登楼如希文者几人？翻身作结，用笔矫变，而章法亦完密。

何如璋

《尾折岭羽越分界处》批语

原诗曰：攀尽层巅九折途，连天北海碧模糊。

平生漫说水天事，初见祖宗旧版图。

顾视清高气深稳。

何如璋

《咏时事》十二首批语①

其一曰：相公柔抚不扬威，无论洋夷饱德归。

百计无如条约好，埠头闲却佛郎机。

其四曰：万里踏涛寻旧盟，殷勤何以系交情。

洋船入港君休走，惟载巾帼不载兵。

其六曰：威名到处止儿呱，百万明兵眼底无。

今日九原应冷笑，诸公何事足忧虞？

其九曰：人心向背见王师，斩木揭竿足有为。

三令五申惟忍耻，不知士气奋何时。

其十曰：闻说同心利断金，何忧国势到如今。

庙堂倚赖秦丞相，御侮谁禁丑虏侵。（其余诸首略，不录）

论未平允，而辞特隽妙，似规似讽，可当歌谣。

（又评其九曰）意复词稚，似不如删之。

何如璋

《吾妻山瀑布歌》批语

原诗曰：吾妻之山多瀑布，或在层巅或绝谷。四十八瀑尤超卓，宛如百川有四渎。山灵不欲娱俗目，云烟深锁玉韫椟。太平之瀑悬山腰，下瞰眼晕千寻矗。万雷争吼撼坤轴，十里犹闻响辘辘。炎瀑怒喷飞霹雳，斜阳倒射炎煜煜。相生相雄不相触，喜看匹练秋阳暴。高汤飞泉两崖麓，怒沫高跳溅灌木。天姥三级下岩足，碎如飞霰发可沐。岂知益焚禹刊毒，参天树中画一幅。号为曳布洁可服，织成霜布晒晴麓。白丝贯云盈杼柚，膏沸界破空山绿。吾土山水足清福，七瀑之侧温泉浴。燕瀑悬虹耳稔熟，如写其真笔或秃。君不见帝私白也才万斛，枉使瀑布称庐岳。

描写奇景，飞动飒爽，如风雨杂沓，雷电交下，使人心骇目荡。

何如璋

---

① 诗题有郭真义先生原注释："诗咏日本文水之役。1274 年（文水十一年）10 月初，忽必烈以船舰九百艘、士兵三万三千人出兵日本……后遇暴风雨，元舰沉没二百余艘。所余元军撤退，而日本得以幸免于难。1281 年（弘安四年），元军……兵分两路再次来袭……闰 7 月 1 日，元军举其全力进攻博多，当夜又遇暴风雨，四千余只元军船舰，仅二百余只未遭沉没，兵员损失五分之四以上，因而败退。"

《题放翁江月歌图》批语

原诗曰：蒹葭风起洒钓船，残暑将消江爽然。

大月徐上扫水烟，清光涌溢绀碧天。

黄金只当为酒捐，一醉陶陶枕舷眠。

满胸逸气自翩翩，任他世人呼顽仙。

白发曾无复青年，一丘枯坟有谁怜？

先生知己在何边，千秋陇西李青莲。

秀气灵襟，溢于纸上，而又飘飘然不复着纸。

何如璋

《雪堂诗抄》题跋

古体多俊逸之姿，近体多清新之调，昔郦元叙秭归山水云"山秀水清，故出俊异"，此殆蓬莱三岛所钟也？

辛巳三月六日，何如璋跋

副岛种臣《苍海遗稿》评语

副岛种臣，通称二郎、龙种，号苍海，又号一一学人。出身佐贺藩士，早年参加尊王攘夷运动，为明治维新之功臣。任外相，曾以特使身份来华交涉日军侵台湾事件。封伯爵，曾任枢密顾问官、内务大臣。《苍海遗稿》乃汉诗汉文合集，经其门人整理于1905年由秀英舍株式会社出版，附有李鸿章、何如璋、黄遵宪等人题赠评语文字。

《赏正月望月赋》评语

原赋略，不录。

同一月也，望之者，悲愉各别焉。吊影伤怀，月固无如先生何也。

《阙月赋》评语

原赋略，不录。

末段写阙字，亦自古秀。

《元日鸡鸣篇》评语

原诗略，不录。

宣上德，抒下情，述古事，鉴来今。风人之诗耶？屈子之骚耶？感叹苍凉，是一篇绝奇文字,不得以寻常格调拘也。

《感情效张曲江体》四首评语

其二曰:兹时鸡来叫,坐以待平旦。不知臣何思,疑谳在平反。

　　　　如许风寒节,毋乃劳宵盱。还是君王业,亦世光烂漫。

其四曰:肃肃宵迈鸟,知是西南翔。其声从艮方,起见星明光。

　　　　严冬十二月,而今威其霜。复坐拖裾带,遂欲朝明王。(其余略)

音节入古。

《和张巡闻笛作》评语

　　原诗序:张巡者,有唐一代名人。微乎张巡,则当时诸将陷于碌碌中也。张巡自奋,而诸将剑舞矣。今夫张巡者,匪有寸兵尺铁者,振臂一呼,天下望见乎其风采,奇志伟略,往往作人模范。有唐一代,盛矣哉!李光弼也、王思礼也、郭子仪也、乌重胤也、李晟、李愬也。其智勇辈出者畴,谓非尝张巡余唾者耶?巡,至矣!聊缀芜辞,以步之瑶础云。作《和张巡闻笛作》四首。

其三曰:禄山彼何者,天地涨群阴。身取将军印,节称圣主心。

　　　　孤城防守有,百斗慷慨深。谁独当宵夜,笛闻飘渺音。(其余略)

序虽数语,而推重张公特至,与昌黎书后同一卓识。诗亦苍劲。

《风雪篇》评语

原诗曰:风雪纷纷一何并,其初点点贴池萍。

　　　　昨夜风雪度辽水,有响咆哮欲动城。

　　　　一片雪大大如絮,终晨终朝零又零。

　　　　风急却是雪无力,飞入美人双玉屏。

　　　　双凤凰瑟鸣不响,双鸳鸯弦响不鸣。

　　　　双弹双调何为苦,定是关山远别情。

　　　　夫婿铁衣生寒光,手里宝刀三尺冰。

　　　　如何妾管冷多少,千里万里雪瑛瑛。

意境格调,不落凡近。

《别何公使行》评语

原诗曰:客立昆仑第一峰,千年桃树蔚葱茏。

　　　　嵩山道士箫声伴,华岳仙人剑佩从。

此日西风林震动，兹时溟海浪深汹。

蓬莱使者何能至，路隔白云重叠封。

深微之旨，绵邈之词，此境殊不易到。先生独至之诣，恐非俗人所能了解也。

《岁晚行》评语

原诗略，不录。

天地茫茫，怆然涕下，读先生此作，可谓异曲同工。

《一杵一臼》评语

原始略，不录。

葩经之遗，俗手那能解此？

《望彼南山》评语

原诗曰：望彼南山，白云离离，黄帝尧舜，不与予归。

望彼南山，白云散舒，皋陶庭坚，不与予居。

望彼南山，白云去来，文王夫妇，不与予回。

此三诗，即五柳先生北窗高卧之意。

《又别何公使行》评语

原诗曰：言君实返泪斑斑，灯下我今诗再删。

念赋柏舟非卫国，遂攀枫叶奈空山。

哀鸿声落宵庭寂，老马嘶长晓枥闲。

孤倚栏杆西汉没，南箕北斗别怀艰。

情深语挚，读之凄然。

《有感》评语

原诗略，不录。

尚友古人，襟期自远。

《感诗》评语

原诗略，不录。

诗固如此，事亦宜然。

《又感》评语

原诗曰：西风怅立日云斜，雁字行行又作叉。

伯玉古诗伤往迹，庐家少妇自长嗟。

王维墨法云明淡，岑子悲歌雪意加。

此夜此时难道恨，柳州吟句漫陶家。

评开篇十四字：茫茫百端，对此交集。

《与何如璋书》评批

何君阁下：

予不足道也。数丧儿息又丧妻，气魄萧飒乎索，白发离离垂。齿脱犹能余者，前龈三片，疏疏乎弱。近来且又数病，病则感冒，鼻酸酸乎。独有忧则成愁，愁则成叹，叹则成嗟，嗟则成慷慨，慷慨则成咏吟自慰。自阁下观之，是特枯骨之怜悲矣。然予谓万物不能自导悲，人但能导悲。愚者不能自导悲，贤者但能导悲。天所以锡于人，是性发而为情，故能悲于君则成忠，能悲于父则成孝，能悲于兄则成悌，能悲于弟则成友，能悲于子则成慈，能悲于国家则成仁，能悲于难则成烈，能悲于朋友则成信，能悲于寡妻则成和易康乐。

且夫四海困穷，尧悲也，尧悲而天下乐。南风之薰而舜悲也，舜悲而我民之愠解。丛脞，皋陶悲也，皋陶悲而帝歌载得矣。反之则特炀帝之行也。吾因念之，禹悲而得之，桀弗悲而失之；汤悲而得之，纣弗悲而失之；文武周公悲而得之，幽厉皇父番家伯仲允□子蹶□艳妻弗悲而失之；穆公悲而得之，始皇斯高二世弗悲而失之。悲与弗悲也，周公悲于东山而三监获，孔子悲于获麟而春秋作，季子悲于吴而太伯享祀，子房悲于韩而千金铁锥，高祖悲于时而三尺剑，韩信悲于代而汉大将，夫悲而竟于悲者，岂不悲哉？李纲悲于贬窜，岳飞悲于诛戮，东坡悲于诗，孙叔敖之祀悲于优，萧望之何祸，李广何祸，周亚夫何祸，而偕悲。范蠡悲于片舟，子胥悲于鸱夷，留侯悲于辟谷，高帝悲于黥布、于冒顿。子陵何悲于钓，梁鸿何悲其歌，陶渊明常悲于酒诗。则是推之，古之淑人、君子、圣主贤臣、忠臣孝子、义夫烈妇、顺弟义孙，大抵能皆自悲矣。天悲而日月照明，地悲而雨露通施，鬼神悲而保佑命之至矣。然则吾独平生有一悲而可也矣。

性情文章非二也，固谓《典》、《谟》，尧舜禹皋陶稷契夔诸君性情文章也。《诰》，周公成王召公康侯性情文章也。若此则《上书》百篇，唐虞三代君臣性情文章也；《诗》三百，商周人性情文章也；《论语》二十篇，孔子与诸弟子及其门人性情文章也；《孙子》，孙子性情文章也。下于是，则晁错能作文章，满篇皆性情，汉文之无视也。若贾谊，则稍有作意，故弗悲而曰悲，不则何事之痛哭流涕长太息也？司马迁、班固、扬雄，则荡学者之通弊也。若道不然，则何乏于要理也？韩退之以下，大抵皆是矣，学马迁而不成者矣，《伯夷传》何要理也？朱文公之言，纯乎纯君子也，《学》《庸》二序尽矣，注释则僻矣，僻于学故也。贾谊同病，且夫一部《过秦论》作何用？宋伯纪言似矣未尽①，则何阙于威励之气也，然片言只句无假辞，与是同病者汉刘向。彼则精于事而此则明于理矣，是皆时之名大夫，德义风采同观，向也果而诎，味乎语气而可知。凡人有一长则有一短，惜矣！马选漫，仲舒舒，公孙野，柳子简，东坡荡，韩子气弗舒，诗蒙，要皆僻长短之譬也。仁者言霭如，义者言侃如，智者言昭如，和敦言睦如，沉潜言裕如，慈悲言悲如，高明言克如，豁言洞如，略言简如，周密言绵如，敬义言重如，聪达言益如，训导言切如，讽喻言规如，威武言劲如，推测言致如，交际言斑如，敬畏言慎如，祈请言要如。寓言泛泛，例言比比，辨言切切，理言着着，厚言笃笃，大言洋洋。而抑情者之言，婉如，恬如，荡如，暖如。然则吾言如何，道悲而未已者矣。

　　且夫朝鲜之事，物议纷纭，予常患之。朝鲜宾客鱼允中臻，迎之，予从容语次问曰："昔日欲以船请命于贵国，公能知之乎？"允中曰："知。"予曰："恨乎？"允中曰："否。"予曰："欺也！贵国外托修好，内实侮予。"允中曰："非。"予曰："贵国娼妓待命于弊国人，必为所刑，是非修好规。"允中曰："是典。"予曰："未修好前之规也哉？"允中曰："新规。"予曰："是仇予矣。夫修好者，合二国人民而为兄弟行也。且人恕于内国，而严于外国，是非仇予而何？"允中弗答。予曰："得无乃恨予关白秀吉乎？"允中曰："恨。"予曰："予亦深恨贵国，如何？彼丰臣者非擅命也，曩者蒙古有陷我对马，陷我壹歧，掠我松浦，转而寇于博多，贵国人常为之先锋，是深恨也。其后我窃盗掠于贵国海岸，而贵国弗遣一问使于我，直夺我对州，凡若是者二。微秀吉则我地长入于贵国矣。现对州载于贵国地理志。且秀吉是复仇之举，非擅伐之师。且吾又欲问贵国之弗释憾者，秀吉之时，贵国八道皆降，二王子在我手，独亡王殿下遁于平壤之奥，明师来而民皆之，为蹂躏七年。且沉惟敬何者？二国兵结而不解，则明任用实误也。且我返二王子，唯贵国之命，我无罪。吾欲问贵国之弗释憾，敢问我天皇即位告，征夷府废止告，对州藩停止告，太政官设置告，外务卿委任告，外务书记谕书，外务告，太政大臣告，釜山浦在留书记谕书数通，宗对州谕书，对州前委使谕书，同通事谕书，釜山浦在留馆吏撤去之告，皆漠而不省之，宜且在见问条。始者，吾谓贵国受清朝之封册，今则大朝鲜王国，权常在其手，无复明师来援，则吾入如何？其以予为英雄乎？今夫不同福，是不能共同祸，修好无用也。"是一时言，私入阁

_____

　　① 原书有注："疑指北宋时宋敏求《春明退朝录》"。

下耳。

何君阁下任满而归国乎,与交三年谊厚也,意者方今世界纷争之时,强弱时有,盛衰兴亡不齐。近某大国有征服朝鲜议,是否如何? 为国忠孝大节勉焉。吾老无日,悲之又洞洞续续来也。

种臣手书再拜

将古来治功、学术、经济、文章,贯串于一悲字中,笔笔变化,语语精炼,汪洋恣肆,博大雄深。此为宇宙奇文至文,当于诸子集中求之。秦汉以后人,不能复作此种文字矣。先生怀此伟抱,故满腔悲愤,触绪纷来,再三披读,不觉俯仰自失。先生其殆移我情乎?

何如璋

《祭虞舜文》评批

原文略,不录。

悲慨无端,俯仰自失,自是先生别有寄托之文。

61

呼僮敞轩槛独酌酬高楼一望浩无涯

直穷东海头安得偕安期来云天外游

壬午夏四月录旧作为

老叔大人正 于岁经力璋

使东述略

序

吾邑何子峩宫詹以光绪初出使日本,为我国使臣驻日本之始。其时日本方厉志维新,而我国亦颇讲求西法。日本虽觊觎我国藩属朝鲜,且方首并琉球,然以我国为彼文化所自出之国,而我国又向自尊大,视日本为小夷,一旦以词臣之选使临其国,朝野上下引为荣宠,而宫詹亦以东方比邻,尽诚结纳,其坛坫之盛,一时所未有也。宫詹虽笃邦交,而力顾国权,于球案持之独力,虽撤使用兵而有所不惮。当局虽骇为过激,即外人亦有议其不谙外交者,而不知萌蘖不摧,将寻斧柯,星星不熄,遂为燎原。至甲午一役,而始叹宫詹之远识也。宫詹有使日函稿数十册,争球案之外,如议商约、收领事判权,皆深切著明;其尤者则为主朝鲜外交,东三省移民,余已采编为《袖海楼文集》,且选入《茶阳三家文钞》,梓之以行世。

《使东述略》为其使程及初至之日记,阅之可知当日情事。《使东杂咏》则等于观风问俗之作。当时总署曾为刊之,岁久罕觏。及门饶子聘伊留心国故,乃与宫詹令子寿田等鸠资重刊以问世,而索予一言为之引。嗟夫! 以今日之中国、日本,较之当时,其升沉直不啻几千万里,毫厘之差,其得失遂至于此! 国人读之,不知感慨为何如也?

民国二十四年乙亥孟春

温廷敬序

序

予少时读《始皇本纪》,至遣方士徐福发童男童女数千人海求蓬莱事,疑福齐人,习知海中群岛,将辟地殖民,若后世张虬髯王扶余意,故欺始皇,率童男女往也。后读黄公度《日本国志》分注引《梁书》言:日本自称徐福后;证以立教重敬神,有罪使诵禊词自洗濯,皆方士法,盖亦有疑焉。公度为何公使子峩先生参赞官,驻日本久,博采彼国古今史籍,辑成此志,语皆详实。独《国统志》前编,以地为胞生祖为物化,所言天神七代、地神五代,怪诞不经,则存彼史谬说,等诸女娲抟土、姜嫄履迹之例,非以为果有也。然彼邦作者源光国、赖襄所述,断自神武天皇,神武建国当周惠王时。后四百余年徐福始来,居熊野浦,其非徐福后人明甚。近饶君聘伊出示何公使《使东述略》,谓周秦以前,东海群岛皆虾夷,及徐君房挈男女数千至,生聚蕃殖,遂逐虾夷,立君长国于日向,其后渐拓,而西徙国橿原,今畿内大和境也,则直以徐福为神武天皇矣。或神武为后世追王之称,如周人尊后稷配天之类耶?我不敢知曰其然也,亦不敢知曰其不然也。考赖襄《政纪》,并徐福东来事,削而弗书。然闻纪伊国实有徐福祠,熊野山又有徐福墓,且其初传国重器有镜、剑、玺等,其为教又如上述,固犹有方士遗习焉。其非尽凿空子虚可知也。顾自神武至崇神,数百年间无事可纪。崇神立国,始有规模,则距徐福东来近百载矣,虽不必主国者果福子孙,倘亦彼邦所藉以开化者耶?

所可慨者,明治维新三十年,区区扶桑三岛,突然雄飞世界。甲午一役,夺我朝鲜,割我台湾,寻且战胜强俄,鼾睡我卧榻。而我以二十余省之广土,众民袖手缩颈旁睨,而莫敢谁何。其亦有可愧耶?其无足愧?梁任公序黄《志》后云:"乃今知日本,知日本之所以强;乃今知中国,知中国之所以弱。"呜呼,何言之痛欤!昔辽讥宋人,视其国事如隔十重云雾。今东渡留学者踵相接,可无云雾之隔矣。然知如不知,其智恐反出宋人下也!

何公使所记,但记使事始终,及其耳目所闻见,别有函稿数十册,多争国体国权事,语在丹公前序中,故不之及,而言黄《志》之有关日事者以告饶君,且以发起邦人爱国心云。

民国二十四年乙亥仲春

乡后学郑晓屏序

序

道、咸以降,海禁宏开,泰西各国,遣使来华,日本亦于同治八年遣使修好。当局筹议外交,决派使才,宣言修睦,且以列邦情势虚实,惟出使者亲历其地,乃能笔之于书,以期有益于国。例如《周官》重行人之职,以其万民之利害为一书,礼俗政事、教治刑禁之顺逆为一书,反命于王,以周知天下之故。于故有征,于今为亟。

光绪初,郭侍郎嵩焘使英,刘京卿锡鸿使德,陈太常兰彬使美,曾袭侯纪泽使俄，薛御史福成使法、使意。夫远交固重矣，而近交尤难。昔丁中丞日昌《海防条议》，用人一途，推重外交，谓英、俄、德、法、美诸大国，皆使臣所必须联络者。日本在我卧榻之侧，近而且逼，所使当精益求精矣。此使东所以尤难其选也。

光绪二年，大埔何侍讲子峩先生，以李文忠、沈文定交章论荐，皇华拜命，专对需才。翌年发轫。秋间遂开驻日公使先声，于东洋外交史上首偻一指。先生夙以通洋务、具经世才，见信于当轴者也。其《使东述略》及《杂咏》，只就耳目所经，考其风土政俗之崖略，系日而记之，以志一时之踪迹。至其积月累年，穷原委，洞情伪，条别而详志之，以资我国考镜者，尚有函稿数十册也。星<u>轺</u>日记，凡出使各国者皆咨报焉，不独使东为然也。

独先生使东，值明治维新，虽兼尚西法，然其功实本尊攘大义，受汉学之赐以中兴。先生奉朝命，启邦交，日本重见汉官威仪，莫不敬礼备至。先生于国际交情，亦极欢洽。惟国权关系，则丝毫不予通融。如领事判权，赖先生力争，卒设三口领事官，执行平等条约。其争球案也，则请撤使罢市以持之而不稍屈。日本至议割球南归隶中国，倘所谓有耻不辱者非欤。其论朝鲜及规划东三省移民事，言皆中肯。惜谋国者懵于外情，措施乏术，遂使经世之举，托诸空言，识者悯焉。然而竭智尽忠，先生可谓不负使命者矣。

举世重其人，并重其书。光绪间，《使东述略》初出，南清河王锡祺即汇编入《舆记丛钞》。余编《潮州先正遗书丛刊》，亦经著录。门人饶子聘伊惓怀文献，以是书首开中日国交，有关典要，为商侍讲令嗣寿田，集资专版以传。

嗟夫！先生哲具经世之略，言之而不行于时。由后观之，不爽铢黍。智者辩之于早，识微见远，虽百世可知也。岂特数十年间中日国际安危之事哉！

民国二十四年春月
潮安吴鸿藻子笏谨序

国家声教覃敷，东际海，西拓回、藏，北绥内、外蒙古，南极滇、黔，界交趾，复跨海郡县台、琼，凡朝鲜、琉球、安南、暹罗、缅甸之属，悉隶藩服，职贡献。泰西诸国，慕中土殷富，不惮远涉重洋，款关求市。番舶之入粤澳者，无岁无之。道光时海禁大开，英、法、美结约通商。自时厥后，环地球之内，麇至者十有余国。而日本以同文之邦，毗邻东海，亦复慕义寻盟。各国因轮舶转输，懋迁日众，遂遣使入都展觐，持节护商。朝廷以礼隆报聘，有来无往，非宜也。且五大部洲风气殊异，不有人焉以察之，则政治得失、民气强弱，与夫山川物产之险阻盈虚，未由知其曲折。爰遣朝臣，问与国。乙亥秋，郭侍郎嵩焘使英。其冬，陈太常兰彬使美。丙子冬月，如璋猥以疏陋小臣，亦滥假崇衔，充使日本，自惟谫劣，如古之出疆专对、樽俎折冲者，已无其才；如今之觇国势、护商旅者，又无其术。夙夜惴惴，唯不克称职是惧。海程之险远，归期之淹迟，非所计也。

丁丑春，副使张公斯桂至都，相约治装。以日本萨摩兵乱，少缓行期。七月壬戌，由军机颁到敕书、国书。二十一日甲戌，偕张副使陛辞。八月四日丙戌，出都赴通州，走北运河。北运河者，潞水也，合潮、沙、七渡、通惠诸水，南与卫会，达直沽，以入于海。秋潦方盈，粮艘如织。柳条西北，依依送人，忆戊辰假归，亦经是道，风景不殊。而是年七月，日本始废诸侯称华族，改封建为郡县。越明年，遣柳原前光来议修好。至辛未，伊达宗城复来，我朝始与之立条约①，订税则。韶光荏苒，忽忽既阅十年矣②。

庚寅抵津，谒李伯相，语使事颇详。使臣森有礼至自其国，晤之行馆，述西乡穷蹙，萨乱将平之状。越八日戊戌，乘招商轮船，晓出直沽，泛渤海。舟指东南，风微不波，水天一色。远览北洋形势③：锦、奉东趋，辽河入焉；复盘折回，左翼燕齐，南带黄河，利津入焉；登莱逆局为右臂，回环巨浸中。内拱神京，邃若堂奥；外屏朝鲜，远作藩篱。日本界处东瀛，孤悬四岛，自北都视之，犹几案耳。轮舟径指，旬日可达，尚何险远足云乎？觉志气为之一壮。

己亥，舟次烟台港，属福山，亦通商要口。昔人经营辽左、高丽，大率由之。东望旅顺，一苇可航；北接芝罘，为秦皇、汉武登眺之所④。崆峒屹其南，兵舰、商船视为标准。港内有奇山故所，城周二里，遗址仅存。询之土人，则洪武时置戍备寇者也。言险要者，幸勿忽诸。

---

① 条约，木下彪本、何维柱整理稿作"条规"。
② 韶光荏苒，忽忽既阅十年矣。木下彪本、何维柱整理稿作"今十年矣"。
③ 形势，木下彪本、何维柱整理稿作"大势"。
④ 秦皇，有的版本作"秦王"。

庚子,过成山,渡黑水大洋。成山,荣城之尽境,齐地。自登莱以东,数百里横亘海中。文登以西,势复削入。盖离岸远,则海益深,波黝如墨,其势然也。从此舟从南驶,四望无垠。迨海色稍清,已近江南海州境矣。

十九,舟抵上海,入吴淞,泊虹口。登岸,假寓租界。界在城北,旧时榛莽,悉化街衢,舟车填溢,货物山积,洋楼戏馆,酒楼茶肆①,无一不备,夜燃煤气灯,光腾黄浦。估客之奔波,游人之寄迹,百工技术之争竞驰逐,尘扰风靡,不可响迩。噫!何其侈也。

余往来南北,尝数数过焉,气象递变。商贾之亏折闭歇者,往往而有。闻欧亚各都会,大抵如斯。盛极而衰,天道固然,恐人力无以善其后耳!上海互市为各口冠,货之输出入者岁逾亿万计;然稽之税关,输入恒倍于出。漏卮不塞,则日朘月削,财用立匮;民之穷,讵国之福乎?

窃以为生财之道,不外开源节流。煤铁之利,取之地者无尽也。西北土浮于人,宜仿机器,治沟洫,辟荒芜,以尽地利。洋布最为输入大宗,亦宜依其法以织。耕旷土不伤农事,织洋布不害女工。源日开,流日节,取诸宫中,家给而人足。外国商人无所牟利②,势必废然思返。否则矫语高远,吐弃一切,囿于近习者又欲穷力步趋,以自耗其金币,奚可哉!

庚戌,由海道赴金陵。壬子抵江宁,见沈幼丹制府,商派兵船东渡。制府乃命江南第五号"海安"兵船护送,以"海安"曾巡历日本,港道稍习也。

十月十九日庚子,拜折具报出洋日期,并奏带随使人员。癸卯,偕张副使登程。同行有参赞黄令遵宪、正理事范丞锡朋、副理事余舍人璂,及翻译随员沈贰尹鼎钟、沈牧文荧、廖教习锡恩等十余人,共带跟役二十六名。傍晚,上"海安"兵船。

甲辰,舟出吴淞,傍崇明南岸而行。针指东南,过铜沙,乃放大洋。崇明者大江门户也,上接海、通,下倚川、宝,为外海入江之路,屯兵必扼之区。明初海寇迭犯崇明,始设守御千户,益兵戍之。今日海防不在寇盗,应变无方,立国者何可一日弛其备乎!傍晚,见戢山、花岛、马鞍诸山。舟转正东兼北一字,风紧帆张,真有破浪如飞之概。

乙巳,晓登舵楼,望水作湛碧色,离扬子江口既数百里矣。北风横卷,波轮相搏,如万马奔腾,殷雷震耳。从者多呕吐,不敢起立。

---

① 酒楼,木下彪本、何维柱整理稿作"酒寮"。
② 木下彪本、何维柱整理稿无"商"字。

丙午,泛东洋大海,水深黑,较过成山时色尤浓。晓起观日,瞳瞳之景,径旸谷,浴扶桑,仰射云霞,异采焕发。出海渐高,则万顷鲛宫,风回澜紫,其精光不可逼视矣。下午始见远山,询之舟人,曰高岛。近视之,大者屹立海中,傍列三五如小星。过高岛,舟东北行。行百里,经五岛①,以相距远,天黑莫辨。

丁未,达长崎港。港势斜趋东南,蜿蜒数十里,如游龙戏海。尽处名野母崎,北则群岛错布,大小五六,山骨苍秀,林木森然,雨后岚翠欲滴,残冬如春夏时②。沿岛徐行,恍入山阴道中,应接不暇。古所谓"三神山",是耶非耶③?

船近内口,依成台停泊后,施炮二十一声,桅换日章。日本戍兵,亦挂龙旗,炮如其数。互相为敬,西人所谓仪炮是也④。少顷,泰西各兵舰,均具仪如款宾然,我船亦依次答之。从宜从俗,古人不废,记之以觇外邦之制云。

下午,各商人刺船来谒。日译官亦来,称县令内海忠胜履任甫三日,事繁不克郊迎,若辄车枉过,乞示知,当敬俟云。因谕以使者入境,未递国书,不便私见;惟泊船添备煤水,并察看我商人情形,一二日即东驶尔。

明日登岸,诣会馆瞻礼天妃,商人咸集。询之老者云:中土商此既数百年⑤,划地以居,名"唐馆"。估货大者糖、棉,小则择其所无者;反,购海物,间以木板归,无他产也。荷兰船岁亦一二至。吾民流寓,有历数世、长子孙者,既莫辨主客矣。近其国与泰西结约,商船络绎。我国居此者近千人,贸易虽广,获利甚微。榷关所入,岁不过二十万。地多矿山,煤产颇佳。港有机器厂,工匠仅数十人,以萨乱经费支绌之故。

俗好洁,街衢均砌以石,时时扫涤。民居多架木为之,开四面窗,铺地以板,上加莞席,不设几案,客至席坐,围小炉瀹茗,以纸卷淡巴菰相饷。室虽小,必留隙地栽花种竹,引水养鱼,间以山石点缀之,颇有幽趣。男女均宽衣博袖,足蹑木屐。顷改西制,在上者毡服革履,民不尽从也。其女子已嫁,必薙眉黑齿以示

① 木下彪本、何维柱整理稿作"经五岛南"。
② 如,木下彪本、何维柱整理稿作"犹如"。
③ "是耶非耶",木下彪本、何维柱整理稿作"是耶抑非也"。
④ 仪炮是也,木下彪本、何维柱整理稿作"祝炮之仪也"。
⑤ "既"字,木下彪本、何维柱整理稿作"者已"。

别,近弛其禁矣。

此岛地势狭长,南北五百余里,东西或二三十里至百余里不等。旧分九州,以国都在东,命曰西海道。丰后、筑后、肥后,势若犄角立其中;其北曰丰前,曰筑前;稍折而西南曰肥前,由水道去肥后甚近,即长崎所隶也;其南曰日向、大隅;西南曰萨摩。琉球屹其南。极北跨海,有壹歧、对马二岛,近朝鲜仅数十里矣。闻自高丽乘舟来者,言水势下驶,顺逆悬绝。固知地脉由西而东,次及南岛,次及中岛,次及北岛。故其都会所聚,风气所趋,亦因之不同。

己酉,偕鲁生游北园。园在西北山麓,广十余亩,周以竹篱,依林枕溪,翛然无尘。时则霜菊就残,寒梅著花,横斜水次,似故乡风景,徘徊者久之。出园登北山,历石百余级,至诹访社。目力所穷,巨海无尽,众峰罗列,皆在虚无缥缈之间,殊令人飘飘然有凌云之思①。循山而西,谒孔子庙。庙前红杏森植,引二水环之,亦称洙、泗。夫子未尝浮海,而殊方异俗,千载下闻风兴起,教泽之所被,何其远哉!

是晚留饮会馆,席次谈岛南乱事。寇首西乡隆盛者,萨人也,刚狠好兵。废番时,以勤王功擢陆军大将。台番之役,西乡实主其谋。役罢,议攻高丽,执政抑之。去官归萨,设私学,招致群不逞之徒。今春,以减赋锄奸为名,倡乱鹿儿岛,九州骚然。日本悉海陆师赴讨,阅八月始平其难,费帑至千万②。顷国主下令减租,其事甚美。

庚戌,出长崎,经香烧岛、神岛。船向北行,过松岛东,又经大岛东北,远望五岛诸山,峭拔鲸涛中,郁然为碧芙蓉倒映海面。午后,经黑岛,舟北指兼东一字。其内为松浦郡,外则平户岛,肥前地也。日入,泊平户后港。

元至元中,范文虎、阿塔海帅舟师十万,以高丽为向导,渡海东伐,克对马、壹歧,乘胜进攻平壶。遇风舟覆,范文虎等弃其众,乘坚舰遁还。考之地势,盖此岛云。

辛亥,出后港向东北行。西过壹歧岛,湮浪微茫,望之不见。午后溯元界滩,为筑前地。傍晚,见南岸群峰,夭矫奔赴,若健翩连翩,飞翔大海。问之引水人,曰鸦苏山。自此以东,悉丰前小仓郡境。随经六连岛、引岛,舟转正东,入长门海峡。峡势回环,狭处不逾十里。峡外为响滩,以礁石森立,风涛冲击,其声

---

① "之思",何维柱整理稿作"气"字。
② 此句,木下彪本、何维柱整理稿作"费币至五千万"。

澎湃而飞鸣得名①。西岸有灯台,出入峡者,视之为的。船过时,台上升旗为礼,亦泰西之例。渡峡,至下关泊焉。

下关又称赤马关,长门国地,四山环绕,波平似湖,东岸市镇颇繁庶。自长崎至此,海程数百里②。由关以东,为日本内海。

十一月朔,壬子,舟指东北,出长峡,经丰前门司,越千珠、万珠二小岛,转正东,过本山岬,泛周防海,海面平开百余里,望西岸丰后诸山,争奇竞秀,澄波倒影,如读荆、关画图。在峡中正苦逼仄,舟忽经此,心目为之豁然。寻历长岛,溯上关,沿鹤岛入硫黄滩,转舵东北,薄暮抵松山,泊三津滨,是为南海道伊豫地。

癸丑,向东北行,过御手洗岛,又北折过无月岛,又迤东过三大岛。回溯百里中,岛屿纷纭,大小数十。询之引水者,莫能悉数。有呼为男气、女气者,称名亦奇。旋历水岛滩,海复宽广,风微不波。晚泊小豆岛,岛隶赞歧郡,亦南海道。岛中居民数十家,耕水渔山,自成村落。因偕黄公度、廖枢仙诸子登岸。夕阳在山,黄叶满径,梯田露积,畦荠霜余。樵牧晚归,见异邦人,聚而相语,惜不通其语言。及旋舟,桅灯光射水际矣。

北岸所历,为安艺、备前、备中、备后四郡,属山阳道。山阳有赖子成襄者,通汉学,能文章,殁六十年矣。曾见所著《日本政纪》、《日本外史》及《新策》诸书,识议宏博,以布衣终老,惜哉!

甲寅,出小豆岛东行,历播磨滩。滩之北岸,为山阳播磨境,南阿波,东南淡路,则南海道境也。二三百里间,海复平阔。淡路横亘其前,若户扃焉。东北陡角曰江崎,对距明石仅数里。山束海回,风涛险恶。舟经此,稍折而北。过明石,又折而东,经和田岬入茅渟,遂泊神户。自长崎至神户,水程不过千余里,昼行夜泊,迟之五日。缘所经内海,峡道湾曲,且岛屿丛杂,多暗礁,天黑无月,引水人不欲犯夜故也。

神户,旧摄津境,更制后属兵库县,与大阪均属通商要口。少顷,兵库令差译官中山繁松来谒,请少驻行旌,舒劳顿。外务省属官亦候于此。余婉词以谢。晚,本国商人亦来请少驻神户,顺游大阪,勾留数日。神户商人数百,以居此日浅,势未联属,议窥其要领,允以明日登岸。

① 得名,木下彪本、何维柱整理稿作"故名"。
② 数百里,木下彪本、何维柱整理稿作"约千里"。

乙卯午后，余偕鲁生及诸随员上岸。商人具仪仗驺从以迎，辞不获已。汉官威仪，见所未见，日人间有从西京、大阪百十里来观者。西人亦欢携妇孺，途为之塞。至肆舍后，兵库令、外务属官咸在。以主者是吾国商人，先辞去，旋答拜之。连夕沿岸张灯以千万计，东人每户皆悬画日旗，儿童奔走亦多手执小旗，盖其国庆贺之礼，东道之意，殊眷眷可念也。夜至西①，归舟就寝。

丙辰，由铁道赴大阪，相距七十里，四刻即至。商人导游大阪城、天满宫各胜。大阪旧隶摄津，今改府，属畿内道。土地沃衍，山海深奥②。淀川南流贯其中，溪桥交错，市坊填咽，红尘四合，烟云相连，一大都会也。东北距京，为之屏蔽。故曩时关西寇警，必争大阪，亦形势使然。

城小而坚，石濠深阔，镇兵驻之，丰臣秀吉遗址也。秀吉奋迹人奴，袭织田之业，称雄东海。课列藩，筑城以自固。乃暮齿骄盈，不自量度，欲抗衡上国。暴十余万之师，西争高丽，卒为明兵所扼，力绌势穷，国为之弊。身殁未久，遂覆其宗。兵犹火也，不戢自焚，秀吉之谓乎！

日本封建之代，最重世族。秀吉微时，莫知其所自出。及贵，冒藤原氏，位关白，赐姓丰臣。日本人咸称丰公而不名，盖异之也。其征关东时，尝过镰仓，抚将军源赖朝像曰："匹夫崛起，唯君与我；然君名家子，不若秀吉之为人奴也。"其自负如此。西乡之议征高丽，盖慕秀吉。然暗昧狂躁，相去难以道里计，执政摈之，宜哉！

继至天满宫，基宇宏丽。询其神，曰菅原道真，世管学政者也。沧海乖隔，生斯土者，不获闻周孔之教，择邦之贤者为师而崇祀之，亦周礼祭于瞽宗之义欤！晚，宿于自由亭。

次早，乘火车入西京，程约八十里，日本旧都，为畿内山城国境。因计周秦以前，东海群岛，皆虾夷所居。中土人泛海东渡，九州始有流寓。迨徐君房来，挈男女数千，生聚蕃殖，遂成都邑。逐虾夷，立君长国于日向。其传国之器曰剑、曰镜、曰玺，称君曰尊，臣曰命、曰将军、曰大夫，皆周秦之制也。其立教首重神祇，则方士之遗规也。尔后渐拓而西，徙国橿原。橿原者，畿内大和境也。唐德宗时，复迁都大和之北，曰平安城。平安为今西京。其东北边为陆奥，唐时犹属虾夷；数百年间，芟艾驱除，悉成郡国。近复跨海辟荒岛，设开拓使治焉。曰北海道。询之日官，岛中虾夷现仅二千，迟之又久，恐无复噍类矣。将所谓一盛

① 西，木下彪本、何维柱整理稿作"丙"。
② 深奥，木下彪本、何维柱整理稿作"奥区"。

一衰者，物理之常耶？抑转移在人，人所经营，或有工有拙耶？

历市坊，陟华项山①，登第一楼。楼据山巅，俯瞰全城，历历在目。西京以山为城，无门郭雉堞之制。周环数十里，气象殊狭。贺茂川萦带之，山水清丽。民俗文柔，喜服饰，约饮馔。其质朴不及九州，视大阪之浮靡，则远过之。

随下山，诣日王旧宫。守吏导入，观所谓紫宸殿者。殿屏图三代汉唐名臣，各为之赞。中土流风远矣哉！循殿西行，转数折，过曲廊，涉后园。落叶满阶，鸣禽在树，水喧石罅，泠泠然如闻琴筑声。静对片时，尘虑俱息，几不知游迹之在王宫也。宫之左畔为后居，日向暮，不获周览。遂趋出，命小车至铁道旁，坐候时许，乃乘火车回神户，二鼓始至。

戊午，舟拟东行，以引水人未至，停轮俟之。午后游熊内村，观瀑布。百丈崩崖，悬流奔赴，阴风怒湍中，涧松森竦。玉龙交舞，破壁欲飞。倚碞注视，觉寒气砭人肌骨，不可久立。

返步凑川，访楠公神社②。楠公名正成，元、明之际，日本后醍醐帝愤足利专横，命正成率兵讨伐③，战于凑川，兵败身殉。子欲从，勉以讨贼，后醍醐南奔吉野，足利入京，拥立光明，遂分南北。其子正行等举族勤王，支持南朝残局者殆五十年。日本人谈义烈者，必以楠公为称首。明治初修营祠社，加神号以表其忠，知所务矣。

晚，留餐商肆。商人或为余言：输出之货，丝、茶皆往美国；贩归内地及香港者，唯木料、米石与海物数种而已。榷税岁约四五十万。海禁未开，俗朴而用啬。更制后，输入殊巨。冠履衣服，费尤不赀。所行楮币，民深信之，而西人不能捆载而去。比年多事，币多凭虚以造。大阪最富，近闻其巨室囊箧，大半纸币矣。

己未，出茅渟，自西南行。东岸为河内、和泉，属畿内道，西仍淡路境。午后抵由良、濑户。濑户译言海峡。峡中为内海，外即大洋。时阴霾昼晦，骇浪如山，机轮震荡，势极危险。检阅风雨针，陡失常度。虑有巨变④，遂折而西，过地岛，入加大湾泊焉。

余自黄浦登舟，出吴淞，泛大海，抵长崎，历关峡，径内洋，至神户，舟行数千

---

① 华项山，木下彪本作"华顶山"。

② "神"字，木下彪本、何维柱整理稿作"祠"。

③ 讨伐，何维柱整理稿作"致伐"。

④ 木下彪本、何维柱整理稿无"巨"字。

里,侥幸无恙,习而安焉。设非经此,遂玩风涛而忘涉海之难也,可乎? 晚雷雨交作,涛声如吼。虽寄碇内港,尚摇摇若悬旌,旅绪恶劣,竟夕不寐。

天向明,暴雨始霁。早出由良峡,经纪伊海,南望汪洋,茫无际涯。东纪伊,西阿波,均属南海道。风雨刚晴,波浪尤恶。舟行欹侧,从人多坚卧不敢起。巳初,舟人见巨鱼,仅露脊,已长二丈有奇云。向晚转正东,经大岛,泊于西澳,对岸曰出云崎。崎由纪南侧出,围护若屏,亦泊舟佳处也。

辛酉,出大岛东行,越纪伊,历远州滩,南面大洋,北为伊势、尾张、三河、远江、骏河各国境,属东海道。日初入,远见数人抱一板,灭没洪涛中,揭竿悬帛,似求救者。急放小舟拯之,有顷,载七人还,其一僵矣,药之不复苏。译询其状,则骏河人运米至东京,昨泛大海,遭风覆舟。七人者缆板随波,冀万一之救。今蒙垂援,获更生,感深次骨。计其时,则泊船峡口之夕也。风涛不测,非尽可预防。每一念及,辄为心悸。傍晚,海静风徐,驰轮东驶,日夜逾七百里。

壬戌,早经伊豆。地势自远江北折为骏河,至伊豆复折而南,尽处曰熊野岬。岬之东南,则横根岛、神子元岛屹立海中。越此,径三原大岛,舟转东北,溯相模滩。晚泊城岛,又称鹤崎。相模,三浦郡极南岛也,今改属神奈川县矣①。逾岛而北,为江户内湾,距横滨仅百余里。

癸亥日,离城岛,历观音崎,舟向北行,入江户内海,西泊横滨。日本"春日"舰海军少佐矶边包义来谒,泰西各驻港兵官亦来,均祝炮如长崎仪。午后大雨,晚始霁。神奈川县令野村靖命译人来言,外务省既备出张所为行馆,谨粪除以待。

次日,遣小轮船来迎。余闻商人言,中华会馆湫隘,不足以容,拟往视之。遂偕鲁生并范理事至县署,主人具酒,辞,固留。酒罢,至出张所。馆西式,颇宏敞。因谢其意,并告以资粮服履,皆我自供,定日移寓。晚归舟,风浪大作,轮船近泊,艰险异常。舟子云,内港往来,小轮船之便捷,不若大三板之平稳也,此理非熟于航海者不知。

乙丑,至中华会馆,诸商迎候如神户。横滨为日本通商大埠,交易繁盛,榷税所入,岁逾百万。华商近三千人。吴越之贾,多权子母钱;闽广则米、糖、杂货。其殷富者,多兼西商经纪。喧嚣纠葛,措理颇难。晚饮会馆,以雨阻。

① 属,何维柱整理稿作"为"字。

次日始下船，驾三板候各国兵官。登其舟，军练而法严，船坚而炮利，兵丁工匠各执其役，器械时时修治。虽闲暇如临大敌，无乱次者，无嬉游者，无不奉令上岸者。窃以欧西大势，有如战国：俄，犹秦也；奥与德，其燕赵也；法与意，其韩魏也；英则今之齐楚也；若土耳其、波斯、丹、瑞、荷、比之伦，直宋、卫耳、滕、薛耳。比年来，会盟、干戈，殆无虚日。故各国讲武设防，治攻守之具，制电信以速文报，造轮路以通馈运，并心争赴，唯恐后时。而又虑国用难继也，上下一心，同力合作，开矿制器，通商惠工，不惮远涉重洋以趋利。

夫以我土地之广、人民之众、物产之饶，有可为之资，值不可不为之日，若必拘成见、务苟安，谓海外之争无与我事，不及此时求自强，养士储才，整饬军备，肃吏治，固人心，务为虚骄，坐失事机，殆非所以安海内、制四方之术也。子曰："足食足兵，民信之矣。"又曰："人无远虑，必有近忧。"可勿念乎？

丁卯日，晴。黄参赞先赴东京，见外务卿，并具函通殷勤，约相见。东京距横滨七十里，有铁道，往返殊捷。下午，移行李诣出张所寓焉。

己巳，往宫崎，登伊势山，览横滨内港。渡平沼桥北游高岛，石磴盘曲，古松荫其巅。望南岸房总诸山，晴岚漾波，袭人襟袂。

辛未，偕副使入东京。有属官以马车候于铁道，遂赴外务省，晤正卿寺岛宗则、大辅鲛岛尚信，钞国书稿示之。寺岛以彼届岁阑，礼行在速，一二日定期，即以奉闻。

癸酉，外务省文来，订于二十四日赍国书见日主。是日侵晨，仍由横滨往东京，至日宫外下车。寺岛导入，趋小御所，宫内卿、式部头俟焉。少刻，宫内卿入复出，三卿者即肃客入，转曲廊至偏殿。日主西服免冠，拱立殿中。余前趋，副使后随，参赞赍国书旁立。使臣口宣诵词毕，参赞捧授国书，使臣捧递日主。日主挟冠，引两手敬受，即转授宫内卿。宫内卿自怀中取答词一纸读之，音琅琅而不甚了。出入皆三鞠躬，王答如礼。退，三卿者复从出，至小御所一茶，登车去。其礼简略，与泰西同。

日本前代仪文，尊卑悬绝。其王皆深居高拱，足不下堂，上下否隔。明治之初，参议大久保市藏上表，有曰："请自今不饰边幅，从事于简易。"后用其议，至易服色，改仪制，质胜于文矣。王居亦隘，所云偏殿者，长仅二丈，广丈余。中设一几，无他物，左右无侍者。旁为小园，自琉璃窗视之，木石楚楚有致，然亦一览而尽。初，日王迁都，以旧幕为宫，制颇宏丽。近毁于火，萨摩兵乱，未之修复，此离宫也。

下午,拜太政官三条实美、岩仓具视及议官大久保利通以下六七人。晚,回横滨。

甲戌,雨。次日往拜各国公使。

丁丑,为西历元旦,偕各国公使趋日宫庆贺。英使驻日最久,为领班,口致颂词。先祝王,王答之;次祝后,后亦答之。进退皆三鞠躬,如递国书仪,亦西例也。随至寺岛及柳原前光家,柳原曾使我国者也。积日雨雪,道泞难行,马殊劳惫。

十二月三日癸未,始霁。土人云,日本天气,时雨时晴,数日必雨,雨每以夜,非夏令熟梅时节,罕连日阴雨者。我来骤值之,奇哉!

到横滨后,频遣人赴东京择馆,或东或西,或宽或仄,或道远,或地卑,均不如式。且索值昂,亦难遽定,故仍馆横滨。浃旬中,酬应纷纭,答拜者趾相错也。东人来者,多自言修旧好之意。西人则以中华遣使为创举,各握手问道途,询风土,意殷殷然。

壬辰,照会外务省,派理事分驻横滨。日本通商各口,我民流寓者横滨为多,长崎次之,神户、大阪又次之,箱馆、筑地只数十人,新潟、夷港以僻险未有至者。理事一官,今始创设;章程、税则①,第举其纲;其他节目,无规可循。一时各口并设,转虑纷歧;又方言殊异,文义支离②,中人罕通日文者,即语言亦非甚习,故罗致翻译通事,颇难其人。不得不后别口而先横滨,此亦事势不得不然者乎。

癸巳,黄参议公度复往东京租馆。外务大书记官宫本小一来,论设理事及停换籍牌事,往复数百言。因谕以将命修好,唯谨遵条规,他非使臣所敢知也。宫本唯唯而去。

晚,公度回,云馆在芝山,为月界僧院。院外万松森植,无嚣尘;唯屋属东式,稍湫隘耳。然阅十余家,无逾此者,已与定议,明日寺僧当来署券也。

丁酉,赴外务省公宴。大政官以下各长官咸集。筵馔西式,奏乐亦仿欧洲。日本虽僻处东隅,汉唐遗风,间有传者,一旦举而废之。初与米利坚通商,继欲锁港拒之,后又尽仿其法之善者,下至节文度数之末、日用饮食之细,亦能酷似。风会所趋,固有不克自主者乎?

---

① "今始创设,章程、税则",木下彪本、何维柱整理稿作"为创设,章程、税则、条规"。
② "中人罕通日文者,即语言亦非甚习,故罗致"十七字,据木下彪本、何维柱整理稿补。

越三日庚子,招商局董事邀游镰仓。镰仓为大将军旧幕,日本安德养和元年,源赖朝据之,时宋孝宗之十七年也。北条足利袭其迹,雄镇关东。德川氏改城江户,即今东京也。

破晓,鲁生偕余由横滨西行平谷中,逾三十里,乃至其地。边海一隅,四山环绕,地势险阻,无雄杰之气。诣所谓八幡宫者,观古器物,赖朝之胄、秀吉之刀、信玄之角弓、家康之竹杖,杂然具陈。有铜镜一具,斑驳光采。住僧云:神功后物也。后在三国,曾使贡魏,受文帝"亲魏日本王"之封,距今千有余载矣。复启漆匣披故纸,审之则后鸟羽赐源赖朝之敕,笔势飞动,草法殊佳,惜文义颠倒难晓耳。出官逾数里,有铜佛露坐山麓,高数丈,空其腹,中容石像十数具。旁启小门,乡人顶礼者舄履交错。

归由驿道,程稍纡。过藤泽山,憩山凹大寺。寺僧待客颇殷,啜茗而别。返横滨,近二鼓矣。是日接外务省认存理事照会。

辛丑,移寓东京芝山界僧院。院舍二所,间架与中土异。四旁窗楄,无庭户堂檐之别;非略加改葺,不堪居住。院后小园,绿树环植,中亘斜坡,开曲沼。外距芝山数百武、古松满径,苍翠万重,风起涛生,与海浦惊潮、山寺疏钟相答。虽居都市中,大有林栖幽趣。

癸卯,登芝山,览东京形胜。东南抱里海,西北连沃野,墨田川萦带其东,平原旷远,冈阜回伏。王居在中,德川旧府也。为城三重,甃以石,中高而外下。城各周濠,引玉川水灌之,深阔通流。凫雁成群,孳息其中,法禁严,无敢弋者。门设不关,架桥梁以达内外。市衢宽广,沟浍纵横。虽繁盛不及苏、沪,而景象似之,洵海东一大都会也。

日本自神武创业,一姓相承,迄今二千余载。崇神之际,别社邑,课户役,开渠造船,置将军于四道。汉武时通使,自称大夫。降至魏晋,音问不绝。通百济,受《论语》,圣教广被东土①。隋唐以来,屡遣人受学中国,旧俗变矣②。及平安后,外戚藤原氏擅权,公族源、平二氏起而相轧,国势始衰。赖朝之据镰仓也,位大将,握重兵,予夺自专,国主几拥虚位。北条氏继之,陪臣执国者历九世焉。足利兴,北条灭,织田氏、丰臣氏迭起争雄,裂国土以封诸将。德川氏抚有关东,袭旧业而承其弊,据江户传子孙者殆三百年。方公室之日卑也,后醍醐愤将门

---

① 广,木下彪本、何维柱整理本作"始"。
② 有的本子无此四字。

骄横,思手除之。楠氏仗义兵,赴国难,举族捐靡而不克,何其难也! 迩来二十年,强邻交逼,大开互市。忧时之士,谓政令乖隔,不足固邦本、御外侮,倡议尊攘。诸国浮浪,群起而和之,横行都下。德川氏狼狈失据,武权日微,而一二干济之材,遂得乘时以制其变,强公室,杜私门,废封建①,改郡县,举数百年积弊,次第更而张之,如反手然,又何易也! 讵前者果拙,而后者果工耶? 抑时事之转移,固自有其会耶? 此不可得而知之矣!

明治以还,改革纷纭。尝按其图籍,访其政俗。其官制:内设三院九省,而外以府、县、开拓使辖之。三院者:曰大政院,有大臣、议官,佐王致治②,以达其政于诸省。曰大审院,掌邦法者也,内外裁判所隶之。曰元老院,掌邦议者也,上、下各议员隶之。九省者:曰宫内,以掌王宫;曰外务,以理邦交;曰内务,以治邦事;曰大藏,以制邦用;曰司法,以明邦刑;曰文部,以综邦教;曰工部,以阜邦材;曰陆军、海军,以固邦防。省置卿、辅,分其属,专其事,而受成于大政官。史馆、式部、电信、铁道、图书、农商等局,皆分隶于诸省。外建三府、三十五县,北海道别设开拓长官。

其兵制:王宫近卫外,分为六镇:曰东京城,统三师,分驻武藏③;曰大阪城,统三师,分驻摄津;曰仙台城,统二师,分驻陆前;曰名古屋城,统二师,分驻尾张;曰广岛城,统二师,分驻安艺;曰熊本城,统二师,分驻肥后。镇六,营四十,常备兵额十三万二千人④,此陆军也。

海军之制:第一提督府驻相模大津港,第二提督府驻萨摩鹿儿港。炮船十五号,常备兵额四千人。此外尚有警卒、捕役,分布市间,游击巡缉⑤,属之警视厅。新仿德制,行古者寓兵于农之法,课丁抽练,按期更替。实力行之,不数十年,将全境皆兵矣。

其学校:都内所设,曰师范,曰开成,曰理法,曰测算,曰海军,曰陆军,曰矿山,曰技艺,曰农,曰商,曰光,曰化,曰各国语,曰女师范,分门别户,节目繁多。

---

① 封建,木下彪本、何维柱整理稿作"藩封"。
② 致,木下彪本、何维柱整理稿作"出"。
③ 驻,木下彪本、何维柱整理稿作"置"。以下数句同,不另出校记。
④ 此句,木下彪本作"常额三万二千人"。
⑤ 击,木下彪本、何维柱整理稿作"徼"。

全国大学区七,中、小之区以万数①,学生百数十万人②。

其国计:岁入五千余万金,地租为巨,关税次之,其他禄入有税,车船有税,牛马有税,券纸杂器有税,暨铁道、电信各局制造所收入,百方搜括,纤悉不遗。岁出之款,官吏月俸自八百金至十二金不等,加之以养兵、雇役、开拓,营缮、宫省府县各经费,度支恒苦匮乏。

其疆域;分四大岛,而划以畿内及八道。在西一大岛,曰西海道;在西南一大岛,曰南海道;中央一大岛,畿内居其中,西北为山阴道,又西为山阳道,东为东海道,北为北陆道,又东北为东山道;又东北一大岛,曰北海道。西京在畿内,东京在东海道之武藏,所谓二京也。畿内五国,曰山城、摄津、河内、和泉,大和;东海道十五国,曰伊贺、伊势、志摩、尾张、三河、远江、骏河、伊豆、甲斐、相模、武藏、上总、下总、常陆、安房;东山道十三国,曰近江、美浓、飞驒、信浓、上野、下野、岩代、磐城、羽前、羽后、陆前、陆中、陆奥;北陆道七国,曰若挟、越前、加贺、越中、越后、能登、佐渡;山阴道八国,曰石见、出云、伯耆、因幡、但马、丹波、丹后、隐歧;山阳道八国,曰长门、周防、安艺、备后、备中、备前、美作、播磨;南海道六国,曰伊豫、土佐、阿波、赞歧、淡路、纪伊;西海道十一国,曰大隅、萨摩、日向、肥后、丰后、丰前、筑后、筑前、肥前、壹歧、对马;北海道十国③,曰渡岛、后志、赡振、石狩、日高、北见、十胜、钏路、根室、天盐;凡为旧国者八十有三。

自西海、北海二道以外,其六道地形狭长,如跋浪巨鳄,矫首横卧,掉尾而曝腮。山阳、山阴其首也;南海其颔也;隐歧别出,望之如鬣,中亘周防一海,若张口者焉;南海所隶六国,其纪伊在中大岛、东南两岛间,淡路附丽颔下,若暴腮然;畿内、东海、北陆,其身乎。北陆之能登、佐渡,耸出脊上,遥相联络,有如鼓翅;东海则安房侧峙、伊豆横伸,又其足也;要其腹心之地在武总,故土壤腴沃,地势坦夷;自是而东北极于陆奥,蟺蜒怒掉之势尽矣,故东山道为尾。

山阳之长门,去西海一岛最近。其立国先在西海,日向、大隅,实为肇始。渐拓而东,至于江户。北海道一岛,榛莽未尽辟,近复设开拓使以经营之。此行岛经其三,唯未至北海。是岛形稍方,尽北为天盐,又北则千北、库页各岛矣;南之渡岛,罄折而南趋,与东山道之陆奥相迎,盖地脉之断而复续者也。

---

① "万数"下,木下彪本、何维柱整理稿有"计"字。
② 百,木下彪本、何维柱整理稿作"至"字。
③ 木下彪本、何维柱整理稿作"北海道十一国",除下列十国外,有"千岛"。

全国四周滨海。大岛外,群小岛错杂其间。长三千余里,广百里至三百余里。境内皆山,山多火焰,故常患地震。国产五金,富材木,无长江大川以通舟楫。诸国中惟武总地稍坦沃。故论日本形势者,首称关东。居民三千余万,渔水耕山,差足自给。其种类传自中国,流寓日久,风气迥殊。大抵男侗而女慧,形细而质柔。以材武称者,萨摩州外,唯石见、长门,其他不及也。民务农桑,拙商贾。手技尚巧,雕漆瓷铜之作,小而益工。居处结构,喜曲折奇零,乏宏整者,殆地势使之然乎? 近趋欧俗,上自官府,下及学校,凡制度、器物、语言、文字,靡然以泰西为式。而遗老逸民、不得志之士,尚有敦故习、淡汉学、硁硁以旧俗自守者,足矜已!

其国界:东南面太平洋;北隔海与俄之库页岛相望;西北近高丽,由长崎至釜山仅二百里;西距上海千余里,南至台湾二千里有奇。国土孤悬,无所附着。湾澳堪泊者,在在而有。自轮舶行,而重洋天险,若涉川流①;海禁开,而巡港兵船,日窥庭户②。环视五大部洲,唯中土壤地相接,唇齿相依。果能化畛域、联辅车,则南台、澎,北肥、萨,首尾相应,呼吸相通。是由渤海以迄粤闽,数千里门户之间,外再加一屏蔽也。

余自八月五日出都,泛渤海,抵吴淞,往返金陵,淹留沪上月余日。十月杪乘轮东渡,历日本内海、外海,冬至前五日乃至横滨。又迟之一月,始移寓东京行馆。所过海程近万里,舟行十有八日。海陆之所经,耳目之所接,风土政俗,或察焉而未审,或问焉而不详,或考之图籍而不能尽合。就所知大略,系日而记之。偶有所感,间纪之以诗,以志一时踪迹。若得失之林、险夷之迹,与夫天时人事之消息盈虚,非参稽焉、博考焉、目击而身历焉,究难得其要领。宽之岁月,悉心以求,庶几穷原委、洞情伪,条别而详志之,或足资览者之考镜乎? 固使者之所有事也。

---

① 流,木下彪本、何维柱整理稿作"涂"。
② 日,木下彪本、何维柱整理稿作"近"。

跋

何詹事如璋先生之文,吾师温丹铭先生既为择尤而刊行之矣(与林太仆达泉、邱太守晋昕二先生文,合编为《茶阳三家文钞》)。其《使东述略》一书,为《茶阳三家文钞》中所未载者。全篇对于彼邦风土、政俗记载綦详,不徒资读者之考镜已也。甲戌七月,先生从侄孙振铎供职汕市公安第二分局,与予时相过从。予尝有汇编乡先辈诗文集之志,振铎以此见示。因亟函商先生哲嗣寿田刊佈之,以公同好。

邑后学饶聘伊谨识

(见 1935 年民国铅印本)

跋

本书系在沪友人之所赠,其叙事颇涉珍异,是以乞阅览者亦颇多矣。辄将印刷,普颁同好,而期速成,附之活版,故不能无脱误,而原书亦不免无此忧。今不敢尽订正之者,或恐失著者真率之气象也。

亚茶山人敬志

(见文海出版社《近代中国史料丛刊》第五十九辑影印木下彪手抄本)

茶阳三家文钞·何少詹文钞

序

吾埔自唐以来废万川旧邑并入海阳，其间文人多湮没不传，惟有宋张夔（据杨西岩考定知即吾邑人）著有《禄隐集》，亦已散逸，仅传其《训子诗》二语而已。而蓝震龙之姓名文章，则赖出地之《张雷墓志》以传。明嘉靖间建邑以后，人文继起，其采于冯氏《耆旧集》者，惟饶相之《三溪集》、黄一渊之《遥峰阁集》。清代科名鼎盛，冠于全属，然求其著作足与中原抗敌者，亦复寥寥，而于古文辞尤乏。固由士第溺于科举古文一道，非殚心毕力以为之者不能，亦由集之者无其人为之而不传，传焉而不远也。余心焉慭之，有《潮州文萃》之役，而一时未易告竣，乃先从事于近者、易者。盖咸、同之间，吾邑一时有志者颇知励志诗古文词，追古作者，而林太仆达泉、何詹事如璋、邱太守晋昕实为之魁。其穷而在下者，则有饶茂才云骧、钟上舍雨农与相应和。饶、钟二君之文，余求而未得（按：饶君文，后由其犹子爱荃君携示）。

若三先生之文，林自谓学魏叔子，而实近蓝鹿洲。何最心折于曾文正，虽所作不多，而其文最有义法。邱志欲兼六朝唐宋，虽摹拟未化而典型尚在。若就其文以求其实，则林、邱以吏治著，何以外交著，而何之建白，尤有关于大局。邱之著述则兼有裨于史。盖三先生之文，皆所谓一国天下之文，而非徒一乡一邑之文也。

自欧化输入，国粹日微，浅学之徒惟日撷拾岛国名词以盈篇幅而诩新奇，忧时者至有斯文坠地之叹。余谓中国凡法可变，而古文必不可废。盖古文者蕴之至富，出之至慎，推之至尽，约之至精，穷之至奥，著之至明。凡百事理，人所不能达或达之而不胜其烦者，而为古文者则必能抉其要义而无遗，乃至数语而不嫌其简，万言而不觉其多。此其体传于唐虞三代，盛于秦汉，而演于唐宋元明以及有清。虽见浅见深各视其才力之所至，要其体则固有独绝者，而非东西各国文词所可及也。三先生之文，置之一国之中未为极至，然其体固自不侪于古而可法于今,余故乐取而并存之,固非徇于乡曲之私也。

宣统庚戌冬月,大埔温廷敬序。

目　录

复粤督张振轩制军书
上左爵相书
台北府知府林君神道碑铭
江西补用知府朱君墓志铭
秋槎太史像赞

卷　上

管子析疑序

　　结绳之治,易为书契,文字兴焉,道术著焉。唐虞以前尚已,《尚书》所载典谟训诰及誓命之辞,类皆史臣所纪述,未有著书明道成一家言,以诏后世。有之,自《管子》始(《六韬》《鹖子》皆伪书)。管子承太公之遗,所学出于周礼,迹其相齐四十年,九合诸侯,一匡天下。本生平所规划者笔之于书,故能综贯百王,不名一家,要厥指归,皆可施于实用。苟得王者之心以行之,虽历世可以无弊。夫子亟称其仁而许之,曰人诪非以人参天地不能践形者,不可为人。如管子者,乃天壤不可少之人乎? 周之东也,王纲不振。齐桓首创伯图,尊周攘楚,微管子之力不及此。晋公子在齐七年,凡仲所设施,身亲见之,及返国得位,师其法继齐称霸。子孙世守,主盟中夏者百有余年,不可谓非管子之流泽也。故其书递相传习,下至战国挟策干时之士,无不依托管子,而寖失其真。汉兴,此书盛行,惟贾生独窥其要。晁错治法家言,而亦时遵其说。史迁曰:余读管氏书,详哉其言之也。盖当时最重其书,民间无不读者。迨汉武帝罢黜百家,稍稍衰矣。

　　成、哀间,向校祕书,取中管子书三百八十九篇,太中大夫卜圭书二十七篇,臣富参书四十一篇,射声校尉立书十一篇,太史书九十六篇。合中外书以校除复重四百八十四篇,定著八十六篇。观序所言,除复重不别真伪,遂使外书依托者杂厕其间,为此书累,是则子政之过也。向言:"管子书务富国安民,道约言要,可以晓合经义。"意子政当日所见,尚无伪书也,否则如《重令》、《法法》等篇之芜秽驳杂,何以称为约要乎? 又何以晓合经义乎?《汉书·艺文志》:《管子》列道家。《隋书·经籍志》乃列法家。殆汉儒所传习者为真《管子》,迁流日久,但有向所校定之本,史臣不辨其伪,竟列之法家首。论者乃诋讥为杂霸,至以管、商并称,傎矣! 夫管子之学,周公、太公之学也。管子所传之道,五帝、三王之道也。其言礼义廉耻,则治世之纲,安民之要也。其言术数权谋,则措施之准,制用之宜也。本书具在,可考而知也。俗儒不察,一切鄙而弃之,反以空言为经济,是率人背道而驰,使三代下无真治术也。良可慨已!

《史记》列传,以管、晏次伯夷。夫伯夷让国,由世家而列传也,其扶义俶傥,立功名于天下者,三代以来实推管子为第一。晏子,固齐人也,子长心慕脱骖,因附之于仲,此史迁之微旨也。叶氏水心曰:"山林处士,妄意窥测,借以自名,王术始变。"而后世信之,转相疏剔,幽蹊曲径,遂与道绝。其以管子为有合于道也,所见诚有卓然者。

余尝取《管子》而熟复之,治心曰中和,治身曰恭敬,爱人曰同其好恶,富国曰权其重轻,服远睦邻曰修其德礼。以区区之齐在海滨,因时立制,本周官之法而会其通,不泥古,不随今。施之一国而有余,放之四海而皆准,即俟之百世而不惑。《枢言》曰:"道之在天者日也,其在人者心也。"一语而抉道之大原,固无所之而不当矣。

旧本真伪相杂,讹谬相仍,读之令人沈闷。旧附房注,或以为尹氏,疏解浅妄,疑坊间所伪托。刘绩补注,殊少发明。朱长春《管子榷》了无精义,王氏《读书杂志》所校正者稍有依据,然不过十得一二。欲辨晰之而未有暇也。乙酉秋谪居塞北,杜门不出,乃得详加研究。伪者别之,讹者正之,旧注乖谬者疏通而证明之。积六阅月,成《管子析疑》三十六卷。讵敢谓遂得此书要领乎,但举平日析疑者为之章分句析,引其绪而别其真,斯固私衷深为欣幸者。自忖学殖荒陋,行箧苦难得书,偶有引据,恐多谬误。惟望博雅君子纠其失,益开其疑,俾此书之真大明于三千年下。凡读者有以赌厥指归,不复致疑,《管子》所裨于道术者非浅尠也,夫岂特一人之私幸哉!

校管子书原序,凡中外书五百六十四,以校除复重四百八十篇,定著八十六篇,计五百六十四数除去四百八十四,得八十篇。序云定著八十六篇,本无"六"字,后人依托者搀入伪文,因加"六"字,以符其数。殆东汉时妄人所为,故《汉书·艺文志》亦沿其谬,定为八十六篇,实只八十篇也。至隋唐亡缺十篇,仅存七十篇矣。其搀入伪文:《重令》第十五、《法法》第十六、《君臣下》第三十一、《任法》第四十五、《禁藏》第五十三、《轻重戊》第八十四,共六篇。以《重令》等五篇乃习法家者之言,词义芜杂凌乱,如出一手。《轻重戊》篇,"鲁梁绨"一事耳,依样化作四五段,尤浅妄可笑。子政校雠时但除复重,故经言各篇内有后人附益者,有连解合反以得存为一篇者,又杂入伪文四篇,《大匡》、《霸形》、《正世》、《治国》是也。惟其文伪而近古,不似《重令》等篇乖谬,子政合校时不及细为别择耳。

管子析疑总论

管子言道,以日喻心,独揭道之本原,与《大学》、《中庸》相表里。考其所学,师承周礼,诵法先王,故能综百代之长,撮五家之要,而显其功于天下。若老氏者,特其支流耳,曷尝睹王道之归乎。五家者何?曰道,曰儒,曰名,曰法,曰阴阳。黄帝之治,道也(《史记·五帝纪》:顺天地之纪,幽明之占,死生之说,存亡之难,是以道治也)。尧舜之治,阴阳也(《虞书》:敬授人时。又曰:察璇玑玉衡以齐七政,是以时治也)。夏后之治,名也(《书·禹贡》:三邦底贡厥名。《周语》:有不贡则修名。《吕刑》禹平水土,主名山川。是以名治也)。有殷之治,法也(《商书》:骏厉严肃。又制官刑,儆于有位。是以法治也)。有周之治,儒也(周制尚文,姬公制礼,为儒教之宗。是以儒治也)。《国准篇》:"桓公曰:'今当时之王者,立何而可?'管子对曰:'请兼用五家而勿尽。'"即此义也。间尝取本书综而论之,《牧民》、《立政》,儒之本也。《形势》、《心术》,道之原也。《权修》、《君臣》,则以名课其实也。《法禁》、《明法》,则以法立其制也。《四时》、《五行》,则以阴阳序其事也。至于《枢言》所集,抉五家之精以明其体;《幼官》所施,会五家之通以妙其用。《五辅》曰:"德有六兴,义有七体,礼有八经,法有五务,权有三度。"其所为贯穿五者,以财成辅相,左右斯民,不既执王道之大衡,为千古治术所莫外乎?太史公论六家要旨曰:"夫阴阳、儒、墨、名、法、道德,此务为治者也。直所从言之异路,有省、不省耳。"又曰:"道家使人精神专一,动合无形,赡足万物。其为术也,因阴阳之大顺,采儒、墨之善,撮名、法之要,与时迁移,应物变化,立俗施事,无所不宜。"其说实本《管子》,而乃兼用六家,殆以墨者远托夏禹欤?然所言强本尚贤,固《管子》绪余也。《汉书·艺文志》:"诸子十家,其可观者九家而已。"是于六家外添纵横、杂、农三家。夫农为本务,与兵并重,是立国之要基。五家之所同,不待言也。若纵横也,杂也,政由心害术,与道岐,直言治者所不取。班《志》列之九家,则其识远不如迁,固未能上窥《管子》矣。夫道出于天,先王御世大经也。兼五家之绪,则道之用以宏。列九家之门,则道之区转隘。《穀梁序》曰:"九流分而微言隐。"吾得为之续曰:五家合而大道昌。世之讲求经济者,即此书悉心以求,何难得治术要领乎?《隋志》冠之于法,固不足以知之,即《汉志》入之于道,亦未足以尽之。

庄子,天下古之所谓道术者,果恶乎在?曰:无乎不在。曰:神何由降,明何由出,圣有所生,王有所成,皆原于一。不离于宗,谓之天人;不离于精,谓之神人;不离于真,谓之至人。以天为宗,以德为本,以道为门,兆于变化,谓之圣人。

以仁为恩，以义为理，以礼为行，以乐为和，薰然慈仁，谓之君子。以法为分，以名为表，以参为验，以稽为决，其数一二三四是也（天为宗，阴阳也。德为本，道也。"仁为恩"四语，儒也。"以法为分"一段，名也，法也。古人备此五者，而道术之体用、本末乃全）。百官以此相齿，以事为常，以衣食为主，蕃息畜藏，老弱孤寡为意，皆有以养民之理也。古之人其备乎？配神明，醇天地，育万物，和天下，泽及百姓，明于本数，系于末度。六通四辟，小大精粗，其运无乎不在。此段叙道术极详，所谓备者，即备此五家之道。盖义本《管子》，老、墨之流，则道之一偏，岂得云备。

　　凡治一国与治天下不同，治一统天下与治列邦天下不同，治封建天下与治郡县天下又不同。管子治齐，师周官之法而变通之，则以国与天下势异也。非变固不能通。此管子之善读《周礼》也。《易》曰："变而通之以尽利"，即其义也。后世读《周礼》者，或疑其繁琐，以为非圣人之书，其信者乃泥古不化，欲一切依仿行之，极于窒碍不通而后止。盖不知今之时与古殊，郡县之势与封建殊。徒慕周礼，莫能探周公制作之原，故试之辄败。皆不善读《周礼》之过也。管子乃超然远矣！《周礼》一书，有王都之制，无列邦之制。意当时诸侯恶其害已皆去其籍，乃致后世失传欤？或以职方所掌，九服各殊，王者宅中图治，但总大纲。各国诸侯因其俗，异其宜，不必尽颁天家之制欤？管子生春秋之世，相桓创霸，因时为业，凡所措注，不必尽合周官，而无一非周公立法之意。用能继五帝三王之后，特树九合一匡殊绩。管子不诚伟人哉！世之读《周礼》者，先读此书焉，庶有以得圣与贤规划之迹也。

　　管子治齐，莫善于因。因者，道之纲也。故本书中再三言之：《心术篇》："其处也若无知，其应物也若偶之。静，因之道也。"《势篇》："天因人，圣人因天。"《九守篇》："主因：圣人因之，故能掌之，因之循理，故能长久。"《侈靡篇》："视其不可使，因以为民等。择其好名，因使掌民。"《霸言篇》："夫善用国者，因大国之重，以其势小之；因强国之权，以其势弱之；因重国之形，以其势轻之。"史迁云："有法无法，因时为业。有度无度，因物与合。"义殆本此。更徵诸仲之行事，因高国之守而分三军，则卒伍定矣。因山海之利而立二官，则盐铁饶矣。苴莱可牧也。因为赘壤，而戎马无赋于民，刑罚可省也。因赎甲兵而军械自充于府，因贫富之不均则兴时化，以变礼俗也。因商贾之豪夺则守国衡，以饬市政也，举善法而严用之。因旧章而事不扰，择沈乱而先征之。因敌隙而功易成。反邻邦因正封疆，厚游士资粮因招豪杰。其所为因应咸宜者，固未易一一数也。而且

"因祸为福,转败为功"。侵蔡之役,桓公实怒少姬,仲因伐楚为召陵之盟。北征之举,桓公实伐山戎,仲因令燕修召公之政。柯之会,桓公欲背曹沫之盟,仲乃因而信之,诸侯归之,譬若市人。是其佐桓图霸,动有成功,非仲之因势利导不及此。太史公曰:"将顺其美,匡救其恶。故上下能相亲爱。"其斯为善因之效乎!

世之议管子者,曰杂霸,曰功利,曰权谋术数。夫杂者,参也,错也。道之合也,两仪合而生明,四时合而纪岁,五色合而成文,五行合而利用,六爻合而卦以列,八音合而乐以和。天地之理,莫不皆然,而于治术尤为要。管子之杂,非以其兼用五家乎?五家之治,相反也而实相因,分则偏,合则备。管子综百代之要以酌其宜,参之错之,乃以集王道之全。《书》所谓"允执其中"者,此也。杂焉何害?《汉书·艺文志》:"杂家者流,盖出于议官。兼儒、墨,合名、法。知国体之有此,见王治之无不贯,此其所长也。及荡者为之,则漫羡而无所归心。"能持其中则得矣。若其不王而霸,则时会为之,非必操术独异也。《霸言》曰:"强国众,而言王势者,恶人之智也①。强国少,而施霸道者,败事之谋也。"当桓之时,秦启于雍,晋兴于冀,楚奋于荆,九州之内,大邦鼎峙,齐虽欲王,又孰从而王之?况乎周德虽衰,天命未改。未有代德而有二王,固天下之所恶也。管子,尊周者也,下拜尚凛天威,胡忍出此意。我夫子"器小"之言,亦惜其所处之时与地然耳。史迁不察,而谓桓公既贤乃不勉之至王,岂知言哉!

至于功利之说,则尤乖谬。《侈靡》曰:"王者上事,霸者上功。"功者,事之功也;利者,事之利也。名虽殊,其实一也。盖功非以矜己,而可以与人利;非可以怀私,而可以济众。《周礼·夏官》:"司勋:掌六卿赏地之法,以等其功。王功曰勋,国功曰功,民功曰庸,事功曰劳,治功曰力,战功曰多。"《天官》:"大宰,以九两系邦国之民。""六曰主以利得民。"《地官》:"旅师,施其惠,散其利。"管子之言,犹《周礼》之指也。《荀子》云:"挈国以呼功利。"其所谓功利,特贪躁者所为耳,乌足以语王霸大略乎!或曰:子之辨杂霸功利则然矣②,若责以权谋术数,恐管氏无能自解也。余曰:唯唯,否否。余读其书,而知管子之出于正也。权非反经,谓权事之重轻而操其准也;谋非用诈,谓谋事之难易而烛其几也;术犹遂也,所由适乎道也;数即计也,所以治其要也。《霸言》曰:"欲用天下之权者,必先布德诸侯。"又曰:"德义胜之,智谋胜之。"又曰:"先王取天下也术。术乎,大德哉,物利之谓也。"又曰:"明大数者得人,审小计者失人。"故欲得失,必先定谋

---

① "恶"字,有的版本作"愚"字。
② 辨,原作"辦",据文意改。

虑,便地形利权,称亲与国,视时而动,王者之术也。"理世不在敦古,搏国不在善攻①,霸王不在成曲。是以举失而国危②,形过而权倒,谋易而祸反③,计得而强信,功得而名从,权重而令行,固其数也。"管子之言若此,是其所用权谋术数者,特以顺时布德耳,匡天下耳,正诸侯耳。安得以后世机械变诈之名,而反加之管子哉!

《汉·艺文志》:"名家者流,盖出于礼官。古者名位不同,礼亦异数。孔子曰:'必也正名乎! 名不正则言不顺,言不顺则事不成。'此其所长也,及析者为之,则苟钩𫐐析乱而已。"

《傅子》曰:"《管子》书半是后之好事者所加,《轻重篇》尤鄙俗。"孔颖达曰:"《轻重篇》或是后人所加。"黄东发曰:"《轻重篇》琐屑甚矣,未必皆《管子》之真。"余尝取是书悉心究之,旧本《轻重》共十九篇,亡三篇,其《国蓄》一篇,管子所自著,《臣乘马》、《乘马数》、《事语》、《海王》、《山国轨》、《山权数》、《山至数》七篇,则齐史之文,与《国蓄篇》互相发明。其《地数》、《揆度》、《国准》、《轻重》甲、乙、丁、戊共七篇,乃齐东野人之语,间有词义不谬者,当是前七篇错卷作伪者,故意杂乱以混其真卷。末《轻重已》一篇,专记时令,非"轻重"也。子政校雠不审,误搀入者耳。齐自太公开国,与莱夷错处,阻河带济,山海奥区,通商工,便鱼盐,民多归之,骎骎乎富强之业矣。春秋以来,生齿日繁,地力斯尽,患转在于人满。《侈靡》曰:"地重人载,毁敝而养不足,事末作而民兴之",固其势也。管子因时立制,操轻重之法,重本饬末,时敛散,杜并兼,轻田赋,以舒民力。正市籍以济国用,贫富以均,公私以给,乃管子治齐绝大作用。《国蓄》一篇言之綦详,史迁所云"贵轻重、慎权衡"即指此也。夫谷与货相权,农与末相资,舍此,无以为治。故土旷则抑末,驱民而归农;人满则饬末,通商以利用。汉兴,承战国暴秦之弊,重力而困商贾,特以土地未辟,一时权宜之法耳。若其关联门市,远通货贿,趋末者众,道在有以饬之。饬之内,调通本事利,不夺于豪民。饬之外,谨守重流财,不税于天下。斯固国家安危所系也,岂得以为末务而忽之哉! 管子仿《周礼》关市之政,为轻重之法以权之,征贵贱,守高下,观终始,御其大准以制天下,利不外倾而国用足,故诸侯不服以出战,诸侯宾服以行仁义。此乃其伯齐大略也,论者不察,徒以盐荚之征后世遵用,纠仲为作俑而诟之也,不

---

① 此两句,应作"搏国不在敦古,理世不在善攻"。
② "是以"二字,或作"夫"字。
③ "反"字,应作"及"字。

亦谬乎!

《汉·艺文志》:"法家者流,盖出于理官,信赏必罚,以辅礼制。《易》曰:'先王以明罚饬法'(今易'饬'作'敕'),此其所长也。及刻者为之,则无教化,去仁爱,专任刑法而欲以致治,至于残害至亲,伤恩薄厚。"考证引东莱吕氏曰:"六经、孔、孟之教,与人之公心合,故治世宗之。申、商、韩非之说,与人之私情合,故末世宗之。"按:此乃迂儒一偏之见,谓申商之刻薄,其行法失之严则可,若因议申、商欲并弃治世之法,则大不可。周公,儒之圣者也,《周官》分职,夏、秋二官与司徒并重,教以兴化,法以定分,二者相辅而行,岂能偏废?盖法立令行,乃不便于小人之私,人之情欲废法者多,故纷然以法为不便。儒者不深察治道之纲领,又信其言而笔之书,驯致末流,法制荡然,而终于不可收拾也!

黄氏东发曰:"《管子》之书,其别有五《心术》、《内业》等篇,影附道家,以为高。"所言过矣。夫管子之道,乃古圣相传心法,视老子、列、庄之道,有别谓老庄之徒依托管子则可,谓管子影附道家,固非其实也。今即其书而深考之,其《心术》一篇,则以心术喻治术,吾儒外王之学也。其《内业》一篇,乃吾儒作圣之功为弟子职,要其大成,故名曰"内业"。篇中首言养气,次言治心;治心以中,养气以和。原其气所由生,曰精;极其气所由化,曰神;究其心之所之,曰意;循其心之所发,曰情。其所为动静交修者,惟以惩忿窒欲为亟。"是故止怒莫若诗,去忧莫若乐,节乐莫若礼,守礼莫若敬,守敬莫若静,内静外敬,能反其性,性将大定"。味其所言,与《大学》、《中庸》后先一揆,粹然直能提其要而抉其精,举秦汉以下读书谈道者,固末由出其范围也!吾夫子称之曰人,殆以此乎?老庄晚出,所称虚静之旨,养生之论,不过得其一端,道其所道,非管子之所谓道也。若云影附,亦道家所为,安得反而加之管子哉?《弟子职》一篇,详言小学规则,去虚邪,式正直,"凡言与行,必思中以为纪",其所为端厥始基者,与《易·蒙卦》养正之旨相符。以《弟子职》正其始,以《内业》序其成,而吾儒作圣之功,于焉大备。管子之言有合于圣人之道者在此。刘子政云:"道约言要,可以晓合经义",非溢美也,读者详之。

养浩堂诗集序

昔崔德苻语陈去非,以作诗之要曰:"工拙所未论,大要忌俗。在多读而勿使,斯为善。"然则德苻之所谓俗者,非肤浅鄙俚之谓,无性情学问以贯之,一切烦言碎辞,皆俗诗也。此其事得于人者半,得于天者亦半。

日本栗香先生,以诗称久矣。与余往来甚密,因得读其全稿,大抵涤濯澄瀜,无纤尘障翳而兴象深微之什,亦往往在焉。殆所谓得于天者独厚欤?由是而深造之,未能限其所至。吾愿东人之为诗者,以栗香悬之的,则庶乎风人之旨,而免于昔人之所谓俗矣。

题日本楠中将笠置勤王图

日本元宏中,后醍醐帝畏北条高时之逼,南幸笠置山。楠中将正成倡议应召勤王,始终一节,樱井之役,卒以身殉。日人谈义烈者必以楠公为称首,比之蜀汉诸葛忠武,唐张、许二公云。

余丁丑冬奉使东渡,过凑川神社,有诗纪之。今宫岛栗香以《笠置勤王图》属题,因书此语。其上时,辛巳秋七月十三日也。

间关一旅熠樱井,仗义楠公节独高。欲问南朝兴废迹,凑川东去咽灵涛。

题日本楠正行如意轮堂壁板和歌遗迹

楠正行者,中将之子也。继世竭忠,屡挫北军,四条畷之役,力战死。先战,诣吉野谒后醍醐陵,以箭镞书和歌于如意轮堂壁板。岁久堂圮,而壁板为日人所藏独存,盖五百余年矣。宫岛栗香以拓本见示,因书一绝还之。

如意轮堂迹已陈,和歌题壁字犹新。流传片板逾金石,忠孝由来动鬼神。

跋日本青山铁枪战略新编

昔霍去病论兵曰:"顾方略何如耳,何至学孙、吴!"此盖言神明于法而变化行之,非谓古法之可尽废也。今欧西尚武,攻守之具日讲日精,而要其运用之妙,究不出乎古人。习者不察,乃眩其新奇,过矣。

青山铁枪,日东文士也,曾居武职。采其国史之有关兵事者,成《战略新编》八卷,分门别类,择取精详。谈兵者取而读之,亦足知古人制胜之方,固自有其具也。

主持朝鲜外交议

朝鲜一国,居亚细亚要冲。其西北诸境,与吉、奉毗连,为中国左臂。朝鲜存，则外捍大洋，内拥黄海，成山、釜山之间，声援联络，故津、沪数千里海内直达①，斯神京门户益固，而北洋一带无单寒梗阻之忧。朝鲜若亡，则我之左臂遂断，藩篱尽撤，后患不可复言。泰西论者皆谓朝鲜之在亚细亚，犹欧罗巴之土耳其，为形势之所必争②。自我大清龙兴东土，先定朝鲜，而后伐明。当康熙、乾隆朝，无事不以上闻，几不异内地郡县。其与越南之疏远，缅甸之偏僻，相去万万。而二百余年字小以德，事大以礼，朝鲜托庇宇下，得以安全，恩深谊固，相安无事，可谓幸矣。

至于今日③，北有至强之俄罗斯与之为邻，盖俄自得桦大洲全岛，又经营黑龙江之东，屯戍图门江口，高屋建瓴，久有实逼处此之势。朝鲜危，则中国之势日亟，故论中国今日之势，能于朝鲜设驻扎办事大臣，比蒙古、西藏之例，凡其内国之政治，及外国之条约，皆由中国为之主持，庶外人不敢凯觎，斯为上策。顾时方多事，鞭长不及，此策固未能遽行。不得已而思其次，莫若取俄国一国欲占之势，与天下万国互均而维持之，令朝鲜与美、德、英、法诸国通商之为善也。

比年以来，我总署及南、北洋大臣合力同心，共图此举。徒以朝鲜僻处东隅，风气所囿，听我藐藐，几无如何。逮乎今日，形势危逼，彼乃幡然改图。岂非天牖其衷，为该国危急存亡之转机乎④！虽然，尝考泰西属国，皆主其政治，每谓亚细亚贡献之国，不得以属土论。又考泰西通例，属国与半主之国与人结约⑤，多由其统辖之国主政。又考泰西通例，两国争战，局外之国，中立其间，不得偏助，惟属国乃不在此例。今欲救朝鲜为俄吞噬之急，不得不借他国之力，以相维持。然听令朝鲜自行与人结约，则他国皆认为自主⑥，而中国之属国忽去其名。救急在一时，贻患在他日，不可不预为之计也！如璋因又遍查万国公法，德意志联邦向各有立约之权⑦，今中国许令朝鲜与人立约，原无不可。惟应请朝廷会议，速遣一干练明白、能悉外交利害之员往朝鲜⑧，代为主持结约，庶属国之分因之益明，他日或有外隙，而操纵由我，足以固北洋锁钥。此至计也。

即或不然，应请由总署奏请谕旨，饬令朝鲜国王与他国结约，并饬其条约开端声明："兹朝鲜国奉中国政府命，愿与某某国结约"云云，则大义既明，屏藩自

---

① "内"字，《中日韩三国外交史料》第342号、何维柱据清宫总署抄本档案整理稿，作"道"。

② "势"字，何维柱据清宫总署抄本档案整理稿作"胜"。

③ "至于"上，何维柱据清宫总署抄本档案整理稿有"乃"字。

④ "转机"上，《中日韩三国外交史料》第342号、何维柱据清宫总署抄本档案整理稿有"一"字。

⑤ "结约"，原作"结纳"，据《中日韩三国外交史料》第342号改。

⑥ "为"，何维柱据清宫总署抄本档案整理稿作"其"。

⑦ "邦"字，原作"那"，误，据《中日韩三国外交史料》第342号改。

⑧ "往朝鲜"上，《中日韩三国外交史料》第342号、何维柱据清宫总署抄本档案整理稿有"前"字。

固。窃念朝鲜之于中国,戴高履厚,素称恭顺。从前法国教士一案,我一言而即释拘囚。而朝鲜告于日本者,每曰上国,曰天朝。彼近日国是,稍破旧习,观其君臣上下私相诚之辞曰:清人之厚意,甚于日本。则由朝廷敕谕,彼自当唯命是听。而泰西诸国正当求成请盟、未可必得之时,由我主持,彼自欣感。况又有德意志联邦之例可援,则"奉中国命"云云,外国亦无辞可拒。若朝鲜既经开港之后,应饬令彼国袭用中国龙旗,或围绕以云,微示区别,以崇体制。应饬令朝鲜商人来中国贸易,亦令华商前往釜山、元山津等处通商,以通声息。又饬令彼国学生来京师同文馆,习泰西语言;来福州船政局、上海制造局,习造船简器;来直隶、江苏等处,练军习洋枪,以修武备。总之,今日时移事变,中国之待朝鲜,总须稍变旧章,方能补救。

又念现今俄海军卿理疏富斯基率兵船十数艘,屯泊珲春,天寒冰冻,必将南下。若不幸而鲸吞蚕食,肆其毒恶,则朝鲜必将割地以求自存。卧榻鼾睡,后患滋深!即幸无此事,而俄之西比利亚①,欲藉朝鲜之人以开拓,借朝鲜之米以转输,蓄志既非一日,苟尽率兵船以刦盟约,朝鲜亦何敢不从? 朝鲜一土,今日锁港,明日必开。明日锁港,后日必开,万不能闭关也必矣。顾与其为他人威逼势刦,以成不公不平、所损实多之条约,则何如自中国急图之,以揽大权,以收后效。

夫亚细亚诸小国衰微久矣,越南既割地与法,缅甸复受制于英。微天之幸,朝鲜尚能瓦全②,而固守旧习、执迷不悟,屡劝不悛,至于今日,悔于厥心,既有措手不及之叹。而当此形迫势切、间不容发之际,幸有一线生机,时会不可再来,安得不图所以补救! 不胜忧闷屏营之至③! 谨议。

卷 中

与总署总办论球事书

上月二十九日寄函,具陈高丽与俄、日情形。本月初一日,捧读堂宪密谕及大咨问答节略、琉球禀稿,又闽省咨函并致总署抄函各件,具征荩虑周祥,遇事

---

① "比"字,原作"北",据《中日韩三国外交史料》第 342 号改。

② "尚"字,《中日韩三国外交史料》第 342 号、何维柱据清宫总署抄本档案整理稿作"仅"。

③ 此句上,何维柱据清宫总署抄本档案整理稿有"如璋实"三字。此句下,《中日韩三国外交史料》第 342 号、何维柱据清宫总署抄本档案整理稿有"而发此议军国大事,深恐无裨于万一。伏望迅赐裁夺,天下幸甚"数句。

不厌推求之至意,感佩无已。夫阻贡,大事也。阻贡而涉日本,邻封密迩,稍有不慎,边衅易开,是事大且有关于安危利害也。如璋虽至愚,曷敢以轻心尝试。唯细揆日本近情,参以闽函所言,有未尽得其要者,请为台端缕细陈之:

论国事者,百闻不如一见。闽中向时所传东耗,皆出自商贾无识及日报夸大之辞,多非其实。如璋来东数月,旁观目击,渐悉情伪。前寄呈《使东述略》已大概言之。窃以阻贡一案,虽未必尽有把握,东人之不敢遽为边患,可揣而知也。闽函所疑各节,查日本疆域不逾两粤,财赋远逊三吴。民细而质柔,惟萨摩、长门人稍称才武。中土即云困敝,大小悬殊,故彼国执政知时局艰危,深维唇齿,欲倚我为援。而又虑未可深恃,不得已改从西制,冀借以牵制强邻,非有他也。其不敢遽开边衅者一。

日人自废藩后,改革纷纭,债逾一亿,去岁萨乱,以民心不靖,复议减租,国用因之愈绌。顷下令拟借公债一千余万,以继度支,闻民间未有应者,其穷急可知。迩年赖以敷衍者,纸币耳,若兴兵构怨,则军火船械购自外国者必须现金(故去岁有向我借枪子之事)。东人虽巧,恐不能作无米之炊。其不敢遽开边衅者二。

该国近更军制,寓兵于农,常备额陆军三万二千人,海军不及四千人,兵轮十五号,多朽败不堪驶者,大炮数十尊,不尽新制。定购英厂兵轮三号,以费绌,仅一号始抵横滨,名为铁甲,实铁皮耳,每船价值仅三十余万金,非钜制也,其驾驶、兵法亦未精,尚非我军敌。全国口岸纷错,自防不暇,何暇谋人?其不敢遽开边衅者三。

废旧藩时,收田土偿以家禄,限十五年为期。近将届满,失职者日就贫困,怨望益深,故十年来祸乱迭起。若复倾国远争,内变将作。且常额不敷征调,势必役及番休,无故兴师,徒滋众怨。彼谋国者皆非轻躁之人,此种情形,谅筹之已熟。其不敢遽开边衅者四。

日之贫且弱,人人所知,无可掩饰。迩来极力张大,外强中干,以云示强则有之,示赢固非其情。至其发兵保护,询之琉人,巡捕数十名合商贾只百余人,岂欲以此抵御乎?若疑球人求救日本,何以不言?查球人钞给日本之咨,但叙阻贡之由,所云告急、谕倭、复贡等字,则皆隐约其辞,与原文异(中山王密咨,日人当未见)。四年以来,日人不遽肆恶于球者,虑我与之争,或开边衅,是以徘徊未发。自知理屈,有何可言?若来馆谒见者,则为驻东之球使,日人未尝禁之,故出入自便。观所吐情实,非受逼而来。即曰日人阴纵之,亦以此觇我不与争,彼可下手耳,非别存诡诈、欲以此挑衅也。或又以前明倭寇及近年台湾之役为疑,不知倭寇举属乱民,当时乘土船随风纵掠,以致沿海骚动。若以今兵舰搏之，立见齑粉。此今昔情形不同也。就令败约寻仇、空国来争，试思彼兵舶几何？海军几何？能令我沿海防不胜防乎？若台之役，则西乡隆盛实主之，非执政本谋，长崎临发，追之不及，因将错就错，使大久保来中议结，大久保归国，人交庆（是役，东人甚讳言之，大臣皆绝不道。士大夫偶言之，则直认罪过。月前日人捐助晋赈，报中直言：台役之后，中人视东人为非人类，此事亦可少补过云云。郑书记来总署，公然言之，彼盖揣我之怯，借此以要挟耳。情甚可恶！堂宪斥之，宜矣）。西乡后复议攻朝鲜，执政痛抑之，遂去官、称乱，自灭其身。即此一端，可知东人之不敢轻易生衅。

若以为日人无理如瘈狗焉，时思吞噬，果尔，则中东之好终不可恃。阻贡不已，必灭琉球！琉球已灭，次及朝鲜。否则，以我所难行，日事要求，听之乎？何以为国！拒之乎？是让一琉球，边衅究不能免。欲寻嫌隙，不患无端。日人即横奚必拘拘借此乎？且先发制人，后发为人所制。凡事皆然，防敌尤急。今日本国势未定，兵力未强，与日争衡，犹可克也。隐忍容之，养虎坐大，势将不可复制。况琉球迫近台湾，若专为日属，改郡县、练民兵、资以船炮，扰我边陲，台、澎之间，将求一夕之安而不可得。即为台湾计，今日争之，其患犹纡。今日弃之，其患更亟也。

不特此也，球人再三哀吁，我不援手，球人将怨于我而甘心从敌，于此尤为失算。统筹大局，深帷始终，即因此生衅，有不能不争之者。况揆之时势，未必然乎？且通商以来，各国虚实情伪，无可隐瞒。求贡一事，东人、西人固已知之。奉旨筹办，球人既知，即恐东人、西人亦皆知之。今与言而从，固善。即不从，其亏辱不过与不言而弃之等。或者言虽不从，日人有所顾忌，球人藉以苟延，所获多矣。否则，岁月之间，日必废之！不言，则日人以我为怯，适启戎心，将来交涉事件，要挟无厌，办理已形棘手，边患亦且日深！言之，则日人事已施行，难于挽回，真恐变羞成怒。始终之际，缓急之间，其得失固有较然明白者。

为今之计，一面辨论，一面遣兵舶，责问琉球，征其贡使，阴示日本以必争，则东人气慑。其事易成，此上策也。

据理与争，止之，不听，约球人以必救，使抗东人。日若攻球，我出偏师应之，内外夹攻，破日必矣。东人受创，和议自成，此中策也。

言之不听，时复言之。或援公法邀各使评之，日人自知理屈，球人侥幸图存，此下策也。

坐视不救，听日灭之。弃好崇仇，开门揖盗，是为无策。

查琉球虽小，近三万户，课丁抽练，不止万人。弃以资敌，并坚其事敌之心，日人练之为兵，驱之为寇，习劳苦、惯风涛，不出数年，闽海先受其祸。非特无策,又将失计。一日纵敌,数世之患,非所宜也。如璋明知今日中国与诸国结约决非用兵之时,况值晋、豫旱饥,尤难措手。第揆之日本近情,其不能用兵,更甚于我。故先筹上、中二策,或操胜算。若徒恃口舌与争,则日本亦深悉我情实,决不因弹丸之地张挞伐之威,往反辩论,经旬累月,必求如旧日之两属,诚无了期!然等而下之筹一结局,则或贡不封,谓听其自来,托于荒服、羁縻无绝之义;或封而不贡,谓怜其弱小,托于天朝不宝远物之名,犹之可也。不然即全予之,邀各国公使与之约曰:琉球世为日本外藩,不得如内地之废藩制、改郡县。则球祀不斩,日人不能驱球人为吾敌,球人已得保其土,吾亦不藉寇以兵,犹之可也。又不然,或径告日本以两国和好,今愿举两属之。琉球全归日本,悉听其治,则准泰西例,许易地,或偿金币;近援俄、日互易桦大洲事为词(以日之弱当俄之强,桦大洲归于俄,尚能易其群岛。日人敢向索之,俄人不力取之。日可施之于俄,我施之于日,断不能因此开衅。今日泰西各国之用兵,皆熟计利害,谋定后动,断无因一言一事遽行开衅者。即此亦可知也)。俟其理屈辞穷,而后示以中朝旷荡之恩,不索所偿,亦于体制较为好看。他日有事交涉,亦多一口实,犹或可也。凡此皆无可奈何之办法,然较之今日隐忍不言、失体败事,犹为彼善于此。

窃谓各国纵横之局,必先审势,而后可以言理。琉球一岛,远不如高丽之拱卫神京,屏藩海外。若俄人垂涎于彼,保护颇难,非先事预筹、弭之于未形不可。若阻贡之事,中土虽弱,犹胜日本。彼虽狂惑,尚未敢妄开边衅。琉球苟灭,后患滋深,是不争正所以萌边患。谓今不言,度势审理,均非甚便。如璋虽愚,岂不知今日不言,国家亦谅其无能而不加深责。缄默之自为计,固甚得也,第念一介书生,来自田间,总署不以不材而荐,过蒙圣恩,假之使节。临大事而不克谨慎,冒昧轻试,贻误疆域,其责固无可逭。若知其利害曲折,辄意存趋避,置大局而不顾,其责尤无可逃。故敢一一尽言之,如以为可与言,谨当妥筹办理,随时函请。推其极,不过弃琉球,断不至于挑日本。即万一非意所料,吾发一言,彼即寻隙,亦可斥使臣一人以谢之,尚易转圜,终不至再扰台湾。苟推至于斥使臣不足以谢,是日本时欲侵陵,亦无俟专借阻贡一事矣。如以为不可与言,亦希教示,作何办法。诚恐识闇智昏,不足以料事,矧兹重大,一不得当,则贻误事机。言之之尽,所以求教之者之反复开导,务归于善也。敢恳一一代回堂宪,察核训示。飞函示复,庶几有所遵循,无虞陨越。临楮悚惶!

复总署总办论争球事书

捧密谕及寄李伯相书,谓:必须到相持不下,各使始肯出而转圜。又:彼若一味蛮悍,应将驻倭公使及领事各员一概撤回,并布告邻国,作弯弓不下之势等因。敬仰明见万里之外,智周数十年之间。如璋等反复抽绎,窃叹言之至当不易也。办天下之事,不过情、理、势三字。今情、理兼尽,复为势所迫,不得不行,所谓"箭在弦上,不得不发",今日之谓矣。日本自立约以来,一于台湾,二于朝鲜,三于琉球。其他约中所有之事,次年即议更改,一则曰勿设领事,再则曰内地置买土货,三则曰出口免税。贪心无厌,事事多所要求。自今以后,朝鲜之事,后患更无穷矣!

论亚细亚大势,诚宜开心吐诚,联为唇齿。如璋到此,百计周旋,理事交涉之事,皆饬令勿步西人过图利益。即琉球一案,不欲遽将其无礼无义宣告邻国,原思留其余地以全大局。乃彼竟悍然不顾,径行灭球,不少留中国余地。则他日鸱张狼顾,肆意妄为,不待智者而决矣。盖事至今日,欲保全两国和局,必明示以不嫌失和,和始可保。此次琉事,系萨人主持,而全国上下皆不直之。然使我不理,则萨势益张,他人益敛手,我之边患亦日深。若坚持之,一萨摩之势,终不敌其全国之人心。兵事将兴,参议皆得起而持之(大藏卿大隈重信,长崎人,前次台湾之役,本奉命与西乡从道偕往,后因各国公使异议,大隈遂还。近者大藏书记官与如璋熟,颇言及球事,彼谓非兵端将开,大藏卿不能置喙云云)。

又泰西诸国有利则趋,有害则避,通商以来必谓推诚相与,事固难言。然美利坚自修好以来始终无违言,其热心为我,胜于他国。英、俄两国争雄海上,亚细亚大局全视我之亲疏以为轻重,故皆有结好中国之心。至日本无利可图,皆有鄙夷不屑之意。琉球一案,日本灭人之国,绝人之祀。美为民主,尤所恶闻,我苟援互助之条邀之,彼自当仗义执言,挺然相助。兵端将起,则于通商有碍,即英、德各国亦将随声附和,出而调停。是我决计持之,球祀可存,和局可保,近以戢萨人轻躁之志,远且折彼族狡启之谋。如璋等反复抽绎,而知堂宪所谓"饬修边备,布告邻国,撤回使臣",真至计也。

论中国今日之势,必谓长驾远驭,直攻日本,往戍琉球,非惟不必,亦且不能。故去岁拟请遣兵船征贡之外,语不及他。即此次日人废球,亦不愿勿卒下旗,遽开兵端。唯日人如此妄举,势不可不与力争。无论其不敢寻衅也,就令萨人轻躁、不计利害而来,亦不如乘此图之,尚操胜算。中土自大难削平,人尚知兵,士皆任战,远攻虽云未逮,近守固自有余。查日本所有兵船,仅足自守,其兵官尚不足用,火器兵械之不足更无论已。加以国势纷纭,人心乖隔,帑藏空虚,尤不能与我构衅。彼若不计利害而为之,第使吾沿海口岸择要修防,紧守不战,持之数月,彼乱将作。又况彼曲我直,仗兴灭继绝之义以临之,左提高丽,右挈琉球,为三方并举之谋,使彼备多力分,首尾不能相应,则情见势绌,久将折而从我,庶萨人之焰日衰,中东之交可固。若虞其寻隙,复隐忍从之,则彼将益肆要求,明日高丽,后日换约,侵凌攘夺,边患亦不出十年。且养虎坐大,彼之内治渐修,国帑渐裕,兵力渐精,又所要求于我者各国皆存沾利之心,将我之势日孤,彼之势日横,而操纵皆无从措手。是以统筹前后计,不如趁此机会,尚可自操胜算也。

今日时势纵横,安内攘外之方,舍实力整顿海陆军外,别无奇策。必敢言兵,而后可用兵,是严修边备一著。即与东人无事,亦须认真汰练,以备不虞。如璋才识愚拙,国家大事,本不敢妄言。且身为使臣,职应修好,而所言乃若失和者。诚以再思熟思,欲保和局,势不能出于此。惟堂宪断而行之,大局幸甚!

再与总署论球事书

琉球一案,宍户公使既奉其国命商办,查其来文称:于六月二十九日奉上谕办理云云,即我五月廿二日,如璋前与井上馨议论之明日也。彼于此案忽欲结局,未始非乘我有事图占便宜。然此次来商,不复牵涉改约,且自称中国从前来往照会语均不错。既认球为两属,词气较为公平,惟我志继绝,彼欲裂土,诚难凑泊。然南岛归我,既出彼口,则以给还球人,自彼所愿。又我五月十五日,彼大政官布告,将冲绳县厅移设那霸港,或彼更欲将首里让还球王。此间有日本人来告,云:有人上书,求即以琉球王为冲绳县令。政府未允,或彼政府即有此意,亦未可知也。

如璋密查日本近情,百姓请开国会,朝野既为不和,而当道诸公,萨、长两党,倾轧愈甚。新闻言:其近日会议,竟致殴击。纸币价格愈低(初行纸币与洋银相抵,今年春间至每洋银百换纸币一百五十余。新任大藏卿佐野常民将大藏存银发出补救,减至百三十,近又百六十矣),民益浮动,政府更欲募外债数百万以图挽回,其内债尚存三亿五千一百万有奇,外债尚存一千一百万有奇(原额一千六百五十九万,还五百万矣)。今势出无奈,更以加增贫困。如此,若更骚扰,内乱将作。此种情状,凡在日本者皆能知之。乘隙思逞,实无可虑。惟日惧俄殊深,万一有事,高岛炭坑之煤,不知能力守局外之例、严杜俄人强买否耳?若助俄、助我,揣彼近状,皆力有所未能也。

复总署论球案暂缓办理书

此间近日别无动静,惟有新刻名《自由新闻》者,内称:球案久无所闻,顷友人传说，近有海陆军将官某上书政府，谓可以一战。而大臣岩仓具视及参议大隈重信、伊藤博文，皆以府库空虚，坚持主战不利之说，驳斥不听云云。未审果有此事否也？

本月初一日，奉到堂宪赐谕并抄单二十件，敬谨读悉。外有文书二函，承命一交宍户公使，一交外务省。查钧署前次照复宍使之文，内云：一俟奉有谕旨，如何办理，自当即行照会。现已钦奉上谕，恭录知照，原系正办。惟宍户既离北京，即非公使，彼自回国复命后，不复到外务办事，眷属近亦东归。顷者外间传闻，将改任东京府知事。是宍户使职经既解任，田边大一所云宍户不能再办事，亦属实情。所奉大文，既不能接收，自可无庸交去。至转达外务之文，日本外务之事，系卿一人专政，现在外务井卿上馨病假赴东海道，一时亦尚未交。

如璋伏查各国通行常例：邻交诸事原归外务，然至于争地争城，事关军国，则必须枢府之平章，议院之公议，不必专于外务交涉也。琉球一案，彼国办法，由内阁指挥，故宍户商办此案，有大政书记官从中主持。自去年六月宍户奉命以来，彼此商议，皆专属使臣，不关外务。今行文外务，恐其以"不与此事"借口推辞。以狡赖无耻之人，承要盟不遂之后，设竟却而不受，抑或受而不答，恐于事体殊不好看。又查地球诸国交邻通义：凡所商未经画押盖印，即不为定约。宍户之将归也，多方催迫，谓我欺诳，不过趁中、俄事急，乘机要盟，借此鼓弄耳。及至悻悻而去，我不挽留，彼族详叙始末作为论说，终不敢以废约为言。即东、西新闻议论此事，亦并无一人以弃盟见责。良以未经画押盖印故也。当时钧署照会宍使，有"俟奉谕旨即行知照"之文。乃彼于旬日之间，迫不能待，言辞悖慢，无礼已甚。是弃好败盟，曲固在彼，而我犹含容善待，所以宽假之者至矣。今又复俯就与商，将虑长其狂傲之心、嚣凌之气，非惟无益，且惧有损。要之，彼国自宍户辞归，宫本罢遣，内情惊惧，外论纷纭。政府诸人尚无定议，即彼欲弥缝妥结，急切亦碍难转圜。现在彼国公议，有责井上毅以躁妄者，亦责宍户玑以冒昧者，并有谓彼国无礼，应遣员以谢中国者（此论，上海《字林报》曾经译录。二月二十一日，《申报》新闻备载之）。

揆其近情，自不如稍假以时，徐观其后。如彼竟续遣行人，复申前议，则吾得乘机以利导，借势而转圜，操纵在吾，事极稳便。若执迷不悟，则交此文书，亦复无补于事实。此所以展转寻思，未敢遽交也。为今之计，可否暂留此间，徐徐探察，俟与彼国当事从容言及，告以钧署主意实在和好，讽以彼使举动未免轻浮，复将预筹办法略露梗概。如彼此确有可商，而后行文外务，属其遣使，设法议结，似乎不触不背，较合事机。如彼此实无可商，则一面固守封疆，益修兵事，持之稍久，彼以逼近之邻不能不备，而以贫瘠之极势难久支。此时专命使臣与之辨论,不允,则以撤使罢市相持。彼内怵祸乱,外惧兵衅,自当俯首帖耳,就我范围。如或不然,则暂将此案置之勿提。彼于内地通商深所注意,我既肯与通融,俟其来商修约之时,出而抵制,以此易彼,球案不结,商约终不议行。彼亦终当自求转圜,就商妥结。日本与俄人交换桦大洲一事,历十余载而后成盟,外交情形,往往有此。既已今日事处至难,似不如持坚忍之志,待可乘之机,而筹万全之策也。

如璋又念:自此案初起,既历三年,始则我问于彼之外务,继则彼商于我之总署,交涉常情,各有是非,即不免各有驳诘。兹之所奉乃为上谕,恭绎旨意,自系己国预定办法。然若遽宣示彼国外务,是执不可移易之铁案,以商未可必得之事情。国体极尊,天语至重,斯又不能不慎重而三思也。如璋才识本浅,更事未多,熟念此事,旁皇累日。顾以一日身在局中,苟有所疑而不言,是为废职。谨将此间近日情状觊偻渎陈,伏冀察度熟筹,详为措注。外交之事不厌求详,愚虑所及,恐未必当,务求堂宪训示遵行。除宍户一函可毋庸再交外,其外务一文,现外务卿井上馨告假出京,须四月中方能归京,如应即交,一俟奉到钧谕,再行办理,未为迟晚。肃此! 敬乞代回堂宪,察核为祷。

复总署总办论为球王立后书

十五日奉到来电,遵即译明,读悉。承命详访球王后嗣,查此间所知者,球王有中城王子、宜野湾王子,去岁随王东来,其余均未能悉。因即书具密函,阴投随王之法司官马兼才,详问一切。接到复函,称:王长子尚典,年十七岁;次子尚寅,年十五岁,均在东京。四子尚顺,年八岁;王叔尚健,年六十三岁;王弟尚弼,年三十四岁。其他尚有从兄弟、亲族,均仍在球。惟称与球王商议,于南部宫古、八重立小王子,王意不欲。初意以为南部虽小,终胜于无,分支承嗣,终胜于灭。然继思其言,亦不无情理,查宫古虽合九岛为称(宫古岛外,一平良峰,一来问,一大神岛,一地间岛,一水纳岛,一惠良部岛,一下地岛,一多良间岛,总称曰宫古岛),而周回不及二百里,八重虽合十岛为称(一石垣岛,一小滨岛,一武富岛,一波照间岛,一入岛,一鸠开岛,一黑岛,一上离岛,一下离岛,一与那国岛,总称曰八重山岛),而周回不及百里。且各岛零星,地瘠产微,向隶中山,只供贡献。所派之官,不过在番(官名)、笔者(官名)数人,余皆选土人为之,政令多由自主。仅此区区之土,欲立一君,固难供亿。使之奉一少主,虑岛民亦未必服从。球王自来东后,日本照其本国废藩之例,核王所有,给以十之一,去岁由大藏省予以十四万金。获土恐须还金,在球王固自不愿,分一少子不能成国,非其所欲，亦犹人情。然中国所以出争，原欲兴灭继绝，苟得三分分属，仍举南部予球，事固可了。而中部诸岛，日人终不愿交还。及今而有南部归我之议，我欲举以界球，而球人反不敢受。是我之意志俱隐，而办法亦因之而穷。

如璋反复寻思，曾无善策。复念冲绳县署，日人既移那霸（我五月十九日，大政官布告二十二日，传命宍户公使办理，同在数日事也），是既将守里城让出，若令球王还国，仍保此地，守其宗庙。于此次立专条中声明一条，曰：自今中部诸岛均归日本管理，惟首里一城仍还旧王尚泰，令其还国，世守宗庙坟墓。日本待尚泰一家务须优厚云云。则球祀亦可不斩，而球王得归故土，重完骨肉，尽释拘束，亦尚应感戴天恩。查日本旧日废藩，所有各藩主，或居京，或居本土，均听自便（即琉球旧日附属之萨摩藩旧王岛津久光，今在萨摩），而称为华族，仍世守其家，不绝其祀。则将此一节与彼使议论，彼亦无辞可拒也。此说若行，则于绝祀一节，尚可保一线之延。

惟南部宫古、八重诸岛割以隶华，在美前总统格兰脱，谓此为太平洋来往要道，中国应自管理。在中国，则谓义始利终，得球人之土，反虑分日人之谤，中国不便管理。惟今日之议，既议割以隶华，此弹丸黑子，界之球王，球王又不受，听其自治，则片土不足自保。万一为他人窃据，是地逼处台、澎，恐贻卧榻鼾睡之忧。引为自管，俾与内地相同，既嫌得土，又有鞭长不及之患。再四寻思，又难措办。似应请将此南部诸岛声明内属，以绝欧西诸国占地之意。然后再觅球王亲族，使之治理，与从前云、贵等处之土司一体。则我无贪其土地之名，彼球王亦可分衍其支派，而此刻不必设官，亦尚无难办也。是否有当？敬求代回堂宪，察核酌度办理。

论朝鲜事及日本国情书

本日新闻言：日本兵船名凤翔者，前随花房义质往朝鲜，因士官师兵上岸，土人群集，其兵官不愿受侮，往责东莱府伯，竟至拔刀伤府伯。土人哄传，谓既杀府伯，聚者数千人，瓦石纷击，以至哄争。朝鲜于日本积怨深怒，而日本束缚之，驰骤之，势必有一日启战争之局者。

堂宪谓：日本眼光所注不在西洋，而在中国与琉球、朝鲜各国。又谓其无理取闹，不知其何所底止。明见万里之言，如璋等惟有额手敬佩而已。如璋因思：日本今日灭球矣，明日且及朝鲜，欲必未厌也，其势且将及我。苟兼并坐大，猛虎傅翼，殆将奋飞，未知吾他日终能胜之否！如璋到此以来，潜察默探，每引为隐忧。即如琉球一案，其土地、人民，本无可贪。零丁数岛，亦不足为我屏藩，受我驱遣。而以为必争之者,诚虑他日边患未有艾时。而揣日本今日之势,固万万不能胜我也。

夫无财不可以为国,彼族之穷,天下所知。前函既备述之,请再言其详:日本废藩以前,各藩未铸银钱,惟通行纸币,共有三千万。废藩后,由朝廷收而易之,自明治四年至六年,搜括全国金银,共铸金、银、铜三货,值六千六百三十二万二千四百三十六圆。而所造纸币,初限为九千六百万圆。西乡之乱,复凭虚增造纸币二千六百万圆。自昨年以来,由大藏省发出银行纸币,复有三千四百万圆,合计纸币之浮于金银货者,有十二千万。而自六年以后,金银货皆不能复铸,全国上下惟以纸币流行而已。所造金银之货,每年海关输出共八九百万圆(查其海关输出入表,输出金银逾输入者,岁约六七百万。而所雇各国教士及海外留学生员、及驻各国使馆、及官府购物,不在海关表者,岁又五六百万。除海关收税二百余万扣抵外,岁约八九百万云),除大藏省准备不动金货值一千万银钱外,悉为西人攫去。而大藏不动金因纸币价贱(从前纸币十圆当银钱十圆,因纸币浮出过多,近纸币十三圆乃抵银钱十圆云),近复出六百余万,所存之三百余万,势不能不复出,出则不名一钱矣。上以纸币给下,下以纸币奉上(纳租、收税,皆以纸币),国中自为流转耳。若军事既兴,枪炮购之于外,不复能用纸币,其势不敢妄动。

第东人见小贪利,每有慕西人而轻中土之心,故既废琉球,又凌朝鲜。彼殆欲以此示强于我,而遂其要挟之谋,是我今日之修备练兵,简器造船,诚万万不可缓者也。我备已修,彼谋自绌。事至今日,必谓便发兵争球,固自不必,第一面急修备示以必争,彼若不从,然后罢遣使臣,绝其互市,彼将转而相求,重寻旧好。或者惧如前代之倭患,则自各国通商之局,其情形迥不相同矣。

今统计日本兵船,粗足以自守,而管驾兵官,尚不足于用。欲攻我通商口岸,势不敢遽行拦入,其他沿海港汊,军舰不能近岸,若用旧日之小舟,固非吾军舰之敌也。彼虽横肆,我但以坚忍持之,不及数月,彼将内乱,而后俯首听命,唯我欲为矣。且朝鲜怨日实深,我第明告以缓急相助,彼将力与之争,我乘隙图之,事蔑不济。论亚细亚大局,日本与我原当联为一气,乃我让彼,彼益轻我,不特缓急不足恃,且将日长其侵夺之心。不如乘其国势未固而持之,尚可折其谋,挫其气,以渐合同洲唇齿之交,而弭无穷之隐患。

今高丽一事,未知如何? 即使无事,与我换约,即在后耳(近因出、进口货税事,与美立约,告以各国协议即当照行。此事始终未与如璋等言及,今英方阻之,彼意英若允行,则当强中国行耳。中国若行出口免税,泰西将援以为例,而我欲进口加税,又恐未易办到也)。肆意要求,势将胡底,是通盘筹算,让之一时,未必能忍之他日也! 如璋居此,探之颇悉。有所见闻,不敢不一贡其愚。

论日本改订税则书

美使近日来再见面,渠接政府来文后,不知曾与日本言及否? 美使在此多年,与日本交谊较密,遇事每持公道,亦或左袒,惟此案彼意终始以日本为不是。且听其劝解如何,再作道理耳。

日本加进口税、免出口税一事,喧传既历年余。美约既改,许其照行,而英、德二国,闻颇持之。近派森有礼使英,冈本上野为外务大少辅,闻皆为此事。盖合通国上下全力以谋之,而眼光所注,尤在夺我国之利。昨见泰西公使,言既次第送稿,其中所开货物,惟羽呢之类值百加抽十五元,独于我国之糖,乃加至值百抽三十元。查其海关出入之数,自明治十一年六月至二年六月,输入之糖五千二百三十九万余斤,值价二百九十三万余元,准旧日值百抽五之数,输之关税者凡十五万元。今加三十,则一岁输税既增至九十万元矣。价值日昂,购买日少,商人益难以牟利。此即西人保护之法,殆不异关门而拒之也。

查我国与日本通商,系日用饮食必需之物,向来进、出货相抵,两国俱利。至去岁一年,我输入于彼者值四百六十六万余元,彼输出于我者值五百七十三万余元,相抵之外,既暗亏一百万元。我所输入四百六十余万之数,其中砂糖一宗,即值价近三百万,若加税事行,则糖不能输入,势将每年拱手而送三四百万于日本。又出口免,则输出于我之货,将日见日多,日朘月削,为数益巨,直无异于输岁币而赍盗粮也。又丝茶减税输出,西人利其价贱,向之购于我者,必移而购之日本,而我国之丝茶益难销售。西人受利而我受害,是又操同室之戈,纫兄之臂而夺之食也。此中之关系,较争地为尤大。

查现在情形,泰西各国都既咨商,此间绝不关照,揣其意,西人虽允,不难强我以必行。其用心亦殊可恶! 英、德之输入于日本者,皆倍于输出,故二国皆有所不愿。然日本全国上下合力一心,恐外国碍难尽拒,不能不分别酌改。在日本亦明知泰西通例,未能因税务而启兵端,故敢于发议耳。以今日万国聚而谋我,除力图自强,徐谋保护抵制之法,别无善策。缕缕愚忧,谨此肃布。

与总署因俄事论练兵筹饷书

近来西事未卜如何,此间所见电报,有"不日将于北京缔约"之语。又俄国新闻称:"俄政府经告曾袭侯,请其将中国不合各条逐款声明,以便遣员往北京改议。"云云。将来商议，虽事未可知，机关似稍缓矣。

现查俄船，泊长崎口者只有一号，其海军卿理疏富斯基，当已驶往珲春。俄国政府照会日本，谓欲测量西北利亚各处，其日本道纬线相值之处，亦欲测度，请饬令北海道各口，许令测量船军士随处上岸。业经日本政府准行。观其举动，乃欲经营东海，其本年所编派太平洋兵队，既有久驻不归之意。初理君之来，窃疑遣大员实不可测，及查其所带兵船，乃有水雷艇船等，又带同眷属前来，益不知其意所在。后查其人在海军四年，俄国所有水雷、巡逻诸船，皆由其一手兴造，北海防御亦由其整顿。惟俄国之东有西比利亚诸部、桦大洲一岛，向未有防御，兵船此次遣之东来，其意在经划东面，设常备之兵，编定营制，既可概见矣。

通商三十余年来，各国兵船第于太平洋常川游巡，恫疑虚喝，固已无所不至。而近来日本海军有二十余号，今俄国兵船又有二十号，益有实逼处此之势。自今以往，无复有闭关之日，即无复有解甲之日。然趁此相持不决之秋，整军经武，急图自强，则赖多难以兴邦，何莫非国家之福也？

如璋伏念：自互市以来，无日不言自强，竭蹶经营而未能遽有起色，则以饷糈不足之故也。查地球各强国，英国（查去岁一年中，海陆军共用十三千万元）、俄国（海陆军共二十千万，又八百万鲁布）、法国（海陆军共用十三千万元）、美国（海陆军共用七千二百万元，又退休兵费二千八百万元），据其一千八百七十九年之数而算（即光绪五年），兵费皆在十千万元以外。即瑞典、荷兰诸小国，每岁兵费亦须二三千万，日本岁需一千一百万。中国地面辽阔，不异于诸强，所幸日用较省，人能耐劳。然求其足以自立，陆军须精练三十万兵额，海军须创立六七万兵额，每岁所需至少亦须三千万两也。天下办事之难，莫难于筹饷。中国向来不与外通，故论理财者，动称损上益下，所谓"百姓足，君孰与不足"，诚至论也，惟今日情形不同，国势屡弱，外人欺逼，百姓未能自保。为上者曰藏富于民，而究之民不能自藏，徒为漏卮，以供外人之日朘月削，后患奚忍言乎！

处今日之势，务宜上下一心，共知此意，合天下之力以养兵，即为保百姓之财以卫国。通盘筹划，现今中外养兵之费，共有多少？今改编营制，于陆军议并练，于海军期创设，共需多少？除将旧款拨归今用外，合中外大僚会议，务使兵皆可用之兵，养兵皆有着之款，核实正供，毋许减成。正供不足，征之于贸易物，但令择民间用物之贵重者，课其二三件（若鸦片及酒之类。查日本一国年课酒税得二百余万，本年增至五百万元），实力行之，进款不为少矣。我朝深仁厚泽，征敛之轻为古来所无，乾、嘉承平，国用即既不足，况于今日之多事，不稍为变计，第为东移西补，兵饷之不足，兵力无由而兴，国势何由而强？及仓猝筹防，靡费既多,后又难继,而事变仍无了期,战守究无长策。如璋念外侮日深,无任痛恨!故敢陈其一二,缕缕愚忱,伏求鉴纳。

再与总署论练兵筹饷书

肃函想邀赐览。俄海军卿理疏富斯基,闻既乘船出长崎,绕烟台,旋往珲春,其眷属则仍留长崎。察其举动,全欲于黑龙江、库页岛之间,及日本海、黄海、中国海,各号编立营制,设常驻之兵。外间传闻,和战之权,悉由其定夺。又谓察吾虚实,将备进师。又谓派使来议,未妥,即听此提督指挥。多属恫疑虚喝之言。俄自伐土以来,师老财匮,加以连年天寒岁荒,畜产衰微,乱党迭起,冬宫之变既七八次。彼但以余力扰中国,未必能操胜券,而欲以全力攻中国,要未易言。揣其意亦非必欲战,事既至此,惟有一面将以委蛇,一面持以坚定,一面整军经武,力求自强。计今伊犁未还,我无遽行索地之言,彼亦何能遽行用武?不必因要喝之言,遂自示弱。夫俄于东土,得桦大洲于日,得黑龙之东于我,既有属土,即有防营,其竭力绸缪自无足怪。现在英人,以俄有东来之师,于新加坡、于香港,皆议增经费,筑炮台。日本政府以府藏空虚,欲议裁减陆军,陆军卿大山岩力争,以谓俄方遣兵舰东来,只可减兵之经费,不可减兵之额缺。地球万里,尔疑我忌,各有争先占要之谋。从前多在欧土,今更移于亚洲,即无伊犁一案,我中国亦不能不发愤自强也。

中国自互市以后,即当讲求自强。然当时发、捻、回蹂躏半天下,内忧未靖,固无暇攘外。如天之福,次第荡平,亦既有年,而朝廷宵旰于上,臣工奔走于下,非无谋臣,非无名将,非无健勇,乃汲汲求治,一遇有事,总费周章,则诚以国计不足之故也。国计不足,不得不为将就补苴之谋,而国势遂因之可静而不可动。西人有恒言:谓国之有兵,犹人之有手足,无手足则为废人。兵之有饷,犹人之有筋血,筋血枯则手足不能运动。兵,非必为筹防而设也;练兵,亦非以求战;然兵弱饷匮,则不能为国。

如璋前函所陈,英、俄、法、美,岁需兵费皆在十千万元而上。我不必与人争霸,然强敌环伺,欲冀自保,减之又减,岁需亦当三千万。而中国无此巨款,旧有之兵又徒糜费。如璋不自揣量,窃计筹饷之事,其大要有二,请略陈之:

其一在征收。尝读靳文襄筹饷裕民之策,谓我朝理财之政,尚未复三代之古。窃考顺治年间,入不敷出岁四百万。历康熙、雍正、乾隆,时皆太平,然百余年中,奉旨筹款至再至三。道光后群盗毛起,迨夫平定,费不可胜数。至于今日,国卫之不足,固已履至极之势矣。设关抽厘之举,始亦出于不得已,而胡文忠毅然行之,卒赖此款以削大难。诚以饷之不足,不得不出此也。今之论理财者,动曰损上益下,曰藏富于民。此自由古人聚敛之戒而来,然为一国计,则损上而益下,听民之自谋是也。今列国往来,皆强行各便己私之条约,民不能自保,金钱滥出,民生益困,则非统筹饷项、共保身家不可。以吾国之力养吾国之兵,仍散之吾国之民,此与古人所戒之聚敛迥不相同。故必须合国臣民共知此意,而后可筹饷。知饷之应筹,即当知稽田赋之额,耗羡之数,清查而实征之。东南之沙坦,西北之黑地,未及升科者随在而有,亦当一一清理之。《会典》所载有牙行税、有落地税,或可申明旧章,如法而行之。即曰不可,但仿泰西国税之例,举民间用物之奢侈者重课其税,则进款必多矣。

其一曰裁并。我朝兵制,星罗棋布,镇、卫、腹、边,法至善也。顾承平日久,而兵不知兵;且今昔物价不同,所得之饷不足以赡身家,则不得不兼营他业,而营务益以废弛。草寇窃发,溃败决裂,遂至普天下绿营之兵无一可用。固由饷薄,亦未始不由势散之故也。当事者有鉴于此,贼既敉平,而勇不敢撤,而旧日营兵如故。国家竭饷以养有用之勇,复靡饷以养无用之兵,其何以能支?今似宜通行筹划,凡旧日提镇驻营,俱增设重兵镇守,其余营汛防卫,或数十名、或二三百名者,一概定议裁并。屯营宜厚不宜薄,驻兵贵聚不贵散,练兵贵精不贵多,使一兵有一兵之用,凡一省要隘有精兵扼之,则土寇不敢窃萌,强敌不敢侵入。此事虽至繁难,然我政府坚持此议,实力行之,先汰老弱,次行并练,复行曾文正公额缺勿补之言,不数年而饷可充裕矣。

中国地势,东南濒巨海,西北隔大漠,故自来谋国者,知有上下,而不知有内外。迨结约互市,而藩篱尽撤。然欧洲之人越数万里而来,犹有主客之势。今则日本与俄寇患日深,情势益亟,无论琉球未了,伊犁未还,即幸而言归于好,他日能保无事乎?况英有并缅甸之心,法有灭安南之意,朝鲜岌岌又恐为俄并,环顾中外,几无一处完肤。且即不然,守互市以来之条约,日拱手而致金钱于人,将来又何以为国?故今日欲谋自保,非练兵不可。而练兵,苟非大变营制,统筹饷项,居上者破除情面,力图汰练;居下者慷慨输将,共知御侮,亦未见其可也。夫英、法之强,固非一朝一夕之故,而法之陆军、俄之水师,皆起于近岁。日本区区四岛,年来奋发有为,陆兵不过三万四千余人,海军不过四千二百余人。第以兵得一兵之用,论者既谓其足以自立。以我中国土地之大,物产之富,人民之众,若足兵足食,日臻富强,自不难居万国之首,使其俯首听命,咸就范围。如璋才识短浅,军国大事,尤不应妄议。顾念外侮日深,朝夕焦虑!缕缕愚忱,不惮冒昧①,谨以上达。

卷 下

上李伯相论移山西饥民实东三省书

宫太保伯中堂夫子大人钧座:窃闻山右奇荒,至于此极,朝廷截漕拨帑,屡沛殊恩,然足以维系人心,而未能博施济众也。中堂兼筹赈务②,广为劝谕,远及南洋各岛,所以尽心饥民者不遗余力矣。然犹敝箪救咸,阿胶止浊,于事无济也。阅邸抄及各报,冬尽春来,尚未得雪,被灾之民为害日深,老弱转沟壑,壮者散四方。设有桀黠之徒,乘机与刀客枭匪相结,其不揭竿而起者几希!

窃计今日救垂尽之残黎,弭未形之大患者,非筹巨款不可。筹巨款非借洋债不可。救荒大要,赈济平粜之外曰移民。民非空移也,徙以实边,实今日救时之急务也。

中堂何不请借洋债数百万,以其半赈济平粜,以其半移民屯边。东三省凋敝空虚久矣,当乾隆盛时,议移八旗屯边者,屡见于柴潮生、富俊、孙嘉淦之疏。所议双城堡每岁移二百户,行之数年不及百户者,以承平日久,民皆安土重迁耳。今驱待毙之民就谋生之路,拊循噢咻,势当归如流水。

查黑龙江地,自康熙二十八年与俄人立碑画界,迨咸丰末,乘我多事,江之东北雅尔萨、尼布楚诸城,俄竟割而据之。又易日本虾夷桦大洲之地,我所谓库页岛者。跨海绕高丽之东驻兵图门江口,务财训农,通商惠工,并迁其种类实库页岛。观其意,讵尝须臾忘东土哉?特以立国在西,欧洲各大国牵制之耳。今法弱矣,德虽骤强,而新合之国君相暮年,恐难持久;英以法败势孤,此次攻土之役,竟坐视而不敢动,缘陆兵寡弱,非与奥合力,不足以抗俄。以势揣之,俄若逞志于土,已遂西略者或肆东封;俄即屈志于英,而失之于欧洲者或取偿于中土。是胜亦来,败亦来,边患真成岌岌。且俄,用武之国也,百年来民乐战斗,侵伐之事无岁无之。即以为攻土力疲,势难再举,蓄锐伺隙,计亦不出一二十年。并力赴已恐缓不济急,失今不图,悔将何及! 西边毗连俄界,犬牙相错,喀境已平,经营方始,所望西征之师,筹良法以善其后。若东三省则根土重地,较西边尤急。根本不可动摇,则移民实边之举万难再缓。或者以中叶时无故徙民,往往致乱而鳃鳃过虑。不知移民之事,逆驱之则难,顺导之则易。饥民求生无路,官代为

---

① "惴"字疑误,似当作"揣"。
② "赈"字,原作"账",据文意改。

谋,当亦群情所甚愿。而可惟吾所欲为,唯资遣有费、耕具有费、屋宇又有费,即以一人数十金计之,徙十余万口饥民,非数百万金不可。当此库储支绌,巨款原不易筹。但以机不可失,事不宜迟,再四思之,不得不出于借洋债之策。

或又以借款赈饥,事难为继。抑知此等奇荒,近今罕见。以数百万饥民束手待毙,万一事急变生,流而为盗,征讨之,安集之,费且十倍。而良懦之罹锋镝,完善之遭残破无论也,焦头烂额,曲突徙薪,孰得孰失?固有昭然易见者。又况西征之师,皇上且允借款。今为慎边防、弭后患之谋,救十余万饥民,徙垦东边荒地,课农练兵,生聚教训,十年之后,可得战士数万人,择要修守,内固东省藩篱,外杜强邻窥伺,此根本之至计,救时之急务也。非常之原,黎民所惧,惟中堂主持之。若其经理在得人,屯垦在择地,偿债在筹款,亦惟中堂详度之,固非如璋悬揣思议之所能得。下愚千虑,伏维鉴察。临楮不胜迫切惶悚之至!

上李伯相论主持朝鲜与各国通商书

朝鲜使臣,计期当来。泰西通商之事,中堂前谕以利害,劝以理势,使之必从,此至计也。朝鲜僻居东海,物力土产未甚丰饶,泰西用兵,必权得失利害之轻重而后一动,故不遽以兵力相劫。近因俄人欲阴图之,各国环视而起,忌俄人独专其利,思为均势之谋。英谋之,美又谋之,闻其上下议院亦有议此者。朝鲜终不能闭关而守也明矣。既不能闭关,则不如倾心结好,可不陷安南之覆辙。而无事立约,熟思妥议,有异修降之表,即可稍立自主之权,此朝鲜之利也。虎狼之秦,实逼处此。俄罗斯之视朝鲜,直犹外府,一旦事起,吾欲救之则恐力不敌,不救则朝鲜既灭,患在肘腋。天下大势,岂可复问!

为今之计,以朝鲜一隅之地与万国互相维持,此中国之利也。夫朝鲜为我属国,苟力足相庇,设官主治,专据其势,自可以雄视东海。今鞭长不及,固未暇谋。然使俄人无异图,则俟吾力强而后议之,犹未为不可。惟闻图门江口,俄国于数年前庇材购器,均为储备。主持其国是者,谓地尚苦寒,欲再南侵,而后议建营拓地。去年英人藉日为介绍,求通朝鲜,俄密止之,彼盖虑各国牵制之,故有此举耳。今幸土耳其之役不甚得志,兵民好斗而饷糈未充,颇防内乱,不然,则恐其来无日。朝鲜若与西人立约,则有事皆可与闻,泰西诸国无不忌俄,正可借各国之势暂相牵制。夫以俄欲专之利与外国均分之,俄之损,吾之益也。维也纳之约,支持土耳其二三十年,今俄人纵其兵力直欲灭土,然争战未息,诸国群起而议之,俄遂不能专其利,土耳其不至于亡。亦未始非各国互制之明效也。我于朝鲜,比英、法之土耳其尤为要冲。切望中堂主持之。

再论朝鲜通商书

朝鲜一国,关系亚细亚大局,比欧洲土耳其尤为要冲。其地毗连东省,实我腹心。俄罗斯盘踞图门江,骎骎南侵,其形势之扼要,事机之危逼,皆在洞鉴之中。以近日情事言,非可如南鄙各属,封贡而外,一切听其自治。唯朝鲜僻在东隅,尚为风气所囿,自以闭关为得计。虽俄人耽耽虎视,晏然而不为之防,是朝鲜之不能久安,固在意计中也。朝鲜危则我不得不救,然与其事至图之而措手不及,固不如早为图之,尚可弭未形之患。救之之计,莫如取俄一国欲占之势,与万国均分之,与英、法、美、德结约通商。今欲令朝鲜与诸国结约通商①,计当遣洞形势、能言语之使臣,往为晓谕,以揽大权,以收众利。

如璋至愚,曾反复熟筹之:西人欲与朝鲜通商既久,法人往矣,英人往矣,近合众国自其国遣大兵船续将再至(其水师提督经奉朝命往朝鲜通商,现先到阿非利加办事,事完即往)。非徒以图利也,盖虑俄人独占之,欲藉以均其势耳耳。事变至于今日,既成战国纵横之局,朝鲜势不能闭关自守也决矣(窃计自今日以往,天下万国,无论强弱,无能闭关之势,惟能自强,则通商有益耳)。终不能闭关,则与其情蹙势迫而后俯首听命,何若幡然改图,自行修好,以联与国之势,以收自主之权乎?泰西旧例,有约之国有事即可与闻。美、法、英、德既与结约,则俄罗斯不能遽遂鲸吞蚕食之志。肘腋之患稍宽,我得乘时以自强,此一利也。

泰西属国皆主其政治,惟亚细亚贡献之国许令自主。盖但冀其服我王化,不为边患耳,非贪其土地、人民而利之也。然朝鲜与我毗连,当圣祖、高宗时,有事无不上达,几无异内地郡县。伏读《大清会典》则例,可考而知也。西人每谓贡献之国不以属土论,然朝鲜拘法教土,我一言而即释矣。而朝鲜告于日本者:一则曰天朝,再则曰上国,天下益晓然于列圣渐摩之厚,朝廷体统之尊。今一遣使而朝鲜能听吾言,与万国结好,则属国之义益明,后来交涉之事益易于措手,此二利也。

朝鲜风气已开,自能讲修武备,知甲胄弓矢之不足恃,必更造船筑戍、购买枪炮,可以固其疆圉,壮我屏藩,此三利也。

我既遣使前往,就便察地势、审国是,而沿海之东北至图门、珲春各江,南而庆尚、全罗诸道,亦可遣拨兵船时时游弋,内以壮声援,外以绝窥伺。万一俄人有事,得以应其首尾;而日人见我有护庇之举,自潜绝觊觎之心,藉联纵横之局,又不待言也,此四利也。

---

① "今欲令",原作"令欲今",疑误,据文意改。

无事之时与之结好,或可准欧罗巴例,使流寓之商同于国人,违禁之货绝其进口,稍杀领事自主之权,且可杜教士蔓衍之祸。他日我与泰西换约,亦或可因势利导,修改条规,此五利也。

夫使朝鲜能自立,我力复足以相庇,不通商可也。抑或强邻不逼,泰西诸国无所求,亦尚可徐为之图。今俄人之势已如此,美国又专遣兵船前来(此事,初开英、法各使言之,由麦嘉缔询之美署使,信然),揣其形势,非联各国要之,必挟日人以为之介,群起相持,朝鲜虑不能再拒。然使此事成于日人之手,以固其东西之交,万不如我自为之,犹得揽其权而收其利。且可渐施吾合纵缔交之谋,此机会不可失也。兼此五利,乘此一机。伏维中堂夫子主持之。

上李伯相论球事办法书

九月二十八日肃缄后,旋奉手谕,捧读祗悉。派员来华之事,此间未闻消息,不知近日有宍户公使寄文总署否?观外务西历十月八日文,一味无赖,恐一时尚难转圜。日本自变法后,善政无多,惟外交之事都能自主。又海、陆各军,日讨国人朝夕训练,亦有成效,然仅敷自守,不能及人。必谓我兴师远征,深入其阻,彼见大敌当前,则协力齐心,足以坚拒,未必师有成功。惟彼亦恃我不能远来,故横行无忌,敢至于此。然彼国此时府藏空虚,民情浮动,执朝政者树党相争,主民权者伺隙而动。前数月间,闻我购英国之船练吴淞之军,讹言日起,既有岌岌难支之势。谓我与绝交,彼能寻衅,则亦势所不能。两国既不能相侵,彼既灭其国、辱其君,自以狡赖为得计。

若彼于会商一节终不愿从,为今日计,一面行文驳诘,一面整顿海防。为他日计,虑非撤使臣、罢互市,不足以持之。持之必无他患,而旁人居间者可以出头,彼中异议者可以掣肘,终不能不就我范围也(日本年来交结外人,如英之港督、德之王孙等,要结无所不至。西人喜其学己,喜其媚己,每称其富强。而中国新闻得之西人者,辄铺张扬厉。其实言过其实也)。

横滨有西字七日报,备论球案,皆左袒日人。揣为日人授意之作,惟篇末有言,若论他物相让,日本未为不可。如璋亦尝闻彼国之意,或偿中国金,或开赤马关、琉球二口与中国通商,以此全中国体面则可。日本此举,盖有骑虎难下之势,欲使之复国立君,虑非撤使罢市不能也。来示:美人亦袒日人,不可以实话相告,谨当遵谕而行。然格统领调停此事,既可谓曲尽心力。寄恭邸书云云,亦中间人不得不尔。扬越翰即统领随行之人,而刊布新闻乃全指日本为不是(闻日官见此新闻,多为不平也)。亦不知其用心也。

与出使英法国大臣曾袭侯书

两得复书,若亲面语。僻处海岛,不啻空谷之闻足音,跫然而喜,况又长者之言乎!复缄所以迟迟者,南藩之事,迄无定局。合肥伯相屡告以机事务密,既未敢奉达,故伸纸而为之阁笔者数矣。辰维阳和扇物,凡百胜常,我怀日深,不能不一布心腹。

日本之欲灭琉球,处心积虑,固已久矣,告之琉球曰:中国既许其专属。告之泰西则又曰:琉球是吾旧部。数年以来逐渐经营,譬如穿窬小盗,穴门得入,方欲为肢箧探囊之计,及事主既觉,乃不得不反而拒捕,其初心固欲窃而有之,非敢为刦也。然当废藩置县之时,彼其痴心妄想,终冀我朝宽大,不屑与争。又以为伊犁未还,交趾方急,我无暇他及,必将隐忍而不言耳。既而枢府行文,再三驳诘,外人之悉其本末者日出公论,彼国之稍知大义者日腾异议。彼二三人亦未尝不悔,然既如骑虎之背,势难中下,故一变而为狡赖。其近日情形,全视我之轻重缓急以为进退,府藏空虚,上下乖隔,彼亦自知之,万不敢以邹敌楚萌启衅之心也。

自美统领东来曲意调停,彼亦自知理绌。统领有书贻我政府,言两国派员自议,若或不合,则公请一国判断。曾与其国主阅看,云无异词。现我愿照行,方且重订此语,然日人狡猃,将来如何派员、作何议结,一时尚难预定尔。

日本三岛小国,慨然发奋,欲步趋英国之后与之争强。然其地无宝藏,人无远识,一学新法,靡然从风,并其所不必学、所不可学者,一一刻画,以求其似。至于今日,弊端见矣,传有之曰:“张脉偾兴,外强中干。”殆今日本之谓欤!顾观其整备海、陆军,渐有规模。外交一事,亦颇能知利弊而不甘受侮。十年之中,海关流出金钱至数十万之多,今亦既知之,故亟议改约,欲增进口之税,免出口之税,以力自维持。美国既改矣,英、德各国有所未愿,然必不能因此失和,想亦必有照行者。近遣森有礼往英,正为此事,如有所闻,尚祈示悉一二。

欧罗巴诸国与我结约,皆威迫势刦而后成议,其取我财贿,伤我利权,有泰西所无者。日本与我本属同病,而我国鸦片烟一宗尤为漏卮,年来禁种,出款尤大。窃尝稽海关出入之数,输出浮于输入,每岁千万,而近年鸦片烟每岁输出至三千万,于此而不为之防,日积月累,上下空虚,数十年后殆不可问!如璋尝太息流涕,论此金钱流出之害,比于割地输币尤为不堪。而中土士夫向来未究此理,只问税之兴衰,不问输出入之何若,是可慨也!今趁日本改约之时,窃拟我国亦当及此。中国承发、捻之后,如久病新瘳,急切难图强盛。然泰西向例,无因议关税而启兵戎者,则何妨一一言之?又况英、俄两国耽耽虎视,我与英则英胜,我与俄则俄胜①,我所以自处,固应中立,然英人见中俄交厚,亦亟欲自结于我。我通商之约莫要于英,英不难我,则事成矣。卓见谓为何如?

与丁雨生中丞书

朝旨起公为南洋大臣,专办水师海防事宜,闻之距跃三百!今日天下之要务,莫过于水师。天下之足办此事者,莫过于公,今朝廷举以畀公,岂非快事!公上水师事宜六条,所谓择要设守、厚粮养兵,皆为中国谈海防者所未见及。昨书请公引申前说,坐言者今可起而行。

如璋窃闻:五大部洲之海军莫强于英,英之所以强者,又在开学校以教士官。泰西人有恒言:兵可百日而就,将非积年不成。故一切攻守之法,险要之图,皆使之平日烂熟于胸,学之有得,超迁以官,不必其有战功也。一旦有事,则发纵指使者有人,而猎犬走狗皆足供驱策。想公早筹及此也,开办之始,经费何出?驻扎何所?以公之才,自然措理裕如。自通商以后,交涉之事皆低首下心,沁沁伣伣,正坐此一事亏耳。得公督理之,数年之间,可战可守。则如璋辈之不才,虽复含诟忍辱,强颜与外人周旋,亦何所恤!

朝廷既因琉球一案发奋自强,则此案纵破坏决裂②,亦借可自慰。阻贡之事原不必固争,但日本志在灭球,不过藉阻贡为缘起,则所争不在贡,而在球之存与亡。今事既至此,朝议仍命据理与争。惟日本举动,全视我之轻重以为因应,若终以撤使臣、绝互市持之,或有转圜。不然则彼惟措词搪塞,延宕而已。然彼既得志,则得步进步,耽耽虎视,后患更恐日深耳!

与刘岘庄制府论日本议改条约书

窃如璋等于本月初五日肃呈一缄,当邀垂鉴。日本近情一切如常,惟有欲与西人改约一事。盖彼国近年以来颇悉外交利害,知旧日条约成于威迫,亟亟欲图更改。去岁既与美国商订矣,复改之于英、德诸国,至于近日,乃送新拟约稿于西国诸使。查其大意,其最要者:一欲加外货进口之税,一欲管外国流寓之人。

盖泰西诸国互相往来,此国商民在彼国者,悉归彼国地方官管辖,其领事官不过约束之、照料之而已。惟在亚细亚,领事得以己国法审断己民,西人谓之治

---

① "我与俄则俄胜",原作"我与俄则英胜",据文意改。
② 坏,原作"怀",据文意改。

外法权,谓所治之地外而有行法之权也。如璋考南京旧约,犹不过曰设领事官管理商贾事宜,与地方官公文往来而已,未尝曰有犯罪者归彼惩办也。盖欧西之人知治外法权为天下极不均平之政,立约之始,犹未遽施之于我。及戊午结约,乃有此条。日本亦于是年定约,同受此患。条约之言曰:领事与地方官会同公平讯断。无论其徇情偏纵也①,即曰持平,而刑法有彼轻此重之分,禁令有彼无此有之异,利益遂有彼得此失之殊。彼外人者事事便利,而不肖奸民,因有冒禁贪利、假借外人以行其私者。是十数国之法律并行于吾地,而吾反因之枉法也。且自有商民归领事管辖之言,遂若举租界之地亦与之共治,至有吾民互讼之案,彼亦出坐堂皇参议所断者。且有不法之事,我方示禁,而租界为逋逃主萃渊薮,肆无忌惮者,斯又法外用法,权外纵权。我条约之所未闻,彼外部之所未悉,不肖领事踵事而加之厉者也。此日本所以欲令外人悉归己管也。

又泰西诸国海关税则,轻重皆由己定,布告各国,俾令遵行而已,未有与他国协议而后定者。盖泰西各国以商为重,全国君臣上下所皇皇然,朝思而夕行者,惟惧金钱之流出于外。欲我国之产广输于人国,于是讨国人以训农、以惠工,且减轻出口之税,使之本轻而得利。欲人国之产勿入于我国,于是不必需之物禁之绝之,其必需者移植而种之,效法而制之,且重征进口之税,使物价翔贵,他人无所牟利。诚见夫漏卮不塞,金钱流出,月朘月削,国必孱弱也。故收税之权必由自主,得以时其盈虚而增减之,所以富国也。而我与日本海关税则,必与西人议而后能行。天下万国收进口货,类以值百抽三十为准,且有税及五十、七十者。今我税乃值百抽五而已,此为天下至轻之税,而外国商人意犹未厌,且欲内地通行,一概免厘。议纳子口半税,又欲议减税、议减厘,贪得之心有加无已。此日本所以欲议加税,悉由自主也。

夫商人归领事自管,因法律风气各有不齐,恐一时实难更变。惟通商一事,实应加意防维。查中国自通商以来,每岁输出、入货除相抵外,流出金钱岁约千余万。日本小国,因金银滥出之故,至于今日,上下穷困,举国嚣然,弊端已见。中国虽不若日本之穷,而日积月累,无法以维持,后患奚可复问!古人与邻国往来,所谓创巨痛深者,莫大于输币、割地二事。今金钱流出之数,比之岁币不止十倍;而割地予人,犹人之一身去其一指。其他尚可自保,若金银流出,则如精血日吸日尽,羸弱枯瘠,殆不可救药矣。夫欧西诸国,若英、若法、若美、若德,尚无利我土地之心,惟日取吾财,无形隐患,关系甚大。

故论今日之要务,莫要于练兵自强。练兵非必欲战,惟兵力足恃,然后可以

① 徇,原作"狥",据文意改。

力求商务,议改条约。盖必能保其财源,而后乃可以保国命也。方今俄事波澜未平,即幸而无事,力图自强,仍不可以少缓。谨因日本议改条约事,附呈鄙见。惟我公进而教之。

复粤督张振轩制军书

捧读赐书,仁义之人,其言蔼如。东省吏民得公整顿而培植之,凡所措施,类如张仪封之德行,陈桂林之政事,而公犹歉然若不足。疎陋如如璋,亦殷殷有垂询之言,何其德之盛也!如璋,东粤之鄙人耳,于一省之利害无所知识。顾奉使在外,三年于兹,于通商交涉之事稍有考求,谨就其关于吾粤者为公敬陈之。

粤东繁盛甲于中国,天下皆称其富庶。如璋尝稽榷关输出、入之数,岁约三千万,不可谓不多。蔗糖、桑茧,近输直北,远输泰西,获利不可谓不溥。顾其民犹穷蹙不自聊者,则以产米不足之故也。综全省而计,岁短四月之粮,从前仰给全在粤西。近年西省设卡抽厘,米商本重利轻,裹足不前,于是安南、暹罗、小吕宋之米接踵而至,每岁约购数百万石。财为生人养命之源,举内地一千余万金银,拱手致之于非我族类之人,岂不可惜!外输之米既少,税关所获无多,而粤西素称贫瘠,难于牟利,谷贱伤农,益见穷悴,是两害也。如璋考天下万国取商之税,其重者十取三,轻者亦十取一。惟米麦运输,则万国皆无税,诚以米粟,贫民之所赀赖者也。

仄闻公垂念灾黎,奏请免厘,可否即将米厘奏请永远停止?使贫民得以食贱,不患枵腹,则以慰周饥;使内地金银不流于外,则以塞漏卮。以沃土之财济瘠土之民,而谷贵易于得利,足以鼓动西粤南边之民尽力于垦荒,则以舒邻困。一举而三善备焉矣。若虑西省用费不足,则当于往西之洋药,或其他洋货,重课以弥补之。或于东省另筹别款以协济之。如尚有窒碍,亦当斟酌盈虚,减之又减,使西米到东,价轻于外国,斯民生国计裨益不少也!

粤东生齿过繁,久有人满之患,卅年以来,谋生海外者其数既逾百万,其始多不肖奸民,脱逃转徙,以外国糊口较易,稍稍艰衣缩食,便能捆载而归。后遂有正经商人,携本觅利者。如璋稽考每年归客之数,比之出门者居十之三四,则知得利不为少矣。而小民赖此一途,柔弱者不至于饿莩,暴戾者不至为盗贼,岂非天之留此尾闾以惠粤民哉?自西班牙、祕露强诱招工,因有贩卖猪仔之事,其茶毒生灵,殆无人理。而论者因噎废食,或有杜绝出洋之议,如璋以为未可也。今金山、古巴既有领事驻扎保护,若檀香山、若澳大利亚,皆尚足容众。如璋谓但当设法稽查,严禁鬻卖,使不至陷于困苦,余悉听其自便。此于细民似有小补。

粤人好赌,若出天性,自非仿刑罚世重之例,罚以重锾;且博负者告发,即赏以所负,殆不可以禁。然其他且无论,以闱姓赌博一事,经奉明旨严禁。比闻不法奸民潜往澳门,恃彼护符为逋逃渊薮,设法煽诱,无所不至,实堪痛恨!夫澳门犹我土地,国家固未尝与人,自道光以来不纳地租,彼竟视为己有。今欲责以还地,一时实未易言。惟我方设禁,彼乃容奸,亦非邻国之所宜出者。西人亦论情理,尤重名誉。彼葡萄牙守土长官,我公苟能折节下交,或轻骖往访,或遣员往议,告以是非,诱以名义,彼苟如香港英官设法禁绝,事自易了。若其不然,力查渡船传递之人,一经拿获,严究囊家,罚以重锾。彼贪利者得不敌失,或亦当废然思返。不然,则禁子弟家庭之赌,而纵其邻人窝藏以取其资,辱国长奸,莫此为甚,反不如自行开禁之为犹愈矣。

凡此三事,于厚生正俗稍有关系。如璋才识短浅,拟议所及,不敢谓可行,因公之好问,故敢陈一二,惟大智采择焉。至于今日时势孔棘,边防正殷。外人每谓粤东殷富,西夷素所垂涎。而旧日海军未臻美善,我公旌麾所至,必已风云变色。闻近方订购蚊子船,不审既成议否?以中国目下水师,未能并驱大洋,只得以守为战。闻虎门一带有林文忠公梅花桩旧址①,似可因以修之。其他则课沙田以充军需,募蜑户以充水手,督乡团以资守卫,虽皆一时权宜之策,亦足备筹划之万一也。泰西人有恒言:将才之难,难于练军简器。盖器可旦夕备,军可旬月成,将非数年造就,不能成材也。况海程之夷险,轮船之驾驶,尤非华人所能熟悉。若无将才,则船炮均归无用。以后防务稍松,拟请我公与将军、绅士筹出款项,于省城开兵官学校,专请西人教习。粤人与水习,与洋人尤习。从前三元里、三山村之事,颇以义勇闻。若得我公造就之,训练有年,大可以作腹心之寄,小亦可收指臂之助,此尤于大局极有裨也。

俄人因边地事,派遣来驻太平洋者兵船二十号,分泊日本海者现有数号,其陆续来而未到者,据新闻言:俄廷传谕,暂留勿往。朝廷既暂赦崇罪,闻曾侯到俄后,俄廷派水师提督(即新派督带太平洋海军者)再与开议,虽传闻不必尽实,而和局似有端倪。如天之福,或当两国和好以纾其民也!论者每疑东国议将合纵谋我,如璋以为:彼族深悉外交利害,其国不为无人,况府帑空虚,朝野乖离,助桀为虐,必不其然。惟人情变幻,自当随时详察密探,若万一开战,必当告以公法,使守局外中立之例,严禁接济耳。南藩一案,因未遑兼顾,既暂置度外。知关尘念!敬以附闻。

---

① 桩,原作"椿",当作"桩",简体字为"桩"。

上左爵相书

宫大保侯中堂钧座:窃如璋钦仰德望之日久矣,伏维天祚大清,笃生伟人,中堂以命世大贤,扶中兴景运,洪杨遗孽,亲手削平。圣明知人,自陕以西举以畀公,万里之外、数年之间,卒能歼除大憝,复我旧疆。近顷入辅大政,兼总外交。天下志士,无不额手。如璋伏念:古之大勋劳于天下者代有其人,而求如中堂之出入将相,履历中外,则为前此所未有。虽然古人之名臣硕辅功成名立,类多簪笔升平,优游台阁,乐无事之福。而如今日时势艰虞,强敌凌逼,则又为从古之所未有也。如璋尝缕指论天下大事,谓有待于我中堂筹划者甚多。

鸦片一物,流毒中外,耗损金钱不知凡几。此物不绝,将士气日荼,国亦随弱,是宜禁洋烟。

耶稣、天主,邪说蛊惑,习教之士动倚彼护符以挟官欺民,民教龃龉,常激大变,是宜平民教。

外来客商归地方官管辖,此为欧美各国通行事例。而今之条约,外人犯罪归彼领事,动辄左袒,欺我良懦,甚至通商港岸华民有事,亦听其并坐堂皇。侵我内政,反客为主,国纪何在!是宜复法权。

各国海关输入者,百取二十,输出者百取十,以为常例。惟我国海关课税值百取五,天下万国无此轻则。而内地所设厘关,复听其输子税,通行无禁。莫大饷源,听彼挟制,殊不值也,是宜增关税。

通商以来,凡遇交涉,皆低首下心,沁沁倪倪,坐兵力不足之故耳。地球诸国皆船坚炮利,横行洋海,而我不筹防,将日受其侮慢要挟而莫敢撑拒,是宜精练海陆军。

而如璋以为无形之大患,尤关于国计民生者,又莫若金银流出之为害。开港以来三十余载,输入之货浮于输出,金银流出每岁千万。于此而不为防,日朘月削,祸深于割地,数巨于输币。十年后必无可练之兵,无可筹之饷,四海困穷,国不国矣!

欲弥此患,自非加意于通商,竭力以改约,增内国货殖之产,以杜外来消涸之源,未知其底止也。夫中国之积弱久矣,中外大臣动言自强,而年来屡弱如故,则以内乱未平,势不能为也。今中堂以大有为之才,乘得为之时,席能为之势,若告之我后,商之同僚,举他人不能为者次第为之。岂惟薄海生灵之庆,将亚细亚全局实赖之。

如璋自奉命出使,于今三年,觇国无能,柔远无术。顾以闻见所及,窃谓中国莫急之务,盖在于此。故略陈其梗概,惟中堂垂察焉。如璋现既差满,不日回

117

国,尚当趋谒崇阶,详陈条件,面请训诲。惟中堂进而教之①!

台北府知府林君神道碑铭

自司马迁作《史记》立《循吏传》,历史多因之。然皆异世史臣之所编辑,未有举当时政绩宣付国史者也。我朝圣圣相承,恫瘝民瘼,慎简守令以司牧之。其治绩尤异者,诏书褒美,加优擢焉。所以风厉之者至矣。承平日久,人满政烦,良莠杂糅,狱讼纷剧。加以军兴征缮,隶胥或因缘为奸,而有司承乏,频仍更调,虽有慈惠之长,亦苦于莫展其才。于是天下益思循吏。同治中,大学士祈公寯藻疏请特立循吏一传,以为今之循吏,操术为独难。自是中外大臣搜访甄录,奏列国史者仅仅数人,诚难之也。而吾友林君与焉。

君讳达泉,字海岩,广东大埔人也。祖克堂,父春山,监生,均以君贵赠朝议大夫。君自为诸生,以天下多故,喜讲求经世之务。咸丰辛酉举于乡,值发匪余党窜粤东,君以在籍团练,叙保知县。嗣以从征西捻,论功擢直隶州知州,归江苏补用,并赏戴花翎。同治己巳,君赴补江苏,委办洋务局,兼督海运。以劳保俟补直隶州,后以知府用。庚午署崇明县,县俗健讼,案山积,君至一一整理,日坐堂皇,随判随结。前者折服,后者大畏。甫及期,调署江阴,君治之如治崇明。又明年,奏补海州。州濒海广斥,土瘠民疲,每岁五六月禾黍被野,群盗出没其中,俗名青纱帐,官吏莫能踪迹。君下车广设方略,会营捕治之,获渠魁赵庆安、张飞豹、郭佃扬等置诸法,闾阎晏然。

君素精治水,曾于崇明濬沿海港汊,于江阴濬城河及东横河,又督办大湖水利。州故有甲子河,久淤,值岁旱,君筹款修之,以工代赈。其他捕蝻蝗、课蚕棉,皆竭力举办。州民爱君,唯恐君之速去也。

乃未三年,已擢授福建台北府矣。台地孤悬外海,藩蔽八闽,而淡水实扼全台之要。自通互市,议垦辟,事繁而任益剧。同知秩轻,不足资镇辖,光绪元年乙亥,廷议改设知府,命疆吏拣员授之。闽浙总督何公璟、闽抚丁公日昌、故两江总督沈文肃公葆桢,金以为非君莫属。因会疏请补,部臣持例议驳,奉旨命往。戊寅三月,君抵台北任。府治新设,百度草创,君定经制、核征课、筹防垦荒,兼办抚军营务。时值后山番扰,君冒瘴疠治事,昼夜不少休。君以荷皇上持拔,感各大府知遇,思有所以报,故疲劳不自知,而君之病已伏于膏肓矣。会封君讣至,君日夕悲号,疽发于背,竟以十月九日卒于官署。

———————————

① "教"字,原作"散",据文意改。

君之为治，苟利于民，则并心孤往，皇皇然如恐弗及。虽艰危痛瘁，人所不堪，而君不以为难也。故所至之地，民皆感其诚。侍郎彭公玉麟巡阅水师，过崇明，见老人饥踣于道，与之食，慰问之。老人泫然曰："使林县主久任此，吾邑岂有饿夫哉！"后彭公以语沈文肃，且曰："吾尝襆被宿其官舍三日，厨传肃然，与之语，朴诚无城府，识远而意恳。诚良吏也！"沈公亦曰："吾昨晤江阴绅士，问邑令贤否。则曰：如前令尹林公，诚不可再得。得其次者，民已受赐矣。诚如公言，良吏也。"因相与叹赏之。沈公两疏荐君，胪此语入告，天下传诵焉。君之卒也，沈公尤痛惜之，疏请采君政绩，编入国史《循吏传》。闽浙总督何公、闽抚吴公、勒公，亦悯君以死勤事，奏请，奉旨优恤，特赠太仆寺卿衔。

余与君生同里，少同学，同举于乡，及试春官，又同寓京师者三年，故与君交最密，知君亦最深。君少壮时慨然有澄清天下之志，家故贫，见舆地之书及兵家言，辄典衣购之。好与余纵谈古今得失，闻者或笑其迂，而君顾益自奋发不少挠。乙丑试于礼部，不第。丰顺丁公方官苏松太兵备道，礼致之幕下。曾文正时督两江，君上书论时务，文正手批其牍，有"高掌远蹠，迥越时流"之语。君已从当时贤豪游，益博求天下之故，研劘而剖析之。

丁丑，余奉使日本，君方治装出台，相遇于沪上。余语之曰："君向者喜读蓝鹿洲《东征》诸集，今赴台，将举而措之耶？"君谓今之台湾，筦钥中外，又非昔比。出所为治台五策，其规划洵远且大。余方冀君克践其言，曾不意中道遽殂丧也！以君之才骎骎且大用，使得享大年，为国家任艰巨，树立宏远，当有与近世诸名臣后先媲美者。乃其所设施，竟止于此，岂非天乎！然君服官仅十年，位不过二千石，所治都邑皆未久即去。而其殁也，百姓思之，大臣惜之，天子悼之，史册书之，近古以来不数觏也。可不谓人杰哉！君卒年四十九，子四：振庚，阴监生；锡恒，候选主事；振江、振瀛。振庚等于光绪某年某月某日，葬君于某山之原。乃为铭曰：

设官司牧，为民父母。惟以诚求，乃同好恶，肫肫林君，有如召杜。
民或痛疾，君则摩抚。初宰崇明，顽猾革心，斗雀消角，鸣鸥变音。
出其精神，洒为甘霖，掩枯润瘁，泽下尺深。旋治江阴，风教露养。
去塞通流，备饥于穰。巍巍高祠，季子遗像，于饮于社，明礼教让。
大府谓能，迁君海州。俗疲而悍，盗逋若猱，倏忽出没，不可迹求。
君始下车，即禽魁酋，非种以锄，休养是务。捕蝗课耕，酾渠植树，
树树阴中，声鸣机杼。昨日无襦，怨君来暮，所至即治，其蓄孔长。
诅惟吴会，实国保障。睠兹台北，闽海是匮，苟乏长材，操刀惧伤。
三节度使，佥推君才，交章入告，帝曰俞哉。试之边要，荒僻为开，

乃涉大海,躬除草莱。民有流移,君辑其户,番有反侧,君御其侮。
边徼之防,君饬其伍。市舶之来,君平其贾。化俗以文,诘奸以武。
尽瘁一官,不遑将父。忽遭闵凶,天乎大苦,中道摧残,群黎失怙。
凡君之政,胥本至诚,投艰膺巨,力专以精。人或动色,君恬不惊。
豚鱼且格,而况编氓。古之遗爱,今之循吏,国史垂声,殊恩叠被。
民不能忘,君亦不死。我勒斯铭,以风有位。

江西补用知府朱君墓志铭

同治甲子,大军克复金陵,洪逆前毙,余寇四溃。伪康王汪海洋率悍党窜江西,南趋赣州,图踞闽、粤岩阻为负隅计。汀州者居福建西北上游,由赣入闽要隘也。闽抚徐清惠公思易一良守而难其人,君适以知府发往。公素耳君名,一见即檄署汀州。

君以贼氛日逼,事宜速,请航海过潮,散家赀募勇赴守。公壮而许之。君驰抵任,与汀州镇关总兵镇国筹备敌之策,以守城不如守隘,乃率队进扼瑞金。贼来争险,力战却之。相拒月余日,贼不得逞,乃绕道破武平,袭陷漳州,闽南大震。恪靖侯左文襄公督师入闽,复漳州,贼回窜广东之嘉应。当是时,贼踪飘忽,数百里间蹂躏殆尽遍,而终不敢深入汀境者,以君之备御严也。各军会剿,络绎于道,君具刍米、转军械,夫役不扰,而师饱以有功,卒困贼于嘉应,全股扑灭,盖君之力为多。大军既凯旋,君随宜抚绥,民以不困。

居二年,受代回省,办澉局,狱有疑,力争不阿。左公深器异之,先叙平贼功,保补缺,后以道员用。至是复称君敦朴有守,不肯随俗波靡,列章荐之。漳州滨海,俗悍难治,因奏君往署。朝廷念君前劳,特授是缺。以与潮连界,例调延平府,而留君治漳。君下车,宽猛兼用,尤严绝属吏苞苴。署观察某者,不便君所为,枉状陷之。穷治无所得,乃坐失察落职。

时黎公兆棠备兵台湾,邀君渡海,办盐务。君改章疏引,力除积弊,岁增课巨万。商民以为便,至今赖之。十二年,援例开复,改官江西。大府咸知其才,事有疑难者辄倚君以济。历办乐平、德兴、鄱阳等县械斗,暨都昌争坝、新喻殴官等巨案,皆端绪纷纭,积年累月不得要领者。君至,条分缕析,一讯即结。盖能济明以恕,讼者大服。其办理会城保甲,诘奸宄,绥良懦,日久而民安之。在江右十二年,尝署南康及九江,兼摄广饶九南南道事。君治之如汀,然督不久即去,未能尽展其才也。卸九江篆,决告养,母夫人驰书止之,重违亲意,未即归,大府又委办涂家埠厘务。甫逾月,遽以疾卒,乃光绪十一年七月二十八日也,年六十有二。汀人思其功，建祠共尸祝之，并佥呈大宪，准咨请祀名宦云。

始君为诸生，与弟以炼同受知于全文恪公，君饶干略，具悉地方利病，凡官于潮者，有所废兴必咨之。时方多故，土匪之围郡，洋盗之劫关，恃君无恐。以其暇筑堤荡水，为乡闾利。既积功保至蓝翎知府矣，故甫出山，试之盘错而辄效。方其遏乱集残，声绩日著。大吏荐之，天子擢之，且骎骎向用矣，不意中道龃龉，竟浮沉一官以老也。自发逆倡乱，二十余年，所过残破。有能守一城、捍一邑，类膺显擢，由守令荐陟封坼赫赫者，未可一二数也。以君视之，其独歉彼乎哉！

君性简约，不立崖岸，与人酬，无智愚少长，咸得其欢。至其有所执持，则毅然不以物惑。事母夫人孝，能顺承其意，家居朝夕定省，虽有疾不辍也。兄弟七人，友爱极笃。服官二十年，禄养所入，辄以济家增祀产，及赒戚友之穷者，不屑屑私以自殖，其内行笃至如此。

君讳以鉴，字宝珊，澄海人，世居郡城。曾祖讳在浩，祖殿硕，父讳莆瑞，俱以君贵，赠通议大夫。妣刘氏，赠夫人。生母陈氏，封太夫人。夫人郑氏，海阳郑德彬通奉次女，婉顺相庄，贤助也，先十七年卒。葬郡东乌石乡黄田山。光绪十四年某月某日，诸子奉君柩，葬于郡西北之凤山，迁郑夫人之柩合窆焉。子三人：之涛，附贡生，福建同知；之浓，例贡生；之湖。幼女二人，孙九人，女孙三人。璋与君善，因之涛昆仲之请，不辞而为之铭：

呜呼！朱君，才与时当。一麾出守，揽辔高骧。有推而挽，或曳而伤。方驰遽踯，中道回翔。讵人力之所为，抑天命之有常。吾闻为善者无不报，殆积久而余庆。斯石不朽，吾为铭其元堂。

秋槎太史像赞

茶山之秀，蓬岛之英。出司民牧，所至有声。儒吏丰裁，不与俗伍。
学道爱人，弦歌化普。惠留夔峡，神归阆风。为文绚采，辉映川东。
谊属昆弟，义兼师友。感念平生，典型尚有！

何宫詹公家书

序

人往往有声名勋业震一时，而其隐微之处顾不可问。人往往有长篇大论惊一座，而其寻常之语反不能达。故观人者，不徒观于大庭广众之间，必更察之于其家庭父子兄弟之流连往复，而其真始不可掩也。论文者不徒论其钩心斗角之作，必更合之于其亲属往来函牍之随性率真，而其难愈不可及也。然则家书一类，足以征其生平之真品格，与文章之真本领，而非可矫饰伪为者，固不得以其体之卑而轻之矣。古尚未有以家书成集著名者，有之自清曾文正公始。论者谓公之一生大节，可于家书见之也。

吾邑宫詹何子峨先生，最服膺文正。其文章各体，俱恪守桐城义法。其使日函牍，可见其经济外交。余向就先生哲嗣士果观察幕，尝择其函牍中之尤者，抄归观察。观察弟季武更为增益，并添入诗文，编次成集，未梓也。季武近更蒐得家书数十通，先刊以问世，其亦先河后海之义欤。抑以诗古文辞，经国大略，必深于此事者乃能识。若家书者则人人共识，凡识字者皆可手一编，如布帛菽粟，不可一日离也。是季武辑刊之意也，是观人者之必于隐微也，是论文者之不废寻常也。孔子曰：吾观于乡，而知王道之易易也。《大学》曰：家齐而后国治。岂虚语哉？岂虚语哉！

民国壬戌季冬下浣三日
邑后学温廷敬序

例 言

一，家书之刻，古人恒有，而以近代曾文正家书最为脍炙人口。先君之书，起自
　　光绪二年丙子，迄十年甲申。其丙子以前已散失，无从搜集，姑付缺如。

一，所集家书，谨按年月先后编为四卷。以禀先王父母者为二卷，致各叔父者为

二卷。

一，所有家书，俱照原文抄刻，不敢窜易只字，谨以存真。

一，家书中屡言营商业、权子母之事，盖是时诸伯叔昆弟数十人同居，食指众多，廉俸所入不足以资赡养，必别图生活，始不致养成宦裔游惰之习。于此可见先君当日维持家庭之苦心。

一，先君行述一篇，已有家传本，可无庸载入。以详略互异，且为先兄士果积诚之作，故附刊之。

一，家书刊后，亲友多以文集为问。惟先君遗著散失甚多，连年广为搜罗，并将使日函牍十四册细加别择，仿岳武穆文集编例，成文二卷、诗二卷、书二卷，加以《使东述略》、《使东杂咏》，共成八卷。大致已具，特以关系较大，未敢草草付印耳。

卷　一

光绪二年闰五月二十日

父、母亲大人膝下：

敬禀者：男于四月杪寄吴小珊亲家，带呈安禀及各件，计时谅早递到。顷奉读五月廿六日所发寄谕，欣悉合家平安，下情深慰。男在都凡百如恒，身体较前更好。锐侄亦安习静，惟不能十分用功读书，再令其学习老成，当设法为之安顿也，望大人切勿劳心。

五月十五日已考差，现放五、六省，广东惟潘衍鋆同年得湖南正考官，不知将来放有几人。天育赋性疏拙，然寓中一切事，尚肯实心去做。随便雇一本地人料理外面应酬，亦尚不难。畿辅亢旱数月，百物昂贵，日前连宵大雨，人心稍安静矣。记事看抚署批，饬县取结了案，并有将堂判特刊等语，看势只得借此收场。必欲撤删，恐吃力又费手也。惟当事者斟酌行之，见机为妙。

五弟已赴省否？六弟生理如何？斋中诸侄儿辈，想能照常用功也。肃此敬请福安！二叔姫、三叔父大人、二兄大人均安！

三男行扬谨禀

光绪二年八月十六日

父、母亲大人膝下：

敬禀者：男于本月之八日接奉六月廿九日寄谕，得悉合家平安，深慰下情。

五、六弟各函,及楚儿文字均看过,惟用笔用思,少灵敏之致,须请磐卿先生选成文之有灵机者与之读,方有悟入处。男七月到津后曾寄安禀,谅早达矣。随于月之朔日旋都,各省学差及乡试分房,于初六日考完,本省惟谭宗浚得四川,梁斗南得湖北学政而已。

忽于该下午接总署来函,约男初七日进署,面商出使事宜。男婉辞不得,十三日具奏,奉旨:编修某,著以侍讲升用,并赏加三品衔,充出使日本国副使。渥承恩命,报称殊难。即于十五日具折谢恩,蒙召见养心殿,两宫太后垂询甚悉。草茅新进,锡以不次之荣,加以非常之任,私衷循省,益切悚惶。惟有尽其心力之所能为,上以副朝廷擢用之心,内以慰大人门闾之望。所有行期及一切事宜,俟与正使许商定,再行禀知。抄上谕一道。及谢恩原折呈览。肃此敬请
福安! 顺请列大人安!

三男行扬谨禀

光绪二年八月二十日

父、母亲大人膝下:

敬禀者:男于十六日曾肃安禀,由津号转寄,谅早达矣。男此次蒙恩简任日本国副使,事属创始,报称殊难。惟有勉竭愚诚,藉以上报国恩,内承亲志。所幸日本为海外近邻,轮船三四日可至。彼处风俗与中华尚无大异,各海口吾粤在彼贸易者极多,音信往来,较之都门尤为便捷。

家中如做直脚牌,可刻一副"钦差日本国副使",一副"钦加三品衔",一副"翰林院侍讲"。其余详细情形,当随后陆续禀知。馥妹近况如何? 念念。芙初姑丈处,亦当随后致函。肃此敬请
福安! 二叔婶、三叔父大人均安! 二兄大人暨列叔父大人诸弟、侄儿辈均好!

三男行扬谨禀

光绪二年九月十三日

父、母亲大人膝下:

敬禀者:男于月前十六日曾肃安禀,由延寿堂转寄,未知何日递到。男此次奉使东洋,事属创办,一切情形,须到该国察看料理。幸由上海搭轮船至其国都,不过六七日海路。又该处中国商人极多,即潮人亦属不少,较之西洋各国稍为近便。

正使许君，系许滇生尚书世兄，由荫生得直隶道，前年曾派往日本查办事件，朝廷因其颇悉该国情形，是以派充正使。已于前日入都，与之晤商，人甚聪明，第官场习气颇深。同其办事，意见不能尽合，只得到该国随事相机补救，以期无负国家委任之至意。薪水每月七百金，除公项开支外，一切自己用费及跟人工资，均取给此项。闻日本百物尚不致十分昂贵，当可敷衍也。顷与许君商定，都中料理已齐，即当陛辞出都，至天津见李伯相，随航海至沪，许君便道回籍，男亦拟回里省视。如冻河前能出都，计时可抵家度岁，俟明正至沪，会齐东渡。若十月杪不克起程，则须明春旋里矣。

北榜已开，吾潮无人获隽。锐侄拟令其约伴先期南旋。如大嫂肯令其同往日本，俟男旋里，再挈之同行。斋中子弟，大小、功课不一，磐卿先生未免大繁，拟稍幼读书背诵者，仍请磐卿先生。八弟与儿侄辈已开讲作文者，另请一先生，分别课督。先生功已稍暇，更可尽心。询之陈润生，云石门岭童德元先生教读甚勤，学问甚好，开讲引机，亦极得法，似可延请。询之磐卿先生，当知此君，如童君已受别聘，则须另请。宜令五弟探悉，善讲解改文，善引机者方合，徒自己能文，不善教人者无济也。

前信书刻直脚牌三对，一副刻"翰林院侍讲"，一副刻"钦加三品衔"，一副刻"钦差大臣"四字，不必刻"日本国副使"字样矣。所有需买白羔皮等件，俟随后买就带回。如蕉表兄仍在家，抑已赴闽？昨寄伊一函，不知六弟有交去否？南榜已揭晓，本邑中几人？族中有获隽者否？念念。

记事想已由道署判决，弓洲本家慨助多金，亦属难得，将来此项经费，仍当设法筹补，方无空累也。都中近事，锐侄到舍后，自能面禀祥悉。肃此敬请福安！二婶娘、三叔父大人、二兄大人均安！列叔侄均好！

三男行扬谨禀

光绪五年三月十五日

父、母亲大人膝下：

敬禀者：男于二月初由招商局划规银二千两，托王心如兄汇寄至汕，计已照收。顷接五弟抵沪来函，欣悉大人暨合家均安，下情甚慰。唯正月间香港所寄寿屏，不知能赴及吉期否？又请客如何情形，五弟以来东在即未叙及，悬系之至。男在东凡百如恒，八弟及毅儿辈均好。与日本及各国交涉之件，亦平顺。如蕉兄在横滨，始到，人畏其性刚，颇有闲言。男亦时时勉励之，近数月来官声甚好，不特各国领事称之，即华商亦交口颂之。

男来东办理使事一年有余，极承总理衙门王大臣称许。前数日沈师相书，以东来所办事筹画精祥，虑周藻密；又以报销经费事事核实，具有克己工夫，再三称道。男自忖愚钝，唯"洁己奉公"四字，可以竭其力所能为，以报国恩，而无负大人家教。

自奉使后，唯球人阻贡一节，系奉旨交办之件，责无可辞。去年八月后行文与之理论，乃数月来一味恃蛮，置之不答。近乃复出令废球改县，其轻视中国，无礼已极。男义不可在此坐视，现已函达总署，并求准假回国。如得回信准行，大约后月杪可以束装言归也。倘归后能在北京议妥，须再东来，亦未定。八弟与黄公度各员，仍在此照常当差，俟回京如何定议，再定去留。

家乡景况如何？先生已开馆，侄儿辈宜尽心读书。捐例已停，非正途不能入仕矣。勉之为要。肃此敬请

福安！合家均安！

三男行扬谨禀

光绪五年闰三月十六日

父、母亲大人膝下：

前月寄呈安禀，详述一切情形，由沪交五弟转寄，未知何日可达。顷由五弟寄到手谕，敬读得悉。又由招商局寄来汕局收据，系三月二十日，查此款于二月十二日由日东寄信上海招商局者，未审其何时始汇至汕。乃六弟收银后仅写收条，并不寄知一切，未免过于疏懒。家中酌分各项月费，按度岁、端节、中秋亦便。第各人情况不同，恐有须通融者，未必尽一律也。家中诸务，男连信请交七弟经理者，正以大人年高，不宜以家务纷扰，使男心更不安。且交七弟经理，而大人坐而责成之，一切支应，七弟可以定章为言，可省多少枝节。令七弟按季开明账目备查，即家中诸人，亦不得格外多支。七弟内可禀之大人，外可推之于男，自不至难于措置。是否如此，请大人酌之。肃此敬请

福安！二叔婶、三叔父大人、二兄大人、六、七弟暨锐、深诸侄、楚儿辈均好！

三男行扬谨禀

日东交涉，事体重要，总署未必肯令男卸事，大约秋间仍须再来。如男回京，八弟与毅儿等照常留住署中。毅儿现有梁诗五先生课读，不致抛荒。仪吉先生早至斋，诸侄儿辈宜上紧用功，刻捐例已停，舍读书一途，无发名成业之具矣，勉之为要。昨六弟信云，陈亲家凑开当店，已成议否？此事如有定局，亦妥

著也。家中近况未悉,殊为悬系。

使事自东来后,办理尚为妥帖,即球事日人如此无理,总署以使者力任其难,来函再三慰勉,令人感愧不尽。第已事至于此,须妥商结局,非面陈不详,是以连函请召归使臣,谅可邀准。亦知重洋往返维艰,但不如此,不好收场。已受国家任使,不敢自图安逸,致为外人所轻,唯有在官言官而已。

光绪五年七月三日

父、母亲大人膝下:

敬禀者:男于前月叠具安函,交五弟寄呈,计早达矣。昨五弟来书,询悉合家平安,殊慰下情。唯闻得爱叔婶抱恙未痊,八弟甚为悬系。又劝叔婶不知如何?均极挂虑。风水之说,不尽可信,大约人事之适然耳,运气稍转,自渐渐平安也。原乡早季已收,米价当贱。日东米价日昂,每百斤至五元之谱,未知将来如何。

使馆事一切如恒,唯球案一时未有结局,亦只得尽其力所能为,补救得几分是几分耳。如焦在横滨,办事极勤,刻下商民皆悦服,颂声交作矣。伊性气稍刚,始至,人多嫌之,日久办事有实际,虽下人亦不敢索取分毫,故群称好官也。

阅六月十八日京报,蒙恩转补侍读。自膺使节,未报涓埃,乃荷逾格宠荣,弥增惭悚。唯有勉竭驽钝,图补丝毫,以期上无负于国家,内不违于庭训。

家中诸弟侄儿辈,宜加意检点,勉力为人,不可稍有所挟,致滋咎累。男服官在外,唯望大人时时训诫之。地方公事,切不可轻心干预,已损声名,且抛荒自己正业也。仪吉先生课读,想极勤而得法。锐、深诸侄儿辈,宜发奋用功,自八月朔为始,人各立一簿,按日登记,某时读书写字,某时听讲,某时作文,夜分某时安息,即别有所事,亦一一记明,以备查核。已可以自检束身心,亦不致荒废功课。满月即汇寄来东一览,此至善之方也,请转致先生督行之。梁先生旋粤秋试,后月杪方得来东。毅儿近已学作论五六篇,尚有思议生发,笔气亦条达,察伊亦肯用心,或可造就有成也。肃此敬请

福安! 二叔婶、三叔父大人、二兄大人均安! 合家均好!

三男行扬谨禀

光绪五年八月十四日

父、母亲大人膝下:

敬禀者:男于月前叠呈安禀,由申转寄,谅早达览。昨奉五月十三日寄五弟手谕,敬悉种种。两三月以来,仅得五弟自申来书,六、七弟在郡、在家,均未有

信,心甚悬悬,想系因夏季农忙之故。唯锐、深二侄及楚儿在斋中,尽可写信,乃亦无一函寄来,并述知读书功课,非惰怠即抛荒。年岁俱不小,而数行家书尚不能随便动笔,尚可望他日学业有成,与人较胜名场乎!嗣后请谕令锐侄等按月各寄一函,将近习功课告知,并略述家中景况。其所作课文,亦各寄数篇一看。

又:大人有所寄谕,亦请面授伊等书寄,以省高年笔墨之劳。同日另信汇寄规银贰仟两,由招商局付汕分局转交,到日查收。此项如何措置为妥,谨听大人主裁。唯家中食指日繁,费用日大,须大家勤俭作家,庶易支持。理家之要,以均平划一,有节制定章,为长久之策。弟侄儿辈务当勉志自立,第能各执一业,便不致游手好闲,归于败类。材质有限,不能尽望其能读书,亦不必尽冒读书虚名也。吾族世代山居,敦朴乃其本分,子弟切不可染宦家习气。且官非世业,不可恃也。男此次使东,俸薪较厚,固得力求节省,以为兼顾之资。若回中国,无论服官内外,其廉俸仅敷办公之用,时有入不敷出者,虽欲兼顾,恐力有不逮。若非分营求,以供挥霍,则上负君国,内愧大人。男夙夜矢心清白,决不敢丝毫苟且,所以拳拳克自成立者此也。

男自忖非才,奉使无状,乃荷圣恩优容,甫擢侍讲,又迁侍读,逾格邀荣,真不知如何为报。球案费尽心力,未能有所补益,负咎实深。顷一面商同总署与之争论,一面托美国公使调停,未知有转机否。使署寻常交涉事尚就理。如蕉兄在横滨,商人始苦其劲,近以保护尽力,咸交口颂其廉勤,不致为同事所倾矣。毅儿夏间开笔,作论数篇,尚有识议,口气亦清顺,不知将来学八股如何。海东天气尚好,唯夏令颇多时症,中土寓此之人无一染者,殊为幸事。现秋凉已渐少矣。通国米价翔涌,每百斤需银伍元,其小民甚苦。彼方自治不遑,决不敢与我构隙。丁中丞节制海防之命,以疾辞,得旨俟痊入京,未知何时能起程也。海岩历官有声绩,近由沈制军奏列国史循吏传。本朝入传者不过数人,为吾邑第一人物,千秋不朽矣,足见三代直道之公也。

署中人俱平好,德弟同梁诗五先生,于前月中旬搭船至香,彼欲入省城一看,计当旋里。此间事伊能详悉,不赘。昨接柳兄信,知其已旋家,复其一函,七弟可寄去。其余各友函,均请转致。

缉舅来信,欲立一孙,此亦不可少之举,请大人为之料理。馥丈云欲东来,万万不可,此处无可位置,徒费往返川资,请七弟转告之。少京叔信已收到,篆生叔祖及各位信均收到矣,六弟晤时代致意。潮店及渡局事如何?便中寄知。爱叔婶抱恙,未卜已痊否?锡弟极挂心,可作速寄知。闻劝叔婶已故,未知果否?娘盛叔想已痊愈,伊家运如此,可怪也。仪吉先生有赴乡试否?念念。请其课督子弟,严定程限,不必稍存客气为盼。闻原乡早季丰收,甚好,想大家不致十分拮据。昨寄云岳公信,曾否交去? 新嘉坡本家生意如何? 记事如何? 弥补此次汇项,到日再交若干,请大人酌之。二婶娘夏间抱恙已愈,甚慰,然年纪渐高,须滋补,秋凉后可做补丸服之。喆亭又叔祖课督勤严,极感,未另致函,七弟代致意。肃此敬请

福安! 二叔婶、三叔父大人、二兄大人均安! 合家诸弟侄儿辈均好!

三男行扬谨禀

光绪六年六月八日

父、母亲大人膝下:

敬禀者:窃男于五月廿五日,接奉四月六日、十八日两次寄谕,敬悉合家平安,深慰下情。虞臣叔旋里,托寄安禀及各件,知早达矣。承示步玉堂之屋买就八间,现可改作书房,则大小相连,照管较易,虽价值稍昂,亦尚合式。深侄与晋昆弟,决意赴省同文馆,甚好,业经函复长将军,俟该馆西学先生聘定,当即驰书告知一切,令其启程也。记事欠款,得付息稍轻,每岁少有盈余,为设法分完之地,自是吾族厚幸。助众六百之数,随便交出,以清一款。万山力量有余,想未必让人独为也。县案一节,婉却虞公极妥。子弟以读书敦品为先,名以贿成,不特非荣,且为终身之玷。楚儿侄辈务当励志向上,勉思其远大者,勿自甘于苟贱也。陈家欠款,燕生亲家已出门,无论如何,只得暂搁下矣。月费一款,请大人按月照常分给。家中存项无多,令六、七弟寄知,自当陆续寄回。男亦知家累日重,支持非易。但此等事唯有因时制宜,酌量行之,冀恩谊不亏而已。子侄辈若肯学好,则产业虽薄,他日不患无立身之地。否则多与之资,适以损其志气,长其游惰,未必有益也。前定分给月费,内则至亲,外则至戚,力所能顾,自难度外置之。至同堂之中,亲为手足,更无彼此厚薄之可言。二叔婶视侄犹子,上与大人久同此心。男等稍有寸进,不能善体以成其美,则负疚方寸多矣。德弟性质粗浮,是少年未学之过,私冀其稍稍更事,相助有成。彼前云欲作生理,若合伙得有笃厚之人,方为善策。如觅伙不易,则以前信允付之款,交与二叔婶手,或买业,或出息,俾稍宽裕,为娱老之资,实男等中心欣幸之事,请大人裁酌行之。其一切月费,请照常分给,存项不敷,随时示知,谨当陆续寄上。大人年纪日高,家中琐务,万勿过于操心。所有出入数目,可令六、七弟诸人料理,大人从容指麾之而督其成,俾精神闲暇,起居服食,日益康胜,则男等受福庇无涯矣,不胜企祝之至。

男使署中公、私照常平顺。男与锐侄儿辈身子均好。毅儿读书极肯用心,

所作论大有进境。肃此驰禀。敬请

福安！二叔婶、三叔父大人、列叔、二兄大人均安！诸弟侄儿辈均好！

三男行扬谨禀

光绪六年七月二十七日

父、母亲大人膝下：

窃男于前月杪接读五月十三日手谕，敬悉一切。前月八日寄诸弟函详述各件，计早转达慈听。家中琐务，只管交七弟经理，大人年高，以颐养为宜，但凡事综其大纲便好。前买步玉堂之屋极合用，即价稍昂，亦须设法买就，价钱多出些儿不妨。且家中往来之事，非姻戚即宗族，若有余赀，可以分润，本是情谊所应为者。母亲大人遇事周全，最为仁厚。但儿辈须勉力向上，俾景况日渐宽裕，自可事事副大人之心，区区出入之间，不必过于计较。

毅儿近来读书作文颇有进境，今年方十五岁，娶妇之期，稍迟二三年亦无不可，总之或迟或早，须候外面进止，其应如何定期，俟男随后斟酌，再行禀知。锐侄近日诸事照常，字画较前稍好矣。府试不知何时，楚儿及诸侄读书，必当上紧用功为要。德弟邀人合做生理之事，曾有成否？如可成，请支付贰佰元与之作本，俾其练习世情，渐知此中甘苦，且不致闲住家中无所事事，二婶娘亦可免多操一分心。即男在外，亦放宽许多思虑。至德弟赋性，稍为愚拙，是其生质所带，望大人宽暇而教诱之。

省城同文馆之事，因外国先生未来，可以稍迟。深侄与晋琨弟，尽可照常用功，俟赴院试后，再去亦可，若获寸进，亦一快事。

使馆公私一切如恒，海东天气平和，上下人等均托庇均好。自奉使到东，至今冬十月，三年差满，上游派人接办与否，刻尚未知。唯总署及李伯相时有书来，于此间公事尚为顺适。肃此敬请

福安！二婶娘、三叔父大人、二兄均好！馥妹均好！列叔及大嫂、以次诸弟侄儿辈均好！

三男行扬谨禀

光绪七年四月三日

父、母亲大人膝下：

敬禀者：二月十三、廿三、三月七日叠寄数函，计当次第递到。此间自二月十日收到正月所发家信后，许久未得续报，心殊悬悬。昨得叔坚表兄三月五日由潮

130

郡来函,藉悉家中安好,稍宽远怀。诸弟等何以疏略如此?讵所寄或有延搁耶?以后希一月寄我一函,亦不为多,即无甚要事,但略言近况安好,已受益不少矣。

此间凡百如恒。顷接总署函,知接任出使大臣,已奉旨派记名道黎庶昌接充。黎号莼斋,贵州人,现充西班牙参赞官。此人在曾文正公幕府甚久,品学俱优。前同郭侍郎出使英、法,差满后,陈星使拣派西班牙参赞,驻扎该国,现寄电令其回京陛见,然后来东,大约须七八月间方得交卸矣。

慈安皇太后晏驾之事,已另纸详述一切。内地各省须接遗诏后方举行典礼,届时以另纸所开,参之县官所张告示一体遵行,自无误也。各信寄商之件及寄买之物,诸弟等陆续见复为盼。应述各事具后。敬请
福安! 二婶母、三叔父大人、二兄大人均安! 合家均好!

三男行扬谨禀

一,前信所寄八弟文书等件,当已收到。其赴县补报一节,未知已办妥否?奏保交议之件,现接总署文,经已奏准定章,凡出洋人员,当差二年,遇事回国者,交部从优议叙。当差一年者,交部议叙。未满一年者不叙。八弟已满二年,系交部从优议叙,将来能议叙加衔或花样最好。现当致信部友,从旁探听如何,再行寄知。

一,琛侄与琨弟往省一节,曾否动身?其一切如何情形,飞速致知为要。

一,五弟出省之事,现阅邸报,江西、闽省二处均已奏停分发,一时未能办理矣。如五弟决意出省,则改往山东尚可,因山东尚无请停之事,又山东抚系周师,唯道途稍远耳。但各省分发之事,大约二三年后必当复开,在家守候,亦无不可。如何行止,须五弟自酌之。

一,七月祝寿之期,计系国服甫逾百日,未便过于铺张。其临时设筵,略邀本家亲近者一会为合。若各亲戚处,似可先期辞却之,更为两便。俟明年八旬开一时,再行大庆也。请详酌之。

一,县试将近,他日县、府试时,可令人代毅儿作一名字。现令其学作八股,如能似作论笔气,拟令其秋间回家赴考。此儿学识,甚可造就也。

一,前信所述倡立义仓事,甚于本族有益。趁此时力尚可为,欲成此美举,如何办理,即请示复。

一,家中用款。尚有存余否?又县城凑开当店章程善否?生意旺否?如须接济,即希示知。若家中一时无可买置,则拟且放在招商局,月有利息也。

一,前寄买条丝烟及白书纸,祈速买寄,交心如转寄应用。寄询各件,六弟一一答复为望。

一，前属转询林海岩家，开具海岩生平履历事迹，可由六弟致信，催其作速寄来为盼。

一，惠舅母前寄信言，向有白也公尝四分之一，已转卖与人。欲赎回为外祖祭扫之需，约须银百元之谱，便可赎回。云四年轮收一次，可得谷贰拾余石等语。此事请回明大人，如事可经久，便请酌行之，亦谊不容辞者也。

一，去岁所有用项，请令七弟分款开一简明单寄来一看。并将前所寄章程底子钞来。

一，楚儿等功课，及煜、晖诸侄现读何书，八弟详为致知可也。

四月三日，行扬谨启

（天育、阿搏信并银交去。又张德信亦转交）

光绪七年四月二十六日

父、母亲大人膝下：

男前奉三月望日寄谕，及月费单一纸，嗣德弟于廿四日到署。又奉读四月朔手谕，欣悉二月杪寄呈禀件经已达览，并悉合家安好，深慰下怀。琛侄二人已抵省，阅其信及德弟所言，知将军府文已投递，俟同文馆傅知，便可入馆附学。二人暂寓杨友处，接其复函，彼自能代为照料，谅无不方便也。以后情形，俟得其续信，再当转呈。县试计已完场，楚儿能否前列，榜首何人，想六弟等必有信来也。县城当店生意暂旺，应行派入股本，自当寄回。唯当店利币极多，合股生意，尤虞无人专营，须不时遣人稽查检点，以防抽换与出空挥等弊①。此事问之久业当店者，自能详悉其中曲折也。古垄之田，已买就亦好。高陂灰铺，如材料结实，地基当市，不妨与之成交。各人所分月费，男自计近况尚可支应，请大人照单按月分给。兹汇寄规银贰千两，到日查收备用。内支出银叁百两，交与三媳。又支银壹百元交七弟，令其照前添买甘旨，以供膳羞，须比前稍丰为要。

杨外祖处已交去五十元，足供祭扫，自可不必再议。集舅与宪表，已付以立嗣之资，则前信所云赎回祭祖一节，或行或迟，均听家中裁酌可也。煜侄今年十四，明岁完婚，未免太早，不如稍缓一二年更好。但其家景况，能可商迟与否，须家中酌之，毅儿所穿旧衣等件，俟秋间回时一概携归备用。我家乡居，年未弱冠者，自不必多做绸绉衣服，不特省费，亦居乡居家之道宜然。大抵少年习气，多喜纷华，稍抑制之或可日趋朴实。步玉堂改葺之事，自可从容料理，近时有方便

---

① "挥"后疑脱"霍"字。

木料可买,不妨购存多少,以备随时之用。又三月间及本月四日连寄二函,未知何时递到。此次汇项,同日另发一信,到日令弟往汕收取,送回家用。肃此敬请福安! 二叔婶、三叔父大人、大嫂、二兄均安! 诸弟侄儿子辈均好! 馥妹均此!

三男行扬谨禀

另信二封转交,收到此信后,便可向汕市招商分局询收汇款。

光绪七年六月一日

父、母亲大人膝下:

敬禀者:男于前月九日,接读四月十七日寄谕,欣悉合家平安,深慰下怀。四月廿八日寄呈二函,并汇规银贰千两,由汕市招商分局转交,未知何时收到。子达弟于四月杪安抵此间,询知琛侄等赴省近况,嗣接琛侄与昆弟来信,知已进馆,诸凡妥便,想伊必有信至家也。现子达弟试习西洋照相之法,如有成,亦是一件业艺。锐侄诸事如常。毅儿已开笔作八股文二篇,虽理法未备,而笔气条畅,每篇抒写至千余字,随后加以裁剪,当易成就。煜侄近日正须讲读之功,稍迟开笔自好,但须请先生选古文数十篇与之读,明年开笔时,先令其学作散行之论,俟文气通顺,再令其作八股,较易为力。此是极要紧之事,从来我邑教幼学子弟皆不得法,是以难于成材也。

县城之当,生意日起自佳,第查所开去年用款颇为不经,须属晓云兄酌定实在章程,并时时检查,方能经久。陂市凑开当店之举,须先查清益丰当章程如何,递年买卖如何。因一市两当,则生意以分而见少,必通筹合算,方可动手也。如查得生意大有可图,不妨决意为之。但上街之铺位地势低,未知怕洪水否? 此一节亦当虑及。又领饷牌,大约百余金之谱,看县当领牌用去叁百余元,亦未免太多。如他日决意经营,自可由诸弟赴省自行料理,缘此事各府县常有人办,固有一定规费也。

县试早完,府试计在何时? 名字高下不必计,楚儿须勉力用功为望。捐资积谷为合族备荒之用,自是应办之事。男拟有序文一篇,章程数则,及积钱取息说一篇,颇为详悉,请大家妥议举行。吾家可共题五百元,以倡成此事,如岳叔公能加题凑成巨款,于今年举行最好。请大人以此事与众叔侄商之。六弟所寄之条丝烟,经已收到矣。闻馥妹近况颇窘,可于月费外另给予银伍拾元,以少助之。其前信所说,俟他日再为之妥筹也。肃此敬请

福安! 二叔婶、三叔父大人均安! 大嫂、二兄诸弟侄儿辈合家均好! 馥妹均此!

三男行扬谨禀

光绪七年十月二十三日

父、母亲大人膝下：

敬禀者：男于本月十一日，由香港寄交六弟一函，计可递到。兹子达弟与毅儿偕同诗五先生带搏侄，准于明日附搭英公司轮船前赴香港，再由港赴汕，先行回里，所有行李物件均已开单列明。八弟前存之衣箱亦一具带回，此间一切情形，毅儿等到家，自能禀述。

顷接上海来电，黎星使已到沪，仍须往金陵，见南洋大臣后，始能束装东渡，大约交卸当在后月杪矣。男前以告假三月归省，函商总署，已承允许，须由使臣奏报回国时附片陈请。计他日别无延缓，定可回里度岁，乞大人诸事放心。

科试届期，楚儿计已赴郡，深侄欲回赴考，顷亦当回。毅儿如赴试期不及，便可早日旋家。锐侄诸事照常，尽能帮手，拟转荐于黎公，若无可位置，当携之返舍，再作主意。黄公度由郑星使调充金山总领事，如蕉兄当随同回国。肃请

福安！二叔婶、三叔父大人、大嫂、二兄均安！诸弟侄及儿辈暨合家均好！

三男行扬谨禀

（四男寿田、五男寿祺恭较）

卷　二

光绪八年五月二十日

父、母亲大人膝下：

窃男于廿八日抵郡后曾肃寸禀，知已达览。因偶沾微恙，在郡城杏园小住十余日，于本月十二日到汕，服清导去湿之剂数帖，大有功效，精神较前尤为强健，足纾垂廑。五弟、锐侄均好，楚、毅两儿于十四日至汕，询知家中平安。楚儿及汤甥等即于十六日趁轮往香，现接来信，知已到港，一二日即当入省。男现定于明日搭招商局日新轮船，偕五弟、锐侄诸人赴申，大约至京当在六月中旬矣。现由招商局及如蕉表兄处汇银贰千伍百两，除此处支用外，交六弟带回，为凑入当店股本及完借各款之用。并前存昆记之款陆续收回，有余留为家用。一切详细情形，统俟六弟面禀。其到申后情形，当随时驰陈，以慰远念。肃此敬请

福安！二婶娘、三叔父大人、二兄均安！诸弟侄儿辈合家均好！

三男行扬谨禀，淮扬、其锐同叩

光绪八年七月三日

父、母亲大人膝下：

敬禀者：男于前月二十五日在通州舟次，接知廿四日蒙恩补授翰林院侍讲学士，当即具禀寄呈，计可早日递到。男随于廿七日雇车，同弟侄等搬运行李入城，住延寿寺街潮州会馆。因廿八九及本月朔，均系穿花衣并斋戒期，乃定于本月二日请安复命，并具折谢升庶子及学士之恩。初一夜子刻，穿行装赴皇宫前九卿朝房恭俟。丑、寅等刻，先到军机处门外，见恭邸及宝、李两中堂，景、王两大臣后，候至辰正，荷蒙皇上召见。由六额驸景寿带入养心殿东暖阁，跪安叩谢。承天语垂询年岁、官阶、籍贯、差使，又问老亲近状，谨对已毕，随六额驸侧身退出。时天雨，渥沾恩泽，满身俱润。

朝房偶见孙燮臣夫子，语如璋曰"近年太后以政躬尚有微恙，非有要事，不御便殿。若皇上一人视事，则外省大僚入京者召见，京官均不召见。故前次陈荔秋副都由美国回京请安，未曾召见。今日承皇上特行召见，可谓优异"等语。男随出东华门回馆，已九点钟。午后入谒恭邸，至府，回事官云：本日王爷请九公主，正值开筵，恐未暇传见。然已来府，自应代回。乃回事官入回良久，出云王爷传见。因导入花厅少俟，王爷已来，男即向炕拜见，王答拜，起身，随请一安，王亦随答，又命坐炕并宽外褂，甚为优待。且云男在外四年，辛劳备至。所办公事，又极为认真周匝，可嘉之至。嗣询及住在外城，以天色向晚，不便久谈，遂命茶。王送至大簷前始返，情谊殷拳之极。

男自奉使居东，恐以才不堪事，或致贻误，是以循分供职，不敢片刻疏懈。今政府鉴此微诚，真可云明见万里矣。寸私殊深感激！现须分日往拜总署各堂官、司员，及同年、同乡暨各知好，又须分送土宜，略申情款。此十余日内，应酬颇忙，必次第料理，方克就绪。

五弟及锐侄考试事，俟月半录科后，距场期尚有二十余日，一切自从容也。昨日接六弟六月六日自郡中来书，得知家中平安，甚慰远怀。原乡猝遭大水，低洼之地，夏收必歉，不知将来须筹赈否？安徽、江浙等省五月中亦遭水患，已经各督抚奏请筹款赈济。想吾郡情形，不致如各省之甚也。男此次行程，五月廿一日由汕头搭船，其后一期搭船者，则值大风。上海于六月十三日搭船，其后一期开船者亦遭大风。昨晤潮阳来京乡试者云：六月十八日船过黑水洋，风浪掀天，颠顿不堪，在船之人苦极。而男等两次均风平浪稳，如在内河，此实叨国家之灵与大人之福庇也。余容续陈。慎表与宣弟随来，诸事亦尚妥帖。天育在家，自五月起，每月可给贰元与之。肃此敬请福安！并叩二叔婶、三叔父大人均安！二兄及弟侄及儿孙辈暨合家均好！

三男行扬谨禀

光绪九年元月六日

父、母亲大人膝下：

除夕捧读十一月廿八日赐谕，敬悉一是。又得六弟十一月十六、腊月三日及八弟十一月廿八日各函，又缉舅及大埔县函，知前寄杨阿兆带回皮衣等件经已收到。贝领店事已接新园公信，一切妥贴，石上当店事已理楚，甚好。坝中若陈厚卿新筑之房能租定自佳，否则贺家地基如坐向稍高，价不甚昂，自家购筑亦好。此事须与租陈家屋事，一俱分头商议，但何处合宜，即何处成交。人情皆然，陈、贺闻两处商量，自不致十分抬价，若一处不就再谋一处，则索价居奇，难于合拍矣。六弟等到坝看时，如此办理为要。缉舅年近八旬，景况又窘，不能不格外招呼，如自去秋后未曾按月送费，请由今年起分作三节，一节由家中送伍元助之。其惠舅母处，则慎表工赀接济之外，酌量助其多少可也。飚表不知仍在海阳否？宪表自家有小生意，当可敷衍。石上当店，不知自家须派人在店否？若须用人，则近亲无人往店，或遣宝表去，住店看当，且为敷衍日食之谋，亦是一法。请大人酌之。

近得楚儿等信，其兄弟文章既有进境，又云今年决意移回郡中，以金山院房为书馆，此说极妥。如伊兄弟等仍在省，自不必说，若已回里，可一定如此办。男前信欲在郡租房者，欲请大人到郡居住，一切较为方便也。若大人不欲住郡，则自以省租房费为要，即金山必不能安顿，亦不如借杏园矣。三叔父云同在书房居住之说，此不可行，读书以肃静为要，三叔父所居，不免有闲杂人来往，且开饭早晚诸多不便，甚不相宜。三叔父宜劝其回家居住为宜，七弟可设法劝之。在郡日久，不特无可入手，且只有自坏名气，或上邑中，或石上当店居住较好，无事或可稍照料生理也。七弟劝其回家，究竟月费总须若干方敷，请寄信来京，当为设法也。又男现欲托友人代三叔荐一馆地，但三叔宜在家守候，俟有机会，再出门方妥。若在郡日久坏名气，先为官场所知，则馆地亦荐不成矣。缘此时官场就馆，专靠名色好，方能入门也。如深侄经已回里度岁，则往省之期且缓，俟男酌定主意再行。汤甥有志西学，必成最可喜之事，如已旋里，须令其上紧赴馆，不可游移自误。又现因梁诗五先生有两侄入西学馆，为致信裕中丞荐之，内加荐何镇雄一名，内书十七岁。男意若众扬弟稍有聪明，有志向学，则送其入馆亦可。奏弟等质稍钝，恐不易学成。如自家亲房有可造就者最好，否则本族中有聪慧子弟愿学者,亦不妨应此名字往学,但宜妥稳为主。此事由家中酌之,即无人去,亦不要紧,函中已着活笔矣。又此信后,如梁诗五及楚儿等仍在省,便由六弟将致诗五及楚儿等信,迅速加封寄省为要。

家中须项使用,随后即当由招商局刬寄,并泰泉等封轴亦当付回。陈家领轴费,未收来极好,其交来之照是假的,领轴不出也。五弟于月杪可赴上海,大约系带宣弟同行。锐侄之誊录,今年可得议叙。东儿母女当已回里度岁,一切情形,当随后次弟寄陈。肃此敬请

福安!顺请 二叔婶、三叔父大人均安!二兄及诸弟侄及儿辈均此!

三男行扬谨禀

光绪九年四月九日

父、母亲大人膝下:

男于本月三日驰陈一函,未知何时可到。六日由蕉兄递到二月所发手谕,及七、八弟等各函,敬悉合家平安,下怀深慰。

本月八日恭逢大人寿辰,是日卯刻,男方发烛叩祝,适内阁差人报知:本日奉旨转补翰林院侍读学士。方承家庆,又荷国恩,此皆仰赖大人福庇,男始得以菲薄之资,叨窃厚禄。惟有勉竭心力,循分供职,上以报圣主之知,内以副高堂之望。当即于本日缮具奏折,于九日子刻亲赴乾清门呈递,叩谢天恩。于辰刻接回谢折旋寓,兹谨将原折寄呈慈览。各祠开报节折内奉旨日期,如式缮写便合。又前捐之光禄寺署正,现须加捐分发,他时方能办理到署。可将捐照及监照交八弟带来,如八弟已启程,便封好交汕头分局转寄。信面写明内有部照要件,属汕局廖公交妥,酌加批酒资一贰百文,必然妥捷。如监生照有二纸,便留一纸在家亦好。其八弟之照等件,知伊必自带来也。

近接缉舅来信,知其今年未曾教读,加以年纪日高,景况之窘,自宜酌量扶助,请家中每月送用费一元。其惠舅母处,则慎表工资每月一元,自去年七月起,请按月付送。如十分艰窘,亦祈量为资助。其缉舅处,如去岁秋冬数月未送,亦请补送为幸。至各亲族如何分润,请家中斟酌行之。七弟暇时,将一切情形致知,以免悬系。其三叔父处,则请按月付四元,惟须请其回里过日子,然后用度可以稍省。至切。以上用项。如将来不敷,寄谕示知,谨当筹款接济也。埔邑及石上当店,三年总结,均长有千元之谱,生理自是妥稳。然日久亦须自家时时检点,方无错漏之处。其邑当开销较石上稍多,亦是地势使然。至现在当手之人,系兼理印金局事者,一时亦难更换,此事当与晓云兄徐徐谋之。合伙生理,以和衷为主。此事家中切勿露出痕迹,以致别生枝节为要。三河租店事,随

137

后再有信致。肃此敬请

福安！二叔婶、三叔父大人均安！　　二兄及诸弟侄儿辈均览。

三男行扬谨禀

光绪九年六月二十日

父、母亲大人膝下：

敬禀者：昨接五弟来书，知八弟等一行经于五月十九到申。此次三媳不来甚好，省得航海辛苦。都中一切如常，男近有外放之信，虽不知确否，然或有一二分像，第未见明文，不可与外人言也。现阁学有缺，男可依次转少詹事。若再有缺，则诣资俸，不多日子可升阁学，虽不外放，固未为不可也。

近未接家信，想系因八弟已来之故。原乡天时可好？六月收成佳否？各处生理如何？新园公有往贝岭否？六、七弟随时寄知为要。前商三河店事，据如蕉兄说，则陈家之事难成。鄙意如该处北关等处地势较高，若租店二、三间，或买就，仿县城铺身筑高，以大水不到为度，似为妥稳。再开当不必十分当市，其店价自必较平，不妨再一谋之。缘此时各地谋生均不容易。原乡田价亦不平，舍此固别无善法也。致蔼堂信可转寄，如石店令殿弟去，则县店或请越叔往亦可。珍弟可惜，家中可送伊银拾元，以助其费。缉舅近况益窘，请家中按月送壹元，为助其食用之费。至要至要。三叔父已回家住，甚妥，按月且以四元为度。叔父年渐老，出门经营，亦不容易。家用近来如何安顿，六、七弟暇时寄知，京中庶可量力斟酌。松水涧林世兄如有交银来家，托寄入京捐封者，可收起留作家用，如数寄知，以便代办。此禀。敬请

父、母亲大人福安！二叔婶、三叔父大人、二兄均安！诸弟侄及儿辈暨合家均好！

三男行扬谨禀

光绪九年八月十一日

父、母亲大人膝下：

敬禀者：男于前日捧读七月八日寄谕，谨悉大人近以操劳太过，目生黑影。男服官京邑，违侍万里，不能躬亲奉养，少分家务之劳。闻信之下，寝食不安。伏思大人今年七旬有五矣，幸叨精神强健，然究不可过劳。家中琐务，米盐凌杂，零用出入之数，极是纷繁，况以食指数十人，尤为细碎。如此家务，虽以强壮之年理之，尚苦其烦。而大人日日如常，操之一手，故劳心过度，乃于目中见之。

今惟有敬恳严谕声扬,将家中一切账目琐务均交其手经理,大人但总其大纲,不问琐细,从容静养,兼服滋补之药,方可渐次复元。若如向日时时操心,则服药难以见效,是益重不肖等之罪,而莫释万里之忧也。男去岁告假归省,见堂上康健,因私衷庆幸,决意再来京师供职。今若大人老态日增,则男在外心摇摇如悬旌,上无补于朝廷,内负咎于门内,虽欲依违窃禄,方寸之间,万万不安。惟有假旋侍养之一策而已。伏乞大人俯鉴微忧,将家中琐务交与七弟料理,从此安心静养,服药调理,自可渐次康复。而男长托福庇,在京放心供职,实为万幸。区区之诚,万乞鉴纳。肃此敬请

福安! 并请二叔婶、三叔父大人均安! 二兄及诸弟侄均好!

三男行扬谨禀

光绪九年九月十四日

父、母亲大人膝下:

敬禀者:男于本月九日接六弟八月廿三及廿六日信,又廿二日楚儿等信,知大人目疾现渐就痊,合家均各安好,甚慰远怀。又悉八月十一日由京寄回各函已经递到。男于前月廿四日,移居醋张胡同,房子甚好,系会馆公产,租钱亦不甚昂,糊裱收拾约费一百余金。八弟、锐侄于本月五日启程南旋。

男正在检点书房,为久住用功之计,乃九日巳刻内阁来报,本日奉上谕:翰林院侍读学士何如璋,著督办福建船政事宜。钦此。闻命之余,倍深感悚。谨于十一日子刻,具折谢恩。日间亲赴恭邸及各枢臣处,面商一切事宜。大约料理就绪,当于月杪请训出都,航海赴闽视事。

查船政系同治五年创办,设于闽省马尾港,器局宏厂,事繁责重。中朝不以男不肖,举以畀之。将来到工后,于局中制造兵船练习,惟有悉心请求,尽其心力所能为,以翼仰纾宵旰之忧,内副门闾之望。闻该局地势甚佳,屋宇亦为宽敞。又闽省与我潮连界,一水可通。俟男到工后稍稍整理,于明年春间,专人回家迎养。大人起居康胜,想必俯允来闽一游也。九日得信后,曾飞信天津,属八弟折回都门,帮同照料行装,不知尚赶得及否。

府试计已完场,楚儿兄弟不知有前列否? 族中仍有人考起否? 学使临潮在即,闻考较甚严,试事务以谨慎为要。余俟后详。敬请

福安! 并请二叔婶、三叔父大人、二兄均安! 诸弟侄儿辈合家均好!

三男行扬谨禀

光绪九年十一月二十九日

父、母亲大人膝下：

男于本月廿二晚上船时接到六弟等信，得知合家平安，欣慰之至。当即具函一件，交五弟买就花布寄回，或即著宣弟回里，俟明春好伺候大人来闽也。

上海二十三早展轮，于廿五晚安抵马尾工次。廿六早由小轮入福州省城，将军、督抚、学台、司道，出五里亭迎接。恭请圣安后，男即入城拜各官，在本省会馆午饭，傍晚仍由小轮船驶回马尾，于二更到工。现择定十二月朔接印，搬入衙门。马尾离省七十里，局设乡间，左近人烟不密，衙署房屋尚为齐整。一切情形，俟公事稍稍料理就绪，当再详悉致知。

舍下何人欲来，可令锐侄先为寄知，再为斟酌便妥。傅公叔侄已到，局中无可安置，暂住只得旋里。莘田与少京叔先后到马尾，已不令其搬入衙门，缘局中一切均有旧章，决难更易。又船政系办工之地，亦无督办到署，即行任用本家亲戚，迹涉营私之事。若自家出薪水请人，则惟有书启及教读两席而已，余俱无可安顿。又局中员绅办公，均有额缺，现在局者非有差误，不能令其出局。鼎臣叔诸人，男意亦极欲请来相助，然须徐徐看有机会，方敢发信相招也。六弟等可将此中情形，转致各本家亲戚，不宜冒昧前来，彼此俱无趣味也。

其香港采办一节，万山旧伙区使卿曾办此事，近年则系姓梁者承办。此事能否更易，及年中采办若干，须接印后查明再说。又：此事六弟不妨先函致庄亭，令其询区君从前如何情形，亦可知大概也。手肃，余俟后禀。敬请

福安！并叩　二叔婶、三叔父大人均安！二兄及诸弟侄儿辈均好！

三男行扬谨禀

光绪十年二月十六日

父、母亲大人膝下：

敬禀者：昨接六弟等正月十三来信，知客腊寄呈安禀，已达慈览，又欣悉大人以次合家均安，甚慰远怀。闻父亲大人步履稍艰，自系积劳所致。望家中一切琐务，均交儿孙辈经理，大人但总其成，庶可省事颐养。又日用服食，万万不宜过俭。男服官在外，未能日侍左右，又以防务未竣，道阻且长，不敢一时迎养。瞻望门闾，寝食难安。惟祝起居康强，家中能代奉甘旨，方不致抱歉日多也。

现莅工既近三月，于制造工程，稍有头绪。谨当认真经理，以期无负国家。月支薪俸，尽可敷衍。但使弟侄儿辈，立志做人，自有立脚之地。所有船政一切

情形，八弟自能面禀，其带回各项件，另单呈览。

邑中及石上生理尚佳，郡中鞋店，刻下究竟如何？此事六弟就近斟酌始合。贝岭生理，不知近日若何？德弟自去秋来信后，并未寄函，其如何布置，均不得知。吾家乡僻，读书外，当以耕商为业。仕宦一途，非可恃为大家长策。领出覃恩诰轴三分，谨并寄呈。肃此敬请

福安！二叔婶、三叔父大人均安！　　合家均好！

三男行扬谨禀

光绪十年五月九日

父、母亲大人膝下：

敬禀者：男于前月廿五日曾寄寸禀，并寿帐、寿联、海物等件，交范练表带回。顷奉四月十日寄谕，及六弟、楚儿各函，欣悉大人以下均各平安，下情殊慰。原乡米价尚平，最好。汕行之款仍未收起，但彼非歇业，或仍向敬合收回再汇，亦无不可，如收当由招商局托寄。吾乡风俗，寿诞为大庆。明年为大人八秩开一，二月间天气清和，宴客诸凡方便，前期举行极好。至姻戚中景况清淡者，多送礼物者，已酌量赠答，并计其值充还之。否则令各房先自代为料理，并不假临时张挪，亦属直捷。且寄知各亲戚，届时都来，不必具礼尤便。即年节应酬，亦无妨酌馈以赀，较回赠以物更好。此亦分别其景况答之，请大人随时斟酌也。家用大概及郡店各处情形，请饬七弟先向各店通知，以后用款，七弟按月逐条开一总账寄知，以便设法筹款，以资接济。缘外面景况，亦非容易，一切应酬，有万不得已者，非自己力求撙节，则区区薪水之数，恐入不敷出。且弟侄儿辈，不知甘苦，不思立志，无以节制之，日流侈逸，贻误非轻。请大人时时训诫，俾知警惕。肃此敬请

福安！二叔母、三叔父大人均安！　　二兄、诸弟侄儿辈均好！

三男行扬谨禀　八男锡扬、孙其毅偕叩

光绪十年闰五月二十九日

父、母亲大人膝下：

敬禀者：此次三媳等到署，接读手谕，获悉大人以次合家平安，下怀甚慰。

署中一切公事如常，惟法越之事，前立议和简明条约，后因我军驻防越界者与法军打仗，法军战败，乃派使来责我败盟。令其海军提督孤拔率领舰队来闽，

声言欲据船厂,为索赔兵费之地。本月廿二后,连日来船六艘,聚泊马尾厂边。我亦派兵船五号与之连泊,以相牵制。现在彼此按兵防备,若彼必欲据我船厂,则须与之一战。我厂中有陆军四营,水陆相助,谅彼亦不敢轻动。惟厂前即系彼此用兵之地,眷口在此,居住不安,顷署外民居早已纷纷迁避,因思万一开仗,能胜固佳,若败则移避颇为费事。故令毅儿等搭船旋潮,庶遇有事时进退皆无阻碍。缘船政系差事,不同守土之官,胜敌自佳,否则亦可退守省城,以图后举。现有亲四十名,又添招同乡亲兵三十名,水勇二十名,此系防备有事时保护一切之用。察中朝情事,大约必可言和。即一时讲不成,亦不致即占船厂。署中预备周密,决不致有伤损,大人不必劳心。

大暑天气炎热,万乞加意保卫。外面情形必无他变,男谨当随时禀知。详细毅儿自能面述。肃此敬请

福安! 合家均安!

三男行扬谨禀

光绪十年十月二十四日

父、母亲大人膝下:

男于前月赴郡,至汕后曾寄一函,交楚儿转寄,计早达矣。到汕后,电询京友,可缓入京。因赴省见香涛制军,彼意欲留男明岁在省就馆,以便晤商一切。闻系黄浦实学馆之差,男意省坦离家稍远,欲换本郡书院一席。究竟如何,俟省城来信再定主意。

在省住旬日,于本月十四出香,来往皆在新裕记栈,与枢仙、八弟同住。顷于廿四日旋汕,因招商局存款,欲向其取回,既经致信令五弟面收,如必须自家到去料理,则当趁轮往沪一行,计后月杪始克旋里矣。昨接五弟信,彼之馆地尚定。又得锐侄信,伊在闽安关,每月有二三十金,亦下得去。叶学使本日启行来潮,计后月上旬必到。深侄如赴考,便可赴郡。寄回小扁皮箱一个,内药丸补子各件,系陈姬所需。其燕窝、鱼肚两件,当为滋补之物,两位大人可令七弟等分匀燉服,较别样补剂尤宜也。其花鞋等件宜放好,俟要用时可用。另庄亭弟寄回信物贰件,即交还伊家可也。

昨接京友信,有人在上前,将船政之是非曲直,并男在局认真各节奏明。大约暂屈一时,仍将起用也。在省曾寄信,令德弟旋里,不知肯听否。一切俟男回家料理。手肃敬请

福安! 并请二叔婶、三叔父大人均安! 二兄暨诸弟侄合家均好!

三男行扬谨禀
（四男寿田、五男寿祺恭较）

卷 三

光绪四年八月十四日

子襄六弟、子琴七弟足下：

同日肃具安函，详述一切，并分致各亲友信另封妥寄，想可早日抵里矣。兹由招商局汇寄规银贰千两，寄汕市分局转交，其申汕平洋银若干元，收到后即写收条，注明日期数目。并函述家中情形，交该局寄来为要。此项收到，即带回家呈大人收用，其如何安排，悉遵大人措置。家中递年按月大约需用若干，由吾弟分条开列清单，寄来一查为要。兄奉使在外，薪俸虽优，而署中用费及内外一切应酬开销，为数甚巨。凡事须从长筹算，治家尤要，今家用日繁，若内省服官，薪俸不能如此之多，内外兼顾，殊非易易。唯愿大家勤俭，勉力维持。此候
近好！父、母亲大人、二叔婶、三叔父大人、二兄大人，均代请安！大嫂、诸弟侄儿辈均好！合家均安！

愚兄如璋顿

光绪五年闰月二日

子清五弟如晤：

前月由招商局发电报，随致一函，并家信一封，计早收到，转寄回家矣。日东情形，竹报中已详述之。兄须候总署复函，始能偕副使一同西归。无论此事如何结局，以情事揣之，必应回京面陈一切，始为尽职。食其禄者忠其事，海程之险远，不敢更为一人私计矣。

本意欲属弟与虞臣叔东来，已而思秋闱期近，往复川资实不赀，通盘筹算，不如且在申少候。俟兄旋时订定，或暂回里，或径赴羊城，习静以待秋试。八月场后，则东事如何收束，亦已定局。若兄仍须来东，则偕虞臣叔由香东来，亦属直捷。若兄不须重到日本，则如何安排，届时再作主意。吾弟与虞臣叔在申宽心等候，不必焦急为要。

球事日人如此举动，无礼已极。兄忝为使臣，公义不能坐视，且忍辱在此亦无事可办，是以不能不请召归。至此事如何因应，则国家自有权衡，非兄一人所

得主持者矣。

在申诸凡谨慎，洋烟一节，已戒之幸勿复染，至切至切。吾弟昨岁有补增否？致信时亦致知。虞臣叔如在申有机缘，亦不妨暂作目前之计，若无可谋，亦不勉强也。前致六弟信，属其买条丝寄来，如已到申，即交心如兄，寄三菱轮船带来付用。倘仍未到，请由申先买四五包，即寄来东，勿迟为荷，缘此间买不出，一时要用，且八弟并西席梁先生亦需此也。家中情形，详细致知为要。兄如接总署信，许先回京，当即时束装来沪。至随使各员及八弟、毅儿等，须随后察看情形再定行止。毅儿现有梁诗五兄授读，不致旷误。陈姬当寄交如蕉兄处，彼亦有内眷，较易照管也。日东天气尚好，馆中上下人等亦如常。有便船至汕，即将此信加封寄回家中。并代请大人福安为要。手此即候
近祉！

愚兄子峨顿

光绪五年三月十五日

启者：

顷得子清来信，知家中平安。慰甚。唯伊信甚略，二月中请客如何情形，均未提及，用费若干，如何酬应，须详细致知。东事已详呈大人信中，并致信子清与虞臣叔在申等候，俟此间行止如何，再作主意。或同渠往京赴北闱，亦未可知。大约兄必须回京一趟①，如球事理妥或再来东，否则在京当差，或乞假旋里，功名出处之际，有天存焉。已膺国家之任，唯尽其职之所当为者，以求无负所学而已，成败利钝，非可逆计矣。

去冬奉旨停各省捐例，以今年五月截止，此亦整顿吏治之要。此后进身，唯有科第一门，须嘱诸侄儿辈猛着祖鞭，期有所成，勿游忽过日，自误终身也。大人奉养，宜加意调护。此外，家用总以节俭为主，兄屡以为言者，固知宦况艰难也。其前次所立章程，兄力能顾，自当照常分送。如将来回京后兼顾不遑，当再致信酌减，量力而行。仪吉先生计早来斋，祈代致意，并乞严为课督为感。潮城之店生意如何？凑开当店之说有成议否？家中一切费用，年中需若干？渡事仍有多少人息否？并详细致知。八弟与公度、如蕉诸随员，即兄与张副使回京，渠等亦暂且照常当差，看随后情形，方有定局。

子达弟拟于后月先令其旋里，子清已出门，二叔婶家中，亦不可无人照料

---

① 趟：原作"堂"，似误，据文意改。

也。家中子弟不能读书者,不如决计令其学习别业,此立身成家之本,勿游移,勿懒怠。早岁失之,已壮悔之无及矣。当店事能有成,定计为之。东事俟总署许归,如何布置,当再驰告。又林海严同年,系兄生平至好,忽然殂谢,闻之痛心! 昨闻其枢尚未运回,未知确否? 祈代探明致知,兄随后当致信其家也。潮中及原乡近况如何? 时时寄知。此致

二兄、六弟、七弟览,诸侄儿辈均此。顺叩

二叔婶、三叔父大人、列叔大人均安!

如璋手书

光绪五年四月七日

子清五弟如晤:

日昨连寄数函,计早达矣。此间凡百如恒。唯球案一时难结,顷得总署函,饬使臣一面与议,总署亦一面认真与之理论。以中国体制所关,不能任其妄为,大约东人悖蛮,必须兄亲自回京,再来方能议结。如何布置,俟再接总署函当有定局。吾弟或回里,或径至省候试,即告我以便安顿。虞臣叔申江有可暂作勾留之处否? 有可暂图固妙,否则直到省,与、否均告知。另寄心如兄系要件,即亲自送交,万勿耽延为荷。署中事忙,未暇写信,吾弟即作一书,并此函寄家亦好。此候

日佳!

愚兄子峨书

燮叔处未另致函,祈代致意。黄烟各件,均收到矣。

光绪五年十二月二日

子襄六弟如晤:

前日连具两缄,并汇规银贰千两,交心如转寄到汕,未知何时可达。昨日接读大人手谕及吾弟各函,藉悉壹是。拟购参、燕二物,适秋间高丽使者来东,送有丽参,兹封寄七拾枝,当较之商人运贩者稍佳。至燕窝之物,好歹不一,贵贱亦悬殊,前八弟带回之件每斤叁拾余元,物虽佳,未免太昂。兹嘱敬乾弟觅购南洋贩来之原庄燕菜,每斤约十余元者便尽用得,俟敬乾弟买就寄回,到日查收。告知其价若干,如敬乾弟须向家中取回,见信便可照付。如由兄处寄回,彼当有信致知,兄已另函与敬乾弟,听其裁酌矣。又燕窝一项,闻省城专卖官燕之店,有检出零碎不成块者,每斤不过数元之谱,其与成窝者不异,唯不合送礼庄头而

145

已,若自己服用,较为便宜合算。此事托驻省友人便能购得,便中由吾弟托柯成记,或有别友,均可买也。因买此物附及之。此致!即请转禀父母亲大人,敬叩福安!并请

列大人、兄弟、诸侄儿辈均好!

阿兄行扬书

又:邱晓云孝廉近日行止如何?前闻其往省,已回里否?便中致知。小珊亲家,明春即能出山否?其行止如何?亦致知为荷。少京叔近年再在汕市否?其生理如何?燕生亲家有回里否?燮堂叔已作古矣,其店中无甚干涉也。

光绪六年三月十日

子襄六弟如晤:

新正四日,接奉父亲大人寄谕,及吾弟与各位信,得悉家中均各安好,甚慰下怀。由春泉所寄条丝已收到,茶叶亦计当随后付来。昨属买水晶印章,未知已买就否?并加买方寸半者一副,又佩长方者一个,方寸一二分或一寸者两对,及大小闲图章五六个。此物款式如何方佳,询之该店自知。不须镌刻,亦不用装潢锦匣,第用小木盒封好寄来便好,日东有好刻工也。

邑中当店已凑定亦好,但自己有子侄笃实,肯学生理者,何妨安顿入去,以便学习。陂市当店有人肯让股分,此最上算之事,如能成亦一好事。许助众项六百金之数,已可赎租,为各代祭扫之需,亦是直捷办法,期在三月。此款当随后汇回家。淑珊先生能请定否?倘渠实不能来,则不必说,若或嫌束脩少,则酌量加送可也。如何情形,须家中斟酌之。培兰斋作大馆亦好,但恐地基稍低湿,或加地板为宜。此等费似不能惜,缘住居总以养身为要。又其照壁因新筑时为防盗起见,筑得过高,内面天井小,稍闭塞,少通气之处。宜减低一尺余,上面以瓦窗或买花窗砌之为宜。若能与住正屋人商量,移宽一二尺另筑尤好。各节均要紧,勿以惮烦惜费置之。

昨接陈东初侍翁来函,云其家况极窘,前揭之项,现无可筹还,划田业一节,亦无可割。并云所欠别家之款,已经公亲调停,每百元每年完母五元止利,别家均经应允,亦求我处所揭之款,仿照办理等语。伊家从前甚殷实,即云生理不好,何以数年来决裂至此。其如何情形,非人所知,远隔外洋者尤不能知。唯兄与之交经廿年,曾承其酬应周至,近又与之结亲,有不能十分拒绝之势。希就近詧知,若别家已系如此办法,亦只得放松一步,依样周旋,以俟其复兴。若别家之说不确,则须探实其近况究竟如何,倘真系一无所存,亦只得听其布置。若力

量非十分窘迫，或止息分作五六年清款，或径作七八折，一时收清，请回大人斟酌行之。事体如何，便中详为寄知，此间方好复陈侍翁信也。锐侄来此，观其性气，似稍改好，能由此不坏，尚可望其成材。深侄近来如何？

大兄之坟，山势字向均吉，不宜轻行移易，亦不可轻信人言，风水之说不可信。如人能立志，虽愚必明，虽柔必强，人定可以胜天。何有于风水？苟自甘游惰，虽聪明过人者，亦老大无成，又无论中人以下之质矣。语云"人杰地灵"，子弟之好否，在人不在地。请转告大嫂，严加教督，为随时补救之方，不必乞灵于虚渺无凭之地也。凡事无难易，在人用心与否耳。

郡店各处，吾弟已置身业此，则须于生理之曲折，或有何贸易可推广者，苦心研索，自可渐渐打开一局面。视若无甚要紧，则错过可惜者多。至此刻门面，有万不能不应酬者，自宜应酬，其用费自可逐款开支。第应用之外，自己能加意检点，省一分即得一分。今日时势，不特贸易难，即作宦亦万分为难。内外贤大吏，皆力求撙节，衣服起居饮食，莫不从俭反朴。不在官场，又非素富贵之家，不思勤俭，何以为生计乎！兹将应商各事，条列于后。

一，东兴借款，陈侍翁已作古，其近况又复如此，只好且作罢论。燕生亲家岁秒出门，不知往何处？大约必往江西，否则福建，刻尚无来东洋消息也。

一，前岁寄回分送月费章程，及以后寄函添改各条，请按月照数分给。家中亲者，更不必言，即缉舅、惠舅母年纪已高，景况亦窘，其专为一事帮助者，请亦不扣算，仍按月分送为宜。缉舅来信，有属为外祖筹立祀产之语，请转告之，俟外甥景况稍裕，当有以报。

一，使署凡百如恒，寻常交涉事亦尚顺手。中山一案，近日外务卿来言，彼愿转圜，定于四月间派员赴北京议结。如无变卦，此事可望收场。唯近日伊犁之事，俄大有决裂之势，不知曾袭侯前去，能修改前议，设法完全否？若此事不了，则东人虽不致乘隙思逞，恐将置之不理。使臣身在局中，唯有尽其职所当为，力所能为者而已。其成败利钝，有天存焉，非一人意计之所可逆睹者矣。署中人各安好，锐侄气质似较前安静多矣。毅儿读书颇有进境。外致柳兄一函，即交为要。虞臣叔各函祈转交，天育一信，支银贰拾伍元与他。此候
近好！二兄大人及诸弟、侄儿辈均览。

如璋手启

光绪六年四月九日

子襄六弟如晤：

前月下浣，接奉大人寄谕及各函，藉悉合家均各平安，欣慰之至。晶章亦经收到，其大者价昂如此，不必再买矣。前信商令深侄赴省同文馆，学习洋文之事，如渠决意向学，祈即速寄知，俟布置妥帖，当再致信，令其启程到省也。此次寄款已收到，计当如信分别理妥矣。德弟与斋公令郎，合伙在申，已定议否？其人兄曾见之，又练习多年，必更妥稳。德弟能与之同事，渐渐熟知世务人情，未始非有益之事，不必定冀其大所获也。五弟近日如何？身子能渐保养好否？在家闲坐，究非长策，其有如何机会，须吾弟自己留心探听，或可谋安顿之方，凭空谋之无济也。月中至少须寄一信来，以慰悬系。其皮袍一件，呈与三叔父为御寒之具。鞋面三对，系陈姬所做，交郡店上底可也。参三斤，《使东述略》、《杂事诗》各三部，收入送与先生看。此致！代请

父、母亲大人福安！顺请二叔婶、三叔父大人、列叔大人均安！二兄及诸弟均好！

愚兄子峨手书

又：日本丝布四疋，手巾二疋，儒翰流霞笔拾枝，给深侄等侄儿辈分用。

光绪六年九月二十二日

子襄六弟如晤：

接八月廿二日来书，得悉一是，夏间天气酷暑，潮城地尤卑湿，吾弟气体稍虚，调摄偶疏，便易致疾。幸得早经痊可，甚慰远怀。顷值秋凉，尤望加意珍卫，常服补剂，以丸药为宜。祈询之医生，如系血虚，《申报》中所刊洋医所卖之十全大补丸，云系以铁液如法炼制者，曾有友人购服有效，较之参茸尤有功，似不妨寄买多少如法一试也。去岁寄来茶叶已经用完，祈如此种之货，购买两大箱，并条丝烟等物一具寄申，转运来东应用为要。

此间差事，现已三年届满，有人接手与否，刻尚未知。即另派人来，亦必须明春方能交卸矣。鞋店买卖不见佳，只可耐心做去，如有别样可兼做之生意，自揣较有把握者，不妨稍稍扩充为之。如有局面，即一面致知需用赀本若干，当随后付回也。

学使临潮，当在何时？前日虞臣叔寄函，经已收阅，其令侄赴省附学之举，俟岁试后，当再致信通知，缘馆师未定，是以迟迟。其所谋馆地，有机会否？晤时祈述知一切，不另致信矣。寄家各信，阅后即封固寄回。使署凡百如恒，合署上下人等均各安好，公事亦俱平顺。此致　即候

近祉！不一。

兄子峨手书

光绪六年九月二十三日

子纶八弟如晤：

　　昨接七月廿六日来函，得悉壹是。郡中天气炎热，府试，儿侄辈均考不起，挈之回里，可以习静读书，自是正理。唯书斋最怕抛荒功课，闲杂人时常往来，已纷扰又不严肃，最误子弟。请禀知伯父大人，定一章程，限书房大门，晚间几点钟上锁，并告闲杂人，不得无事过门坐谈，荒己荒人。一切均严定规条，转交叔山先生。先生有东家定章，自可转告闲人，当无所不便也。吾弟俟诸务理清，不如搬进斋中从先生读书，作文呈改，并学习字画。工夫有常，自有进益，兼可管束自己子弟，不致抛荒功课，实是此时要务。至吾弟如何行止，总须俟服满后始定。立身之道，第须有真实本领，便不患无安置。其富贵功名，迟早大小，自有定数，不必先有成见也。保举一节，照章须扣足三年。第此次东来，以忧归者不止弟一人，届开保时当函询总署，请示如何办理，其能否未可知也。深侄宜令其收敛用功，省城同文馆之事，因馆师未定，故未能去。第深侄若性情不能安静，即去亦无益，且恐笑话。年逾弱冠，切宜勉力成材，请转告大嫂时时诫勉之为要。此候

近好！

阿兄子峨手书

光绪六年十月二十五日

启者：

　　九月廿三日寄复各函，言金市凑开当店等件，计早达矣。近由王心如兄寄来菜干壹篓，又条丝烟二十包，均已照收。属买茶叶，如去岁所购之装便好，约以四五十斤为度，有便付来，迟速均无不可。看香港报，知冯学使于九月杪由省启程，计本月中旬定可临潮，此时想已考竣，未悉吾族何人获隽？深侄、楚儿功夫未到，当难倖获也。原乡景况如何？今冬收成好否？米价想不致大昂。一切情形，诸弟便中不妨述知一二。金市当店能凑成否？如可凑成，亦算办得一事。兹寄来规银贰千两，申汕市直平若干，收到后详悉寄知。此银收到后，可查照前信一一料理，汝三嫂借出与德弟之款，亦即由此项划还，其余存为家用，及分给各人月费之需，并另单所开分送之件，请禀明大人斟酌料理为盼。叔山先生如督课有方，勤严得力，明岁便可接连订定，不必纷纷更易。煜侄明年已十四岁，可令其从叔山先生。诸侄幼读不在贪多，在读一字认识一字，且令先生随资质将文义浅近者讲解与听，俾其渐渐明白，方为有益。又平时读书，不必责令高声

朗诵,终日喧呼,已耗损元气,且不能体会文义,亦属无益。唯请先生随时察看其留心与否为要。

使署凡百如恒。球案已定议,系以其地分属中、日。以中国旧习言之,则以存国为重,如此办理,未免过徇日人。而由西人论之,则以今日时势,国土过小,终难久存,以两属之土分隶两国,颇属公平。且中山南部各岛,近台湾后山,为太平洋海路必经之要隘,中国决不可置之不理云云。是此事如此收场,尚为有益也。差满届期,而另派何人尚无音信,恐一时未能交卸矣。署中人各安好。陈姬于下月可以分娩。锐侄照常,毅儿学问大有进境,随后当录其近所作论寄观。此信,二兄、诸弟看后,代回父、母亲大人,并请

福安! 顺请二叔父、三叔婶大人均安①! 列叔大人、诸侄儿辈均好!

子峨手书

光绪六年十月二十八日

子襄六弟如晤:

即日寄一缄,并规银贰千两,托心如兄汇至汕市招商分局,不知何时可到。查收后,该直平若干,即便寄知,并照函中所述,令家中诸弟禀明大人,分款料理为要。院试想已竣事,吾族有人获隽否? 郡店生理如何? 及原乡一切景况,便中寄知。

使事已满三年,能否即派人来接手,现尚未知。唯球案已结局,其他公事非交涉之极要者,担子自然稍轻,诸事可以从容料理。祈禀知大人,不必代为操心也。访宾逾限一节,近得张伯荛书云,部中早经议定,无法挽回。彼曾有信与访宾,计当接到,晤时述知一切。属其托查降调何职,若系主簿之类,虽品级较小,想尚可出省当差候补也。

金市当店事能否合成? 郡中有别样生意可图否? 不妨寄知一二。礼堂哥书法甚佳,下笔快捷,不知其现居何处? 祈为探悉,如尚留差,意欲招之东来钞录公件,不识其意如何? 询悉时先为寄知。少京叔生理好否? 晤时代致意。深侄往省一节,究竟其志向举动如何? 飞速寄知为要。一切请代回父、母亲大人,敬请

福安! 顺请二叔婶、三叔父大人、二兄大人均安! 诸弟侄儿辈均好!

兄如璋手书

---

① 据各卷家书的称谓,似当作"二叔婶、三叔父"。

光绪六年十一月十三日

敬启者：

昨由庄亭弟加封，递奉大人十月六日寄谕，并吾弟各函件，顷又接吾弟十月廿三日书，并入学名单，得悉一切。并知九月杪所寄各函，经已照收矣。嗣于十月廿八日寄规银贰千两、信贰件，交心如兄转寄。又于本月二日驰寄一函，并丽参柒拾枝，总为一包，寄交香港庄亭弟转寄。并属其代买燕窝贰斤，合前信及叁，交妥寄家，未知何时可到也。前寄条丝烟已收到矣。

院试竣事，吾族人者只一人，殊觉太少。君赉兄之侄，兄未识其面，想年纪尚轻，从此用功，来日方长，可喜也。请于家中支出洋银陆元，送其作贺仪，以少助其入学之费用。深侄、楚儿学问未至，其不能入彀，自在意中。唯有勉力用功，其得失迟速，不必计也。叔山先生如功课不纯，明年斋中决意请虞臣叔亦好。来东之举，殊不必，缘差使久暂无定，且远渡大洋，来往盘费亦不轻。稍有移动，即抛荒功课，不特无益，且生多少累赘，故不可也。八弟来东之举，亦俟此地局面如何，再当有信致之。外交情形，顷刻万变，一时尚拿不定也。

母亲大人明年七十寿辰，兄意俟八、九月间秋凉举行祝宴。缘届时如仍留此差，幸值公事稍暇，欲向上头乞假二、三个月，旋里省觐。然亦私拟如此，届时能否办到，亦不能预定。寄来茶叶，俟收到时当再致知。陈姬本月杪可分娩矣。六弟妇分娩后，便速寄知。锐侄甚安静，诸事照常，毅儿肯读书，学问大有进境，此子或可成器。其完婚事，可致知林亲，稍缓一二年后再为定期，以省往返之劳。此间差使换人与否，尚未接总署明文，大约月杪方有的音。此致！

子襄六弟詧览。

愚兄子峨手书

光绪六年十一月二十日

子襄六弟如晤：

本月十三日曾寄寸缄，未知何时递到。此间凡百如恒，唯十五日接总署电报，日本出使大臣，经于本月朔，奉旨派许竹筼侍御接手。刻已封河，大约必须明春二月间，始能交卸回国。此间交涉事，十分难办，三年来费尽心力，时虞陨越。今得接替有人，可以释此重负，未始非幸事也。陈姬于十七日卯刻产一女，大小俱安好。拟于明年正月，先令毅儿等由香港旋里，较为直捷。至家中一切用费，希查照叠寄条例而行。现时力量，尚可兼顾也。至明年回京复命后，或即在京当差，或仍须赴西洋一走，均未可知。第本意到京安顿稍清，拟请假回里定省。一切如何情形，随后当陆续致知。此致！

请代禀父、母亲大人，并叩

福安！二兄、诸弟、侄儿辈均好！

愚兄如璋书

去岁杨旭椒、蔡四太托捐之封典，及大麻郭托领之封典，经于去冬交部友代办，因内府所存诰轴不敷分给，是以一概均未领出。询之部友，云须今年六月，或今冬亦未定。无论迟速，总之领出后，随当付回。六弟晤各友时，先为致知，或致信知之，免其悬盼可也。兄又及。

光绪六年十二月三日

子襄六弟如晤：

前月廿日曾寄一函，未知何时递到。即日接十一月中来书，得悉老亲以次合家均安，欣慰之至。并悉昨由招商局寄汇之款，经已如数收回。金市本来山僻，前以事已议成，只可就事言事。今已中止，亦省多少波折。刻下别处有无生理可图，不妨就近筹划，寄知为要。

此间凡百如恒。昨得总署信，知新派之许竹筼同年，须明春开冻出都，计其行期，即至速亦须三月间始能来东。兄交卸后，回京复命，大约必在端节前矣。拟于明春二月，先令毅儿同陈姬由香港旋里，并西席梁先生，亦请同回家中安砚。缘二儿近日用功，甚得力于先生，一时不可抛荒。若令从别师，又恐格格不入，想家中书房必容易安顿。俟兄到京后，行止如何，再为布置，方得妥帖也。其同文馆一节，现一面探确情形，当有信来。或他日即令二儿同晋坤同往，亦未可定，祈转述虞臣叔知之。斋中请虞臣叔，已订定否？回信知之。至锐侄行止，俟许公来，如能荐之当一小差使最好。否则带其进京，或令旋里，再作主意。总之凡事不能十分预定，宦途尤甚，唯有尽其在我者，而随宜处置而已。日东交涉事，万分难办，三年以来，幸免咎累之集者，或由人事，抑亦天也。此时接手有人，藉释重负，私心诚窃幸之。第将来或再出使西洋各国，亦未可定。别国虽有交涉，究不能如此之难。行止未定，不必与外人道也。

另张德、天育、搏万函，祈各照所批银数，分致其家为要。原乡景况，便中致知一二。又庄熙台同年指分广西，伊到郡后，有交来地图，可暂存店中，随后要寄何处，当再有信。此致！

请代禀父、母亲大人，并叩

福安！二叔婶、三叔父大人均安！二兄大人及诸弟侄儿辈均好！

兄子峨书

光绪七年元月五日

子襄六弟如晤：

昨接客腊寄函，及五兄、庄熙台兄函，并舆图各件，经由庄亭弟托妥寄到矣。得悉父、母亲大人以次及各家均安，深慰下怀。客岁十一二月叠寄二函，计早递到，属理各事，当可如函照办。

此间凡百如恒。接手许竹箕同年，大约须春杪方能东来。兄俟届时交卸后回京复命，拟在京一二月，请假归省。若七八月间可抵里，则斯时叩祝母亲寿辰，天气稍凉，一切较方便也。虞臣叔性情勤严，请其课督子弟，亦属得人。五兄验看一节，顷已寄询京友，刻下如何办理，俟得有确信，是否如何，当再致知汝五兄也。使中差满，所有随使各保折已发。子纶弟与吴潮涛等五人，系附片，请交总署核议。因史部章程有三年差满，始准奖叙之文，不得不如此办理。将来总署如能酌量议奖，则分别开保，自不致为吏部所驳。总之功名自有定数，八弟安之而已。蕉兄系由同知保知府加三品衔，能否全准，尚未可知。渠在此三年，官声甚好。顷许公来信，欲留其接办，而蕉兄决意言归。诚以交涉之事关系非轻，若使署不能力担一切，殊为棘手。蕉兄已知此中甘苦，故有此见机而作之想。公度亦保知府加运司衔。许公倾爱其才，亦欲留之，渠意久留与否，俟竹箕到来方能决计。此亦良禽择木之意，遇合际会，固自有时。

子弟但患不才，果有可用之材，当自有飞腾之日。深侄、楚儿辈趁此少壮，勉力为之，此一生立脚之根本也。若一艺无成，徒欲恃情面钻营，为衣食之计，不特不得，即得之亦未必能联络一气矣。毅儿近做论与古今体诗，颇有可造，惟未作时文耳。欲少迟之，以扩充其笔气，他日有成，或不致碌碌居人下也。煜侄年已十四，须鞭紧读书，勿以游忽误之。

家中各务，八弟暇时详述一切。前属钞所寄章程，何以日久不见寄到？郡中生理如何？别有可经营否？食指日繁，须大家努力向前，方为妥稳。前得敬乾弟书云，丽参已交徐友带回，想早到矣。燕窝无散拆者，尚未买就，兹日东买得一斤，由子诱回里之便，交其带回应用，到日查收。锐侄人甚收敛，每日照常缮写公事，其将来行止如何，俟许竹箕同年来方能定主意也。埔邑当店如何？须严立章程，不时稽查，方无弊端。此事亦殊不容易，又所谓稽查，有定期之查，尤须有不必定期、或二三月后，忽然到店点查。则出其不意，经手之人不能预先遮掩弥缝，而抽换亏短之弊始可防矣。七弟务宜留心为盼。晤庄熙台兄，述知舆图已收到。因此间交卸在即，料理一切文牍，颇为纷繁，未暇作答，请为致意。此致！

祈转禀父、母亲大人膝下,敬请

福安! 二叔婶、三叔父大人、二兄大人均安! 诸弟侄儿辈均好!

兄子峨手书

光绪七年二月十三日

子襄六弟如晤:

敬启者:顷奉元月四日大人所发手谕,及弟等各函,藉悉合家平安,深慰下怀。此间于客腊寄复一函,嗣又交子诱先生带呈一函并燕窝两斤,计当次第递到。使馆一切如常。竹篑同年须三月中方能东渡,渠信云拟坐兵舰东来。如有兵船,拟眷属均坐此船返申,然后令毅儿等回里矣。虞臣叔已就散馆,别请瑶谷先生,未知已订定否? 若已订定,自不必说,否则不必再请,此间已请梁诗五先生来舍课读,则楚儿等一同就学,自无不可。唯诗五来馆之期稍迟,可令深侄、楚儿暂到虞臣叔馆中就学,按月酌送脩金,自可不致荒废。如瑶谷先生已请定,则不必说矣。深侄已决意赴同文馆,随后当有信来也。毅儿等回里,俟有定期当再函知,彼时先到汕招呼一切便妥。吾弟云赴港一节,此事俟再谋之,如属妥便可行,当由此处寄一单来,吾弟俟接到后,再赴香买物,亦无不可。然总须慎重,如非十分有益,不必费许多周折也。

沈师相已于除夕捐馆。师入参机务十余年,尽心竭力,劳瘁不辞。此次以俄事忧郁致疾,遂以不起。知己之感,殊深哀痛。唯朝廷固知之,恤典亦极优渥也。

署令丁枚卿向与同舟,曾寄一函候之,想交去矣。本县缺补何鸾书,然未有到任之信,计丁公一时尚不交卸也。买参一节,候到申再行购回。店中情形如何? 邑中当店有生意否? 原乡一切情况,便中示知。其余各信与此信阅后,一并封寄回家可也。前所云捐助公尝之款,曾已交清否? 又及。

中俄事已平和结局。琉球事我国拟稍持之,不肯轻易与结,自是卓见。幸此间三年所办,尚为中肯。此致!

请转禀父、母亲大人,并请

福安! 二叔婶、三叔父大人均安! 二兄大人及诸弟侄儿辈均好!

兄子峨手书

光绪七年二月二十三日

启者:

日前由庄亭处转寄安信一件，谅可早达。顷接许竹筼同年信，知其于正月杪出京，此时当已至申，唯何时可以东来，尚无的信，大约须三月下浣矣。

兹深佺决意往省同文馆附学，自是好机会，现将大概事宜录于别纸，即交深佺带去，随时阅看照行，当可无误。且又偕晋琨弟同往，自有熟伴，亦不寂寞。内有杨翻译致同文馆提调一函，系属其招呼此事者。又有致杨翻译之弟杨希尧一函，亦系属其招呼者，翻译已先有信与其弟，深佺等到省，可暂住希尧店，请其带见提调。其致将军函，则须亲自投递，或求其代呈，须请希尧与提调斟酌而行自妥也。深佺赴省时，可先由家中支洋银叁拾元，为此回川费并入馆后月费。随后当按月寄费叁元，以为每月附学之用。俟深佺到彼时，将情形寄知。后当寄信托庄亭弟，按季分寄应用，由家中划还。深佺赴省时，可由六弟先致信庄亭，属其招呼。又须令深佺带多少土物，如蓬扇、罗布之类，约四种，以备送希尧及馆中提调。此亦人情之不可少者，不妨稍从丰也。同文馆出路甚宽，第愿深佺等有志向学，或可有成材之日。勿畏难，勿苟安，勿放纵，勿游移，此立脚最好地步也。

又晋琨弟同往，伊家景况甚窘，筹措川资必难，可由家中存款支银拾五元，交虞臣叔为伊佺措置起身之需。至随后附学月费，当再筹分寄。深佺有伴同学，家中更可望宽心矣。此信六弟阅后，及各件即寄呈父、母亲大人入览，并请福安！顺请二叔婶、三叔父大人均安！大嫂、二兄及诸弟佺儿辈均好！

兄子峨手书

光绪七年三月四日

敬启：

前月廿三日驰由香港寄回一缄，内有交深佺带赴省垣同文馆各函件，谅可早达。六弟于元月五日举一丈夫子，可喜！昔人三十始授室，今人授室太早，然以旧制推之，则凡人三、四十时生子，固不为迟。第须善为抚育教导，俾他日能有成立耳。

西席已聘定范先生，月前计已开馆。煜佺年已十四，正是要紧讲解之时，须请先生立定章程，若经书，若四书，分日讲解，俾心地渐渐明白，方有进益。斋中一切供应，宜从丰厚。课读之事，最为辛苦，亦全在先生勤紧用心，俾子弟有所管摄，庶不致废时旷误。七、八弟务当格外留神也。

昨日接王心如信，知许竹筼已于二月中间丁外艰，伊于前廿二日到沪，即星驰回里。所赍国书等件，转咨苏抚代奏。屈指朝廷得报后，另派别人接办，至快

155

亦须五月、六月方能东渡,又当在此多理数月。毅儿等拟仍在署读书,俟接手有人,再定归期矣。五弟前有信,令其赴京验看,不知渠已决意否?如渠决意出省,即可航海来申,到申后飞信告知,当拨款与渠入京办理验看。是否如何,希五弟自酌之。

近日楚儿学业有进否?所作课文,可寄数篇,并写一禀,将斋中课程钞来一览为要。昨令将月费章程钞一份来,何以尚未寄到?希七弟即录就寄来为盼。八弟料理报文事已办好,亦须寄知。在家无事,不如读书作文,当于己身有益。家口不繁,想亦无甚杂务,万勿游忽度日,字画宜学,官场尤为要紧。请大人于家中琐事切勿过于操劳,朝夕之膳,宜求甘旨,勿得太省。此事三媳宜留心也。此信转呈父、母亲大人览。敬请

福安!二叔婶、三叔父大人、二兄大人、列叔大人均安!诸弟侄儿辈均好!

兄子峨启

再前云购买老山参,此物佳否,相悬甚远,非妥友不能托购。然非稍稍懂得者,即购之亦难得佳物。须自己到申时,再行买寄也。现有西医法制铁酒,和茯苓为丸,名曰十全大补丸,服之极能补人气血,于年老人尤宜,无论男妇,均可常服。每服,早、晚饭前,空心吞一丸,以少许开水送下,久服之,自能壮胃健饭,益人精神,较之参茸功效尤验。现杨星垣之祖母年已八十余,服之极效。询之星垣,近来京外之人知此丸功用,服者甚多,有益无损,最妥最好之剂。兹属心如兄买就五玻璃小罐,每罐约系壹百粒,收到请呈父、母亲大人,于早晚空心时试服一丸,用开水送下。三叔父亦可服之,如连服数日,觉得一切如常,或精神稍好,或饭量渐加,则此丸自有功效,便可时时服之,定有裨益。将次用完,随寄信属心如兄买寄不难也。二叔婶与二兄,均无妨试服之,若确有效验,自较之别项补丸有益。此丸老德记药房所卖,《申报》刻有招贴也。

又小珊兄与翰臣兄出省否?璧人先生仍在金山否?叔坚表兄已选授新安,想近日亦当赴省矣。又邱晓云兄今岁有就馆否?其行止现在何处?其老母健否?邑中当店生意如何?章程详备否?寄信时详为述知。郡店买卖如何?绍京叔仍在汕否?希六弟致知为盼。

三月四日　　兄子峨再书

光绪七年三月四日

子襄六弟如晤:

同日致一缄,由万山转寄,内述许竹篔缘事回里,不能东渡,此间差事若改

派别人,又须迟二、三个月,方能来东接手。此间交卸,至快亦当在夏杪。梁先生与毅儿等,一时暂不能旋潮。昨子诱先生带回之燕窝信件,计早照收矣。署中一切公私如恒。锐侄人极安静,察其志向,已知学好。毅儿甚肯读书,做论笔极条畅,且有见地。第科第一门,须工时艺,顷已请梁先生讲解制义,令其学作八股,看其笔意如何。此儿质性颇坚毅,若从此努力向学,当可成材。

日东所用之纸张,均用楮皮做就者为多,质韧而粗,极为损笔。汀州有一种所谓书纸者,质白而细,极宜书写。祈择其纸度稍长大而质佳者,购就四五球(一球约十刀,俗呼文章纸,每刀约百张或三十页不等),以油纸包好,寄至文报处,转寄来东应用。又条丝烟亦已用完,须买就二三十包,用木箱或竹笼收装完好寄来。若有便,同书纸一并寄申转寄,亦殊妥便也。

家中送入祖尝之款,经已交清否?此款亦以早交为妙也。如原乡一时难于置产,便请大人示知,前云一千之项,现在仍须几百,致知。由此处凑入招商股分,立一折名为十八公或明德堂,交出与众,每年凭折向汕头招商分局支息,亦可以垂久远。如何之处,希回明父、母亲大人为要。此致!即候
近好!

阿兄子峨手书

再去冬有信,述及吾乡储谷置仓一节,此事请即与瑞堂叔、鼎臣叔、虞臣叔大家熟商,如大家决意凑办,即复信致知。当拟立章程并筹款,为吾族之倡。若云岳公诸殷实家,能协力为之,则储谷较多,获益更大。否则独力为之,虽数目稍少,亦可徐为之图。兄叨祖庇,窃录于朝,不能多有所余,使人人得以沾润。但勉其力之所能为者,聊以答吾宗殷殷之意,私情公谊,均不容辞,勿惮其烦而忽之。立家之道,在子弟恂谨孝友,能立志成人,不在多积赀财。古人云:贤而多财,则损其志。愚而多财,则益其过。以此验之于人,历历不爽。是其人之所以自为计者,得衣食差足斯可矣,不必务求自殖也。愿与诸弟侄儿辈共勉之。

光绪七年六月朔日

启者:

近议筹捐积谷,为本族备荒之举,此事甚善。大家当勉力成之,而不可再缓。唯时地不同,古今各异,以我乡近日情形揆之,似不如集资,交商生息,以递年所收之息,陆续买谷存仓,为散籴平价赈荒之用,事较妥便易行。并拟有章程序文及说,各篇共为一册,于此事利害曲折,言之颇详。请各长辈集祠议之,如以为可行,谨当勉筹钜款,以为之唱。并请云岳公与本族有力者,共倡成之,洵

157

吾宗之幸也。此致列位宗长大人均览。即请

大安!

本月朔日　　如璋谨启

如交商生息之议可行,则将捐集桑本,就近交当店生息亦可。总以妥当为主,不宜贪取重息,致有参差。若近地无可交存,则交之轮船招商局亦可。此局有分局在汕,取息之时,即可凭折向汕局收取,尚为近便。又交该局生息,与凑入该局股分不同,自己要用,仍可尽本收还也。又及。

再招商轮船局之设,以运漕米为根本,每年所得运脚,除开销外,已有分余之息,故其局决不致于亏折。

又寄银交其生息,与凑入该局股分不同。入股者,只能年年取息,本赀不能取回。若存银该局生息,则与存放当店、或生借与人者无异,但自己需用此项之时,先期告知该局,即可将本银收回。故后日局面或有更易,尚可设法提还。若别无妥当生理,固不如寄存此局也。

又闻得惠州蓝口各埠,当店取息较厚,又常有米谷、豆麦各土产可以屯积。现各该埠,均有本县人往彼贸易营生。似不妨托人在彼的实探听情形,如实在有可经营,又有诚笃可以合伙之人,则往彼处开一局面。离原乡亦不甚远,或者陂市稍佳,亦未可定。又潮郡黄冈各大埠,有可以开设当店,亦不妨谋之。若凑其本地殷实之家为伙,当易集事。六、七弟便中尽可一探询之。现在买卖不易,做当店虽息较薄,而无大变更也。

又陂市凑开当店之事,有数项宜注意:

一,须查益丰近年每一岁上架多少。

一,须查质当之外,仍有生借当银之人否。

一,当店所开之地势高否,不怕大水及火灾否。

一,须查旧当取息几分,递年获息若干。

一,益丰当相连有空铺一所,地势较高,有可租否?

以上数层,查明如合算,便可与之议行也。

光绪七年六月二十五日

子襄六弟如晤:

昨接奉五月廿五日大人手谕及来书,得悉一切。此间于本月三日寄信一缄,内有与本族商立义仓及序文等件,未卜何时递到。现原乡正值收成之时,家中诸事较忙。吾弟曾已回里,抑仍在郡店,念念。兹托王心如兄寄回男女花衣、朝裙、披肩、霞被各全套,为父、母亲大人服用。此件系托申号按二品品级如式顾绣,较随便购制,稍为整齐好看。到日即为呈上。其父亲大人向日之花衣等件,可检与三叔父服用。如三叔父旧有花衣,即可将旧者与二兄,稍改制之。若三叔父旧日未制,即行致知,当另为二兄买一件也。其母亲大人前制之霞被、花衣等件,可检与二叔婶服用,如尺寸较狭,或有应行添制之品,随后致知,再行购就。又花衣等件,闻得粤省价值更为相宜,有应行添制之件,即由吾弟托省友寄买,尤为直捷。此项由寄回之款划出,亦是一样,比之由兄买寄,省得许多周折。此次寄回之件,系春间托王心如定绣者,寄到之日,查明几件,各件系绸料,是何颜色,属八弟详细开单寄知,以便查核。

深侄近日有信来,云在馆诸凡平妥。使馆公私平安。毅儿同梁先生拟天气稍凉先行回里。锐侄亦极安静,字画大有进境矣。黎星使尚未到京,大约交卸总在八月前后。拟函商总署,先行假旋定省,未知见允否。请转禀大人,诸事宽心,珍摄精神。三媳及诸弟尽心侍奉为恳。此致!即请回禀大人,顺请

福安!二叔婶、三叔父、大嫂、二兄均安!诸弟侄儿辈均好!

愚兄行扬启

娘盛叔处,祈送洋银贰拾圆与之。

光绪七年七月十八日

子纶八弟如晤:

昨接六月七日来信,得悉一切。坤侄竟如此结果,闻之痛心!唯此子初生,便觉其眼神不好,稍长又察其性愚鲁,然尚冀其安分度日。前令其赴郡店学习手艺者,即此意也。今乃以癫疾致殇,自是数当如此,无如之何。须劝伯父、母大人暨二兄宽怀处之,勿过于操心也。三细婶之事,原以遣去为善,今已如此,亦不必说了。三叔父当亦看得开也。月来所出彗星①,东洋亦见之,西人以为无关占验。其早晚所见者,原系一星,星本无光,借日之光以为光,故晚见者其尾指东,早见者其尾指西。此西法之实测得之,确有依据,较之中土旧说为长,不必以此星为异也。至日晕则偶值异气笼罩,遂现此象,故有见者,有不见者,亦非灾祥所关也。

慈安太后之事,现已早逾百日,此次礼部颁行礼节,较《会典》所载稍重,以垂帘听政,功德尤大也。慈禧太后自去春抱恙,不能坐朝者。已逾一载②。顷读

① 彗,原作"慧",据文意改。
② 载,原作"戴",误,据文意改。

六月廿五日邸报①,欣悉圣恙已经全愈,照常办事。所有侍医之中、外官五六员,均膺懋赏,亦国家大可庆幸之事。此间凡百如恒。黎星使大约后月必可至京,计其东渡,当在九月矣。拟先函商总署,请于交卸后假归省亲,再行入京。如随后有的信,当飞行致知。梁先生及毅儿等,俟稍凉令其先回,顷在此照常用功,其所作八股亦极清快,或较易成功也。

原乡上季已收,想雨旸时若,所收必无耗损。楚儿先举一女,亦好。须令其照常用功,勿稍松懈。如以无人伴读,则乡中有笃实肯读之子弟,不妨邀一人同学,不令其再出束脩,自然好办。如煜、晖诸侄正是读书吃紧之时,循常用功,不在多读生书,要在请先生与之解说,读一字便识一字,读一篇便熟一篇,方为有益。

近日年少读书,难于通顺者,虽由于资质之钝,亦由束脩少、同学多,教读者无暇与之讲解,故诵读数年,不解一字。今已专请先生,同学者少,则讲解之功自可按日多做,否则多读无益,须再三请先生照此办法为要。又字划最为紧要,宜从少学习,方不致手生指硬。每日限写多少字,并不可省纸笔,宜令其学写方寸大字,始有见效。又每日写就,请先生以红笔分别长短曲直圈出,及涂改之,俾知好丑,方有进境。总之教子弟之法,先生多尽一分心,则子弟多受一分益。教读原是极重大、极劳苦之事,故东家须尽其诚敬,西席亦宜尽其职分,否则误尽子弟矣。斋中功课,宜定立章程,某时写字,某时读书,某时听讲。最要者请先生于点读生书时,便逐字逐句,为之明白解说,背诵时询以如何解说,不识者复明白讲之,则子弟受益多多矣。唯如此教法,则先生较为勤劳,然比之散关者学徒较少②,当易施功。为东家者,视先生真能尽职,则束脩再加送以酬之,彼此均有益也。此致! 代禀父、母亲大人知悉。敬请

福安! 顺请二叔婶、三叔父大人暨二兄大安! 合家均好!

兄如璋启

光绪七年七月十九日

子襄六弟如晤:

顷接六月二十一日来函,备悉壹是。汕局收项事已明白,当随后与心如找算也。银项来往,不能不详悉,大抵如此。前由心如寄回之朝衣等件,收到后即示知为要。其寄家各节,已详于同日复八弟函,阅之便悉,不赘。寄汕之项,如

---

① 邸,原作"邦",误,据文意改。
② 关:似当作"馆"。

弟已回里,未暇赴郡,即着八弟去取亦可,但函面系交弟收,须弟加一函方妥。请大人宽怀调摄,家中宜加意侍奉。

黎使须九月中方得东来,交卸后,拟先乞假归省。杨璧人先生津馆一事,早已寄信潮帮董事,晤时先述知,随后方致伊信。林太守节略收到,俟文作就,寄还其家也。杨友三明府晤时亦代致意。寄来规银一千贰百两,收到即交还家,照另信分给,并交伊收条为要。此致! 即候

祈祉。

兄如璋顿

再:另信寄汕分局规银壹千贰百两,此款收到,交出本族捐设义仓洋银五百元,又交八弟洋银柒百元。八弟收此项,或交当生息,或作何布置,由八弟自为之。俭朴诚实,尽可自守,他日料理出省,再作主意。又交馥妹洋银叁百元,或代其交当生息,令馥妹凭折支息为用,或交其就近买业自管,但须馥妹把握得住为要。请回明大人,为之主裁可也。又范外祖处交出洋银壹百元,代为赎归尝租,以为外祖祀产。至分房廿世祖及曾祖、祖父尝业,将来须量力扩充,为各家经久之图。此事俟兄交卸旋里后再行筹划,并定立妥善章程,以垂久远。又六月杪交心如寄回朝衣等件,想已递到,便中示知为要。

光绪七年闰七月二十日

子襄六弟如晤:

前月由王心如兄转寄一缄,汇交规银一千贰百两。又同日另寄一函,未知何时递到。此间自接到吾弟六月杪来信,未续得信,殊为悬系。大人近日精神如何? 起居眠食,能安适否? 家中一切近况,望弟等月寄一缄,致知一二,以慰远怀,是为至要。前次之款收到后,祈吾弟转禀大人,照信分致,并一面寄知八弟,在舍下料理一切。亦可随时致函,不致一时无暇也。饬知札一件,即交八弟收存。楚儿近日课读如何? 宜令其详悉自具一禀来也。

黎莼斋星使由西班牙交卸后,即往英国,定于前月廿八日由西洋航海东还,大约须中秋前后始能抵沪。随后入都请训,东渡,使事交卸,计当在十月间。兄拟先行请假归省,俟明春开冻赴京。商之总署,当可见允也。因交卸稍迟,留梁诗五先生在此间多教数月,九月初携毅儿旋里,则距度岁不远,而梁先生可不到舍下,亦一便也。

如学使早来,便当令毅儿回潮赴考,府试,可托人将其名字考起,为道试之用。德弟、锐侄均如常,小女子亦好。原乡夏熟,米价当不昂也。便中寄知一

二。代请

父、母亲大人福安！二叔婶、三叔父大人、二兄大人均安！诸弟侄楚儿辈暨合家人等均好！

愚兄如璋书

光绪七年八月二十五日

子襄六弟如晤：

接闰月及本月九日函，敬悉父、母亲大人康健，举家平安，甚慰下情。前次寄银一千贰百两之信，知已收到。又闰月廿日驰寄一缄，计亦可次第递到。府试已完场，本家前列三名，亦不算少。文宗按临，当必在岁杪矣。原乡米价平，甚好。长永土匪，有官兵弹压，想不致滋事。闻郡中有修志之举，曾开局否？杨璧人先生曾决意入都否？此间凡百如恒。现已致函总署请假，想已照行。二儿等旋里之举，当于后月定期。附德弟、锐侄二函，一具寄回。此致！即请转禀父、母亲大人。敬叩

福安！顺请二叔婶、三叔父大人均安！二兄及合家均好！

如璋手启

子清弟之信已收到，阅悉。辉侄十一月完娶，祈家中支洋叁拾元，助其一切费用。又及。

光绪七年十月十日

子襄六弟如晤：

前接八弟九月上浣来信，知高堂康健，合家均安，甚慰远怀。前次汇回之款，知已如数收到矣。邑当及郡店生理，想俱照常。得深侄来信云，学台于下月内起身来潮。伊欲回潮赴考，未知刻已动身否？兹子达弟偕二儿同梁先生等，定于本月廿外附英公司船赴香，再由香趁搭便轮回汕，大约后月初定可抵港。如学台按潮之期尚赶得及，便令二小儿就近入试，学习规矩。若已迟，则可径行旋里矣。

黎星使已于九月五日到京请安，大约本月上旬陛辞出都，料理东渡。快则月杪，迟则后月中，准到此矣。兄拟交卸回沪后，便轮归省，当可于年内到家也。此间凡百如恒。公度太守，已承郑玉轩星使调充美国金山总领事，奏折内叙及李伯相推毂，及志向远大、学识兼优云云。其来日方长，殊为可喜。楚儿等近当

到郡,如吾弟现在府城,有暇便到汕代为照料亦好。此候
近祉! 并请父、母亲大人福安! 二叔婶、三叔父大人、二兄大人均安! 诸弟侄儿辈均好!

兄行扬手书

又:陈姬及小孩,本拟偕子达弟等先回,因无女仆相随,一切均不甚方便,定随后带伊由申旋里,计期亦不过稍迟一月。俟兄到沪后当先函知,以便雇船来汕相候也。请以此回明大人,并述汝三嫂知之为要。

愚兄子峨又顿

光绪七年十一月六日

子襄六弟如晤:

昨日接读十月十八日大人寄谕及吾弟书,知八月杪寄呈之信经已递到,欣悉合家平安,深慰远怀。子达弟与毅儿等于前月廿五由横滨开船,本月朔必抵香港。接深侄信,知其先由香港起身回潮,计子达等日间必已到郡,正值学使按临,俾毅儿入场一试,亦自恰好。曾肃安禀一封,交其带呈,自可先寄回家。义仓一款,既众议未能划一,又嘉属各地歉收,谷价稍昂,难于采买,即迟至明春议行,亦无不可。计明岁亦不致告饥,且此事以章程妥善、能垂久远为主,不在一时也。兹寄回规银壹千两,另信托王心如交汕招商分局转交,到日向收,呈缴大人以济家用。其每月各人月费照样分给。又去冬度岁时加给各家,及分送本族高年,与分细姑并舅家各款,亦禀明大人,照查客岁数目送致为荷。

黎星使已于前月十八日抵申,近接伊信云,定于本月下浣坐兵船东渡。大约交卸准在腊月上旬。若别无延搁,回沪后,即趁便轮回汕,当可旋里度岁也。参、茸两项,俟回申自行拣买带回。兹嘱心如兄代买衍泽堂应验膏药二元,母亲大人常苦手足酸软,总是气血渐虚及风湿之类,用此膏药敷于痛处,自当有效。起居饮食等项,家中人等宜加意侍奉,若过操心及太俭省,均于高年不宜。

又补人之物,无如肉食,其功效比参茸尤大,亦尤有据。又食肉之中以牛肉为最有益,以牛肉熬出膏汁去渣,于早晚服之,可准点心,又易于消化,极为高年养生善法。又牛乳一物,常服亦甚有滋补。若近地可购,则每日定买若干,燉热服之,或加糖亦可。如难于购买,则自家觅一只肥壮取乳之牛,雇人畜养,取乳备用亦可。此著尤合,以一牛取乳颇多,叔婶、三叔与大家均可酌量分食,兼可作馔用也。凡此皆系西人屡行试验,确有可据之事。望吾弟等留心经营,以必得为度,所费尚不甚多也。又鸡卵煮勿过熟,用作点心,亦较他物易于消化,不

163

致停积胸中。若煮之过熟，则性带滞矣。人若日服鸡卵十枚，可抵两顿饱饭，此亦西人试验而知者。鸡子在乡间尚系易得之品也。七弟生女亦佳，正当壮年，子息固所自有，不须烦急为要。郡店生理好否？楚儿等读书有进益否？巩固楼中与已分相连之基址，如可购成一片，便稍加其价，亦无不可，望斟酌为之。手此转禀父、母亲大人，代请

福安！顺请二叔婶、三叔父大人均安！大嫂、二兄、诸弟侄儿辈暨合家均好！

兄子峨书

光绪七年十一月六日

子襄六弟如晤：

同日致一缄，交心如转寄汕市天源收入转致，谅当递到。一切事情，经于前函详布，兹划规银壹千两，由心如兄汇寄汕市招商分局转交吾弟，接信后赴局收取，可先写收条，交该分局寄回，以凭查核。其项即带回家，转呈大人。于度岁应用各件，照向章分给，余即留备家用可也。郡中试事，约月内可完，深侄与楚儿兄弟所有考试费用，可酌量依向章给之。其能否弋获，及本家取入几人，有便即祈致知。此后寄信，仍交上海心如兄转交为妥，缘恐已离日都，由香更费周折也。购牛取乳之事，定宜速行，如吾弟一时未回里，可令七弟等托人购之为要。此致！即请转禀父、母亲大人，代请

福安！并请二叔婶、三叔父大人均安！列叔大人及二兄、与诸弟侄儿孙辈暨合家均好！

兄子峨书

函云明春二月开寿筵之事，此系自己家庭应行之礼，自可预备。第国服未满，若发帖多请戚友，及一切大为举动，则未知于例合否。此事在郡可密访之于官署中人，便知可行与否。若照例无碍，则宜酌量铺排，否则自家称祝，带请戚友，更为妥帖。俟癸未秋冬间为二老人大开寿觞，亦是一盛事也。俟兄回里商定，亦尚从容。

光绪七年十一月二十日

子襄六弟如晤：

本月七日驰寄一缄，并托心如汇汕规银壹千两，又同日另寄一函并膏药，亦交心如转寄，未知何日递到。昨接子达弟本月四日自香港来信，知同毅儿等已

于月之三日抵香,计当早日旋郡矣。前函所言明春二月开祝筵一节,须已询明可以发帖请客,然后举行,惟演戏则不甚方便。我家在乡,演戏一层,本属繁费,且未免过于铺张,尽可不必。想大人亦必以为然也。至应行先期预办各项,由吾弟等一面安排,但以斟酌得中为宜。缘本处各亲友欲勉强应酬,亦殊不易。兄现已一面上折,请假两个月回籍省亲。计黎星使来东接任,总在腊月上旬。兄于交代后还沪,候折批回,便可乘轮旋家。若度岁不及到家,上元节前亦准可到也。顷已托友人,由此次覃恩期内,报捐三代一品封典,其捐照年内或可领回。然此举不必即行开报,俟兄到家,再妥酌而行。又前所购制之朝衣等件,接惦如信云已装好皮箱,寄汕转交。其品级补子系二品者,收到可将男、女二件,均取出交潮郡织局,按照一品式样改织完好,再带回家。如潮中不能照样改织,便将补子寄交心如,托其交原店改好,亦无不可。但郡中能为之,则就近尤便也。

此间凡百如恒。随使各员,除公度量移金山总领事外,三口理事并本任各随员,均须回国。唯四处西翻译俱行留差,缘翻译通晓者不多,无人推荐营谋故也。若其他出使各差,则非有真本领,又有大力者为之汲引,固不易置身此局矣。郡中院试顷当完场,不知族中入有几名,深侄、楚儿等工夫尚浅,恐未易弋获也。将来称祝日期,请帖似不必早发,俟兄到家,亦料理得及。若有应行在沪购买之物,吾弟可开来一单,外封写俟兄回沪时转致便好。俟兄旋,当查单斟酌妥办。西历于前八日度岁,数日来酬应稍繁,幸公私平顺,堪告慰耳。锐侄现帮钞各文卷,随当一同旋里。此致!请转禀父、母亲大人,敬叩
福安!合家均好!

愚兄子峨手书

光绪七年十二月五日

子襄六弟如晤:

前月廿一日曾由上海驰寄一缄,未知何时收到。此间接德弟及毅儿由香港寄来一函外,嗣知其于前月中旬抵潮,然系由别友来信提及,伊等到潮后,并未寄函述知一切,殊为可怪。又楚儿来潮赴考,亦无一字寄来。读书至廿余岁,操笔作家书,尚如此为难,尚能望其诗文人彀乎!真钝材也。此次院试,吾族人四名,亦不为少。不知吾乡有人否?念念。深侄等回潮赴考后,何时再到羊城?工夫不如人,决无倖获之事,不过徒往返、花用费耳。儿侄辈年纪日长,而问学则无进益,真是令人闷极。家中延师事,已定著否?如未定,即俟兄旋里再酌,亦无不可。昨云捐请一品封典事,顷得申友来信,知新定章程,此例已停。只得

165

俟自家力图进取，再邀国家覃恩。待至祝老亲八旬大庆时，再换新衔也。

此间凡百如恒。现在检点行装，亦次就绪。惟黎星使本月朔由申启程，昨日午始抵神户，计到滨当在廿日以外。伊到后，带见日主并辞行，总有数日勾留。快则年内动身，稍迟则须元月初，附搭三菱公司轮船赴申矣。缘兵轮行驶较缓，不如趁商船之便捷也。将来到上海候船回汕，亦须有四、五日延期，计到汕当在元月上旬内外。吾弟不如回里度岁，不必在汕相候。即欲来汕，俟度岁后买舟至汕，亦不迟也。二月开寿筵事，吾弟尽可一面安排，唯衔封则仍是二品。且戚友处不必太劳动，亦无不可，缘乡间请客亦非易事，至寿屏则拟由此间写好寄回，大约亦赶得及，家中不必再倩人制屏矣。昨云改换补子之事，亦且不必料理。郡店买卖如何？度岁时须自己在郡清理账目否？少京叔之令郎已进庠，晤时祈代为致贺。回来见面，再谈一切。此致！即候

近好！诸弟侄儿辈均览。祈转禀大人为荷。

愚兄子峨手书

转致汝三嫂：毅儿出门久，回家后须令其照管，属其照常读书写字。

光绪七年十二月二十七日

子襄六弟如晤：

日前接本月二日来函，备悉一切。曾于十五日驰寄一缄，未卜何时可到。此间于昨日接到天津电报，知前月具折请假两月，已蒙恩准。现黎星使于廿一日到横滨，廿六日进署，即将使篆文件，交代清楚矣。迟二三日，便可入辞日主，并偕黎公拜晤各大臣参议。一面搬运行李至滨候船，定于元月四日搭商船来申，计十一日可到。如即有便轮赴汕，则元节前后可以旋潮。吾弟度岁后，雇船来汕等候，自从容也。祈将一切情形禀知大人。寿筵事，想已一面料理。前信言一品封暂不能捐事，想已知之。此致！

二兄及诸弟均览。

子峨手书

卷　四

光绪八年元月四日

子襄六弟如晤：

客腊驰寄一缄，未知何时递到。现黎星使于腊月廿六日行抵东京，兄即于是日交卸使篆，并将任内经手文卷，及署中铺陈器具、用存经费银两，次第移交新任接收。随备文咨明总署与南北洋大臣，三、四日内均已交代清楚。

自丁丑冬东渡以来，以办理两国交涉，关系重大，夙夜惴惴，惧致陨越。现以接手有人，得释重负。此皆祖宗之灵，大人之庇，始能善始善成，无误国家。洵非使臣本念所及者，想大家同为庆幸也。因莼斋挈眷同来，使馆须让与新任，遂令锐侄带同小眷先搬出横滨客寓。顷于本日拜折，上明卸篆日期。明日午后二时，赴宫内辞谒日主，随往各大臣、参议及各国使馆辞行。料理完竣，准于初六日搬出横滨。初五日船期已赴不及，须俟十二日搭日本商船回沪，计十九日可到。届期如有便轮往汕，则廿外必到汕头也。

去冬具折请假，于前月廿四日接北京总署来电，知已邀准。则到沪后，不须再候批折，亦一快事。二月开祝筵事，家中可一面安排，海参、鲍鱼当带回，不必多买。如有须在申购买之物，自当依信买回。寿屏已请星吾缮写，自己带回，恰好应用。余俟旋家详述一切。此致

请转禀父、母亲大人及各位大人，顺请

福安！并候诸昆弟诸侄儿辈均好！

愚兄如璋顿

三男如璋敬请父、母亲大人福安！恭叩年禧！顺叩二叔婶、三叔父大人年禧！馥妹和妹来舍时，均此问好！大嫂、二兄、诸弟侄及儿孙辈暨合家均好！列叔及诸从弟亦好！　锐侄、陈氏及小女儿随叩

光绪八年六月六日

子襄六弟如晤：

即日驰寄一缄，述由汕到沪后一切情形，谅已早达。兹寄来吉林正参上身一节，此种虽不甚新，而生得老结坚实，较前次带回者稍佳，价值更稍平，可留备大人服用。但须用盒子装好，以原身石灰搋碎，隔纸同藏，以避潮气，始不致坏。又花布陆疋、水烟袋一枝（稍短者是，其长者系晋丰弟所寄）、白果一洋铁盒，系汝三嫂属购者，收到后交其存用。另镇江宁绸袍料一件①，吾弟查收。至杨旭椒、蔡四太托捐封典，其照俟办好，当托心如先将原照寄回，到日转交，并将代出之捐款收起，依信内分致。又同日寄信，属将前凑之保险股分票寄交心如兄，托

———————————

①　绸：原作"袖"，据文意改。

其另行填换，其信件计已先达，早将此件检出，寄交心如兄矣。毅儿等到省后有信来否？子达在贝岭店中生理情形如何？现由招商局寄去股本银壹千贰百五十两，未知何时可到贝岭，便中不妨寄询一切。此致
即恳代请父、母亲大人福安！列大人均安！合家均好！

愚兄子峨手书

光绪八年八月二十一日

启者：

兄于前月四日驰寄一缄，详述入都后复命召对及一切情形，未知何时递到。随接六弟六月六日及廿九日书，敬悉父、母亲大人以次暨合家均安，深慰远怀。六弟信云，收到兄自申所发之信，查在申时有寄参物等件，尚未提及，不知有收到否？又托王心如寄回蔡四太及杨旭椒封照，亦未知何时递去。嗣后陆续收到，务即寄知，以免悬盼。昨接王心如函云，保险股票根经已照收，所换新票已寄来都中，俟后有妥便，再行分别寄回。五弟及锐侄乡试已毕三场，文字均尚妥适，惟官卷祇中一名，中皿共有三十人，得手亦殊不易。深侄及毅儿在本省入场，未知如何？都中接楚儿等前月来信后，尚未得其续信。知伊等住光孝寺中，一切布置已定，惟费用不轻，殊难支持耳。只得俟冬间再作主意也。

又黄浦实学馆教习杨星垣来信云，该馆已开学，汤甥人已纯笃，学西语口音又好，为馆中五十人之冠，诸教习皆甚爱之，他日必可有成。此可为快心之事，转述馥妹知之。又晋昆弟虽年纪稍长，而文字已通，又先学有数月西学，从此努力，必从水师将校中寻一出路，此亦算一时际会矣。煜晖诸侄在家，宜严为课督，十余岁正是紧要之时，勿令游忽自误。贤侄亦然，迎生侄质地甚好，宜严督之。穆儿已开学，便须令每日上学，勿令其任意娇惯，从少管束之较易为力。斋中之人数不多，先生功课自宜周密，八弟暇时当代为照料。前属八弟检文稿之事，有动手否？闻明岁有万寿恩科之说，不妨先为料理。至八弟将来，或出省，或图出洋差使，自当相机为之。现闽省及各省多请停止分发，出山之举，只可稍缓一步。家中有暇，读书作文，课督子侄，便是本等工夫，亦是绝大事业。功名富贵，迟速由天，不必呕呕为也。现五弟已荐定上海洋药局董事一席，月有贰十金，但不知能长局否？俟榜后再看。如上海有可兼谋之事，则五弟或往上海居住亦可。锐侄亦俟榜后再设法也。

近接德弟自省城来信，知新园公令其来省守取汇项，兄由申寄交银一千五百两，为贝岭生理之本，知德弟已经收到。想家中亦必时有信来，将来贝岭生意如何布置，可由家中寄信查询。若新店开张，竹芝叔能往经理，亦属妥帖。其信

和老店,现作十四股,吾得其半,将来必有出息。但不知德弟能不变性否耳。埔邑当店一切局面,已酌定否? 如大众能让加股分与我,尽可做起。但自己有的实人在店经管,自然获益。现各行生业皆难,田业亦不易置,且取息又微,家中食指繁、用度大,支持不易。再四思之,唯当店稍有把握。三河坝地极适中,但店基难觅,愚见如此处不成,则不如在郡城中创置。前在郡询之朱楷人兄弟,云近日郡当生理,大约销费之外,有一分左右出息。现下水门街未有当店,颇为得地。该处朱宝翁有行一所,可以改作当店。又郡常有旧当不欲开者,将所当架物,全估与下手。遇有此种,则较之新开者获息较快。六、七弟无事时,不妨到郡与朱家一商,或即凑伊入伙,亦属妥便。现朱家子弟均妥稳,且光景亦尚从容也。兄意如当店开成,便可将招商局寄存之项收回作本,并前日在家所开列代尝业款,即可凑入其中。较之放在局中,总为直捷也,诸弟商之为要。

父、母亲大人年高,起居膳羞各节,侍奉宜格外留心。兄服官在京,不能日侍左右,三媳等宜代为尽心服事,以稍补在外之缺,万勿稍懈为幸。二叔婶、三叔父年亦日高,一切均不可过省。至大家,则宜立意勤俭,以定持家要计,不可以愚兄现为京卿,稍涉大意。本朝官俸极薄,兄又赋性拙直,不能仰俯随人,且非义之财决不敢一毫苟且。若大家俱欲挥霍,亦实在无可为继。勉之慎之! 所有应商各节,条列于后:

一,日升当店事,函云虑及不久歇业,当款难于归还,所见极是。现拟令批明各节,办理极善,未知曾理妥否? 又峰市现无当店,该店地场尚好,如商之各伙,能允我加凑股分亦好。

一,前交六弟带回之款,除照单开应付外,所存留为家中今年之用,谅无不敷。又如蕉兄之款曾否支来? 贞利之款曾否交去? 并各款支用,六弟均逐条开来一看为要。

一,慎表、宣弟,现均在身边,均肯照常相帮,亦甚妥帖。现自七月起,每月每人各付洋银壹元,与其家中为食用之需。此款即在家中支付,或分三节付交亦可。又天育在家,每月给伊贰元。顷到京后,送各友土物,汇存赏钱,分一份与天育,计有洋银五元,亦请由家中给之。此款系在每月两元之外者。

一,集舅及惠舅母,又我高祖以下各家,夏秋数月,请酌量分送多少,以济其用,此亦义不容辞者。又殿扬弟今岁完婚,可另送其贰十元。选表在海阳衙门,想尚站脚得住,自己可以糊口。宪表亦稍有生理,宝表景况尤难,宜酌量助其米食。此亦无可如何者也。

一,前拟立各代尝业款目,七弟可钞一底子寄来。如一时未能凑开当店,只得暂交招商局生息。腊底当通盘打算,自揣力量如何,酌定付回家用若干,各处分送若干，以为长久支持之计。现初抵京，一切用度未定，故未能即行划明。

一，代杨、蔡捐款收回后，将旭椒一款，速寄交万山收存，备省寓接续支用。缘昨接楚儿信，知香港存款亦无多也。

一，眷口来京事，兄自至都月余，尚住会馆，一时难租合式房子，非价太昂，即地方不甚合式。刻都中已穿棉衣，随后天时日冷，今年自不便起程。又兄之局面，有云须入总理衙门，有云再派出使，又有云须往闽省，究之未见明文，不可作准。计多一二月便有定局，俟明春再行起程，则都中局面已定。兄自有信来接，祈述汝三嫂、细嫂知之。

一，赴郡暂住事，如大人肯移到郡城居住，则服食一切较便，汝三嫂又能随身侍奉，则当函托照翁寻一所房子，或自己购买一所，为移居之计。又可就近图就当店，未始不善。若仅此一二月之事，汝细嫂一人下郡，无人照料，实不放心。且此挪彼徙，亦徒为劳扰，殊为非计。且汝细嫂此时在家，正当尽心侍奉大人，尽一分之心。他日出门，即不能时时望见颜色，此日足珍，何可再行远离也。伊明白人，宜喻此理。属购之物，来京或出都时购买不迟。原乡水土稍寒，西北方人多不甚惯，以少食茶汤为要，不在常服药也。阿东食物宜慎。

一，家塾课读事，如翰卿先生功课有常，讲解明白，子弟服从，则生不如熟，明岁仍旧亦好。否则可请本家骏坡先生，此君人甚质直而实心，功课亦严。又：炘表可仍令来学，又琢叔及贞利朋叔，肯来附学亦佳，琢叔则纯谨，而朋叔则文学甚优，又肯用功，皆良友有益者也。以上各节，均请诸弟回明大人。并代请福安！顺请二叔婶、三叔父大人、大嫂、二兄均安！暨合家均好！　诸弟均览。

愚兄行扬书

外燕窝壹斤，盛以洋铁长圆盒，到日查收。此物稍佳，可用。日盒小，盛不足一斤之数，约十二三两。

光绪九年三月一日

敬启者：

即日接奉大人寄谕，及德扬两弟、楚儿等来信，欣悉合家平安，下情甚慰。梁先生已到郡，楚、毅两儿并煜侄，即可下郡读书。将来县试，两儿赴考，煜侄不必去，以免荒功为要。日新斋人数不多，请范先生多为讲解，并令年少按日模写径寸大字，勿省纸笔，字划稍好，他日便有吃饭处也。炘表尚仍入来附学否？念念。又此外加添别人，须聪秀而肯读者方允附学，否则，不必多人纷杂矣。楚儿等暂寓张屋试馆，房子难租，将来即搬到朱家杏园亦好，园中地方雅洁，且皆系读书朋友也。前信有再荐人入实学馆一名，如瑞堂叔之子欲去，便以此名赴考亦合。

晤晓云兄云，大公、日升两处生理均好，想是确信。七弟到去清账后，便中致知为要。三河之事如此周折，只得作罢论。前信拟于近东南向买衔上铺基经营，如此节可行，似不妨托别人购店，第能一连两间，便自足用。又赀本一节，自己力量不足，亦可与他人凑合。有暇，六、七弟试一谋之。贝岭信和生意，自是妥稳之著。其另做纸一项，新手为之，自难获益。此系必然之理，俟新园公旋里，一到伊家，与渠面商。今年做店开张情形，自有条绪。总之，贝岭事有新园公主持，必能妥善。凡事得人则成，不得其人则不成，大小内外无异也。缉舅年耄贫窭，家中量力助之为要。五弟近日往申，此席能连就二三年，则稍宽吾一分心。三叔父在郡如何？肃此代请

父、母亲大人福安！二叔婶、三叔父大人均安！二兄及诸弟侄儿辈均览。

行扬谨书

再：顷由招商局汇寄汕局廖紫珊兄转交规银一千两正，六弟向收后，提出潮平佛银玖拾柒两，交林海岩之世兄手收，并信一俱交去。如林世兄不在郡，便着妥人送交其家。外批明步资便妥，此系友人托寄之件。又梁先生处，可令两儿先送脩金六十元，宜以七兑为准。又留二百元，备他日眷属来京盘费。其所存之项，呈上大人，备家中费用。其郡寓每月酌给伙食若干，即由家中安顿。令两儿节啬支用。又交五十元与七弟，除完前项外，留备每月添买食物之需。

一、梁先生来郡，闻其并带眷属。如其眷口所住离书斋不远，可令两儿从旁探其意思，如先生之意以自家开馔为便，则每月可酌送膳仪三圆，而子侄辈自己食用，较可简便。此节可令两儿酌之。

一、范先生在斋中，一切供应，七弟等宜留心照料。其诸侄须用纸笔书籍，家中可分给之，不宜过于草草。五、德两弟已出门，自当代为照管也。

一、告诸弟侄儿辈知之，吾家山居贫瘠，除力作之外，便须努力读书有成，方有立身之计。现诸侄儿辈年方二十，正宜严行课督，庶克有成。否则年日长大，不文不武，耕读二字，一无所能。徒令阿兄终日代为操心，而竟无安顿善法。故今日不惜费用，尽力培植之者，实欲望其有一二成立之人，稍可为支持门户之计也。望诸侄儿辈勉之为要。

一、蔡、杨诸君领轴之事，因去冬内阁轴子不齐，是以今正未能领出。询之部友，云须六月，否则今年杪矣。祈六弟告知泰泉诸人，免其盼望也。

一、两儿字划殊无长进，一看令人生气。去岁寄回之仿格，可分与诸侄，令其按日模写若干字。模写时纸须放直，笔须捉正，模完后呈与先生，以红笔分别好歪，圈点改正之。随时指点教导，方有进境。

171

一,饶蔼堂兄之信,随当寄复之。日升当,自家能派一人住店料理为妥。

光绪九年四月一日

启者:

三月二日,由五弟带至上海转寄一函,又汇银壹千两,交汕市招商分局转交。又同日由信局直寄一函,未知何时递到。嗣接到楚儿等二月廿日信,又三叔父三月一日信,得知家中均安,至以为慰。县考近日当可完场,不知族中有人前列否?八弟与三媳等北来,不知曾启程否?念念。贝岭生意,其信和老字号,有新园公主持,必靠得住。其新开之栈,今岁当亦有成。石上当店及县城生理,闻得颇好。虽上杭地方稍有不安靖之处,想必无妨碍也。本科会试,同郡亦有十一人,现已完场,不知有中式者否?

原乡家塾,人数不多,请先生按日与之讲解,俾字义粗浅者易于明白。此系幼学要紧之事。又字画宜从小练习,方易为力,须限日临摹径寸大字若干,定为划一课程,时时为之,自有效验,不可省纸笔也。

家中一切事务,大人不可过于操劳,可交带七弟经理,是所切祷。郡中书馆已承丁家借住,亦属方便。如六弟时常在郡,须留心照料,不可令两小儿或有浪费,其考费伙食一切,令其约定数目,开账备查为要。又汇项收到后,可先送梁先生束脩六十圆。至深侄在省月费,已属其照上年数目,按月向万山支用。并属庄亭弟开单,寄知家中付还,较为直捷。锐侄誊录,今年冬可议叙盐大使,至他日能否出省,则须再看机会。其考职一名,系用州吏目,欲望选缺,须有保举。今年该馆系列保之年,不知能列入否?容徐图之。家中情形,有便时时寄知为要。即请代回父、母亲大人垂览,并请
福安!并请二叔婶、三叔父大人、二兄大人均安!诸弟侄儿辈均览。 合家均好!
愚兄行扬启

光绪九年七月七日

子清五弟足下:

前月廿由心如兄转寄一函,内并家言一件,谅已收到矣。现八弟等一行,本日下午到京,缘廿八日抵津后,适值连日大雨,河水涨发,舟行六七日,始到通州,是以迟迟入都也。会馆房子不多,只得将就住下。缘夏间看定一所房子,其现住之人尚未搬移,不能即行迁居也。都中景况如常。八弟随后拟办理验看,赴闽未定。蕉兄事已理楚,现定于明日出京,由通到申日,面谈便知一切。其他

事件未暇详述,六弟由家寄来之部照等件经已照收。信内应复之件,亦当随后寄回。此信五弟阅后,有便即加封寄回舍下,以宽远念。闻近时汕头往来船轮稍稀,即由香港转寄,亦不甚费周折也。此致　即候

祈祉!

愚兄如璋顿

再:蕉兄来沪,可邀在馆中同住,一切代为招呼。此亦居停应有之义也。

光绪九年九月十六日

启者:

兄自夏五月叠寄信件,嗣八弟等七月七日至京,随又寄五弟一函,并属其阅后加封寄家,计当次第递到。此间接到六弟前寄官照各函,又收到七月间两函,并捧读大人寄谕,获悉一是。大人目疾,系劳神太过所致。谨另禀劝大人将家务交七弟料理,方可静养调摄,服药有效。家中务须婉劝,始能安心。八弟验看事,既办就绪,官凭于今日领出。俟检点清楚,当于月杪偕锐侄一同旋里也。兹将应复事件,条列于后。

一,吉林老山参,经已购就多枝,俟八弟等旋里,便可带回应用。丽参亦买有,不必在郡别购。

一,用款,当另信托王心如兄寄银四百两,交汕局转寄,俟汇信到日,六弟往汕向收,交回家用。又松水涧林振庚世兄托办改奖,需用部费。曾有信属其将银交到家中,六弟可一致信与伊,云此事现已交部友办理,属其先交洋银三百元来家。仍需之款,俟随后理楚,开单找清。此项交到,可划出一百元,交汝三嫂收存也。

一,家中书馆,明年必请先生,童蒙尤为要紧,此系子弟一生好丑关头。如各人有所溺爱,请大人从严督责。必择请严师,立定章程时刻,以为程课。较之任其游荡,总为有益。束金不宜太薄,但求先生能严者,便受益多矣。若先生素性严,大人又时时当面请其督责,虽无知之妇人溺爱,亦不致有所阻挠。且伊等虽甚糊涂,教之亦宜稍听。翰卿先生似太柔懦,愚意不如决意请立斋先生,此君稍强严也。惟以早决定为妙,否则家中择一严教者亦可。此事关系至大,异日之成败,家门之兴旺由此,此费不可省。且劝大家勿溺爱,为后日之悔也。贤、哲二侄,则二兄宜知此意,勿止顾目前。晖、迎二侄,则宜代为严督,不必存形迹。穆儿亦然。大人教督诸孙,如有不听者,即其母亦可以家法治之。祈二兄与诸弟勿度外置之,千万盼切。肃此代请

父、母亲大人福安！二叔婶、三叔父大人均安！二兄及诸弟侄儿辈均览。

兄子峨书

光绪九年十月六日

子清五弟足下：

昨接到惠函，备悉壹是。会馆公地，承同郡诸君许借作行馆，小住数日，感谢之至。兄将来同行，上下约有十许人，椅桌床板厨灶，足用便可。其铺垫等，则会客之所，稍有陈设便得，不必过于讲究，累同乡诸君张挪也。兄经于本月初二日请训，荷召对周详。日间到政府各处辞行，并检点行装，定于十一二日起程，由水道赴津，与北洋晤商一切。约二十外必可到申，届时天津开轮，当先发电致知。潮州院试将毕，如弟处近日有家信，另钞一纸寄津。如十五、六后方接信，则留在上海，不必寄津矣。此致　即请

近好！

愚兄子峨书

再：都中日来酬应甚烦。此信阅后，即加封转寄回家，以当竹报为荷。

光绪九年十月二十二日

启者：

即日接奉大人手谕，及六弟、锐侄各函，欣悉合家平安，远怀甚慰。兹属五弟买就花布捌疋，寄回家用。其丽参则上海无佳者，且价值与郡中亦差不多，要用多少，在郡中就近买用可也。闽厂差事，每月陆百金，一切用费在内。又出都时无川费可领，现挪用三四千金，经将用去一年薪金矣，决无闲款与家人购置金镯之事。又年少女人，亦不必用此。此事须俟各房男人自家有力量，方能如此讲究。兄志为清官，不能为子弟辈改吾素操。朴俭乃持家久远之道，大家当共体此意，且亦无此章程也。请回明大人，并叩

福安！二叔婶、三叔父大人均安！　二兄及诸弟侄儿辈均好！

兄如璋谨启

光绪九年十一月二十九日

子清五弟足下：

174

别后于廿五晚安抵马尾工次，廿六早赴省，将军、督抚、司道恭请圣安毕，入城拜客，于是晚八点钟旋至工次，即搬入船政花园暂住。择本月朔接印，初二日具折谢恩。现视事之始，凡百纷纭，须略略清理，方有头绪也。

接家中前月来信，知人各平安。东儿下船吃一小惊，现已安然。八弟昨日到省缴凭矣。宣弟曾到家否？便中致知一切。即请

近好！

兄子峨书

光绪十年二月二十六日

子襄六弟如晤：

锐侄于十九日到署，欣悉大人以次合家均安，下情深慰。并知过厦门时遇见子纶，知八弟与燕生亲家，早日抵郡矣。

此间防务，及局中工程，一切如常。昨与省中大吏商派勇营护工一节，此事刻未定妥，缘调营筹款，均非易事。刻接电报，安南北宁已失，我军退防宰牛园。此事如何结局，难以逆料。

拟俟防务稍松，迎养大人来署，较为心安。十九日启程之期，不卜改否？计八弟抵潮，定可妥商而行。楚儿等尽可与梁先生出来读书。汝三嫂必欲先来，听其自酌，若能从容随侍来署，亦较妥当也。

慎表出京到闽后，不能安静自守，前数日荐至长门炮台，练习枪炮之技，又不肯耐心向学，如此殊难安顿。只得令其回里，或与人相帮生理较宜。各当店及贝岭有可安顿，须代筹之。家中可酌给伊洋银四十元，为作小生理之本。此款或交惠舅母，或交伊手，亦无不可。慎表如回里后，有认真学好，俟兄移别处，或尚可出来。若船政，则伊之名气已坏，无可安置矣。所有各节，请回明大人。

并叩

福安！

愚兄子峨手书

再计交八弟带回库平银柒百两，到呈大人督收。开正以来，所有家用及束脩、川资等款，当已需用甚殷。内交二叔姆贰拾元，三叔父叁拾元，大嫂十元，二兄贰拾元，四弟妇拾元，辑舅、惠舅母酌量按月壹元，宪表及细姑并其他亲戚景况窘者，按年节酌送。本房各家亦如此。馥妹捌元，族中年老而景苦者，亦按年节酌送。篆生公贰元，振川叔贰元，有一时想不周，六、七弟斟酌回明而行为要。又缎捆条壹丈五尺、二蓝湖绉壹疋，呈母亲大人。其各家轴费收回后，亦呈收，

备随时之用。其江绸袍褂料贰付、配素绸裡四疋,可分与三叔父及二兄制用。诸侄及儿辈要来署,随身衣服固不必讲究。嗣后有须添补者,外边自比里中稍便也。又燕窝二盒,另食物各种,有自都门带出者,有自外洋所出者,均检出寄回,稍见各方风味。

一,家塾延订骏坡先生,甚好。所有课程,第以勤严为要。其次则请先生将各人所读者,随书浅白讲解。其次则学习书法,须按日若干。从前叠有信写明,务宜查照课督为要。先生全年束脩尚廉,如实在得力,或酌量从丰致送,或于节仪多送。同学人不必多,自己家中三、四人甚好,缘人少,则先生功课周到从容。现在家况,子弟读书有成,尚可食官场之饭。否则欲勉强位置,亦有所不能。幼年最要紧,一年勤紧,较二十前后,三倍不止也。纸笔决不宜省。

一,天源桂堂叔信来云,该号生理不佳,由于本少。究竟此业尚靠得住否?如尚合做,则家中酌量济之,如实无可图则舍之。如何情形,不便遥度。

一,家中一切事情,如何料理为善,省得大人劳心,六、七弟,锐侄等,不妨酌妥寄知,以便料理。兄于家务不能兼管,然刻刻在心,无论如何,均是一样。有稳妥之法,尽可说明也。

一,去年六弟所说南洋凑伙事,究竟有机绪否? 此事宜属可行。和丈来署住两月,察其性情气质,结实可靠。如南洋有可经营,即请其到彼相助,亦自妥帖。第独创则难,如彼处有可为主者,不妨决计布置。缘近来宦途极难,食指日繁,非预谋生计,不易长久支持也。

光绪十年四月十一日

子襄六弟如晤:

月前湘弟等到署,接奉大人三月十二日寄谕,敬谨读悉。锐侄与汤甥等现住署中,前欲令锐侄往安南一行,刻下安南军务大不得手,滇粤抚台既换人,往无太益,是以中止。

刻阅邸钞,京中军机各大臣,均于三月十七日别换一班。大约国家大政,系由醇亲王主持。法越之事,恐一时难以结局。现各省办防益急,福州海口,又添招十营勇丁,以备抵御。人心摇摇,日久或生他变。缘闽省藩库粮饷亦苦于不足,船政因办防之事,拨解经费,比旧岁更少。大局不定,则船政公事益难措手矣。

大人来闽之期,请俟时事稍定,当派人奉迎,由陆路较安稳。计夏秋间,大局必有定夺。届时竹芝叔欲同来一游,亦无不可。近日母亲大人想既旋里,汝三嫂等暂在郡住,极是。缘事变难料,到署则迁徙殊多不便。楚儿等宜用心读书,转盼即届科试。深佺肯发愤以图一战否? 勉之! 望之。诗五先生处,今岁束脩曾送否? 如未送,当于节前先送一百元,付先生家用。家用及当店需款,当于下次筹寄,因月中薪水,除用外亦属无多,自己又不便借支太巨,只得稍迟也。前月曾寄一函,计早递到。八弟何时来署? 家中一切情形如何,详悉致知。德弟在贝店景况如何? 能不致大亏其本否? 前信有雇定厨房之说,何以多日仍未见到? 系由陆路,抑嫌无甚佳处,不肯来乎? 寄信时述知为要。

慎表回家后,作何主意? 亲戚本家,心里极欲招呼,第大都无甚才干,又兼少科名官职,虽欲为之,殊不易易,不过自增其累而已。家中有咸菜干,并三月菜干,寄多少来。又郡中有上好降菜,购寄三四大瓶,郡中咸菜如好寄,亦寄一二瓮来。小宋制军,亦喜此也。此致　代请

父、母亲大人福安! 顺叩二叔婶、三叔父大人均安! 二兄暨合家均好!

兄子峨书

光绪十年四月二十五日

子襄六弟足下:

前日八弟到署,欣悉大人以次合家平安,甚慰远怀。现署中公事照常,兄身子亦好。惟月俸六百,计署中用度及外间应酬,尚觉不敷,然亦只得相体裁衣,望大家格外节省而已。诗五先生脩金,今岁按月以二十元致送。节前用款支绌,可向汝三嫂手中先行支用,随后即当寄回接济也。现法越之事,近接津局来电,经已约和。惟一切详细章程,限于三个月内商议,战事可卜其无。第亦须俟议定后,方能酌量撤备。

母亲大人如既旋里,则俟秋凉时派人由陆路迎接两大人一同来署,最为妥帖。惟楚儿等之来,宜一面商定寄知,以便随宜安顿。闻大媳有喜,若近顺月之期,则海道往来,亦殊不便。又科试总在秋冬间,儿辈来无多日,又要回潮赴考,亦属周折。是否如何为妥,或属汝三嫂带两媳回里,秋间由陆路同来,或即在郡俟儿辈考后,再或即于五、六月内来闽。此事须汝三嫂与儿媳辈斟酌妥善,详为禀知为要。诗五先生束脩数目,可属儿辈述知,其节仪亦属楚儿兄弟酌送。先生眷属他日欲一同来署,亦请先生自定,此间无不可也。家中各亲房及戚属之贫者,过节请酌为分润,此间不一一函列矣。青碗窑两处墓道,俟书就寄回上石。新雇厨房如一时未起程,即稍迟亦可,缘五月内或有船赴汕载勇,顺便搭载较便。若已来,则不必说矣。手此代回父、母亲大人,并请

福安！二叔婶、三叔父大人均安！二兄暨诸弟侄儿辈均阅。列叔亦均致意。

愚兄子峨书

光绪十年五月九日

子襄六弟足下：

端节前驰寄一函，计早达矣。随林厨子到，递呈惠函，藉悉种种。又张弼士兄与林星初等来署，询知母亲大人尚在郡寓，近日行止如何？希先寄知。缘此时法越和议，大端虽定，章程未订，叠奉廷寄，防务仍不敢松。故局中各商船，运载军火，往来无暇，俟三二月后局面大妥，则或可乘便来汕一走，接眷到闽，较为妥帖。此时则未能提及此节也。

汝三嫂等或侍奉母亲随来，或回里候秋凉，随两位大人由陆路来，楚儿等或迟或速，均先寄知为要。寄回库平原封洋银陆百两，交罗斌带呈。收到后，留三百在郡应用，仍三百即交回家，呈大人收入，以济家用。近得五弟信云，寄有银二十两回家，不知曾收到否？深侄县试如何？府试曾否定期？以及一切情形，便中寄知。署中景况，询罗斌便知。陈姬于初六未刻生一女，余俱照常。手此即希转回父、母亲大人。顺叩

福安！并请二叔婶、三叔父大人均安！二兄、诸弟侄孙儿辈均好！

兄子峨手书

另单张弼士汇去银壹百两，可持单向埔号收回家用，并伊信亦交去。

光绪十年闰五月八日

子襄六弟台足下：

前月杪接楚儿等来函，知罗斌带回之银、信，经已照收，并悉于十二日随侍母亲大人旋里，父亲大人以次均各安好，藉慰远怀。月来署中一切公事平顺。新钦差张幼樵学士，中旬必可到闽。闻有会商船政之说，到来或同住此间未定。又本日接广西抚电报，初三日与法人开仗，大获胜捷。又电传初四日上谕：派刘铭传督办台湾防务。察近日情形，法越之事，似有反复，和战尚未可定。如汝三嫂与楚儿等尚未启程，即决意在潮过夏，俟秋凉再行来闽。缘署中房子不多，若张钦差来住，则一时无可安插矣。计不如从容数月，俟诸事大定后好作主意。又宦途迁徙无定，现在新政整顿，又有一番布置。此局之久暂，亦不可知，且稍迟之为愈也。

若以书馆与公馆相隔太远,难于照料,则或暂回家住。乡间天气,较城市为佳,在夏令尤以住乡为宜也。诗五先生处束脩,今岁既送多少,楚儿详为禀知。书房课暇,一月宜来信一二次,俾知家中信息。郡中日用一切,亦当节省得宜。在官廉俸,只有此数,内外一切酬应,颇为繁重。且勤俭亦立身根本,大家宜切记之。郡斋功课与日新功课如何?能有进益否?贝岭生意,今年佳否?子达弟别创之业,尚跕得住否?自去岁来音问都不通,未知伊或抱愧,抑仍怀不足?责善之难,如是如是。此信阅后,即寄回家,六叔与锐兄想仍在家也。此致 转禀父、母亲大人。敬请

福安!并叩二叔婶、三叔父大人均安!二兄及弟侄儿孙均好! 合家均好!
列叔台均此问好!

愚兄子峨手书

再:许竹筼星使系同年至好,与别位不同,锐侄随其出使,极为安稳,将来总有好处,大人尽可放心。其出门时,用费不必带,缘既见许星使,便可发给川资。即有不敷,在沪则向五叔借用,在香则庄亭借用,亦无不可也。琢叔等既派入学堂矣,又及。此信阅后,及锐兄信即加封速寄回家为要。

光绪十年六月十一日

子襄六弟足下:

昨日南澳船到,接毅儿信,知汝嫂等一行经于初四日安抵汕头,偕煜侄等先雇船上郡。吾弟额上之恙,究系何状?现服何药?愚见此等症候,须徐徐治之,为阴消善法,勿过信外医,或用横霸之方也。如审实的系赘疣,始可用外治之法,千万慎慎,宽心调理。在汕要用款,先向公裕春借出,致知即付。

此间近况如常。法人自去月廿一日呈决书后,本以二十八日为限。届期乃展至今月十一日为限。日来曾宫保与陈副都两星使,同法议未成。前两日马尾人心甚惊,即厂中各绅,亦纷纷走避。接总署电,亦劝兄如敌攻船厂,尽可暂退,以图再举。八弟、东儿等已先寄省城,现兄与枢仙、植卿、绍京诸君,同张星使坐镇此间,并饬令各兵轮严密防备,以观其变。昨晚接陈星使自沪来电云,议虽未就,而法使又言明展限再议。督其举动,决无必战之心。即以马尾水陆防军言之,即战亦尚可制胜。且船政非有城守之责,兄之进退,固自裕如。

请禀知大人及家中人等,各各放怀为要。昨得五兄及锐侄信,知渠于廿九日到申,见许星使,尚为投机。想出洋之期,俟此事定局,当稍缓旬日矣。阅后,即飞呈父、母亲大人。敬请

福安！　二叔婶、三叔父大人均安！　二兄及合家均好！

行扬手书

光绪十年六月十七日

子襄六弟足下：

　　前日南澳船开，曾寄一函，计早达矣。连日中法之事，在沪议和，尚未定局。顷又闻既请美使做中间人，从旁调停，未卜能撮得合否。现法船之在闽江者，大小共九艘，伊正、副两提督均在此舰队内。我船大小并商轮共有十号，与之衔尾相拒，力足相敌。而陆营之驻防厂地者共有五营，又有内地水师船大小三十余号，加以自马尾下至海口，有炮台五座。上至省垣，节节均扎勇营，声势联络，军心颇壮。谅彼不敢轻动，相持稍久，终可以和局收场。

　　家中万万不必操心。第辕门外四面均是兵房，未免喧杂。又军书旁午，稍异平时。连日因涉暑作泻，服药三剂即愈，现惟戒食肥腻，其眠食则较日前更好，精神亦清爽。吾弟近恙既愈否？念念。汝三嫂及毅儿等当已回里，舍下有信，祈速寄来，以免悬系。八弟等尚住省城柯宅，署中各戚友本家及下人等均好。本署亲兵，既添募同乡四十名，又有潮州水勇四十名，驻在本署做护卫之兵。一切照料，均极周密，尽可放心。惟局中绅士告假者多，幸墨卿、植卿、枢仙诸知好在此，相助为理，比常时更为妥帖。希代禀知父、母亲大人，请其宽怀，并代请安！二婶母、三叔父、二兄大人均代请安！诸弟侄儿辈合家均好！列叔台均安！馥妹未知近况如何？念念。

兄如璋手具

光绪十年六月二十五日

子襄、子琴老弟左右：

　　月前连寄两缄，计早递到。

　　现法船驻泊马江者大小仍有七号，合之口外大船共九号。我船与之相拒者大小十号，又有广艇九只，小渔船廿余只，陆军四营。以刻下情形而论，力足制敌，彼若不添兵船，决然不敢妄动。法元帅孤拔见马尾无隙可乘，乃于十五日，令伊副将利卑士卒领四船往攻基隆炮台，八点钟开炮，十二点钟炮台打碎，伊亦打伤一船。十六日，法兵四百余人，上岸据炮台。刘省三令曹、章两镇率营两路包钞，生擒法兵一名，杀伤数十名。法退回船，当将炮台克复。数日来未知有何举动,因台北无电报,我船又未便赴台,是以文报稍迟。

昨日接北洋电云,李丹崖在法都,现与该国外部大臣讲和,或可有成等语。美提督亦坐兵船于前日到马江,云欲为中法调停。此事若总署相机凑泊,和局当不致决裂也。日前接总署电,以船局非城池可比,劝此间相机因应。随又接奉电旨,以船局如难固守,届时只可毁弃,著此间相机因应,不为遥制等语。昨日又奉谕旨,以此间苦守一月,忠勇坚忍,传旨嘉奖。

兄以职守所关,原应苦守。月来不能奋力发谋,使敌人退避,惭惭万分。朝廷乃不责以所难,为之筹退守,为之加奖励,圣恩仁厚,感激涕零。现惟有勉励水陆将士,严密防御,俟和战之局大定,一切方能妥帖。各管驾与水兵,一月以来与法船炮门相指,昼夜严防,正值三伏之天,实为劳苦。昨旨谨即传知各将弁,以勉励之。兄安坐署中,与张幼樵世叔从容指挥,尚不致十分困顿也。寄上前月所发折稿二分,又昨日奉嘉奖谕旨一通。著即钞出,与亲朋戚友一阅,便略知此间情形。

诗五先生与楚儿等,仍在郡否? 旋里后并无信来,可怪。署中绅士中多告假走避者,幸有廖墨卿、枢仙两同年,邓植卿、方莲村三四人,相助为理,尚不甚忙。如蕉则赴台北采买木料未回。湘弟及各本家均好。八弟及东儿等,尚在省寄住柯梅村处。公馆稍狭,然只得将就安顿矣。兄辰下气体甚好,眠食比常较胜,极能耐劳。署中一切均料理便当,法事自无一毫碍手,家中尽可放心。毅儿等如在郡,则折稿、谕旨,可钞出一分,与郡中知好一看。兄未暇一一寄信致候,请代禀父、母亲大人,并叩

福安! 二叔婶、三叔父大人、二兄大人均安! 合家均好! 余俟续陈。

兄如璋手书

光绪十年　月　日

启者:

昨八弟一行旋潮,详具一函,计早转呈父、母亲大人垂览矣。接六弟由汕六月杪来书,得悉大人以次均安,甚慰远念。

马尾厂务,自七月七日回署后料检一切,渐有头绪。各员绅学生等,亦陆续回工。法船自十一出口,分泊妈祖澳,先驶大船四艘,往香港修理。现查得口外只有四艘,谅一时决不再攻闽口。

署中于廿二日接电报,知于十八日奉上谕,船政著张佩纶兼署,如璋著来京。查十五日总署撤去堂官六位,此次入京,或当派入总署,否则出使英、美、

法,亦未定。船政差事,实不可办。乃蒙天恩高厚,奉召入京,即非有别项差事,亦极称意。顷候部文接到,即交代起程,计当在后月初旬也。

锐侄由许星使派令法事已定,再往西洋。于廿三早到署,现托幼樵星使暂派一差使,在署候信,亦两便之道。枢兄办香局事,经与幼帅订定,即令其于明日趁船赴香开局。八弟差事亦仍旧。见信后宜早日束装赴香,与枢兄商量一切。其探事禀报,须拟定一款式,或每月三次禀,或每船一次禀。船政外,兼上督抚及善后局为要。如有要事,须转电者,则以密本隔二行,寄达船政张大人。其电费由香局支付便妥,一俱当与幼帅订明也。

蕙卿母女直回里,抑尚住潮?回里自佳,在郡雇乳母亦易。如尚在潮,则楚儿兄弟照料,随后看如何行止,再作道理。家中如用费不敷,可开兄皮箱先取出俸银五百两付用。至随身应用棉皮各衣,著蕙卿先行检齐,是为至要。此致

并请代禀父、母亲大人,敬叩

福安!并请二叔婶、三叔父大人、二兄大人均安!合家均好!

如璋手书

光绪十年九月二十四日

字示两儿知之:

廿日抵汕后,即发电寄京,询问入都之行可从缓否。昨晚接复电云可暂缓。计部议已定,自不必亟亟北行。前日又接省电,香涛邀往羊城,并先留书院一席相待,且暂不赴都。亦须商令香帅,附奏数语,于公事始无挂漏。故定于日内往省一行,大约淹留旬日,即当言旋。祖父母大人年纪日高,趁此罢官侍养,稍释数年耿耿之心,私计固甚得也。昨出门时,祖母大人极不放心,务当驰函禀知,并将此信寄呈,以慰慈廑为要。前由船带回书箱,公裕春地狭近潮,不能久放,且木箱间有损坏,亦须修葺。顷令芝哥等带上,寄放杏花草庐。另有信与楷人世兄,想该处必可暂时安顿。俟汝等考后,有暇到园,将各书逐一检点,其木箱应修者亦雇匠修好,以便开春随身携带。余询湘叔便悉,不赘。诗五先生代问好!

九月廿四日　父谕
(四男寿田,五男寿祺恭较)

跋　一

光绪戊子,何宫詹子峨先生自塞外归。明年主讲韩山书院,余时馆林太仆

家,课其二子振江、振瀛。先生与太仆同举于乡,交好甚笃。值郡院试,必促二子往,至则命与夫人、公子辈相见,厚饷酒食,殷殷询其家况,并勖以读书敦品,亲爱如一家焉。余每挟二子偕行,以是得闻先生绪论。先生于学无所不窥,而于当世钜公,独推重湘乡曾氏。尝举曾氏义礼、词章、考据三者不可偏废之言,以相诏勉,其启迪后进如此。先生于辛卯岁捐馆,距今已三十余年,想望当年丰采,宛然如昨。

兹者先生季子季武君编先生家书成,袖而示余。余爱是编以家常之书札,悉俱修齐治平之要,与文正家书恰若后先辉映。因忆当日先生之所推崇曾氏,并以诏余者,固非偶然也。读竟,因附数言,以志景仰之私,并以嘉季武君昆季善彰光德云尔。

壬戌嘉平月　乡后学邝黻廷谨跋

跋　二

年伯子峨先生,学问淹博,为文风格遒上,情韵邈然。馆选后复究心经世之学,使日本时所论中外交涉大事,能得要领,为总署王大臣所器重。著有《使东述略》、《管子析疑》及诗古文辞若干卷,藏于家。今岁四月,哲嗣季武世兄以先生家书七十余通示余,且属为跋,以付梨枣。

彬受而读之,觉所言皆布帛菽粟,小而修身齐家,大而治国平天下之道,胥寓乎此,诚至宝也。先生以名翰林两持荡节,文章经济,虽不赖家书以传,而窥见一斑,即可知其全豹。且清代名人,如郑板桥、曾文正诸公,文章功业,彪炳一时,而家书尤脍炙人口。盖浅而易入,读者自津津有味也。

先生与先君先后举于乡,又兼姻娅,交好綦笃。先生书札存于余家者甚夥,即先君官江西、湖北时所寄家书,亦积累盈箧,藏之已久,鼠啮蟫蚀,重以频年瘟疫,转徙无常,先生与先君之书散失殆尽,存者盖百不得一焉。今季武知所先务,珍重先人手泽,编辑付梓,以垂不朽。循省再四,不觉其百感之横集也。

民国十一年壬戌嘉平月　年愚侄吴郁彬拜跋

跋　三

子峨年丈,文章经世,著作等身,是篇仅全豹之一斑。癸亥春,哲嗣季武嘱湘作跋,展卷一读,见夫父子、昆弟之际,宗族戚党之中,远隔千万里,事事之规划必详。语语从腑肺流出,孝友、睦姻、任恤之意,肫然溢于楮墨间。非有真性情、大学问,曷克若此,洵与曾文正家书相伯仲。

湘忆少侍先大夫宦京师,时相过从,丈之言论丰采,至今不忘。弹指四十年,依依如昨。对兹遗札,抚今追昔,良用怆然!谨缀数言,以志景仰。若夫盛德大业,中外知名,无俟湘之觊缕也。

民国十二年春日　年侄女邓梦湘谨跋

跋

祺二岁失怙,不获聆光君庭训。髫龄侍母侧,每闻述先君出处,辄心焉识之,然仅得其仿佛也。辛亥冬,从兄达甫自湖南归,检六叔父书籢,得先君家书七十余通,举而相授。谨受而读之,所言多报国事亲之要,旁及宗族戚友,亦莫不情义兼至。而后知先君立身行事,有非寻常人所能及者。回环捧诵,不啻亲承色笑。即欲编次付梓,终身诵服,借以补不获聆庭训之憾。私心拳拳,盖十五年于兹矣。旋以负笈东游,复由日渡美,课忙无力及此。民国五年春,在美忽患肺炎,缠绵匝月,奄奄一息。自分无生还望,僵卧病榻中,觉万念俱灰,所耿耿不忘者,惟先君家书、文集未刊。及远客万里,老母不获一面,滋为心痛耳。嗣幸弸药稍效,力疾返国。三数年来,屏绝世虑,闲居摄养,得复健康。陆续将先君家书,择要装成三巨册。今岁承乏本邑教育局,公余之暇,悉心汇钞,谨按年月先后,编成四卷。以示四兄季威,四兄曰善,遂付剞劂。十余年之夙愿,始得以偿。实叨先君在天之灵也。

抑有言者:兹书之刊,固以存先人之手泽,而自新学勃兴,浅薄之士,遗西喆之精义,拾夸士之浮言,以家庭革命相标傍,毁伦仇孝相鼓吹。使斯说而果行,不将率天下而沦于野兽之域哉!斯则所冀后世儿孙,读是编而知所感奋者已。

中华民国十一年冬日　五男寿祺谨跋

附　何如璋家书补遗

以下数封家书,系由何如璋之孙何欢言先生提供,同时附有说明:"注:这是何如璋给楚、毅二儿的信,楚是长子其楚,又名寿昌;毅是二子其毅,即士果(寿朋)。"何维柱先生协助辨识文字。

(一)

父母亲大人膝下:

　　窃男于正月十五日接由八弟递寄客腊朔所发手谕,敬谨读悉,知十月、十一月寄呈各件,既可次第达览。并悉合家平安,下怀甚慰。嗣于腊月廿日寄呈一函,系交都门德盛店由陆路转寄,计此时亦当到潮矣。

　　日新既请定子基先生,贤侄穆儿辈,须请先生严加课督,不宜过宽,致年少毫无严惮之心也。五弟馆谷知既订定,昨接锐侄信云,于去腊附轮西迈,不知曾启程否? 至以为念。

　　邑当以去秋沼河大水,需款较多,闻邱翰臣兄既回里,似晓云兄尚可从中设法挪用。现由商局存款划出规银八百两,寄交汕头分局,到日向收。除分给外,计可付六七兑千员之数①,交与邑当应用。计邑中福隆各店,必有寄香买货之款,将汕市分局汇款划与伊收,而就近向邑店兑用较为直捷。否则令当中一人下郡,同楚儿等往汕向收,便可带上应用,亦省周折。信到请瑞堂叔酌之。

　　家中诸事,大人切勿过于操心,宜交与七弟经理。日用万不可过俭,但望诸侄儿辈有志成立,不在尺布寸粟之积也。

　　再此次由招商局划汇规银八百两,交汕市分局廖子珊先生收入转交。信到时可先寄信与公裕春,请其探问分局汇到与否,如已到,俟家中信来或邑当有人来,便可一人同往,向取计规银八百,折实汕平当有七百八十余两之谱,内划六百七十两付邑当用。仍项呈祖母大人廿元,三叔祖三十元,为其调养之用。汝庶母十元,另付天育家十元并其信交去。仍款即留为三弟兄斋中之用。郡中有脯料食物可买回家,备老人食品者,随时酌量买寄,用款不敷时可向邑当支付,开单寄知为要(其付邑当之项,如在汕中划付者得携带,最为直接,否则当中有妥人来,即交其带上,亦省自家往返也)。

　　三叔父忽抱浑疾,想是景况窘迫所致,其按月需用烟土,请于邑中买回交用,以少宽其怀。年逾六旬,自宜加意调护,此皆子侄辈之责也。德弟仍在闽抑已他往? 念念。

　　客中凡百如常,男及深侄身体均好。今年有机会便可南旋,否则今上亲政,届期亦必有赐环之信。此役之被累,虽塞上之人亦知之,公论固在也。余详楚儿信中。肃此敬请

　　福安! 二叔婶、三叔父大人均安! 二兄暨合家均好!

　　　　　　　　　　　　　丙二月二日　　　行扬谨禀

(二)

　　天育要支工钱寄家,可由家中支出□洋银贰拾元,交其弟天香手收为便,请

---

　　① 　员:疑当作"圆"。

子琴七弟登记可也。①

丙八月三日　　峨字

计托：诗五先生带回燕窝两盒，口蘑壹小箱。散装四斤，其纸包贰斤，送与楷人，有信。丽参价高者半斤，又价稍平者壹斤。其枝头多少、价值若干，须先生都中买就方知，面询自悉。另托先生在申买书，如买就带回，须询先生代出价值若干，即由毅儿奉还为要。②

（三）

字示楚、毅两儿知之：

同日写信，由香港八叔处转寄，计可早到，一切情形经详前函矣。兹由上海招商局划寄规银八百两，交汕市分局廖子珊司马转交。信皮书规银之数，其应扣汇水若干，应由分局酌定，到汕向收时，即依其扣实数目向收可也。其银或与邑号对汇，或取现项带回，均由家中从便而行。惟收银后即书信寄知，以免悬系。去冬七叔之信及汝庶母之信，交萧□谷兄带来者，已于本日收到矣。锐兄于元日附轮西迈，本日接五叔正月六日信，知悉矣。

二月二日谕

（四）

楚、毅两儿知之：

出门及到京后，曾由深兄致知一切，计早达矣。父于廿一日偕深兄出都北征，于廿五日到张家口。边塞情形，深兄有函相告，不再及。

口有两堡，依山设险，形势甚固。堡中五方杂处，贸易颇繁，食用各物均具，但不如京城之佳。气候、土俗与南方殊，若较之都中则大致不甚相远矣。台事归都统专管，绍公祺系同衙门世交，相见情文周洽，一切无不妥帖。父与深兄居此水土甚相宜，比出门时体皆发胖。稍暇当访求塞外及蒙古一切情事，是多一番阅历增一层学识，此行未始无益也。

此次来京晤诸钜公，皆以此役为被累，恐不能久居塞上。如汝兄弟秋试有能幸获者，明岁入京，顺来塞外一走，亦可开拓心胸眼界。努力为之，然得失有数，不可意想也。铁香年伯假旋，又奉云南、广西定界之差。须差竣始能旋里。上眷方渥，欲归不得，如道出羊城，汝兄弟尚在省，不妨修世侄帖一往叩谒。并

---

① 此函未书上款，为何欢言先生寄来手迹，按日期编排于此。
② 与上函同书一纸，接排于此。

告知诗五先生,如在省,亦不妨修士相见礼。在京既先与之言矣。南徽炎热,在省凡事宜格外留神谨慎,立身行己,读书问学,惟敬惟虚,一生受益不尽。谨记之,勿得游荡自误,贻外人笑也。

楷人昆仲在省,必时时晤面,接信后宜一一述与伊知。初到,未暇另致伊函,并告知居此甚安,且归期亦早,未便明言,属其勿挂怀为要。并望桂花香里高折一枝也!

诗五先生未另函,面述一切,并代请安!

七月廿九日父谕

(五)

编者按:此一家书未书上款,据何维柱判定,是何如璋写给其六弟子襄的。

敬启者:

船政初三、四等日情形,曾于初六日寄香一电,托庄亭转寄回家。初九日又发一电,交五弟转寄。又由八弟寄信,交陆路转致,禀明船署上下及各戚友均安,计可次第递到。

此次法人以全力注闽,口外内大小兵船十余号,我以小兵船九号,与之相持月余日,兵力既疲。迭请南北洋拨船来援,不应。迭请决战先发,又不应。惟饬静以待动,毋涉轻率,故只得株守,以俟指挥而已。

本月初一、二两日,风雨大作,外间纷传和议已裂,而总署竟无电报,万分焦急。初三未刻传到电谕,云法外部请以沪议之五十万两完结,如详细商约,彼此合意,五十万亦可不偿等语。朝议不准给款,若详约议得不合,再行决战。璋与张幼樵世叔接此电,知必决裂,即传令各船动手,而法即猝发,炮声互震,乃饬各陆军出队助势,一面偕幼帅登署后山指挥。彼以九兵船、两水雷艇猛攻,我船抵死应之,互击约三点钟,我被击焚大小七兵船、又两商船,只存大小二船,驶回上流。彼又与炮台陆营互击,至六点钟收泊罗星塔。

次日巳刻,彼驶船到厂前,排炮猛攻,厂半坏,我陆军力拒,彼不敢上岸据厂。傍晚,仍泊罗星塔。五日,彼分数船出攻各炮台,连日多被攻毁,八日,攻至长门、金牌,攻战一日,金牌炮台被毁,长门炮台虽伤,炮位尚好,现设法修补,以备御彼船再入水路。十一日,所有法船均出外口,泊妈祖澳,皆下旗,闻系孤拔及副兵头均已伤毙。又有云孤拔未死者。彼船亦击沉三艘,余船多伤,顷探得在外修补,及分装煤、粮、军火等物,未知欲扰那处。

187

福州口既经被伤，想未必再来矣。璋于初三晚，带戚友家丁亲兵数十人，驻山后快安村。初四，驻下岐。初五早入省，八弟及东儿等，仍住省寓。随行戚友本家诸人，暂留省中会馆。璋于初七日回船署，料理公事，数日来人心渐定，本厂员绅、差弁亦多回工者。现署左右有陆军六营驻防，形势尚壮。署中什物多损失，其衣箱则先带至省，书则在署，偷者不要。皆依然，拟先遣琢叔等先旋里。法事未定，船政只得暂作收束，学堂一时亦不急开。俟和局成，再定大计也。

请代回父、母亲大人，署中平安，乞放心。并代回二婶娘、三叔父大人，均请福安！二兄暨诸弟、侄儿、孙辈，合家均致意，便中时寄信来，告知一切为慰。

（光绪十年）七月十三日　如璋自船政署手具

峨叔奏稿杂存

编者按：此册封面有题记："何如璋，字子峨，任福建船政大臣期内奏稿。此奏稿为其侄保存，故称'峨叔奏稿'。"今按奏稿、折片所署日期的先后，在次序编排上作了调整。其中九件，见于《船政奏议汇编》。

目　录

一、补授詹事府少詹事谢恩折

奏为恭折叩谢天恩事。

窃臣蒙恩简放督办福建船政，遵于十月初二日陛辞出都。十一月二十六日行抵马尾工次。接奉吏部行知：光绪九年十月十九日，奉旨补授詹事府少詹事。

自天闻命,伏地增惭!惟念臣质本疏庸,学尤荒陋。乘槎东海,曾经四载之征鞀;簪笔西清,未效寸长于讲幄。乃任膺船政,方龌戴之勉承;而班缀端僚,复鸿施之逾格。臣惟有益加奋励,力戒因循,冀少竭乎涓埃,庶仰酬夫高厚。

所有微臣感激下忱,谨缮摺叩谢天恩。伏乞皇太后、皇上圣鉴。谨奏。

光绪九年十一月 日

二、恭报到工任事日期叩谢天恩折

奏为恭报微臣到工任事日期,叩谢天恩,仰祈圣鉴事。

窃臣于九月初九日钦奉谕旨,著督办福建船政事宜。业经恭折谢恩。旋于十月初二日陛辞,荷蒙训示周详,莫名钦感!遵即束装出都,由天津航海赴闽,十一月二十六日行抵马尾工次。十二月初一日,由提调道员吕耀斗呈送木质关防前来,当即恭设香案,望阙叩谢天恩,敬谨任事。

伏念臣一介庸愚,滥叨侍从,愧学术之至陋,尤器数之不谙。闻命以来,日夕惶悚。查海防以水师为要图,水师以船政为根柢。际此时艰孔亟,备御为先,凡制造、驾驶等事,在在均关紧要。自维钝拙,惧弗克胜。所幸船政创设近二十年,经前各督办臣次第经营,规模略备。提调道员吕耀斗廉勤诚朴,熟悉工程,亦可藉资臂助。臣惟当悉心讲求,督率各员绅认真考核,有应行酌筹变通情形,容俟详细察看,就近会商将军督抚臣,并咨商南北洋大臣,随时奏明办理。庶事归实用,款不虚糜,以期仰副朝廷慎重要工之至意。

所有微臣接印任事日期,并感激下忱,谨缮折由驿驰陈。伏乞皇太后、皇上圣鉴训示。谨奏。

光绪九年十二月初二日拜发

(亦见《船政奏议汇编》卷二十三《何如璋一》)

三、船政核实报销饬部立案折

奏为沥陈闽省船政,查照历届办法,核实报销,恭摺具奏,仰乞圣鉴,饬部立案事。

窃查户部章程,机器局专条内开:船料物件,购自外洋,并无绳墨可守。只令总计常年经费若干,如有添购机器经费若干,虽不能限以定数,亦当立有范围,事前奏明,报部立案,事后方准核销。又工部章程,制造洋式物件专条内开:

外洋式样,概为定例所无,若一任其漫无限制,难免耗费滋多。嗣后办理洋式物件工程,报销钱粮,概不准过从前第一案准销之数。如实有必须创办物件,应先奏明,方准办理各等语。是创造轮机,购办材料,一切为难情形,早在圣明洞照、部臣体察之中。臣当共体时艰,悉心筹划,岂可瞻前顾后,稍涉迟疑。

然而费重工繁,再四勾稽,万难划一。同一工匠,或籍隶广东,或募自浙省,每日辛资,少亦两钱以内,多则二两有奇,而洋师之烦费无论也。同一木材,或采自吕宋,或产自暹罗,每枝价值,极贱亦在百金以上,昂则数倍之多,而铁松之居奇尤甚也。其工、料之不同有如此者。及其制物也,木之性直而揉之使弯,木之节坚而蒸之使韧。择圆径三尺之巨材,而斲削以取其尺方之心,雕缕以呈空灵之范,非此则不中度。则工料之耗尤可见也。铜铁之质有精粗,火耗即分多寡。釜凿之锋有利钝,工作立见参差。则工料之耗难预计也。且有同此料,同此器,同此匠,前后工耗亦终不能同者。虽多年在厂,体察精微,亦不能尽探其蕴者矣。船机巨件,动逾万斤,形质离奇,尺寸不能差以半黍。和铁入冶,数百十人奔走左右,一煅适合者有之,再煅、三煅、四煅而始合亦有之。万斤之铁,火候必须竟日,再三四煅,不但火耗愈多,煤斤必加数倍。谓匠有巧拙,而前后均此人也。谓器有难易,而前后均此机也。谓料有美恶,而前后均此物也。其不同也竟若此,然此仅人事之不齐耳。

厂中工作,半资机轮,机轮之动,必藉革带以掣众轮。闽地滨海,燥湿不常,天气晴明则革带紧而轮转速,天气阴晦则革带松而轮转迟,天气太燥,则革带又易断而轮转停。转速则程工多,转迟则程工少,转停则程工愈缓,迟速关夫天时,其能一一强同之乎。一船专营则工费,数船兼营则工较省。譬诸执爨,炊斗米者,必不用炊升米者,十倍人工火力也。外洋制造兵船,日新月异,势不容仅依故步,不求精进。只因经费支绌异常,至今厂不能拓,机不能添,应需新式重大等件,有能制之人,无能制之厂与器,仍须年输巨金于外人。而重洋辽远,采购万难,累月经年,停工以待,此又耗费于无形,而不能一致者也。而造船虽同,而用工不同,用料不同,采办不同,专营并作,无一可同。将不同者而强之使同,非移甲就乙,以冀补苴,即减料省工,以求合格。移甲就乙,误在一身;减料省工,必误及大局。况闽厂自办兵船以来,泰西人员,随时涉历,在事绅士,纤悉皆知,与地方局务迥不相同,本难与军需善后章程一律办理。前总理船政大臣沈葆(桢),经办七八年,用款数百万,至今家无长物,其子孙舍馆谷无以自存,则工程之绝无浮冒可知矣。

臣到工甫经三月,并非有所迴护希冀,惟一切情形,不能不遽实吁陈。所有闽厂船政,历届办法,核实报销,免援各省善后之案,造送细册缘由,吁恳圣慈,饬部立案。是否有当,谨会同南洋大臣、大学士、两江总督、二等恪靖侯臣左(宗棠),福州将军臣穆(图善),闽浙总督臣何(璟),福建巡抚臣张(兆栋),恭折由驿四百里具奏。伏乞皇太后、皇上圣鉴,训示。谨奏。

光绪十年二月　日

四、船政关系海防拟请协筹经费以扩成规而期实效折

奏为船政关系海防,拟请协筹经费,以扩成规而期实效,遵旨酌核,吁陈圣鉴事。

窃前督办船政臣张梦元,于光绪九年九月二十日,附奏船政宜筹变通一折,奉旨著咨行何如璋悉心酌核,奏明办理。钦此钦遵。

臣莅工数月,详加考察,窃以船政为海防根本,万无收束之理。查闽海关岁拨经费六十万两,近来积欠甚巨,计去年所解不过二十万两。张梦元目击情形,莫从措手,不得已而为收束之请。

核其原奏,曰收船归坞;曰整顿练船;曰裁撤工匠。

就现在制成之船,各省分防,深虞不足。非特无坞可归,亦且无船可练。工匠在工年久,西法渐通,一旦散而之他,势难复聚。费千百万之帑金,经十余年之缔造,乃以经费支绌,尽弃前功。贻笑强邻,自乖本志。其为失计,当在圣明洞鉴之中。窃维时局艰危,需船孔急,唯有协筹经费,力图开扩,庶足壮海军之规模,立自强之根柢。

臣谨悉心酌核,约举数端,敬为我皇太后、皇上陈之。

一曰添机扩厂。查闽局创造轮船,马力不过二百五十匹,故厂机较小,取给一时。嗣仿造二千四百匹马力快船,机器即不敷用,所有钢铁大件,不得不购自外洋,驳运固属迂回,制造尤虞停待。今计拉铁厂应添者:曰厂屋,曰五百匹马力水缸,曰五百匹拉铁大机,与夫起重、汽锤、砖炉之属,凡十有余具。在轮机、水缸两厂应添者:曰转轮轴大机,曰旋内径大机,与夫剪床、钻床、刨床之属,凡十有余具。如就厂制造铁甲,则拗龙骨、烘铁胁,与夫拉甲、烘甲、削甲、刨甲之机器、砖炉等项,均须加拓厂地,一律增添,庶工程事事应手,不致仰给外洋。此厂地机器之应筹展拓者也。

二曰仿造铁甲。泰西兵舰以铁甲为最坚,堵口冲锋,端恃此种。与其购诸外国,利权属之他人,不如制自厂中,临事尚能适用。查沿海各港,水不甚深,仿造铁甲,不宜过大。今拟制甲厚八寸之船,马力一千余匹,容重一千余吨,吃水不过二十尺,每时约行八十里。制价较廉,用煤亦省,驾驶灵快,攻守兼资,进可

摧敌舰之坚,退不阻内河之浅,地形异便,器用随之。此铁甲之应筹仿造者也。

三曰购造船坞。制船在厂,修船在坞。闽厂旧用铁螺丝船槽,容重二千余吨,去年制成之开济快船,即不能修,何况铁甲。大沽与上海先后建坞,修船较便。然以港道稍浅,亦不能收纳快船,此事实难再缓。查闽厂左近,有英商船坞一所,意欲出售,如能购就,则展大开深,将旧坞改制加长①,便可合用。否则亦须择地筑造,备各船随时验修,庶不致利归外商,事多捍格。此船坞之应筹购造者也。

四曰开办铁矿。制船以钢铁为大宗,闽厂所用,除购洋产外,兼资古田。第古田之铁,取炼未能如法,价本较昂。查福州穆源铁矿,前船政臣黎兆棠曾督洋师前往踏勘,苗佳且旺②,祗以销路未广,举办维艰。如能添机扩厂,仿造铁甲,则岁需钢铁较多。拟即由闽厂划拨官本,招商开采,所出矿砂,悉以西法提炼,先尽闽厂购用,次及南北洋机器各局。从此资给不竭,又可设局制炮,供各省海陆军炮台之用。庶财源不致外溢,而军实亦可日精③。此铁矿之应筹开办者也。

综此四端,需款颇巨,计添机、拓厂、建坞、开矿,须款百余万两④。若此后每年仿造中等铁甲船一号,上等兵船一号,额定经费非岁筹一百二十万两不可。当此时局艰难,库储支绌,议增制船经费,固未易言。第以强邻日逼,事变日深,欲固沿海之防,必先壮海军之势。欲壮海军之势,必先增巡海之船。臣通筹大局,再三考核,舍力求开拓之外,别无办法。盖经费充则制船自速,成本自轻。钢铁取诸域中,漏卮可塞。兵舰交乎海上,外衅潜消。即以近事征之,法之图越,非伊朝夕,我苟海军足恃,以舰队进扼东京海口,则北圻一带屹若长城。法人虽横,断难狡逞,彼即欲移师恫喝,而我军声势联络,或犄之、或角之、或遮其前、或尾其后,彼将长虑却顾,自防之不暇,何暇谋人。是沿海七千余里,我但择要坚筑炮台,护以蚊子船,调营扼守,既足操必胜之权,制敌人之命矣。又何致纷纷募勇,处处设防,劳费周章,尚觉毫无把握乎?

伏愿朝廷早定大计,整练海军,拟请旨饬下户部,通盘筹划。责成闽海关核计,协拨各款,移缓就急,将积欠百余万两设法解清。其定额六十万仍旧按年解足,并划拨各省关,岁协解六十万两⑤,充经费以济要工。如蒙俞允,一俟奉部酌定,臣谨当督率各员绅,核实估计,分别开具清单,次第奏明办理,断不敢稍涉苟

---

① 旧坞,《船政奏议汇编》本作"坞门"。
② 苗佳且旺,《船政奏议汇编》本作"苗砂甚旺"。
③ 《船政奏议汇编》本无"而"字。
④ 须款,《船政奏议汇编》本作"应须"。
⑤ 《船政奏议汇编》无"解"字。

且因循，有辜高厚。

所有遵旨酌核，应筹开拓各缘由，理合会同北洋大臣、一等肃毅伯、大学士臣李（鸿章），二等恪靖侯、大学士臣左（宗棠），福州将军臣穆（图善），闽浙总督臣何（璟），福建巡抚臣张（兆栋），恭折由驿五百里驰陈。伏乞皇太后、皇上圣鉴训示。谨奏。

光绪十年四月十三日拜发

（亦见《船政奏议汇编》卷二十四《何如璋二》）

五、遵旨查明船政前此承造开济快船并无玩延讳饰据实复陈折

奏为遵旨查明，恭折复陈，仰祈圣鉴事。

窃臣承准军机大臣字寄：光绪九年十二月十四日奉上谕：左宗（棠）奏，闽省船政局制造巡海快船，任意玩延，开济船甫经试洋，偶遇风浪，抽水机器即不合用，行驶不前。前船政大臣张梦（元）有意讳饰，请旨严行申饬等语。即著何如（璋）确切查明，据实参奏，毋稍徇隐。并将船政局务，破除情面切实整顿，各员绅人等随时酌量分别劝惩，以重要工。原折著抄给阅看，将此谕令知之。遵旨寄信前来等因。钦此、钦遵。

臣于去年十二月莅工时，张梦（元）早既奉命前赴粤西，开济船亦既驶抵江宁。从中有无玩延讳饰等情，当即检核案卷，察问在事之员绅弁匠，按条逐节细加研究。一面咨令张梦（元）据实声复，并飞札开济管驾何心川，吊取发还原禀。

兹据各复前来，经臣复查，尚无玩延讳饰情弊。谨将确切情形剖陈御览。

左宗（棠）原折称：开济自十二月初三船身告成下水，装配机器，一切约计五个月，本可试洋，是本年四五月间，即可驶至南洋。乃一味迟延①，至九月二十二日始报启行②，迟至十一月初十日始抵上海。并述管驾何心川所禀，原估该船下水后五阅月可以藏工，继又展至八月告竣等语。臣查开济快船系八年十二月初三日下水，始拟并力专赶，约九年五月间试洋。嗣因北洋催修海镜、湄云两船，分去一万九千工。南洋催修澄庆一船，又分去八千七百余工。而闽省之扬武、万年清、福星、长胜等船，又复先后接修，必不可缓者九千余工。闽局向以经费不充，故厂地未拓，机器未添，值此赶制快船之时，各船待修孔亟，虽亦鸠工并力，而限于厂地、机器，未免顾此失彼。张梦（元）九年四月初三日到工督办，距

---

① 《船政奏议汇编》无"是本年……一味迟延"十八字。
② "至"上，《船政奏议汇编》有"乃"字；"至"下，有"本年"二字；"二十二日"作"间"字。

始拟试洋之期不及一月,经累次严饬员绅学生人等,将未竟工程何者提前,何者在后,何者及早添工,何者匀厂分制,夜以继日,设法兼营。八月二十七日及九月初一日,两次驶出内港试验。九月十一日,各厂员绅弁匠及扬武管驾张成,会同该管驾何心川,驶出向来试船之妈祖洋,逐一试验,隔宵始返。九月二十二日,由何心川驾赴江宁。二十七日遭风折回,经张梦(元)叠次派员勘验,船身轮机并无损坏,查系该船人等不能得力于汽鼓之泄蒸汗铜管久启不闭,遂致热水入舱,浸化舱底抽水机所配树胶,洋名因陈勒勃者,因而施展不灵。一面饬予修理,一面于十月初二日专函密商左宗(棠),另拨南洋谙练管驾协驾此船,原期慎重。十月念十三日始据咨复,南洋各船管驾未能抽派,仍饬何心川小心驾驶来宁。而张梦(元)既于十月十三日启程赴粤矣。当经提调道员吕耀斗禀商督抚臣,以洋商福克所购各炮适到,应乘该船折回之便,克日配齐,俾资应用,而免往返。十一月初八日,配竣赴宁。初十日报抵上海。此皆当日实在情形,在事人等昼夜赶趱,异常劳瘁,实无泄沓玩延情事。

原折述何心川所禀,该船忽遇飓风,抽水机器竟不合用,致水积舱中,激翻铁板,碍及轮机不能旋转,极力保护无恙,急用侧帆收泊北礵,一连三昼夜设法抽水,至二十七日,不得已驶回工次。据情禀请改制,船政宪将禀发还,饬即换具遭风禀报都司,只求制造完固,不得不遵等语。

臣查该船所配抽水机凡五项:曰舱底抽水机二件,备专抽轮机舱底水出船外也。曰旋转抽水机二件,备专抽海水入冷水柜,兼抽轮机舱底水入冷水柜也。曰舱面抽水机二件,备专抽各舱底水出船外也。曰小马力抽水机二件,备专抽轮机舱底水出船外,兼抽海水共入水缸也。曰手运抽水机二件,亦备专抽各舱底水出船外也。检查洋厂购来原图,仅配舱底抽水机及旋转抽水机两项。工程处按照尺寸配备,已足抽舱底积水,其三项,则工程处另行出图添配,以臻周密者。具此五项抽水机,倘临时能知运用,何至有仓皇失措之事。乃该船当日遇风,舱底抽水机之因陈勒勃竟为热水浸化,施展不灵,尚有各项之机不知运用,遂致积水太多,冲翻舱底踏脚铁板。又值风涛大作,全船忙乱,事势几危,幸船机坚固,得乘风折回工次。据张梦元复称:该管驾所禀不实,禀内词语亦与面禀情形不同。是以饬令另行据实具禀,曾将铜管头须修、因陈勒勃为热水浸化、抽水机施展不灵情节,函告左宗(棠),有稿可核。该管驾如肯据实禀陈,岂有不令管驾禀陈之理等语。臣查无异。复核何心川所呈张梦(元)发还原禀,有驶至大洋,天色骤变,浪如山压,风若雷鸣,颠簸情形不可言状等语。是何心川原禀即报遭风,非张梦(元)饬其改禀遭风也。原禀且有汽鼓泄蒸汗铜管焊头,经兹风浪,既将剥裂等语。是托此语,以文泄蒸汗铜管久启不闭之过。张梦(元)核与

197

查勘情节不符,原禀掷还,亦属衙门常例。此开济抽水机非不合用,张梦(元)尚无讳饰之实在情形也。

原折述何心川所禀该船应需之海图、罗经,及备用之轮机要件,或采办尚未到工,或应造并不赶制,诸见附会。并称轮机应制备用各件,开单禀请制备,乃转轮臂及大件,三船只备一副等语。臣查海图、罗经等件,其购自外洋者,往返自稽时日,虽海图于十月十七日发船,罗经于十月二十四日发船,皆在该船折回之后。但查该船早领有厂存海图及向盘日规等件,似不得以遭风诿之。至备用各件,查外洋向无定章,此船欲备某件,彼船又欲备他件,件数之多寡,视需用之缓急,经费之盈绌为衡。年来船政以关款短解,支绌异常,故拟以大件不易坏,并不便在船储备者。开济及第二、三号快船共制一副,其小件核照向来各船所给之目,当既分别寄洋购配①,及饬厂制造有案,一时未能全备,该船安能久候,自应饬先驶赴江宁。

原折述何心川所禀,原定吃水一丈七尺,兹验吃水一丈九尺。原定每时可行百里,今兹试洋只行九十余里。工程处捏称英海里与法海里不同,其实英、法海里原无二致等语。臣查原定吃水尺寸,系照洋厂原图,法尺五尺五寸,合营造尺十七尺四寸,言一丈七尺者,举成数也。若合英尺,则系十八尺零三分,合鲁班尺则系十八尺三寸三分。何心川所验一丈九尺,似是英尺与鲁班尺耳。法国每海里合法尺一千八百五十二尺,欧洲各国亦通用之。英国每海里合法尺一千六百零九尺,惟英独用之。法海里合中国三里三,英海里合中国二里八六,是英、法海里两不相同。黎兆(棠)于开济下水折称:每时可行百里,该船试洋时,逆风逆水行九十一里余,若遇风平浪静,烧用上等英煤,可行百里有余。经张梦(元)奏明,并无欺朦。

原折述何心川所禀,该船原估经费三十三万两,现闻将及四十万两等语。臣查开济工料,原估系四十万,经前督办黎兆(棠)会同闽浙督臣何璟奏明在案。至南洋续定两号,因图模已备②,工作已熟③,故约估三十三万之数。

臣维制造与驾驶,艺虽各执,用实相资。故创立船政之始,即开前、后两学堂,招致生徒,不惜重费縻金,延师课督,原冀其观摩集益,砥砺成材,固不宜遇事推诿,徒为护短便私之计。何心川系驾驶学生,臣去冬过沪时接见一次,人尚朴讷。揆开济折回情节,始因泄蒸汗铜管久启不闭,致抽水机之因陈勒勃为热水浸化,惧获谴于张梦(元),遂匿报以文过。及张梦(元)掷还原禀,该管驾且

---

① 既,《船政奏议汇编》作"即"。
② 已,《船政奏议汇编》作"既"。
③ 已,《船政奏议汇编》作"既"。

闻驰函密商南洋①,又惧获谴于左宗(棠),文过之心乃变为诿过之举,肆意辩饰,牵引多端,只图卸责之工,不顾措辞之过。

至船机制造,术本精微,即西人专门,亦复时有增改。此次仿制新式快船,图件实繁,设或粗心,便虞疏漏。工程处学生李寿田等初膺重责,惟惴惴焉不克成船是惧,胡骄肆之敢萌?嗣开济试洋②,行驶自如,审视船机各要件,悉臻完固。非特在事各员绅匠徒深喜,巨工告成,不负劳苦,即工程处各学生,亦私幸多年练习,少效微长③。虽一二小件尚费修饰,然揆之大局无碍,似可不事苛求,庶足鼓该学生等奋发任事之心,而祛其掩饰弥缝之习。

左宗(棠)以昔年创立船局,深费苦心,据何心川禀词,恐滋流弊,请旨申饬张梦(元),并请饬下臣切实整顿,自系关顾要工之至意。嗣闻左宗(棠)以何心川驾驶该船,于去年十一月十九日、今年二月十七日两次搁浅,亦经撤调,具征为公起见,毫无成心。现臣遵查各节,委无玩延讳饰情事。可否准予免行申饬张梦(元)之处,出自天恩。至在事各员绅,臣谨当随时考察,分别劝惩。其督造开济异常出力者,可否准照前奉批旨,由臣择尤酌保,候旨遵行。

所有微臣遵查各情形,谨专折复陈,伏乞皇太后、皇上圣鉴训示。谨奏。

光绪十年五月二十四日拜发

(亦见《船政奏议汇编》卷二十五《何如璋三》)

六、法船聚泊马江应亟调各省兵船协防折

奏为法船聚泊马江,敌情叵测,应亟调各省兵船赴援协防,以遏敌冲④,恭折驰陈,仰祈圣鉴事:

窃法人此次派员来议越事,乃一面令该海军提督孤拔,率领舰队驶泊马江,以图要挟。闰五月二十二日,法舰安菩黎入口,行至羊屿搁浅船坏,于二十六日开往香港。二十四日,又到嚣卢茶法船一号。二十五日,又到益士弼法船一号。二十六日,又到都杰、端腊士法船二号。共驻泊马江者大小四艘,孤拔即在其中。而我之扬武、福星两兵船,并福胜、建胜两炮船,即与之衔尾停泊。饬令各管驾严密预备,以为互相牵制之计。但法船仍有一号,停泊芭蕉口外,闻尚有陆

---

① 《船政奏议汇编》无"该管驾"三字。

② "嗣"下,《船政奏议汇编》有"因"字。

③ 少,《船政奏议汇编》作"小"。

④ 《船政奏议汇编》此段,无"赴援"、"以遏敌冲"。

续至者。彼众我寡,非飞调各省兵船应援,则我船形势孤危,攻守均无把握。臣先经函商福州将军臣穆图善等,电请调船赴援,如各省兵轮能迅速来闽,则我势稍强,彼谋自戢,不特船局可保,即法人索赔之愿,亦不致过奢。倘法船移向别口,而我船跟踪前驶,于各省防务决不致稍有疏虞。至陆路防营,则填扎海口要隘,及防护各炮台外。其驻防马江者新旧两营,现又由会办大臣张佩纶亲率一营来工屯扎①。陆兵尚不过单。惟彼以兵船大炮相攻,防护颇难措手。又彼此兵船衔尾相拒,万一决裂,先发制人,后发即为人制。以法人横肆性成,临事必图狡逞,使各船静以待变,深恐为敌所乘。若各船不扼其冲,则船局尤为难保。此事如何措置,臣谨当与张佩纶等悉心筹度,随时相机因应。至船厂制造,臣自应督率员绅,分饬各匠徒照常工作,以安人心。断不敢稍涉张皇,致误大局。所有法船聚泊马江各缘由,谨缮折由轮船驰陈。伏乞皇太后、皇上圣鉴,训示。谨奏。

光绪十年闰五月二十六日拜发

（亦见《船政奏议汇编》卷二十五《何如璋三》）

七、近察法船举动请调南北洋兵轮以相牵制折

奏为近察法船举动,请调南北洋兵轮,以相牵制,恭折驰陈,仰祈圣鉴事。

窃臣于闰五月二十六日,驰报法兵船大小四艘聚泊马江。嗣于二十七日早,驶入碰快大兵船一只,又停泊芭蕉口外大兵船二只,情形日急,遂有传二十八日限满,即攻马尾之谣。船局各学堂洋师相率求避,人情汹惧。臣乃饬各兵轮管驾严密备战,不得擅移一步,万一开仗,胜则破格优奖,如不战自溃,定按军法。且告以电调南北洋援船,陆续即至。各管驾感奋听命,矢以死报。并密饬后山防营,择要埋伏,杜敌人登岸包钞。又分饬各厂弁丁,将炮械火药,周密安放,预备法人侵占厂地,为拼敌俱焚之用。布置粗定,一面饬各员绅督率匠徒照常工作,以安人心。二十八日清晨,会办大臣张佩纶亲率提督黄超群两营驰至,军心益固。法提督孤拔见我防军大集,戒备加严,遂函向扬武兵船探询。臣与张佩纶令张成答以战必彼此约期,属该提督无须疑虑。该提督因邀张成相见,言彼船拟即先退两艘。二十九日晨,法兵船大小两号,乘潮驶出壶江。

查此次法提督孤拔率领舰队直趋马江,原欲以虚声恫喝,图占船局,为要索

---

① 一,《船政奏议汇编》作"二"。

巨款地。嗣见我师船衔尾相拒，船局安固不摇，而会办大臣张佩纶又复亲率两营继至，自知诡计不行，乃明约先退两艘，显若露不侵马尾之形，隐实示趋重长门之意。其横肆狡诈，不过欲遂其要索本谋，俾我惧而易从耳。现在讲款未就，敌船来往自如，而我船竟无一至。设一旦彼舰纷来，则闽船只此数艘，虽复独力支撑，而强弱势殊，彼必将肆意要求，多方挟制，冀饱所欲而后已。应请旨饬下南北洋大臣，迅派各快船克期赴闽，以助声援。倘法船移向别口，我船即衔尾并驱，互相接应，庶足杜法人狡逞之心，而议款亦较易得力矣。

所有微臣近察法船举动，应调南北洋兵轮牵制各情形，谨缮折由轮船驰陈。伏乞皇太后、皇上圣鉴，训示施行。船局幸甚，大局幸甚！

又总理衙门印有电报密本，船政未承颁发。是以近日情形，不敢由局传电，恐致宣泄。合并陈明。谨奏。

光绪十年闰五月二十九日拜发

（亦见《船政奏议汇编》卷二十五《何如璋三》）

八、船政关系海防万难裁停亟宜展拓折

奏为船政关系海防，已有成效，察看近日情形，万难裁停，亟宜展拓，恭折吁陈，仰祈圣鉴事。

窃臣四月初三日抵工后，第五号铁胁轮船安上龙骨，业于四月十三日，并将厂务情形奏明在案。比复细心察究，随事筹维，月余以来，寝馈几废。窃以为船政关系海防，迩来渐有成效，既难裁停，即宜宽筹经费，扩拓规模，庶可整顿起色，不堕前功，无负当日创设之深心，以立国家自彊之本。不揣冒昧，敬为皇太后、皇上陈之。

闽之设船厂也，为天下海防计，海防非有轮船不可。有轮船而无驾驶轮船、修造轮船之人材亦不可。自闽厂成轮船二十三艘，南北洋及濒海各省之转运、巡防，方有藉手。昔年台湾之事，去年高丽之事，尤利赖焉。现时创制快船，已能推陈出新，成海防必不可少之利器。第一号开济，系属试造新式之船，所有船上工程，应俟秋间试洋时察验。果如合法不差，便告成功，以应南洋之调。南洋续定两号，可接续举办，驾轻就熟，更易葳工。倘经费扩充，添厂添机，即铁甲亦能仿造。此造船工程之成效也。

船政之根本在学堂，为培育人材之地。驾驶、管轮、造船、制机，其浅焉者也。历练所能，则将才出其中，使才出其中，且由所学而推广之，采铜钱、制枪

炮,亦足以兴利而强兵。

查制造学生出洋回华者,魏瀚、吴德章,在工创制快船船身;李寿田、杨廉臣,在工创制快船轮机;陈兆翱、郑清濂,在德国监造北洋所购铁甲;陈林璋经浙江召制火药枪械,林庆升、张金生在台湾办理基隆煤矿;罗臻禄、林怡游、池贞铨、林日章,经北洋调往开平开矿、天津造船;陈季同经使德大臣李凤苞留充翻译官,兼习马步枪炮诸学。即未出洋之郑诚,亦经使美大臣郑玉璋调充翻译官,游学诗前经吉林奏调,嗣经台湾奏留;汪乔年前经北洋调遣,嗣经南洋留用。此制造学堂之成效也。驾驶管轮学生出洋回华者,蒋超英在南洋驾驶轮船,何心川经南洋派驾快船,林泰曾经北洋调赴英国,驾回快船,刘步蟾经北洋调赴德国,驶回铁甲船,黄建勋、林颖启、方伯谦、叶祖珪、林永升,均在北洋驾驶轮船,严宗光、萨镇冰,北洋调充水师学堂教习,罗丰禄,北洋调办水师营务处。即未出洋中能驾驶管轮者,亦已多人。此驾驶管轮学堂之成效也。成效既已可睹,则成规即当渐充,所出轮船益多,人材益众,则海防益获战守之资,国家益收富强之利。

南洋大臣左宗(棠)前议试造轮船一折,曾谓由钝而巧,由粗而精,期诸异日。前总理船政大臣沈葆(桢)会筹船政替人一折,亦谓倘非精益求精,恐前此数百万帑金尽归虚掷。得其人则恢之弥广,日进无疆;失其人虽欲循前轨而守成规,有所不可得。可知船政为自强之本,应为持久之图,不徒成法之恪遵,要在前规之式廓,老成谋国,精神可贯百年。朝廷尚鉴其苦衷,岂后进忍忘其深意。嗣如丁日(昌)、吴赞(诚)、黎兆(棠),非不精心密虑,竭力殚精,而船政不能起色者,何也?经费支绌之病也。

大凡理财,惟开源、节流二端。船政所入,只靠关款,无源可开。船政所出,悉是工料,极力撙节,亦属有限。沈葆(桢)虑船工之匮,又虑关款之虚,奏奉谕旨,饬据户部议准,自光绪二年正月为始,在闽海关六成洋税内月拨三万,四成洋税内月拨二万,为制船经费,年应六十万。乃四成项下,均按年按月解清。六成项下,则二、四、五、六、七等年分,只解六个月;三年分只解八个月;八年分只解两个月,则是年短经费十八万以上。经费短绌,则因陋就简,与夫顾彼失此者,势也。是以吴赞(诚)欲造快船,叠次咨请南洋协款,苦心焦思,至于病而不果。黎兆(棠)承其意,裁工并厂,极力节费,积有成数,凑合南洋协款,以试造快船。他如拓厂地、添机器、造石坞、购练船,皆船政之急务,虽经附片奏明,终以积款不敷,亦苦心焦思,至于病而不果。此中之层累曲折,局中人知之,局外者不知也。致有疑近来废弛者,有疑积弊甚深者,非指为漏卮,即指为赘疣。臣未到工之前,闻之而亦疑之。及莅事后,推寻再四,乃知缔造者立法已善,接办者用意亦深,皆由经费不充,故成效已见,而成规不能拓耳。

臣之才力,不特不逮于沈葆(桢),且不逮于丁日(昌)、吴赞(诚)、黎兆(棠)。膺此艰巨,即循途守辙,尚惧弗胜,何敢妄议扩充,以多糜帑款。惟念船政与海防相表里,苟利大局,虽巨万不为糜,如其无裨,即丝毫亦为费。方今整顿海防之秋,需船甚殷,既国家不惜数百万设此船政,第因厂地犹未扩,机器犹未齐,不能赶造多船以应亟用。快船、铁舰,远购外洋,利分洋人,所惜犹小,且非长久之计。船政若不整顿,未能拓未竟之绪而精之,出船不多,则是省犹糜,实于海防仍无大益。

如虑及前功尽弃,洋人闭关,未有之船无从购,已有之船无从修,则船政万万不可以裁撤,即万万不可以不扩充。添厂地,添机器,添工匠,扩充自为多费。至于制船速,成船多,是扩充反可以减费。扩充之费在目前,扩充之利在他日,不待智者而始明者也。如不能以扩充,又不能以裁撤,徒欲节省经费,减工匠,即有旷日持久之病。少采购,又有停工待料之忧。名为节省,其实转糜。不特臣愚无所措手,即使材力百倍于臣者,处此亦难望其起色。

今年已届六月矣,制船经费,闽海关以茶季未旺,出款不多,极力设筹,解到四万养船经费。福藩司亦以征收未足,极力设筹,仅能解到二万。臣亦深信,委因支绌,解济不无稍迟,而此间工料待支,不免缓不济亟。黎兆棠流存积款,现已支放十余万,所赢之数,更不足以举办近日之亟务,稍展规模。臣深鉴于历来经费支绌之病,深虑扩充无力,整顿万难,与其因循坐废,获咎将来,合无吁恳天恩,俯念船政关系海防,渐有成效,应否添筹经费,展拓规模,请旨训示。如蒙俞允,容臣通盘估算,应办何项事宜,应添若干经费,再行据实沥陈,梼昧之见,是否有当,谨会同南洋大臣、大学士、两江总督、二等恪靖侯臣左(宗棠),福州将军臣穆(图善),闽浙总督臣何(璟),福建巡抚臣张(兆栋),恭折驰奏。伏乞皇太后、皇上圣鉴,训示遵行,不胜悚惶待命之至。谨奏。

光绪十年六月　　日

九、法船猝发我军船坏厂伤陆军连日抵御折

光绪十年七月初五日具奏:法船猝发,我军船坏厂伤一折。

光绪十年八月十五日,接军机处知会,七月廿四日奉旨留中。钦此。

奏为法船猝发,我军船坏厂伤,陆军连日抵御,法兵不敢上岸,恭折驰陈,仰祈圣鉴事。

203

窃法将孤拔率领舰队,于闰五月二十二日驶泊马江,窥占船厂。随调集闽省大小各兵船,与之衔尾相拒,以图牵制。臣于闰五月二十六日、二十九日,两次专折驰报我水陆各军防守情形。四十日以来,迭与会办大臣张佩纶等,将我军与法船勉力相持各节,电达总理衙门在案。六月二十五、六等日,英、美两提督来闽,商劝法船出口,未有成议。随奉电传谕旨,以法人如有蠢动,即行攻击,毋稍顾忌等因。张佩纶与臣勉励水陆各将弁,益加严防,预备战事。七月初一、二两日夜,风雨大作,又未接总署电报,心殊焦急。

初三日天忽晴明,未刻接奉电谕,知法外部议款不成,势必开战。因与张佩纶传令各船管驾,即行动手。忽闻炮声震耳,法既先发。张佩纶一面飞饬各陆营出队,一面偕臣登高指挥。彼此互攻,约半时之久,扬武已被击沉,福星随坏,伏波、艺新两船,乃向中岐退回。嗣法船赶至厂前,由厂中差弁开炮横击,旋即退去,随又上驶,再为击退。究因炮小,法船未受大伤。前泊在厂前琛航、永保两商船,正欲开轮往撞,为法炮遥攻,船坏不行,随被焚毁。其飞云、济安、振威三船,在下与法船互击,忽见火起,悉行自焚。福胜、建胜两炮船,往来冲击,力战逾时,一被击沉,一被焚毁。其内海各师船,及所备引火各船、水勇、木簰等件,以法船格林炮子如雨集,霎时均为扫尽。时当申末,我驻防马尾之陆勇,与罗星塔炮勇,伏沟狙击,抵死不退。法因聚船攒击,相持至酉末,始各收队。是日苦战,我兵、商各轮船被毁九艘,法船亦被我击坏,其立沉者大、小船各一艘。彼军固有伤亡,而我水军伤亡更众,陆营亦有伤者,一时未能查悉。

初四日早,法驶四船至厂前,排炮猛攻。方勋营勇由马尾移扎厂左山腰,黄超群两营仍扎厂后山脚,与福靖后营相辅,悉力抵御。彼以大炮轰击,厂屋半毁,我军以克鹿卜陆军炮及抬枪、洋枪应之,相持至晚。闻孤拔亦被我炮击伤,又见我军力守,遂不敢登岸,复收泊罗星塔下。

初五日,法大轮船八艘,小轮船六艘,开赴下游,必系移攻各炮台,刻尚未知胜负,俟探明情形,再行驰报。

此次法将以全力注闽,我水师船小将弱,独力勉支,相拒至月余日,昼夜严防,兵力已疲。故迭次请船赴援,深恐情见势绌,为敌所乘耳。乃法人横诈性成,竟敢不告而发,行同海盗,无礼至极。臣目击各船战没,未由援手。连日败残弁勇泅水得生者,类皆焦头折臂,惨不堪言。现既一面给赏养伤,设法抚慰。

臣自顾一介书生,既不能执殳前驱,力遏凶锋;又不能击楫赴敌,与之同命。惭对将士,悲愤填膺!且船厂系臣专责,又不能力筹保护,致为法所残毁,负咎实深。应请旨先行交部议处。其伤亡各弁勇,容臣次第查明,奏请优恤,以励军心。

再船厂濒水,法事未定,我无师船护助,势极孤危,当俟法船出口后,料检一切,分别奏明办理。谨将现在大概情形,恭折驰陈。伏乞皇太后、皇上圣鉴。谨奏。

光绪十年七月初五

十、查造机料清册并局存经费一具移交折

奏为船厂受伤,查造机料清册,并局存经费一具移交①,恭折仰祈圣鉴事:

窃臣于七月初五日,亲带经费赴省,与督抚臣晤商战守事宜。经将我军与法接仗、船厂受伤各情,驰报在案。随于初七日回工,巡阅各厂,濒江外围残缺,而校锻门尤甚,缘门内新设炮台,战时经厂中差弁洗懿林等击坏法船,彼乃聚船攒攻,致该处墙门悉毁,炮架亦伤。其各厂为敌击伤者,砌砖之厂,以合拢厂画楼为最,水缸厂次之,炮厂、轮机厂又次之,铸铁厂为最轻。架木之厂,以拉铁厂为最,广储所、砖灰厂次之,船亭、栈房又次之,模厂为最轻。船槽陡出江干,受炮最烈。新制第五号铁胁船身将次下水,被敌炮击穿九十余孔。

至学堂、匠房等处,虽受炮较轻,而器具书籍亦有残缺。各厂机器,则轮机、水缸等厂微有损坏。据学生勘验,略为修整,尚堪运用。至制船所需之钢铁、铜铅、油漆、帆缆、木植等料件,经催集经手员绅,督同看守各厂所差弁丁役,截至七月初五日止,逐件盘查,分别造具清册。臣详加查核,除厂存炮弹、枪子运藏后山药库,储材所木植失数十根外,其余各厂所料件,伤损亦复无多。惟制船经费及南洋快船拨款为数颇巨,查向来采购外洋料件,系由香港南台洋商银号汇兑,自闰月杪,法船日逼,恐有疏虞,陆续将经费饬支应处密行汇出,以重帑项,仍存用款四万有奇。七月初四晚,由臣派员弁,带领亲兵与黄超群营勇,搬小船运至后山。初五日,臣带省寄存藩库,经费数十万幸无遗失。衙署虽被十余炮,尚未大伤。各工匠初十后稍稍来工,因饬令赶捞船炮、修补架具,分置各要隘,以资防御。

法船之赚入马江也,原欲以虚声恫喝,规占船厂,藉遂其要索偿款之谋。嗣见我水路军防备加严,相持逾月,穷而无所。知我援绝守疲,乃以全力注闽,希图一逞。三日之战,彼船猝发,我将士感国家豢养之恩,悉力抵御,血战逾时。统计我兵轮马力不及九百匹,额勇不过千人,强弱迥不敌②,竟能坏其坚船,伤其大将。彼船攻厂两日,欲图占据,终以一月来见我厂前后穴地穿坎,疑有地雷埋

---

① 一具,《船政奏议汇编》作"一起"。
② "敌"上,《船政奏议汇编》有"相"字。

伏，故不敢由正道登岸。其间僻要隘，又为陆军分扼，势不得逞。仰赖朝廷福庇，船厂获全。

初五后，彼因船坏将伤，力难内犯，始移攻下游炮台为出口计。至初十日，驶出芭蕉口外妈祖澳，迭派小船往探，报称数艘驶赴香港外，停泊该澳者尚有七艘，内三艘损坏，难涉大洋，出口后数日集夫修葺。使有大队坚舰搏之，恐彼族且只轮不返也。

闽口防务，现由会办大臣张佩（纶），会同将军穆（图善）等妥筹布置。本局机器料件，名目繁多，各厂所逐具查点，造册需时。臣现将各厂所具报伤损、实存各册，并局存经费，移交兼署船政臣张佩（纶）接收。将来核计实用若干，另行奏咨立案。所有厂屋受伤各缘由，理合缮折，由驿驰陈。伏乞皇太后、皇上圣鉴。谨奏。

光绪十年八月十五日

（亦见《船政奏议汇编》卷二十五《何如璋三》）

十一、船政九年分报销及应行奏咨各件暂展限期片

再：前奉户部颁到：外省军需善后报销，奏定新章十四条。第六条内开：光绪八年八月以后，各省报销仍按各省旧章，或半年奏报一次，或一年奏报一次。上半年者，限本年十二月到部；下半年者，限次年六月到部；一年者，限次年八月到部。不准经年累月汇案造报等因。

船政制船经费，截至光绪八年十二月底止，业经分案奏报。其光绪九年分报销，自应遵照部章，按年造报，依限达部。

惟自去年闽省办理海防，一切炮台器械，多由厂中代制，接续不断，所有动用工料，年终未能截清。至本年四月间，始将办防应用各工料剔出，制船款目方清。臣当即分饬厂员，将九年分制船用款赶造细册，以期应限奏报。

讵料闰五月间，法船驶入闽港，停泊厂前，防务尤形吃紧，厂中添庀战具，赶制杆雷，厂员昼夜兼营，迄无暇晷，因将报册暂行缓办。辰下限期已届，而法船尚停泊口外，眈眈窥伺。厂中员弁督率各工匠赶捞船炮，修补架具。臣又以交代在即，催造各厂所机器料件清册，而销册仍复未能起办。

臣不胜焦灼，合无仰恳天恩俯准，将船政光绪九年分销案，即一切应行奏咨各件，暂展限期，一俟防务稍松，再行起限。除咨部查照外，所有报销不能依限各缘由，理合附片陈明。伏乞圣鉴。谨奏。

光绪十年八月十五日

（亦见《船政奏议汇编》卷二十五《何如璋三》）

十二、兵轮伤亡弁勇由船政筹款抚恤片

再马江之役，大小各兵、商轮船，被法船击坏九艘，弁勇伤亡五百余员名。谨由会办大臣张佩（纶）遵奉懿旨，赏银四万两，内筹拨银一万两，会同臣示给各该家属，分别具领。以各兵轮弁勇，均系船政招致募集之人，复由臣于本局经费提款，酌量加给各家属，以广皇仁而示体恤。所有抚恤一款，俟事竣附册造报外，理合附片陈明。伏乞皇太后、皇上圣鉴。谨奏。

同日拜发

（亦见《船政奏议汇编》卷二十五《何如璋三》）

十三、恭报交卸船政局务遵旨来京折

奏为恭报微臣交卸船政局务，遵旨来京，仰祈圣鉴事。

窃八月十五日接会办大臣张佩纶咨称：准吏部咨：七月十八日奉上谕：张佩（纶）著以会办大臣兼署船政大臣，詹事府少詹事何（如璋）著来京。钦此。

伏念臣莅工甫及半年，守厂勉支逾月，兵轮遽挫，机料粗存，负职忝恩，深为惶悚。自劾之疏既上，召还之命适颁。感激隆施，曷有纪极。

船厂被法船攻击后，臣连日亲自巡阅各厂所外围残缺，屋宇多伤，机器料件亦间有损坏。七月初十后，工匠稍稍回厂，因饬令赶捞船炮，修补架具，以备择要安置。并督催各厂所经手员绅，将机料逐一点查，分别造册送核。理合将船政所有卷册，暨局存经费等件，并木质关防一颗，于本月十五日移交兼署船政臣张佩（纶）接收。臣即于是日交卸，遵旨来京。

所有微臣交卸船政日期，相应专折具陈。伏乞皇太后、皇上圣鉴。谨奏。

光绪十年八月十五日拜发

（亦见《船政奏议汇编》卷二十五《何如璋三》）

奏疏公牍辑存

目 录

一、奏议补辑

分设驻日本各埠理事折

出使日本大臣何如璋,奏为日本通商口岸分设理事官,并派调人员,布置粗定事。

窃臣等自去年十一月间到东洋以来,各口华商纷纷禀求设官保护。查得日本通商口岸共有八处,除新隅、夷港二口尚乏商人,毋庸议设理事官外,横滨、筑地两口,拟设正理事官一员,业于今年正月间将随带正理事官候选同知范锦朋派充。神户、大阪两口,拟设正理事官一员,于五月间将随派副理事官内阁中书余瓀派充。至箱馆一口,华商祇二三十人,未便遽设理事官,又距别口太远,势难兼顾。经与该外务省商办有案,暂由该口地方官代理,随时移知横滨理事官查照,或遣员前往审办,或即移解横滨。其与日人交涉词讼,一面由臣等再与该外务省妥筹善法。所有三处分设理事官,各宜分派西学翻译官一员、随员一员,臣等均于随带人员中拣派前往,随同各该理事官办事,并饬就地举董,藉资钳束联络。

惟前随带西学翻译,除美国人麦嘉绅外,只有沈鼎钟、张宗良二员,经三处分派,翻译即不敷用。是以臣续调候选州同梁殿勋于五月间来东,充当翻译官,随又函请总理衙门派同文馆翻译学生前来。嗣准总理衙门咨,经附片,奏派户部学习主事杨枢,于本年九月十四日奉旨允准在案。至东学翻译最难其选,因日本文字颠倒,意义乖舛,既求精熟其语言者,亦自无多。臣等只得暂觅通事二名,该三处理事官亦各饬令就地觅一通事,以供传宣奔走之用。谨奏。

光绪四年十一月十五日奉旨,该衙门知道。

（见《清季外交史料》卷十四）

整顿海军以规久远折

光绪八年九月二十日

奏为海防关系大局,请酌定经制,力整水师,以规久远,而收实效,恭折仰祈圣鉴事。

窃沿海各省,北自吉、奉,南抵闽、粤,延迤五千余里。旧设水师,控制外洋内港,立法本极周密。自各口通商,海禁大开,泰西各兵船,以护商巡港为名,往来窥伺,知我虚实,遇事动相要挟,交涉日形棘手。光绪元年及五年,叠奉谕旨,派员督办水师,分任南、北洋,择要筹办。仰见皇太后、皇上慎固海防、有备无患之至意。

臣查泰西海军,向以英吉利为最强,近则列邦竞起,船械日精,皆骎骎乎有争雄海上之意。所有各国海师,驻防本境者不计外,其驶驻中土者,英则盘踞香港,有师船三十余号;法则侵略安南,有师船二十余号;俄则经营西比利亚,骤拨师船三十余号,近复于图们江口造船筑垒,益谋扩充。日本以强邻交逼,亦呕呕仿照西法创立海军,现有师船二十余号。

中土自筹办水师以来,各省陆续购制,计有大小轮船四十余号。第船械非良,兵弁多滥,章程不一,训练不精。即北洋布置初有规模,而船少兵单,势孤力薄,以之应变却敌,终难胜算独操。今欲固沿海之防,宜先定练军之制,专力筹办,庶可有成。

臣谨撮举大纲,酌拟水师事宜六条,为我皇太后、皇上陈之。

一立营制。拟分三大洋,定为六营。北洋一营,建阃天津,兼辖奉天、山东各口;中洋一营,建阃崇明,兼辖上下江、浙、宁各口;南洋一营,建阃南澳或虎门,兼辖闽、粤各口;内海一营,建阃镇江,以时巡缉汉口、九江、宜昌等处;外海二营,一建阃朝鲜釜山,以时巡镇日本及黑龙江等处;一建阃台湾,以时巡镇安南及新嘉坡等处。庶营制既定,功不废于半途,船械增修,效可程于他日。

一编舰队。练军之法,首严束伍;积伍成队,众乃不携。陆师固然,水师亦何莫不然?泰西舰队,约分三等,大队概以十二艘,中队八,小队四。每队必择一艘为之长,统领居中指挥,凡同队之进止听焉。又附以运送船一,为接济船械之用。今各营亦宜略仿其意,定为若干队,而择其尤者为舰长,庶平时练习号令一而耳目不淆,有事攻围,运棹灵而首尾相应。

一办船等。今新法制造,船式既殊,运用亦异。有用之测量者,有用之运送者,有利于撞突者,有利于攻轰者,有以巡击外洋者,有以驶行内港者,有专以成列备战守者。吃水既判浅深,配炮亦分轻重。凡沿海各口,必先测量水道,审度地形,揣其何式为宜,量行购制,庶添一船得一船之用,款不虚糜;简一器期一器之精,材惟慎取。

一勤训练。兵舰既用轮机,则攻守驾驶之法,自不能仍狃旧习。且港道分歧,风涛险恶,操舟运械,非习不精。故储人材、勤教练,为水师第一急务。现在天津、闽、广,既募集生徒,延师教督,然造就之途太隘,成材亦恐不多。似宜于上海等处添设兵校,广招材武之士,分门课练。至现充兵舰之将弁,须令按期巡海,不致舍业而嬉。庶选旅简徒,收教民即戎之效;程能课艺,无以卒予敌之虞。

一谋省并。沿海额设水师,为数不少,所用快艇、罾柁、长龙各船,糜费亦繁。今既设轮船水师,则旧额亟宜裁省。第酌定次第并省之法,每岁、每营兵裁若干名,船减若干号,老弱朽败者则径行裁撤。其船之坚固者,或每军酌留数艘,以补驳运、梭巡所不逮。其兵弁少壮者,令入校练习,改充兵轮额缺,将额饷裁充海军经费。俟将来内海一营编队既成,即长江水师亦宜设法归并。庶挹彼注此,不虞兵饷骤增;汰弱留强,可使军威日壮。

一精选拔。海军既设营制,则会计、测量、器械、军医各事,当有专责也。舰长、队长、炮兵、水手、工匠各职,不能滥充也。严行简料,信赏必罚。官则较优劣、别勤惰、限年以为迁转。兵则定格挑补,年十五至二十募之,学成授兵;五十休之,募新者以补其缺。其休者籍为余兵,酌给名粮四分之一,注籍听调。每岁领饷时赴营会操,愿除籍听之。在营之弁兵,皆须终年住船,不得上岸。三年予假,换班遣归,既不误公,又有以恤其私。其余赏恤等项,亦条别而为之制,务使为将为兵者,历久如新。庶业有专精,不致滥竽以充数;资足自赡,益思敌忾以同仇。

凡此六端,筹办水师之大略,苟非统归一人节制,则备多力分,情睽势隔,徒有虚名,究无实效。诚以防海异于防陆,陆军可以分省设守,海军则巡防布置,必须联络一气,始无兵分势散之虞。七省濒海之地,港汊纷错,互有关涉,风轮飙忽,瞬息千里。苟分省设防,则事权不一,呼应不灵,守且不能,何有于战!拟请旨特设水师衙门,以知兵重臣领之,统理七省海防,举一切应办之事,分门别类,次第经营。并将现有之兵船调齐,定为等差,编为舰队,分布合操,以资练习。按年责效,不效则治其罪。固海防,张国威,计无逾于此者。

第经营伊始,规模宜备,今果实力举行,渐次展拓,立六营之制,为百世之规,则通盘筹划,购制之费,修补之资,与夫弁兵俸饷、匠役薪工,非岁筹三四百万金不可。拟请旨饬下户部,筹定有著之款,按年划拨,解交水师衙门。责成该大臣酌定条款,随时奏明办理。需之数年,庶各营之规制克成,沿海之边防益固矣。

或有谓船械之用,非我所长,防海不如防陆者。不知大海者旷野也,口岸者门庭也。今不御敌于旷野,而欲御敌于门庭,岂为得计?且濒海口岸错出,若仅仅备之于陆,彼乃得蹈瑕抵隙,声东击西,不战而我坐困矣。况百万京储,实资海运,漕艘若梗,根本先摇,又岂特沿海商船恣其劫掠已哉!唯有整顿水师,预为之备,彼见吾力足抗衡,当渐戢其狡谋,而永言和好。即为外交计,海防亦不可不亟筹也。

或又以为水师耗费过巨,库储难给为疑。然自通商三十年来,挑一衅,而防御之费动逾巨万;议一款,而赔偿之费又逾巨万。其商务之亏损,小民之朘削,犹未暇计也。倘不能思患预防,彼又将乘隙求逞,得步进步,长此安穷?且筹费固非甚难也,查各省赋课,定额无异曩时,而加以厘金、洋税之入,岁不下二千余万。但令司出入者认真稽核,严正供,捐不急,杜浮冒,绝侵渔,则区区海军经费,当易为力。况旧额水师、新制船械,开销不少,今既统归一处,自可谋省并而筹协济,如是,则经费不患不足。既经费足而责成专,斯规制可定,实效可期,内备日修,敌谋日绌,外交渐有把握,自不难维持商务以裕民,酌加洋税以裕国。

且舰队周巡,声援相接,又可南保交趾,北护朝鲜,东惩日本,使藩属蒙福而邻国畏威。一举而数善备焉,斯国家久安长治之宏规,而今日未雨绸缪之至计也。

臣比年奉使海外,见泰西各邦海军之盛,与日本仿练海军之专,因念时艰孔亟,外侮日深,整顿水师之举,实万万不可再缓。是以不揣冒昧,谨按沿海地势与近日情形,详悉胪陈,冀效土壤细流之助。伏乞皇太后、皇上圣鉴。俯赐采择,大局幸甚!谨奏。

（见中国近代史资料丛刊《洋务运动》）

越南危急请派统兵大员出关筹办以保属土折

翰林院侍讲学士何如璋奏为越南情形危急,请特派统兵大员出关筹办,保属土而固边疆事:

窃越南毗连滇、粤,负山濒海,土沃产饶,法人蓄意并吞非一日矣。其南圻九省自割属法人之后,劝垦招商,设关榷税,岁人二百余万,获利颇厚。又习知越南君臣昏懦,武备废弛,欲全据之以进窥滇、粤门户,故去年复有河内之役。然据城之法兵不过数百人耳,见我三省派兵出关,亦复迟回而不敢动。闻去冬法使有罢兵再议之言,今春忽翻前说,虽由该国更换执政,殆亦揣知吾不与力争,因有此番更变。以越南积弱,非法人敌,我不与争,必折而归法。越南归法,则滇、粤藩篱尽撤。法人据其土,取其财,练之为兵,驱之为寇,将来南徼千余里间欲求一夕之安,讵可得乎!

今乘法人迟疑未决,拟请旨特派知兵大员出关,节制三省防军,汰弱留强,添募近边土勇,合一万数千人,于北圻、广安、谅山、太原等省择要扼守,以观其变。

刘永福一军久据保胜,与之为仇,法人虑其作梗,令越南逐之,而越人畏法之横,疑不敢用,自孤其势,益启戎心。计不如假以资粮,倚为犄角,有警则调其劲旅,驱为前锋。该军惯习边要,熟悉夷情,使当法人之冲,必能深得其力。明告越南以必救而固其心,并谕用永福之宜,专以壮其气。俟防备已严,乃与辩论,庶不致强索横侵,日甚一日,袖手坐视,莫可如何。

查法为民主,非必好大喜功,侵略越南也。欲如英人之据印度,倚为外府,收揽东南利权,既割其膏腴,复欺其愚懦。近日之举,直欲以数百人逼劫之。吾但示以必争,则彼欲小试而成功难,必欲大举又劳费不赀。该国唯利是图,或且知难而退,重申前议,当有收场。

惟行军必宜置帅,夺人亦仗先声。苟调度之或乖,恐事机之坐失。现法未退,和未成,亟宜及时布置,饬备伐谋,庶操之有方,乃无后时之悔。臣愤法人纵横,越南危急,为保属土、固边防起见,冒昧折陈。谨奏。

光绪九年二月十九日

(见《清季外交史料》卷三十一)

奏陈商务请力筹抵制疏

奏为商务吃亏,贻害极大,请力筹抵制,以裕民生而固邦本,恭折仰祈圣鉴事。

窃维国依民而立，民以财而聚。财者生民衣食之源，国用所从出也。上世土旷民稀，专务农以尽地利，今则生齿之繁十倍于古，力耕不给，故必经商并务农，本末兼资，庶足济王政之穷，而各安生业。自与各国通商，利害尤有关系。若商务吃亏，金银输出，则民生困，国计亦穷，此宜急筹防制者也。

伏读十一月二十八日上谕，奖廉惩贪，谆谆告诫，所以为民生计者至周矣。臣窃有请者：则以西人胶削，较贪吏侵渔为尤酷。盖贪吏之侵渔，财犹用之内地，西人之胶削，财直输之外洋也。查中外结约通商，其始不过五口，继则增至十九口，而假借游历通商一语，因之内地亦复通商。然西人犹虑其通商不能畅行也，又藉子口半税单以轻其货值而扩其销路，其汲汲然谋之者，无非欲取我财货，夺我生计耳。三十年中巧取横侵，愈推愈广，流弊日钜，受害滋深。

综计约有数端，敬为我皇太后、皇上分晰陈之。

通商之法，要在懋迁有无，始可便民而裕国。若出入货物不能相抵，则彼有所赢，必此有所绌，故西人特行保护之方。查各国进口货物，若洋布、若洋药、若呢羽，若煤铁玻璃等类，不下数十百种，而中途出口者，丝、茶、糖之外，皆西人所不购。乃丝，意、法各国制之，茶则印度、日本植之，蔗则东南洋传种争栽，均既岁有所增，以渐夺中土之利，故近年进口日多，势成偏重，徒以彼无用之货，易吾有用之金，其弊一也。

然使进口之货，中土无则利民用而广交易，虽耗损货财，尚不致夺吾本然之利。乃查进口之货，海产若鱼虾海菜，陆产若米麦药材，工产若竹木杂器、雕漆磁铜等物，皆不异中土之产，市廛贸易，祗有此数，外产日盛，则内产不得不衰。夫行盐引地，侵占邻私，销淮销川，皆吾百姓，揆之人失人得之义，要不出于寰中。而司鹾者，尚欲百方堵截，严禁邻私，毋许侵占，何也？本然之利不忍失也。今异国之产灌输吾国，更甚于私盐之占引地，听其销流日广，则吾民之生路日穷，其弊二也。

然苟征课之权操之自我，则设法限制，尚可杜喧宾夺主之嫌，乃内地商货，有关税，有厘金，有杂捐抽缴之费，名目甚繁。外商则租界既免厘捐，内地祗输半税，且皆纠合公司，本钜势强，以垄断之心，行兼并之术，又假吾优待之条，以恣其劫夺，遂令坐贾行商纷纷败北，其弊三也。

查欧美通例，凡外国商船不准贸易内港，诚恐夺民生业也。今则内江外海，皆任洋舶往来，不特运销外产，而且揽载土货，并揽及各地陆运之土货，致使操舟负贩者大半失所流离。近虽设局招商，购船自运，而稽之税关，不过十之一二。即此载运一款，坐困者当不止数十万家。其弊四也。

自通市以来，各省税关以亏额告者多矣，抑知税亏者一，民之所亏者百，不可不察也。临清之铁税既减，则山、陕之铁业必微；外洋之药材销，则云贵川广之药材必贱滞。今试以大者言之，洋布一宗，岁约值三千余万，洋布多则土布必少，而向之贩布者失其业，即向之种棉而纺织者亦失其业。衡以中人之产，每岁不下数百万家，矧存此三千万金，则市肆流通，四方周转，资以为生者，更难指数也。今举而输之外洋，小民复何所赖？其弊五也。

此不特夺民生业也，又坏己国之人心。查欧美各国，其外来商人均归地方官管辖，故彼此相安，可久行而无弊。今管理外商，悉由领事，租界一隅，几同化外，地方禁令，外人不惟不遵，且明犯之以为利。遇有交涉之案，类曲法以相宽。训至入教之徒亦恃强以相抗。有司畏懦，隐忍容之，徒长匪类之奸，又丛小民之怨。其弊六也。

且不特坏人心也，又损国计。各国税则皆由自定，得持盈虚而增减之，以恤民而富国。今海关税额必与西人议定而后行，既非平交之道。又泰西征收进口之税，类以值百抽三十为准，有加至五十、七十者。我仅值百而征其五，而进口之货，又有减焉。此实为天下至轻之税，外商意犹未厌求，内地厘金议行子口半税，但图畅行销之路，明亏吾制用之经，贪肆纵横，不尽取中土菁华不止。其弊七也。

总之，七弊生一害，则以贸易不能相抵，而金银滥出之故。西人互市以来，其始以金易货，继则出入相当，近乃添口岸以扩商路，行半税以轻货值，销流日广，进口日多，而又争及锥刀，百方搜括，小民生计，尽饱贪囊。核前五年税务司册报货价一款，既经岁亏金银一千余万，加以船载之吨数，市场之栈租，当不下二三千万。而西人恃强要索者未有已也。

国用之所取给，民生之所仰资，一旦告罄，虽善者何以为之谋乎！三代盛时，国之征赋，民之贸易，布帛耳，菽粟耳，降而钱币，又降而金银，世变迁流，日趋便利。至今日各国通商，尤以金银为枢纽。倘闻边境购器有资，或遇偏灾，泛舟尤便。但公司之流行自挹注而不穷，故金银者，国家之根本，而民生之精血也。中国条约严禁铜钱输出，诚以国之重宝，不可予人。然今日之金银重于铜钱，苟金银滥出，铜钱亦难以流通。年来海宇乂安，治具毕张，而草野穷困，皆有不可终日之势，正坐此金银滥出之故也。

日本同在亚洲，亦受西人挟制。察其废藩以后，非不力图自强，第以进口过多，遂致金银匮竭。现所流通者，只有纸币。公私交困，民怨嗷嗷，几不可以为国。中国之富虽胜于日本，然使岁亏钜万，势必不能久支。前事覆辙，实可寒心。臣数年奉使，反复考求，乃知西人借兵力以扩商路，因商务以取人财，比秦之割地,契丹之岁币,其操术为尤巧,贻害为尤深。

窃念通商之局,千古所无,势不能绝市而闭关。事惟有变通以救弊。救之之术,一在兴货殖以保民财。生财之道,不外开源节流,令殖己国之产,以杜外洋之货,若洋布等类,广为栽植,如法制造,自鬻之而自用之,第使取之官中,家给而户足,则外洋少售钜万之货,即中国岁留钜万之金。源日开,流日节,民生裕,国用足矣。

一在饬武备以振国威。旧日条约,皆由威逼势劫而成,故商务吃亏过甚。乃西人得寸进尺,贪壑难盈,诛求不已,行且攘夺。自非上下一心,通筹经费,于海陆军政实力讲求,何以杜狡谋而纾隐患乎!况丰财和众,武之善经。果其内备克修,权由自主,将向来通商诸弊,亦不难设法维持。至于寻常交际,不妨稍假情文,用昭柔远之经,庶合善邻之意。其有妨小民生业者,则一律坚持,事即细微,不可轻许。盖以一事一时计之,似无大损,合各国计之,则所伤实多矣。合数年计之,则所亏尤钜矣。涓涓不塞,将成江河。迨至势穷害极,强邻益逼,上无可筹之饷,下无可练之兵,即欲设法支持,后悔复奚及乎!

臣比年在外,商务之利害曲折再三研求,实见其关系国计民生者如此。用敢详悉披陈,伏乞皇太后、皇上留神听纳,饬下中外大臣亟图防制,熟筹而力行之,天下幸甚!

(见《广东文征》第六册　番禺吴道镕原稿,据以录入。)

内地通商利害议

窃以外交之利害,视商务之盛衰。商务之盛衰,视金钱之出入。入口之货物太多,则出口之金钱亦钜,日朘月削,民生日绌,国计亦日因之而穷。此固今日切要之图,不可不预筹防制者也。中国政体,素不重商。汉时至特加租税以困辱之。诚以业商者过盛,则以垄断之心,行兼并之术,必于民生有碍。

惟晚近泰西各国专重商务,往往以兵力扩充其商路。待其脂膏吸尽,国势虚耗,又益以兵力求逞其大欲。如土耳其、印度其前事矣。中国自与西人通商,其始不过五口,继增十九口,而假游历通商一语,因之内地亦复通商。然西人犹虑其货物不能推行尽利也,则又藉子口半税单以轻其货值,而扩其销路。其汲汲然谋之者,无非欲取我货物,隘我生计耳。幸而中国人民以洋人物产不同,不甚购取,而稽之海关税册,每岁流出金银既在一千余万之外,斯固举国之人所为痛心疾首者。然西人条约,当日事势,实不能不许,今日既许之,则又无可如何,只好待吾自强,再图补救矣。

至日本与我立约在西人之后,其修好之初,意在于联近交,即约中内地之禁,亦意在防外寇。而近年以来,日人精神所注,乃专在内地通商,欲博取中土之财,以稍补西邻之失。夫邻厚则我薄,彼利则我害,斯固事理之至显者也。如璋随时究察日本之求通内地,屡与西人一体均沾为言。而我国之待日人,实有不能与西人强同者。盖有不宜轻许之故五,有贻害极大者四。敢再分晰陈之。

通商之法,要在懋迁有无,许可便民而裕国。苟彼此物产相同,则彼有所赢,必此有所绌。故西人特行加税保护之方,以殖己国之产,而杜外来之货。今日我国海关税权不能自主,则加税固未易言(泰西各国每因外来之货侵夺己产,则重课外货输入税,使货价增贵,不能与己产相争,谓之保护税。西历一千八百四十三四年间,美利加以己国矿产不旺,于英国输入铁条,每一百吨价值三十六圆者,课税二十四圆。输入铅块每百磅值价三圆者,课税三圆。近者法人以英国输入丝带等项,夺织工之业,骤加重税,至值百圆者税百圆,或至税二百圆),查日本出口货,海产若鱼虾海菜,陆产若豆麦药材,土产若竹木杂器、雕漆磁铜等物,皆不异中土之产,为民间所习用。若任其直输内地,则倭货销售日广,内地之业此者,皆渐蹙其生机。不宜轻许者一也。

然使道远费艰,转输不便,则彼物成本较重,或尚无碍民生,乃此邦密迩近邻,居东海适中之地,上而北洋之口,下而闽粤台琼,中而浙沪江汉,皆一航可通,较之我南北往来,车牛辇负,取径捷而运费轻,若任其直输内地,恐商权尽为彼夺。夫行盐引地,侵灌横私,淮盐川盐,皆吾百姓,揆诸楚人失、楚人得之义,要不出乎寰中。而司盐务者,尚欲百方截堵,严禁邻私,毋许侵占。何也?本然之利不忍失也。今异国之产,灌输吾国,更甚于私盐之占引地,而任其扩充于内地,则内地物产销路日穷,民生将日困。不宜轻许者二也。

然苟征课之权操之自我,则设法限制,尚可杜喧宾夺主之嫌。乃内地之产,有关税,有厘金,有杂捐抽缴之费,名目甚繁。外产则纳完子口半税外,一概豁免。其在通商口岸货相等者,价尚相若,一经输入内地,则彼省厘捐,品类虽同而价值顿异,小民日用,惟取便宜,断无舍外来贱值之物,转购土物之理。则内地商人必至于败折。不宜轻许者三也。

然使亏损者祇在商贾,犹可言也,乃外产广销,自内产积滞。即各地种植工作之人,亦将无所获利而失业,是弊实中于民生。市廛交易,本有程度,外产多则内产减,税厘之入亦日微。且外产横侵,生民重困,究其所极,势将蠲税厘以补救之,是弊并中于国计。不宜轻许者四也。

西人远隔重洋,虽互市久通,流寓尚少,又类多富豪殷实,顾惜声名。而领照入内地者,犹或滋事,包揽华人子口税单亦且不免。今日本地近民贫,贪而见小,加以形貌同,文字同,内地之禁一开,其挟资而至者无论矣,即肩挑负贩之徒,必将成千累万,纷至沓来,甚而无业游手,亦尽可包揽华人子口税单,借以糊口;勾引奸民,肆行伪诈。幸而发觉,地方官又不能以法相绳,必送回该国领事,徒损己国之威,又丛小民之怨。不宜轻许者五也。

匪特此也,且又有贻害极大者。向来中东商务,彼此之输出入大概相同,其后,中国所来之药材书纸等类,彼以崇尚西法摒弃不用,所输入者,只有蔗糖一种,岁仅值二百余万。彼乃劝民广种,并议加值百取三十之重税,以杜其来。而于中土需用之物,或加意扩充,或传种加植,或如式仿造,近年输出益广,乃增至五百余万。是出入相抵之外,已岁输彼国金银二百余万矣。若许其直输内地,则渐推渐广,来货日多,每岁当增至一千余万。核近四年税务司册报,与各西国交易,经已岁亏八千余万。今若又岁输巨款与日,将中土现有之金银,不久立见匮竭矣。国用之所取给,民生之所仰资,一旦告罄,虽有善者,何以为谋乎!是贻害之大者一。

三代盛时,国之征赋,民之贸易,布帛耳,菽粟耳,降而钱币,又降而金银。世变迁流,日趋便利,虽圣哲不能违时复古也。今则万国通商,尤以金银为关键。一方饥馑,可移数万里之粮粮;一日兵事,或费数万金之军火。故西人谓金银者,国家之根本,而兵士之精血也。中国条约严禁铜钱输出,诚以国家重宝,不可与人,禁之尚有深意。然今日之金银重于铜钱,苟金银滥出,则铜钱难以流通。年来国家太平,年谷丰登,而百姓汲汲然有困穷之叹,正坐此金银滥出之故也。日本废藩以后,非不力图自强,第以输入之货过多,遂至金银匮竭。据其大藏省商况年报,谓德川末造,全国共有金银一亿六千万。开港以后,流出金银共有一亿五千余万之多。举向来积蓄,一扫而空,所流通者,只有纸币。公私交困,民怨嗷嗷,几不可以为国。中国之富虽胜于日本,而每岁流出一千余万,不为设法防制,势必不能久支。前车覆辙,实可寒心。是贻害之大者二。

论亚洲大局,中东两国本宜联络于一气,以壮声援。第潜察其政略,人心轻诈,已不可亲,贫弱又无可恃。制驭之方,惟有峻防之,使不得与西人勾连,则彼此相衡,大小悬绝,彼自有所惮而不敢动。今若许之西人者概许之日人,是离者纵之使合,彼必将转依附,肆其要求,西人所欲索于我者,日人从而先之;日人所欲得于我者,西人又从而助之。即内地通商一节而推广之,侵假而请开行设栈矣,侵假而请加设领事矣。得步进步,随事纠缠,于交涉益形棘手。是贻害之大者三。

且日人之飞扬跋扈,日怀异图,此国人所共知者。而天下皆决其不能为我边患。诚以政略人心虽不可知,而国之贫瘠势有一定也。今假以通商之利,予以钜万之资,则彼日富而势益强。欲求于近日之蜷伏,恐不可得矣。又况今日各国争夺成风,和好终难久恃。万一我与别国有事,日本近居东海,所系非轻。苟条规各分界限,则利益无可均沾,彼虽不能助我,尚可望中立于局外。若令与西人一律,则别国要偿于我者,彼亦得之,或且反助敌邦,乘吾危以邀厚利,斯又贻害之尤大者矣。

如璋少小读书,于商务茫然未悉,既而身居局内,反复考求,乃知西人之借兵而扩商务,因商务以取人财。比秦之割地、契丹之岁币,其操术为尤巧,贻害为尤深。窃念今日时势,通商已不能无弊,而输入内地之子口税单,行于外商,不行于华商,则商人之业失而弊益大。西人内地通商已不能无弊,而日人之物产同,种类同,听其侵灌,则小民之业失而弊尤大。

日本改约一事,从前柳原前光言之,森有礼言之,我总署皆极力斥驳。如璋迭奉钧函,亦谓此事必不可许。仰见保护民生之至意,无任钦佩!将来改约届期,日本如再渎请,窃以为许其购其土货,不许其运销倭产,亦无不可。即或不然,日人仿造西式货物,许其一律众销,其与我物产相同者,仍不得运入内地。则所分在西人之利,而华人之业可保全,亦无不可。若彼心欲以内地通商一体均沾为请,是欲夺我亿万赤子之生计,以富其邻,理直气壮,自应坚拒。

前曾文正公上疏筹议改约,谓关系于小民生业者,即使决裂,亦不能从。诚为至论。况今日之日本,断不能因此启衅乎?用敢吁求坚持前议,力却要求,民生幸甚!天下幸甚!

(见《广东文征》第六册　番禺吴道镕原稿)

附录:陈贞寿《中法马江海战》附件一
《张佩纶、何如璋水师失利自请逮问折》

何如璋奏:法将孤拔率领舰队于闰五月二十二日驶泊马江,窥占船厂,随调集闽省大小各轮船与之衔尾相拒,以图牵制。臣于闰五月二十六日、二十九日,两次专折驰报我水路各军防守情形。四十日以来,迭与会办大臣张佩纶等,将我军与法船勉力相持各节电达总理衙门在案。六月二十五、六等日,英、美两提督来闽,商劝法船出口,未有成议。随奉电传谕旨,以法人如有蠢动,即行攻击,毋稍顾忌等因。张佩纶与臣勉励水陆各将弁益加严防,预备战事。

七月初一、二两日夜,风雨大作,又未接总署电报,心殊焦急。初三日天忽晴明,未刻接奉电谕,知法外部议款不成,势必开战。因与张佩纶传令各船管驾即行动手。忽闻炮声震耳,法既先发,张佩纶一面飞饬各陆营出队,一面偕臣登高指挥。彼此互攻,约半时之久,扬武已被击沉,福星随坏,伏波、艺新两舰,仍由中歧退回。嗣法船退至厂前,由厂中著弁开炮横击,旋即退去。随又上驶,再为击退,究因炮小,法船未受大伤。前泊在厂前琛航、永保两商船,正欲开轮往撞,为法炮遥攻,船坏不行,随被焚毁。其飞云、济安、振威三轮,在下与法船互击,忽见火起,悉行自焚。福胜、建胜两炮船往来冲击,力战逾时,一被击沉,一被焚毁。其内海各师船及所备引火各船、水勇木牌等件,以法船隔林炮子如雨集,霎时均为扫尽。当申末,我驻防马尾之陆军与罗星塔炮勇伏沟互击,抵死不退,法因聚船攒击,相持至酉末,始各收兵。是日苦战,我兵、商各轮船被毁九艘,法船亦被击坏,计立沉大、小船各一艘。彼军固有伤亡,而我水军伤亡更众,陆营亦有伤亡,一时未能查悉。

初四日早,法驶四船至厂前,排炮猛攻。方勋营勇移扎厂左山腰,黄超群两营仍扎厂后山脚,与福靖后营相辅,悉力极御。彼以大炮轰击,厂署半毁,我军以克陆卜陆军炮、及抬枪、洋枪应之,相持至晚。闻孤拔亦被我炮击伤,又见我军力守,遂不敢登岸,后收泊罗星塔下。

初五日,法大轮船八号,小轮船六号,开赴下游,必系移攻各炮台,刻尚未知胜负,俟探明情形,再行驰奏。

此次法将以全力图闽,我水师船小将弱,犹勉力支持,相拒月余,昼夜严防,兵力已疲,故迭请船赴援,深恐情见势绌,为敌所乘耳。乃法人横诈性成,竟敢不告而发,行同海盗,无礼已极。臣目击各船战殁,未由援手,连日战败弁勇泅水得生者,类皆焦头折臂,惨不堪言。现既一面给资养伤,设法抚慰。

臣自顾一介书生,不能执殳前驱,力遏凶锋,又不能击楫赴敌,与之同命。惭对将士,悲愤填膺。且船厂系臣专责,又不能力筹保护,致为法所残毁。负咎实深,应请旨先行交部议处。其伤亡各弁勇,容臣次第查明,奏请优恤,以励将心。

再船厂濒水,法事未定,我无师船护助,势诚孤危。当俟法船出口,料检一切,分别奏明办理。谨将大概情形恭折驰陈。

(《光绪朝东华录》光绪十年八月)

编者按:此奏折亦见《峨叔奏稿杂存》,署题作"法船猝发我军船坏厂伤陆军连日抵御折",文字略异,可参看。题作"水师失利自请逮问折",似不妥。

二、琉球事件函牍节录

编者按:琉球事件发生,正值何如璋出任公使,率领清朝驻日使团赴日本,立即展开对日交涉,主张采取强硬态度,提出琉球三策,不惜撤使、罢市以争。一度美国前总统格兰特由中国赴日本调处。此期间何如璋与政府有频繁通讯,惜大量函牍目前未发现,兹节录总理各国事务衙门奏折中所引文,以见梗概。

光绪四年六月初五日《总理各国事务衙门奏日本梗阻琉球入贡现与出使商办情形折》

……嗣何如璋等行抵日本,函称:"琉球陪臣耳日官向笃忠,叠次在东求见,面陈危迫情形,抄呈该国近与日本来往文书。反复详阅,缘琉球于明万历时役属日本之萨摩岛,数年前始改隶东京。该国王曾声请中、东两属,日本许之。近以日本废置诸藩,乃迫令改朔易制,其意直欲并举琉球而郡县之。以其臣事我朝,牵掣顾忌,未敢遽发,故百计挠之,欲琉球之携贰于我,而后可逞其志。此阻贡之所由来也。揆势度情,自不能默尔而息。尚待闽咨,以凭核办"云云。

光绪五年闰三月初五日《总理各国事务衙门奏日本梗阻琉球入贡情形折》

……嗣于上月二十七日,据何如璋等电报内开:"东松田至球,举动未详。十三日,大政官示:废球为县。此事如何因应?请示遵。余俟缄呈"等语。

光绪五年七月二十一日《总理各国事务衙门奏美统领调处琉球事折》

……兹臣等接何如璋等函称:"见美国驻日使臣平安,据称'事必须了,且必须两国有光。已与前统领商一办法:查琉球各岛,本分三部,今欲将中部归球,立君复国,中、东两国各设领事保护之。其南部近台湾,为中国要地,割隶中国。其北部近萨摩,为日本要地,割据日本。未知贵国允否'? 当答以'本国意在存球,惟期球祀不绝而已'。美使欣然"等因。

光绪五年八月初五日《总理各国事务衙门奏美统领格兰忒在日本商办琉球事情折》

……窃臣衙门前接出使日本大臣何如璋等函报:"见美国驻日使臣平安,据称已与前统领商一办法:查琉球各岛,本分三部,今欲将中部归球,立君复国,中、东两国各设领事保护。其南部近台湾,为中国要地,割隶中国。北部近萨摩岛,为日本要地,割隶日本"等语。

光绪六年六月二十四日《总理各国事务衙门奏请派员商办琉球案折》

……臣等接何如璋报："晤美国驻日使臣平安称：格兰忒拟一办法：球地本分三岛，议将北岛归日本，中岛还琉球，南岛归中国，似此事可了，亦两国有光。又称：格兰忒将大局说定，然后回国"云云。

三、出使日本函牍

编者按：以下函牍录自《清季中日韩外交史料》，题目序号亦据以录入。讹错文字径改，不出校记。

332 号

四月十三日，出使大臣何如璋函称：

敬启者：上月二十九日肃寄第八号一缄，并附《使东述略》、《使东杂咏》各一本，计邀澄鉴。如璋到国以后，日本使臣花房义质自高丽归。前与之相见，略言朝鲜执政意，犹不愿修好。见西服欲望而去之。除釜山一口通商外，现欲再择二口，仍未定云。有传闻日本欲在咸镜道之元山津开口，而俄人阻以不如在高丽西南之全罗道。且宣言欲用兵高丽。若在咸镜道颇干不便。又传闻去岁英人欲藉日人为介绍，而俄人阻之，日人亦遂不复言。前巴使来晤，为如璋言：中国何不劝高丽与各国通商，既不能闭关，即多与一二国结好，亦有益无损。否则将为俄人所吞噬云云。合一切传闻之词。情形当属实也。

窃以为高丽之患不在日本而在俄罗斯。俄之经营东土，非伊朝夕。近又据新闻纸言：俄人在黑龙江一带缮甲完郭，计增马队四千五百人，又增步兵三千人，增炮兵六百人，水兵二千人，兵船四艘。报中言将以备英，然正不知意之何属也。计俄用兵必先高丽，直趋咸镜道。以强弱之势揆之，高丽必不能支。高丽若亡，蛇蝎之患，近在心腹，中国岂有安时。当日高立约之初，西人发议。既谓泰西诸国当踵其后，藉日人为先导。又谓俄人所属海口，冬阻于冰，欲于高丽各口肆鲸吞。一旦高人与各国通商，俄有投鼠之忌，必缓其谋。逮客岁英果欲托日人，俄果私租日人，是俄人虎狼之心，固天下万国所共知者。中国不早防之可乎哉？俄、英近日尚无战音，和议一成，恐将有事于东。即不然，患亦不出十年。俄若用兵高丽，而我竟结舌而退，坐视而不救，后患安可言乎！夫英托日人求通互市，而俄阻之，是与各国通商，尚足为牵制俄人地。此意似宜告高丽知也。

日本今遣天城兵船松村少佐由日本海巡测高丽东北各海口（大约日本意图自守，非能兴师），我亦当察其地形。俄人增兵，想台端必有所闻。如果属实，我东三省之应如何设法筹划屯守，绸缪未雨，宜急图之。率臆妄陈，敢乞代回堂宪督核。此请

勋安！　　　　　　　　　　　　　　　　　　何如璋、张斯桂谨启

三月二十八日第九号。外高丽图二纸。又中国、日本、朝鲜图二幅。

再启者：正封缄间，昨日因议游历护照事，见外务卿寺岛，纵谈及此。寺岛云去岁英、法欲与俄立约，在图们江口通商。俄人拒之，其意可知。又言俄人屯兵图们江口，朝鲜流民归之者极众。且言彼国与朝鲜结约，欲藉以自保。中国似宜遣使往驻朝鲜，属其及早筹维。其言殊足动听。并议游历护照事。录问答节略一纸，乞回堂宪鉴督核是祷。再请台安！

问答节略

日前横滨商人请领游历护照，神奈川迟留未给，由理事官转禀前来。因函致外务省，订期商办。二十二日赴外务省晤寺岛，寒暄毕，因言游历护照事。寺岛云：条规未载，事须妥商。我云：载在通商章程第十三款。且东人游历中土者早经发给矣。寺岛因检规章程，乃云：游历虽载明，而无里数及详细办法，仍须妥商。我答以此有旧章，无难办理。愿妥商亦无不可。寺岛云：此事我肯通融，唯森使在贵总理衙门有所商，亦请致信代求通融为望。我言：游历事中国先行，今不过请贵国照办耳，无所谓通融也。彼乃再三纠缠云。请于复该省文中提及此层。我驳之，彼又云：否则由该省复我文中提及。我严驳之，且谕以贵国领事在上海，曾与海关道详议数条照给，并非我格外要求之事。如贵国不办，我当告知本国照样停给也。彼听了，因言此事好办，俟查明再行订期晤商。适英使来。遂告辞。

二十八日，再赴外务省晤谭此事。寺岛云：检查上海所议之案，业已不存，第游历一节自当通融办理。唯中国通商口岸待东人异于西人，请代求一律办理。我答以中东条规与泰西各国不同。因彼此密遇有来有往，故所办之事，必两国均可行者方办，断不能独占便宜。且我与泰西所立之约，随后亦将斟酌尽善，贵国不必再蹈其故辙。彼又反复辩论。因谕以西人无可恃，观俄、土近日之事便知。且同在亚细亚中，须先求立国根本。今日商务，贵国即穷力步趋，断不能求胜于西人，唯须于输入输出注意防金币流出方是稳著。彼深以为然，因问曰：英、俄两国如何？告以英如狐，俄如虎。一图利，一图土地，均宜防也。彼因

言俄近在图们江口屯兵,垦辟日拓而南,朝鲜流民归之者约有二三万人,其用心殊不可测。我与朝鲜结约通商,亦愿藉此为自保之计,非别有所图也。中国似宜遣使往驻朝鲜,属其及早筹维,且思所以保护之。并时遣兵船游巡,以习水道,为万一之备。否则朝鲜一失,亚洲之大局深为可忧。因答以尊论极是。我政府亦早筹及之。唯望贵国洞悉情伪,不致受俄人之愚则善矣。彼又言去岁英、法欲与俄立约,在图们江口通商,俄人拒之,其意可知。顷接意大利电报云,英俄必出于战。果尔,我得乘暇修备,亦好机会也。我因云:贵国知此,则所以自治者须求良法。如习西俗,诩通商,抑末务耳。卓见以为何如?游历事请妥筹示复为幸。遂辞归。

334 号

四月三十日,日本大臣何如璋函称:

三月二十六日肃呈第八十三号缄,当邀垂鉴。本月初四日,奉到堂宪三月十一日所发第四十一钧谕,敬谨捧读,祇悉一切。竹添进一既于我三月二十九日回到东京。有与同舟者,据所自述称在京住了七八日。今读来谕。知其并未进谒。谅彼知议论不合,故不敢来。抑或与宍户公使尚有别商之语,亦未可知。竹添之言与外务卿所云,如出一口,而宍户公使口气又自不同。然宍户所云云,类皆游移闪烁,了无归宿。来示谓目前惟有急脉缓受。既行文询其派员姓名,且看其如何答复,再作道理。至此间派员一事,杳无闻见。即此案如何,亦无人议及,想当一味延宕矣。彼族近情如常。前函所述爱国社之片冈健吉,联合九万余人之名,上书请开国会。初上之太政官,后上之元老院,后复上太政官。挨延几一月,卒却而不受。民情甚为不愿,然亦未闻有他。

又前函所述美国兵船往朝鲜议约一事,昨据长崎理事余瓗钞到其上朝鲜国王书,辞气和平,当不至于激变。今谨抄录,呈请钧鉴。此船闻于前数日由高丽来横滨,闻既上书,随后再往商议也。日本所派花房公使未往,闻朝鲜将派使来,在此议一切。大意请日本政府谓通商宜缓办,不宜骤进,致激生别衅云。俟其到来,再以续陈。俄约想须俟曾袭侯到后,方有端倪。新闻虑其拒绝不接,闻之西使,皆谓必无此事。又新闻纸称俄国兵船在中国海者甚多,虑其乘我不备,仓卒开衅,似亦为近来盟约之国所无。惟暂时曾袭侯方在启程,新疆一带两军相望,亟应严饬士卒毋许滋事,以贻口实,乃为稳著耳。

余俟续陈。专此敬乞代回堂宪察核训示。敬请勋安!

照录抄单

照抄美国太匡低罗嘉纛船特命总兵官上高丽国王修好书：

大合众国特命查办各国通商事务、坐驾纛船太匡低罗嘉总兵官,上书于高丽国王殿下,为敬陈修好事。

窃因前数年两国情意,尚有未协。是以大合众国朝廷特命总兵官乘驾纛船名太匡低罗嘉前来贵境,欲修旧好,敬为殿下陈之。今总兵官,即曩时一千八百六十七年正月二十四号,在贵国大同海口,乘坐敝国华休屑军舰,曾经陈书于殿下者。其词曰:合众国华休屑坐驾官到来贵境,非欲有所战争及一切违理之事。但因奉合众国统带东方水师提督之命,以旧岁六月间有敝国船只驶至贵境西边,破船遭难。其在船人等幸得贵国官民照料,复蒙殿下派员将更生之难民,递送中国疆界,然后得以安抵亲友。凡敝邦之人,莫不感戴贵国仁爱之心,虽兄弟无异。水师提督不胜感激称谢。厥后是年九月,又有敝国船在于贵国平壤河地方,船只被焚,人亦遭害。提督闻之,极为惊骇,痛惜实深。特派坐驾官前来,敬求殿下查明该船之敝国人民有何不法,致被此害。倘或尚有生存者,望交还坐驾官船上,或由殿下另择更为合宜处所,知会坐驾官,得至该处领回,均随方便。敝国与贵国数年以来,共敦和好。今望彼此亲睦,仍复如前。此事若何,求早日赐复,俾得修好而归,幸甚等语。

总兵记忆前言,至今犹存此念,再为殿下陈之。

前数年得接赐书开称:贵坐驾官萧孚尔,高丽国黄海道台前监督部官为照复坐驾官华休屑事。前十八日来函,本道经已览悉。另有转递敝国主上书一封,欲候边疆大臣回复。当经地方官报达,以往返路遥,须要贵舰逗留,迟日方回复。不料复函未到,而远客扬帆。似此不周,有伤睦谊,抱歉之至! 地方官亦有受责。

兹窃有陈者:凡外国商船如有在敝境遭风者,敝国立有章程,若该船尚堪驾驶,俟其动身之日,须供给火食及各项需用物件。倘船不能驾驶,即派官员将其难民护送北京。历经照办在案。我国以为此仁义之举,上帝临之。四海之内,无分畛域也。今接贵函,情词备至。殊觉抱惭。至去岁平壤河一事,敢据实复陈之。是时有洋船一艘,驶入内河。地方官以为遭风漂至,觅雇船只,委人到船查问。不意船上人等见有委员来查,不胜愤怒。问之不答,闭目安睡,任意欺凌。敝国之人忍声吞气,再三访问,始知该船非因遭风而来。该船之人有名睢者,自称法国人,又有英国人一名。二人皆云不日有许多兵船到此,若地方官能准我外国人在此往来贸易,可免干戈等语。地方官答以通商之事,本官实无此权。睢等闻言不顾,愈加凶怒。平壤河水甚浅,洋船不便往来,睢亦不理,每日乘潮驶入数里。我国人民但望不致生事,自备米柴鱼肉蔬果各物递送该船。睢答云明日即去。乃至明日,不惟不去,且更驶进,显欲到城。我国副将官恐土人与该船生事,每日驾船伴送。一日洋人睢抛掷铁钩绳索拘击副将之船。将副将及其铃印押送过船。或遇敝国商船往来,该洋船开炮向击,夺其货而戮其人,不知多寡。敝国人民惊慌奔走,两非对敌,而副将如此受刑,可云辱甚。然我国之人仍以温言求恳,请其放还副将。该船答云,俟我等抵城之后,自将副将交还。惟是能说华语之洋人睢,凶暴逾常,其意决要进城。我等不解其何因,是以全城数万兵民,气怒已极,齐赴河旁,互相攻击,欲救回副将,反被击毙民人数名。人心更忿,蜂拥而来,不能阻止。两岸施放枪炮,兼用火排。迨后该船药舱被火,烟焰冲天,全船被焚,无能生活。是时敝国之人亦不知其是否系贵国之船也。忖思凶悍如睢者,闯进他国内地,激成事端。彼实因何至此,迄今无从稽查。今查来函。贵坐驾之船非与睢同国者,然其事颠末,实系如此。贵合众国礼义之邦,不但于我国知之,即有道显荣之大清国,亦共闻之。贵函又称重修旧好,无伤友谊,则此事亦何足介意。为此照复,诸祈鉴原。须至照复者。

右照会,大合众国坐驾官,同治五年十二月等因,寄递前来。不料其时总兵官远离中国海疆,亦未回至敝国。竟迟至数年方接殿下赐教。若得早接贵函,在总兵官甚为笃信,可以布告己国人民,共释疑惑。敝国政治和平,素欲与各国和好,谅不至有一千八百七十一年在汉江河不幸之举。今总兵官衔命而来,不复记念前时炮台攻击,但欲与贵国修好,友谊益敦。近观中国、日本及贵国进益情形,正宜仿照规条,与敝国立约通商。现今天下万国无不往来贸易,惟贵国尚未允行。伏念敝国向无在此贪人疆土之意。凡有自主之邦,其教俗禁令,断无干涉,致有阻难。其欲通好于贵国者,一则为己国船只遇有遭风,藉资保护。二则欲照各国一律通商而已。至于贵国邻封有思拓其土宇者,固不必言。我国素称强大,毫无此心。若贵国与之修好,邦家益固,其利匪浅。况此处离泰西之国与敝邦最为密迩。敢以此敬陈殿下。希惟允准接待合众国公使,共立条约。或简派本等大臣到船面议,或另择相宜之处,彼此往来晤商,均无不可。总兵官准于□□(空格待签日期)日,再至釜山拱候钧复。此次奉命来此,未有敌视贵国人民之心。除非贵国人民先以非礼相加,始许员弁从事。伏愿允准施行,俾我两国立约,永远和好。(正函、译函止此。尚未签名。)

335 号

五月初四日,出使日本国大臣何如璋等函称:

敬启者:本月初十日肃呈第八十四号缄,并附钞美国兵船上朝鲜王书。当邀垂鉴。美国兵船现泊横滨,闻将再往。此间见釜山来报云:五月十四日(我四月初六日),美国兵船入釜山港,托日本领事近藤真锄为绍介。近藤访东莱府伯,告之,府伯变色曰:美国船前于江华湾曾被我民焚毁,恐为我仇。虽由日本关说,亦难从命。近藤告之总兵官,总兵官曰:事虽未成,得少知韩地情形,亦君之力。当回寓日本,请本国之命。逗留七日而去。

如璋闻美总兵官私以告人,则谓日本不愿朝鲜与他国通商,不肯为周旋云。又传闻俄国欲与朝鲜通商,在成镜道开口,经已派使前往,方在议论间,未知果否。朝鲜所派使系工曹参议,名金广集,将于西历六月初三日(我四月二十六日),自釜山启行前来日本。将俟其到来,详询一切,再以布陈。查釜山一口,西历去年之六月至十二月,半年中凡进口货值三十一万余,出口货值三十四万余。出口多于进口,值三万余。而进口货中之日本货只有三万一千余,洋货乃值二十八万二千余。是日本与朝鲜通商未见有利也。琉球一案派员之事,此间并无所闻。肃此布臆,敬乞代回堂宪察核。敬请勋安!

专启者:此间经费,去岁所拨之件现已告罄。曾承钧谕,于本年三月间与各国出使经费一律拨给,现在尚未奉到。敬求饬催江海关道作速拨寄,以济要需,是所至祷。乞代回堂宪。再请勋安!

336 号

五月二十二日,出使日本大臣何如璋函称:

本月一日肃呈第八十六号缄,当邀垂鉴。前询外务派员何人之文,想尚未复。竹添进一自归东京未见面,近日派作领事,闻系驻天津者。而新闻近述其不日起程前往朝鲜,不知信否。(日本在朝鲜元山津者,一总领事名前田献吉,近日方到元山。驻釜山者一领事名近藤真锄。彼往朝鲜应无别事,不知系托辞往朝鲜,实再来中国否?)美国兵船曾往朝鲜者,现仍在泊神户。闻美国参赞言总兵官之意,总在缓缓妥办。前闻俄人在朝鲜议开口岸,云近既归去。此系驻釜山之日本人来函,远道传闻,终未得实。昨见西历五月十七日(我四月初九日),俄国彼得罗堡邮来新闻云,俄国政府议于黑龙江、伊犁两处各增兵一万二千人。又云俄国于乌拉山(在伊犁之西北,俄京之东)修缮道路,豫防他日开战便于转运云。均未审确否。然参之西人所云,则谓以俄国近情,彼亦甚不愿于开战。近计曾袭侯既将启程往俄,想陆续总有确信也。日本国君出巡,于明日启程。其国近况仍如常。专此布臆,乞代回堂宪察核。

敬再启者:本署缮译麦嘉缔近因其国国债更易新章,其家存在国库产业理应换契,故急欲回国料理。如璋等婉留,彼谓实出于无奈,经于四月中旬搭船携其家属回国矣。此间缮译官只杨枢一人,实不敷用。查前在本署现充横滨缮译官沈鼎钟,精通法国语言文字,与英学缮译相辅而行,极能得力,是以拟行调回。而横滨理事署急切需人,远道觅致,殊觉艰难。查有寓横滨职员蔡国昭,去年八月沈缮译鼎钟因母病告假两月,令蔡国昭代理传话译文之事,均无贻误。其人幼时在香港、澳门读西书,后在金山大书院肄业六年,曾经美人延其暂摄校长。近年为横滨西人延当书写,西学素有名誉,汉文亦甚通顺,堪以充当缮译。此次招致再三,彼以有业固辞,强而后可。现在经与订定,俟接任后,再行备文,咨请代奏。附钞麦嘉缔来禀一件。呈请钧览。专此。敬乞代回堂宪察核训示。再请勋安!

照录抄件
照录麦嘉缔来禀
敬肃者:窃嘉缔向在上海合众国总领事署内供职。光绪三年十月十五日奉派出洋。蒙大人函商合众国总领事,准嘉缔遵于是年十月二十日由上海起程,搭附三菱公司轮船前来日本,抵埠后即进东京租赁钦差行辕。旋蒙大人发下约据,嘉缔当即祗领,并钞录原约,寄呈合众国总领事存案。约言嘉缔薪水自光绪三年十月二十一日起扣足两年。如钦差在任三年,亦可留至三年等语。自西历一千八百七十八年七月,即中历光绪四年六月以来,嘉缔因年老,每欲回国,已将情节回明矣。兹合众国国债更章,嘉缔不得不急于回国,自行换契。而先遗产业历年未分,不得不散予兄弟。在在均关要紧,其势不能不告退也。窃思嘉缔告退之后,谅署内亦无紧要事件,故赶即回国,期于本年冬前将家事一切清厘。现闻西历五月二十一日即中历四月十三日有船由横滨开行,嘉缔愿搭此船往,恳祈转咨总理衙门。并代呈嘉缔年老,无复离家之念。嗣后遇有益于中国以及在美国华民之事,嘉缔力所能为者,莫不竭力为之。为此具呈。

342 号

十月十六日,出使大臣何如璋等函称:
本月十四日肃呈第一百五号缄,当邀垂鉴。前闻俄海军卿将来横滨,续于十六探确,日本驻扎珲春领事小林新有电报告外务称:理疏富斯基尚无来滨准期。又闻理君年既七十余,二十年前即曾乘船来日本。此次俟其到来,日本拟待以宾礼云。中俄万一有事,日本自然中立。惟万国公法中立有二,一曰严正中立,则一切泊船、买煤、买米之事,尽行拒绝是也;一曰友谊中立,则泊船、买煤、购米亦准接济是也。此二中立,随其国形胜时势利益而择用之。今日本自为计,自应守严正中立。故新闻主笔多劝政府为此。然必须自行设备,方能杜绝俄人之请。不知日本力量做得到否耳。

惟近日传闻伊犁之事既经妥结,前奉堂宪来谕,谓俄国限议一月,即我九月底。今既过期,不闻有决之信。妥结云云,或是确音,至以为念。

日本近情如常。肃此。敬乞代回堂宪察核为祷。即请勋安!

专启者:本月十七日下午,有朝鲜人李东仁,来馆见参赞黄遵宪。其人通日本语言,亦解笔谈。坐定寒暄数语毕,即解衣襟取出红绫包裹之一纸,见有巨印三颗。内云:今为严密探侦事,特委李东仁前往航海云云。又取出圆式如盒之木具一,上有火印。彼云此即朝鲜国王密诏。其圆木,乃符验也。又云朝鲜朝议现今一变。伊于九月初三日受命由汉城启程,在道六日,至元山津。驻十余日,得友人信称,国主现命前修信使金宏集,致书何公使,劝令美国前来结好。惟金使此函由驿递寄来,未知何日可到。十八日早晨复来,先出书函数件,云系友人寄彼之书,字画各别。内有一云:自上命金信使致书何如璋,而致书之意都在使何公劝美速送之(原文如此,意谓速劝其来也),从此我国庶几开荒耳。又有一云:近日诸大臣会议,与主上世家几处公论,与年前迥异。欲随花房公使(按:即日本公使)所请看势谅处。且美国公使到日,随其所请随势答之云云。又出笔记一纸。谓系国主与首相密商当筵笔记。又出其政府公议一纸,检其文意在防俄,有待日本务尽诚信、待美国临时操处之语。朝鲜国是果将一变矣。

先是,朝鲜金使之将来,如璋欲劝令外交。荷承总署指示,又素知北洋李爵相屡经致书劝谕,而近来南洋岘庄制府亦主此议。因于其来也,危词巽语面为开导,渠颇觉悟。复虑言语未通,不能尽意,中亦有如璋碍难尽言者。因命参赞黄遵宪作一《朝鲜策略》,设为问答论难之辞。先告以防俄,而防俄在亲中国,结日本,联美国,以图自强。即今笔记中所谓册子是也。濒行,如璋复执其手告之曰:今俄海军卿率兵船十五艘屯泊珲春,若天寒南下来劫盟约,未便抗拒,虑遭蹂灭。又告之曰:美国差为公平,若于无事时预与结好,他国依样为之,利益无穷。阁下归国,廷议若变,幸惠缄告知,可代为周旋。彼唯唯而去。今观李东仁所递诸文件,则朝鲜欲与美国结好,自属可信。如璋于十九日申刻寄电请示遵行。寄电之后,于二十日下午英署使坚尼迪来见,称现闻朝鲜既愿外交,日来德、意、法诸使派船偕往之言,恐英国亦不能不往。如璋谓朝鲜即愿外交,若诸国偕往,操之太骤,吾决其事必不成。英使无他言。

如璋伏思:泰西诸国之欲通朝鲜久矣。而俄人虎视眈眈,包藏祸心,更不可测。今俄师方屯珲春，若率而南下，虽朝鲜愿与行成，幸可不至灭国，不至割地。而威逼势劫，乞盟城下，恐属国之名，中国不能复保。正为防俄之吞噬，惮泰西诸国之要挟，不得不择一较为公平之美国，早与结约，以图结援，以图舒祸。今天气日寒，俄船难于久泊，其旌麾所指未知何逼。

如璋不揣冒昧，谨为《主持朝鲜外交议》，别缮上呈。若以为可采，切望迅速由礼部行文，以期补救。至如璋此间一面俟总署电示，一面俟金使来函。然后相机妥筹，务期著著稳实，著著有益。虽彼国噬脐之悔，事既过迟。有无裨益皆敢知①，惟求尽一分心力，图一分补救而已。兹事重大，如璋日夕惴惴然，虑失事机。敬求代回堂宪，迅速察核训示遵行。并求秘密，是所至祷。再请勋安！

外呈《主持朝鲜外交议》一件，又附呈李东仁来二件。查此系李东仁自行密交之件，若由礼部行文，又或由总署致函与朝鲜国，其中云云，皆未便提明。谨附议于此。本月十九日酉刻发电，录呈查核。兹有朝鲜委员李东仁身带国王密诏，据称现朝议一变，由国主命金使致书与璋。书意欲璋劝美来结约，此事可否代为周全，应请电示，以便收到金信后遵行。又现探实俄海军卿仍在珲春，尚无来滨日期。余详后缄。

照录清折
（1）主持朝鲜外交议
朝鲜一国，居亚细亚要冲。其西北境与吉奉毗连，为中国左臂。朝鲜存，则外捍大洋，内拥黄海，成山、釜山之间，声援联络。津沪数千里海道直达，斯神京门户益固，而此洋一带无单寒梗阻之忧。朝鲜若亡，则我之左臂遂断，藩篱尽撤，后患不可复言。故泰西论者皆谓朝鲜之在亚细亚，犹欧罗巴之土耳机，为形胜之所必争。自我大清兴东土，先定朝鲜，而后伐明。当康熙、乾隆朝，无事不以上闻，几无异内地郡县。其与越南之疏远，缅甸之偏僻，相去万万。而二百余年，字小以德，事大以礼，朝鲜托庇宇下，得以安全。恩深谊固，相安无事，可谓幸矣。

乃至于今日，北有至强之俄罗斯与之为邻。盖俄自得桦太洲全岛，又经营黑龙江之东，屯戍图们江口，高屋建瓴，久有实逼处此之势。朝鲜危，则中国之势日亟。故论中国今日之势，能于朝鲜设驻扎办事大臣，蒙古、西藏之例。凡内国之政治，及外国之条约，皆由中国为之主持。庶外人不敢觊觎，斯为上策。

顾时方多事，鞭长不及，此策固未能遽行，不得已而思其次。莫取俄国一人

———————

① 此句"皆"下似脱"未"字。

欲占之势，与天下万国互均而维持之，令朝鲜与美、德、英、法国通商之为善也。频年以来，我总署及南北洋大臣合力同心，共图此举。徒以朝鲜僻处东隅，风气所囿，听我藐藐，几无如何。逮乎今日形势危逼，彼乃幡然改图，此岂非天牖其衷，为该国危急存亡之一转机乎！虽然，如璋尝考泰西属国，皆主其政治。每谓亚细亚贡献之国，不得以属土论。又考泰西通例，属国与半主之国与人结约，多由其统辖之国主政。又考泰西通例，两国争战，局外之国，中立其间，不得偏助，惟属国乃不在此例。今欲救朝鲜俄吞灭之急，不得不藉他国之力，以相维持。然听令朝鲜自行与人结约，则他国皆认其自主，而中国之属国，忽去其名。救急在一时，贻患在他日，亦不可不预为之计。如璋因又遍查万国公法，德意志联邦向各有立约之权。今中国许令朝鲜与人立约，原无不可。惟应请朝廷会议，速遣一干练明白、能悉外交利害之员，前往朝鲜，代为主持结约。庶属国之分，因之益明，他日或有外隙，而操纵由我，足以固北洋锁钥。此至计也。

即或不然，应请由总署奏请谕旨，饬令朝鲜国王与他国结约，并饬其于条约开端声明：兹朝鲜国奉中国政府命愿与某某国结约云云。则大义既明，屏藩自固。如璋窃念朝鲜之于中国，戴高履厚，素称恭顺。从前法国教士一案，我一言而即释拘囚。而朝鲜告于日本者，每曰上国，曰天朝。彼近日国是，稍破旧习，观彼君臣上下私相告诫之辞曰："清人之厚意，甚于日本。"则由朝廷勅谕，彼自当唯命是听。而泰西诸国正当求成请盟未可必得之时，由我主持，彼自欣感，况又有德意志联邦之例可援，则奉中国命云云，外国亦无辞可拒也。若朝鲜既经开港之后，应饬令彼国袭用中国龙旗，或围绕以云，微示区别，以崇体制。应饬令朝鲜商人来中国贸易，亦令华商前往釜山、元山津等处通商，以通声息。又饬令彼国学生来京师同文馆习泰西语言，来福州船政局、上海制造局习造船简器，来直隶、江苏等处练军，习洋枪以修武备。总之，今日时移事变，中国之待朝鲜，总须稍变旧章，方能补救。

如璋又念现今俄海军卿理疏富斯基率兵船十数艘，屯泊珲春，天寒冰冻，必将南下。若不幸而鲸吞蚕食，肆其毒恶，则朝鲜必将割地以求自存。卧榻鼾睡，后患滋深。即幸无此事，而俄之西北利亚，欲藉朝鲜之民以开拓，藉朝鲜之米以转输，蓄志既非一日。苟尽率兵船以劫盟约，朝鲜亦何敢不从。朝鲜一土，今日锁港，明日必开。明日锁港，后日必开，万不能闭关也必矣。顾与其为他人威逼势劫，以成不公不平所损实多之条约，则何如自中国急图之，以揽大权，以收后效。夫亚细亚诸小国衰微久矣，越南既割地与法，缅甸复受制于英。微天之幸，朝鲜仅能瓦全，而固守旧习，执迷不悟，屡劝不悛，至于今日悔于厥心，既有措手不及之叹。而当此形迫势切间不容发之际，幸有一线之生机，时会不可再来，则

230

安得不图所以补救。如璋实不胜忧闷屏营之至。而发此议军国大事,深恐无裨于万一。伏望迅赐裁夺。天下幸甚!

(2)朝鲜侦探委员李东仁密交朝鲜国王与大臣密议当筵笔记

上曰:修信使无事往还可幸。

领相曰:果无事往还矣。

上曰:万里沧海虽极危险,一船往来,比中原容易矣。

领相曰:修信使气质素弱,故始则为虑。而克竣其事,诚万幸矣。

上曰:闻修信使之言,则日本人极为款曲云。

领相曰:臣亦闻之。而丙子年金绮秀入去时,不能知其情实。今番则见待类异信好意矣。

上曰:日本人问答中,俄罗斯国事不无可虑。

领相曰:俄罗斯国近颇强盛,中原亦不能制之,诚为可虑。

上曰:中原犹如此,况我国乎。

领相曰:年前宫本小一燕飨时促坐语,乃俄罗斯国,此是真情也。而我国人果疑之。今以信使行中,清人所送册子观之,可验其情窦。

上曰:俄罗斯则虽为虑,日本人则毕极尽之探矣。

领相曰:今番修信使之供具行中译官、从人之优待,异于丙子,则此可见实情矣。

上曰:我国人空然不信而多浮言。

领相曰:教至当。

上曰:修信使行中所来册子,清使所传,而厚意甚于日本。其册子大臣亦见之乎?

领相曰:日本犹此款曲,况清人乎? 必有耳闻,故俾我国备之。而我国人心本来多疑,将掩卷而不究矣。

上曰:见其册则毕何如乎?

领相曰:臣毕见之,而彼人之诸条论辨,相符我之心算,不可一见而束阁者也。大抵俄国僻在深北,惟不耐寒,每欲向南。而他国之事则不过奥利而已,俄人所欲则在于土地人民,而我国白头山北,即俄境也。虽沧海之远,一帆风犹可往来,况豆满江之隔在两境乎。平时亦可以呼吸相通,而成冰则虽徒涉可也。方今俄人满兵船十六只,而每船可容三千人,若寒后则其势必将向南矣,其意固不可测,则岂非殆哉汲汲乎!

上曰:见日本人之言,则似是渠之所畏在俄,而要朝鲜备之,其实非为朝鲜,而实为渠国也。

领相曰：其实似为楚非为赵。而朝鲜若不备，则渠国必危故也。虽然，我国则岂可诿以俄人之意在日本，而视若寻常哉？且以壬辰事观之，称以假道，空然而来，实非假道也。安知俄人无假道之意乎？今不听人言，而急必难防。现今城郭、器械、军卒、兵粮，不及乎古，而百无一恃。终虽无事，目前之备，宁容少缓乎？

上曰：防备之策何如乎？

领相曰：防备之策，自我岂无所讲磨。而清人册中论说若是备尽，既拾于他国，则深有所见而然也。其中可信者，则信之，而可以采用。然我国必不信之，将为休纸而已。六月米利坚来东莱，此本非仇国。彼若以书契呈莱府，则自莱府受之未为不可，呈礼曹则自礼曹受之亦可也。而谓之洋国，拒以不受，仍为播传于新闻纸，终为羞耻见侮。若言仇国，则日本真世仇之国也。米利坚有何声闻之及而谓之仇国乎？其在柔远之意，恐不可生衅也。

上曰：米利坚乌可谓仇国乎。

领相曰：圣教诚然。我国风习本来如此，为天下嘲笑。虽以西洋国言之，本无恩怨，而初由我国愚人辈之招引，以致江华、平壤事衅隙，此是我国之自及处也。年前洋人之入。近因中原咨文将探内处矣。大抵洋船入境，辄以邪学为藉口之说。则洋人之入住中原，未闻中原之人皆为邪学也。其所谓邪学，当斥之而已，于隙则不可矣。今日筵席，左相未出，肃臣独承教。宜与诸宰讲究，而我国举朝之人，只贪好仕，皆与自便之计。臣独有何策乎。

上曰：诸宰则何如意？

汶庠等曰：大臣已为备奏，无容更达。

上曰：原任大臣俱见其册，而有何言乎？

领相曰：姑未言之。而诸宰则我国事本有庙堂，有何别庙堂云尔。而虽十人同座无一言之可否矣。然而人孰无恸，为父母保妻子固是所欲，而无一讲究。退为高谈，此非名节，非义理也。臣之计则宜思宗社生灵之太平，若一朝俄人渡江而来，则想必日内修外攘，而修攘非一朝一夕可得也。顾今人气、国规、器械、材用不如古矣，莫如以柔远之义为急务，而以安宗社之策也。于此于彼，圣衷牢确，然后可以无虑。圣衷不决于疑信之间，则钓名之人朋起，不待俄人而必起内乱。

上曰：庙堂似有可否之论。

领相曰：未知何时原任入侍。而臣今登对，每有未稳之语，然含糊不告于君父之前，则臣实有罪。惟冀圣衷之牢定矣。

上曰：时原任终当有议，而今非临谒之时也。

领相曰:今日便是临谒矣。

上曰:俄人将往山东云果然乎?

领相曰:以若气势,何处不往乎?

上曰:三使臣闻见录亦已见之,而宁古塔侵夺之说,未详真假。

领相曰:未可知也。

上曰:天何生此类横行于天下乎? 诚可痛忿矣!

领相曰:气数然矣。

上曰:中国若道光之时,则此类似不如是。

领相曰:虽道光之时,至于气数所关,则亦无奈矣。又曰:外道之器械,申饬何等切严,而不善修缮,无一可用。且火药、鸟铳,每下吏辈乘间樱出城,可痛矣。

上曰:然则国财不过虚费。

领相曰:闻花房义质不远出来云。观其动静,又闻其议,庶有操处之方。然今日筵奏后,外论似骚扰,不胜闷然。

上曰:大臣就坐。

按:据李东仁称:"领相曰",相即朝鲜首辅,名李最应。观其所论,国主、首相,皆愿外交。其所未愿者,惟原任大臣耳。领相之言颇有讥讽之意。又东仁谓原任大臣即李裕元,曾寄书与李爵相者。又尝闻之日本外务官宫本小一曰:李裕元即今王之父,朝鲜人,为大院君。未知确否? 询李东仁则云未悉也。如璋附识。又按:内有壬辰事云云,即指平秀吉攻朝鲜事。

(3) 又李东仁密交朝鲜政府会议节略

俄罗斯国处在北,虎视眈眈,天下畏之如虎,厥惟久矣。近年以来,每因中国及外各国文字,常以是国为忧。朝鲜壤界相接,安知不受其弊乎?

今前修信使回还,赍来中国人黄君册子,其所谓《朝鲜策略》。自问自答,设疑设难,忧深虑远者,比前日所见各国文字,益加详密。虽未知其言言皆当,亦安知非大加讲究于安不忘危之义乎。

其曰亲中国者,二百年来我国事大之诚,未尝一分或懈,上国亦待之以内服,至今曲庇复更有何别般效亲者乎。

其曰结日本者,迩来讲信修睦,公使年年出来,听许其难行之请者,在我国可谓靡不庸极。而但我国习俗骇眼,其于留馆之际,彼使不能无蓄憾之端,由是而疑我之不信渠国。此实出于我之诚信未洽也。现今公使匿久出来,先从在我道理务尽诚信,毋或如前轻忽,以示申好之义。其出来也,必有渠国受约者存,自谓京城驻馆也,仁川开港也,彼发难从之请,岂可容易听许乎! 驻京许之,仁川不许。京城之于仁川,京城尤不得安。虽或仁川许之,驻京不许,彼又从渠所欲,强聒不已。若一边京城驻馆,一边仁川开港,听我邈邈,挽回不得,若将之何?此则公使公干时随其所谓以为究竟之如何矣。

其曰联美国者,方今天下各国无不合纵,以阻俄国轻蔑之威。而况我国处在海路要冲,孤立无援,其所联好者非不良策。而我国规模,非徒自来不通外国,相去数万里,声息不及之地,今何以自我先通,以为联交为援乎?泊船投书,则见书而好言答之。泛海告艰,则随力而以周恤接之。不妨为柔远之道,而如是,然后其国必曰善待。而亦岂无此际相通者乎?此在临时操处之如何矣。

盖此论以我国之安危,有关于大清、日本如是,纤悉为言,在我亦不可寻常看过。而言语如是切直,讵容玩岁愒日乎!

按:以上二款,李东仁行囊中所携来者,持出阅看。彼初不肯留抄,强之乃可。切望秘之。

345 号

正月初三日,出使日本大臣何如璋函称:

上月二十七日肃陈第一百十一号函,当邀垂鉴。

二十九日奉到堂宪本字第四十八号赐谕,敬谨读悉。琉球一案,此间传闻谓未经画押盖印,犹未定议。兹承缕示,一一祗悉。

俄海军卿仍在长崎疗养,尚无动静。迭经函饬驻崎理事余瑒,俄船若有往中国、往朝鲜各信,由电告知。现在并无他信也。西历正值新年,此数日中亦无甚新闻。

如璋等自去岁十一月起,至本年十月止,又届第三次报销之期,谨备公牍呈达冰案。开除以外所存一万七千余两,计到七年正月约略告罄。各员续支薪水,及归国应领办装银两,求饬江海关道汇寄以资应用。闻许竹筼侍御开冻以后方能东驶,所有署中一切公文函件,及各国交涉文件,业随时料理抄存档案。其各处来往函件有关公事者,亦既陆续摘抄,届时自当汇入交代也。此肃。敬乞代回堂宪察核是祷。顺请勋安!

十二月初二日午后九点钟四十五分奉到来电,抄呈查核来缄并抄单,所议极正。朝鲜能连络外交,诚于大局有益。但由中国代为主持,恐生疑虑,且多关碍。阁下答金信,仍望迎机以导。立约一层,听其自主,中国不为干预,只可密为维持调护。北洋所见亦同。先行电闻。

专再启者：朝鲜外交一事，本初三日晚戌刻奉到电示，译读祗悉。

查此事以金使函迟久未到，碍难发端。续因朝鲜密探委员卓挺植来东，有密奉君命之禀。曾与美使一商，均作从旁联络之词，未著痕迹。至如何结约，因李东仁、卓挺植详细探问，曾将利害各节告知，俾其转达该国有所依据。经详前函，谅邀洞鉴。

前函所云卓挺植归国因误船期，一时未及启程。旋接到金使来函，其中不过云朝鲜现在众论虽未通悟，殊不比往时，仍望赐教等语。于联美一事，未经提及，仍未能将书意达美使劝之前往也。卓挺植于本初二日附英国公司船往长崎回国，如璋仍告以俟朝鲜有愿交美国之函，美使方能前往。惟卓挺植屡称国主与领相二三大臣决意外交，以惮李裕元之故，未能遽发。若得中国劝谕之力，事必有成云云。观金使函亦有此意。可否请仍由总署寄书朝鲜劝令外交，庶可以决其疑而坚其信，仍望钧裁。现在朝鲜情形未敢必其能成，若有回信，谨当遵照电示，密为维持调护。此事理应秘密，如璋在此均系不露声色，格外严密，并再三叮嘱李、卓诸人，不得少有疏漏矣。专此。再乞代回堂宪察核训示。再请勋安！

照录抄单

（1）照录朝鲜前修信使金宏集来函（六年十一月二十九日收到）

子峨钦使大人阁下：

自赋河梁，月已再圆。寤寐德音，心焉如痗。伏谂体祺清旺，勋猷茂著。额手溯颂，不任荼铺。鲁生夫子暨黄、杨两公诸度绥和，重为之驰系。宏集前月旬一泊釜山，廿八复使命。家国一切，托芘顺平，差堪告慰耳。向也猥附还往，厚蒙阁下盛眷。体中朝字小之恩，不以宏集梼昧，引而教之，将中外时事，剖示无蕴。又黄公所赠《策略》一通，代为筹划，靡不用极。谨已一一归禀，敝廷莫不感诵大德，异声同欢。现众论虽未可曰通悟，殊不比往时矣。然敝邦规模，自来拙涩，况又忧虞颈洞，临事茫然，计不知所出。兹敢飞函仰告，幸怜其愚而鉴其诚，重赐之大海焉，则敝廷奉如蓍蔡，用以稽款，获受终始之惠矣。惟阁下裁之。

言短意长，不能悉暴，统希匀照。不庄。

庚寅九月十六日　朝鲜金宏集再拜

（2）照录朝鲜密探委员卓挺植来禀（六年十一月二十一日收到）

上国之屡屡开示于敝邦者，皆出于亲切爱护之隆眷，而敝邦之不能奉教者，果为习见之所结，有难于一朝顿释也。今于信使之归，复蒙殷勤指教，方觉时事之急务，有所先后，而况上国之所亲经历，鉴照无遗者乎。然敝邦臣民素无海外眼目,诚难勇敢发起也。若彼美国复来求和,而所约公平,则断当真情相接,必无冷却之理。

然事之大者,岂可谋于众而后方欲成之乎？是所以小生之密奉君命而转达也。又如昨日所嘱结连美国,实为保国良策,则伏望急速商议,毋违积年庇护之宏图焉。

钦差大臣阁下：　　　　　　　　　　　　　　　　　　卓挺植再拜

349 号

正月二十三日,出使日本大臣何如璋等函称：

本月十五日肃呈第一百十三号缄,当邀垂鉴。

伊犁一案,自前次英伦来电称,中俄事既了结,以后未有续电。俄海军卿理疏富斯基仍在长崎,据长崎理事余璂函称,曾往见一面,尚坐而握手,步履犹未便也。现泊横滨之阿非利加船提督某,曾来东京见外务卿井上馨,井上答拜,次日复坐其船偕往热海(在伊豆之近海地方,去东京约二百里。有温泉,日本高官巨室时时往游之所也)。昨有外务书记官来坐。谈及此。彼谓井上偕其夫人及女答拜提督,言及温泉之游,提督强邀之同往云(到后,船即归泊横滨)。惟有无他项诡谋,须再密探。

又此月中先后往热海有参议大隈重信、伊藤博文、黑田清隆,现皆未归。或云带有太政书记官,及大藏省翻译之书记官,恐系会商借债事。则井上之往,仍为此事,亦未可知也。肃此。敬乞代回堂宪察核为祷。即请勋安！

专再启者：如璋等现届三年期满,所有随带之参赞、理事、繙译、随员等员不无微劳,现既援案吁请恩奖。此折仍由轮船寄到上海文报局,转递到日,求钧署代为递进。如璋等从前折件系求代递,曾奉赐谕,谓以后可照此办理。此次仍备奏事处咨文,又谨抄原折片繕文呈达钧案,统求察核办理。附片中之丁忧任敬和等五员,除任敬和一员留差既满三年外,神户理事官刘寿铿虽到差未久,而神户、大阪之华商,闽、广、三江分帮不睦,该员创办之初,盘根错节,苦心调护,甚为出力。至随员吴广霈、何定求等,草创之始,事属繁难,而该员当差,既过二年,毫无贻误。其时既有奏定丁忧人员章程,本可留差,皆以坚请守制,未便强留。其立心制行,似可嘉尚。又念该员离乡井,别父母,而远役海外。忽以中道丁艰,上未霑朝廷之隆恩,下不免家庭之隐痛,其情亦未免向隅。如璋等本欲分别酌量开奖,继以未满三年,保奖未有章程,恐经部驳,再四筹思,所以叩请恩旨交钧署核议。是否有当,伏候钧裁。再乞代回堂宪察核训示为祷。再请勋安!

再如璋等到东以后,所有公事折件,均系会衔具奏,与出使美、英各国单衔陈奏者,微有不同。此次保奖人员,因折内之随员张鸿淇系斯桂之子,斯桂年过六旬,远涉重洋,饬令随侍来东。经如璋商派充作随员,现届差满,张鸿淇自应一律褒奖,是以斯桂未便会衔。谨此附陈。务希于折到之日,即回堂宪察核,均不胜翘祷之至。再请勋安!

再:正在等待轮船,未及发函间,接奉大文并堂宪本字第四十九号赐谕,敬谨捧读,祗悉一切。朝鲜外交一事,如璋前呈《主持朝鲜外交议》,院既经缮呈之后,再四筹思,所议派员前往代为主持,及奏请谕旨饬令立约。一时皆未便行。惟念朝鲜前与日本立约,约中有朝鲜为自主之邦一语。嗣以朝鲜礼曹行文日本外务中,有上国指挥等字,抬头缮写。而日本公使花房义质竟无理取闹,行文驳诘。如璋私心窃冀除立约仍由朝鲜外,但使其能于约中,不触不背,顺便露出中国属国影子,则外人不认为自主之邦,庶几将来无事时,可互相联络,以壮声援。有事时,可互相策应,无须中立。而朝鲜外交,一切仍系由彼自行办理也。但不知能办得到否。

又堂谕命如璋措词之间,作为如璋意,尤觉泯然无迹。如璋前晤美使,即系作为如璋意,与之妥商。与钧旨正同。所陈一百十号、十一号函,既经详陈。又李伯相谓仿照华约,不利朝鲜。如璋所亟亟然欲先与美国结约者,正为此事。伯相又谓他国相率偕往朝鲜,反恐中阻。前英署使坚尼迪言及此事,如璋亦经以婉言辞之。所有办法均幸不至乖谬。

现在俄师仍泊长崎,新闻传说,亦时有遣船前往之言,究难保其无事。朝鲜前次之委员李东仁,早既抵国。后次之委员卓挺植,近亦当到釜山。苟使朝鲜自此开悟,决意外交,诚于亚洲大局大有裨益。事机至逼,间不容发。如璋日夕徬皇,惟祷祝朝鲜破除旧见,妥速办理而已。肃此。敬再乞代回堂宪察核训示是祷。再请勋安!

360号

四月十五日,出使大臣何如璋等函称:

本月十四日,肃寄第一百二十三号。二十二日,又寄第一百二十四号,先后当邀垂鉴。此间近况一切常①。外务卿井上馨现游大阪,仍未归京。宾户公使眷属现既到东,宾户自归,并未谒见其国主。现在闲居,亦未补授他官。闻井上毅告人云,此次所办球案一事,中、东两国皆不讨好,则彼国政府不满于彼可知也。

俄海军卿理疏富斯基仍在长崎,或云近日当来横滨,未知果否。自俄皇亚力散得第二被弑,论者多有莫予毒之言。近日屡见电报,亦称新主登极,意在体先君遗意,以仁厚为政。又称新主布告其驻外使臣曰:本国惟内政尚须改良,至交涉政务既臻妥善,不可再图进取。其鲸吞蚕食之心,似乎略为敛戢。唯闻之欧洲人则皆曰:俄国政体自先世彼得王以来,皆以杀戮为耕作,以开拓图富强。独亚力散得第二政尚宽厚,即位之初,收赎奴仆三千余万人。又开府县会议,使民人与闻政事。各路统兵将军,常戒其毋肆用兵。其为虚无党所戕,则以虚无党意在无君,非独恶俄皇也。今之新主亚力散得第三,雄才大略,恐不如先君之仁云云。西人论大都如此。总之邻国多难,固不可虞。诘戎兵,慎封守,乃有国家者之常。况今之所备,又不止俄罗斯一国乎。

朝鲜所遣来游日本各官,于本月十八日到长崎,现在将来大阪,通共三十余人,其中有金玉均、闵钟默诸人,皆系高官,素负名望者。前遣之委员李东仁闻亦偕来。前次李东仁、卓挺植归国,如璋告以若能定议,与美约,则不如遣员来东,作为游历,如璋从中与美使密为周旋。比之各国兵船劫盟城下者,自不相同,所订条约自不至吃亏。此次朝鲜遣员东来,不审有意此事否?俟其到日,可以详悉。彼国自去岁至今,政体颇有改革,近仿中国军机处总理衙门之意,设一统理机务衙门。观其所分各司,有交邻一司,又有军事、边政、通商、机械、船舰、语学各司,发奋有为之意既可略见。果能从此自强,非唯朝鲜之幸,亦中国之福也。肃此布臆。敬乞代回堂宪察核为祷。即请勋安!

照录抄单

朝鲜新设官制

总理机务衙门　诸司如下文

总理大臣:

领议政正一品李最应。

左议政正一品金炳国。

事大司

---

① 此句"一切"后疑脱"如"字。

交邻司

　　经理堂上：

　　　　判敦宁从一品李载冕。

　　　　从一品赵宁夏。

　　主事：

　　　　校理从三品宋秉瑞。

　　　　掌乐主簿正四品洪在鼎。

　　　　宗庙令正五品郑宪时。

军事司

边政司

讥讼司

　　经理堂上：

　　　　知中枢正一品闵镰镐。

　　　　从一品尹滋悳。

　　主事：

　　　　正六品金用来。

　　副主事：

　　　　军资直长正七品李暐。

　　　　从九品柳协用。

通商司

　　经理堂上：

　　　　京畿监司正一品金辅。

　　　　礼曹参判从二品金宏集。

　　主事：

　　　　相礼从三品柳。

　　　　龙仁县令正五品李祖润。

　　副主事：

　　　　从九品尹泰骏。

理用司

　　经理堂上：

　　　　从一品金炳德。

　　　　直提学从二品闵永翊。

　　主事：

从三品李命宰。

修撰正四品赵忠熙。

贤察正六品朴永善。

机械司

军物司

船舰司

 经理堂上：

  汉城判事正二品郑范朝。

  刑曹判书正二品申正熙。

 主事：

  正六品柳秀完。

 副主事：

  从九品具德秀。

  检书官从九品韩龙源。

典选司

语学司

 经理堂上：

  从一品闵致庠。

  知敦宁正二品沈舜泽。

 主事：

  造纸别提正五品任庆准。

  长兴主簿正六品金胜均。

 副主事：

  内资奉事正八品李重夏。

 参谋官：

  守门将正七品李济马。

  别选军官正七品李东仁。

 参事：

  从一品金景遂。

  从一品元昔运。

  从一品卡元圭。

  从一品李应宪。

361 号

四月二十三日,出使日本国大臣何如璋等函称:

上月二十八日肃呈第一百二十五号函,当邀垂鉴。本初一日奉到三月初十、十一日所发核销经费、随员酌奖等事,大文共四件。又奉到本字第五十三号堂宪钧谕,敬谨捧读,祇聆一是。

此次大行慈安皇太后大丧,据横滨、神户、长崎各口理事禀称:哀闻到日,凡我商民异口同声,无不哀慕,绅董等皆服丧服,各铺店皆撤去彩饰。典制所关,一一恪遵,亦足见海外流寓之民心甚忠爱也。各口领事及外国兵船,皆是二十日起半下国旗三日。此间各长官咸来吊丧,无一遗者,外务人员则自书记官以上皆来。前驻中国公使伊达宗城现已罢官亦来,惟宍户公使不至,殊为阙礼。或人云彼自中国归,多为人责备,甚为失意,现尚杜门不出云。如璋等尚未见面,此语或足信也。外务卿井上馨仍未归,计此月中旬方满假期。

朝鲜君相皆极愿外交,惟国民异议纷起,上月有安东进士李应接等,率乡间老儒数百人伏阙上书,请禁外交,并谴责前使日本之金宏集及其国外戚闵泳翔等。国王震怒,将行惩办,后乃劝令解散。此次所遣来东委员,闻只令观风问政,不预他事。卓挺植者本日到此来谒,据云朝中诸臣愿外交者已有十之七,唯民间则十无一人。带有金宏集寄如璋密函,内称:朝论虽已差殊,民心甚属难回。则一时自未能办到。从古中叶之世,改革政体,势处至难,况以朝鲜之向来闭关,谢绝外人。又因戕杀教士,曾受法兰西攻击,其怨恨西人,已非一日。骤闻和戎之议,异议沸腾,本无足怪。只好徐待可乘之机,相时而动耳。闻国王与执政大臣皆甚英明,方发奋有为,力图振作。幸而俄人无事,彼逐次讲求,渐悉外情。我国又随事劝导,不厌烦数,数年之间,终可收效也。

竹笘奉讳归里,新任黎莼斋到东,尚需时日,自当照章俟其到日当面交代。肃此。敬乞代回堂宪察核为祷。敬请勋安!

照录抄单

抄录朝鲜前使日本金宏集来函,光绪七年四月初三日到。

子峨钦使大人阁下:

卓姓人自东还,获拜下函。梦因不到,若从天降,且惊且喜,曷可名状。信后岁龠载新。伏谂体履万禧。引领东望。不任劳祷。兹奉大教,洋洋千言,指示机事,靡有底蕴。兼以条约册页,多方周旋,尤出望外。即将右件转达敝廷,具纫眷庇,迥出寻常。万万感服,铭肌镂髓,诚不知何以塞报也。第以来教参究敝邦事势,则朝论虽或差殊,民志尚属难回,恐无以即地裁断。用是为闷,非敢有负于盛念也。惟阁下鉴原千万幸甚。为此敬谢悃!不庄。

辛巳二月三日　朝鲜金宏集再拜启

362 号

五月初一日,出使大臣何如璋等函称:

本月初六日肃寄第一百二十七号缄,当邀垂鉴。

外务卿井上馨现在仍未归京。此间一切如常。朝鲜东来委员共十人,皆系二、三品官。外交一事,既据金宏集函称,一时未能办到。其与日本交涉之事,卓挺植云,仁川开港既经允许,至日本公使驻扎京城,朝鲜尚未答应,日本亦不再要求。朝鲜自结约以来,均未设关课税。金宏集来此,如璋曾为之详细计划,闻现在彼此商议,拟出口货值百取五,进口货值百取十。其珍异之物,值或取二十五,或取三十。既经议有头绪,俟该委员等到东,乃能知其详也。

法国欲取安南,东京新闻传说既久。兹闻法国海军卿建议,请加增经费,添置兵船,以经营是地。既交下议院核议矣。观其所云,非必遽翦灭其国,而逐渐经营,干预其内政。若安南积弱不振①,将来恐如英之印度,守土之君徒拥虚位。而中国云南边地与之毗连,以后必益多事。故此事不知彼国下议院允准与否?须函询巴里使署,方知其详。

兹谨将海军卿书译录呈览。肃此。敬乞代回堂宪察核为祷。即请勋安!

363 号

五月二十八日,出使大臣何如璋等函称:

上月二十七日肃寄第一百二十九号缄,当邀垂鉴。

本初一日奉到四月九日所发第五十四号赐谕,敬谨读悉。外务卿井上馨仍未出省办事,近遣人往其家问疾,并告以久未见面,若病体稍愈,当即往其家相见,请其订期。彼仍以疾辞,谓脑痛,医师告以不宜见客,俟痊愈再订。

俄海军卿理疏富斯基于昨日乘欧罗巴兵船,由长崎到滨,即来东京,日本馆以客舍。彼去岁跌伤,以年老未得复原,上下马车,仍须人扶掖。闻在此少为勾当归国,其所带兵船,皆陆续遣还,停泊南洋等处。或谓俟伊犁条约中国画押以

---

① "若"下衍一"若"字,据文意删。

后,皆即西返。惟珲春尚留步兵甚多,未知信否?

朝鲜所遣来东委员赵准永、朴定阳等既到东京,均经相见。伊等此行系奉命察看日本一切政治,问其国中情形。亦云君、相皆喜外交,惟民心犹属不愿,与金宏集来函之言相同。复称国中尚属安靖,惟三月中有安东老儒某二三百人伏阙上书,力谏外交,一时颇为鼓动。前来之委员李东仁本拟同来,启行之始,忽不知所之,杳无踪迹。或云惧祸他逃,或云为人戕害,究未的确。至《申报》、香港报所称朝鲜国内乱,请援日本,均无稽之谭也。至与日本交涉仁川一港,既许以十五月开口,朝鲜拟设关课税,进口取十,出口百取五。曾送草案与日本花房公使商榷,彼以未有此权辞。闻七八月间金宏集当再来就商于外务也。肃此。敬乞代回堂宪察核为祷。请勋安!

364 号

六月十二日,出使日本国大臣何如璋等函称:

本月初八日肃呈第一百三十号缄,当邀垂鉴。

外务卿井上馨因疾在假,本月十二日来书告别,云往但马温泉(此地离神户不远)疗养,闻又须四十日方归。如璋恐俟其归耽延过久,前见权大书记官郑永宁,经将球案近事述及。彼于所奉谕旨先已闻悉,但唯唯而已。拟于日间见大辅上野景范,再为面谈一切,看其有无答词①。

俄海军卿理疏富斯基在此,如璋曾一往见,尚据床而谈,不能备迎送礼。日本待之甚优,日皇赠以头等宝星,复遣侍医伊东到其坐船问疾。彼于昨二十四日复乘欧罗巴兵船往长崎,闻即取道南洋回国也。

朝鲜所遣委员屡屡见面,皆甚关心球案,再三致询。伊等此行专为探察日本一切政治,于外交、兵制均甚留心,人亦多明白者。果遂能发奋自强,亦足舒东顾之忧也。

法国欲取安南,新闻传说既久。前次抄呈彼国海军卿增加水师兵费议,当邀俯鉴。兹又闻法遣炮船到烟台购马匹,复于英国定制浅水兵轮。有法国官员名伯朗手殷者,久驻安南,归国极陈东京可取之状。谨将所闻一一译呈钧览。闻劫刚袭侯见其外部,彼云并无吞并之心。然观其举动如此,似属可忧。安南为两粤屏障,比之琉球零星诸岛情势又自不同。而牵涉强国,事更难办。应否函嘱两粤如何设法维持,外侮日来,层出不穷,深可忧闷也。肃此。敬乞代回堂

_____

① 词,原作"嗣",据文意改。

宪察核为祷。即请勋安！

365 号

七月初三日，出使日本国大臣何如璋等函称：

本月三日肃呈第一百三十二号缄，当邀垂鉴。

此间近况仍常闻。据新闻纸称，宍户公使于数日前，往前外务卿寺岛宗则家商外交事，历三时之久乃归。自宍户归国之后，多杜门不出，惟此次之往前外务卿家，或仍为球案也。

本月初九日（西历七月四日），外务接到华盛顿电报云：美国大统领于西历七月二日为刺客铳伤甚重。如璋等因往美国使馆慰问，日昨接美使知会称：现得电报，统领渐愈云。闻此刺客为律师，系为政事抱不平者。统领自今年即位以后，因用一钮育关税长事，其国会议员指为不公，有因是辞职者。美国议论甚属器器，此事在两月前，据所传闻，谓此次之变，当必为此也。

朝鲜东来委员屡屡见面，同行数十人于军事、税务、矿务、工业各项，分门考究。中有洪英植、鱼允中二人，人甚开明，极愿外交。日昨笔谈，彼谓伊奉国王命，专系探问外交利害，现在美国若再来叩关，如前日之却书不受，断保其必无是理云云。谅将来收其效也。

近有西人论日本海军事宜，布之新报者。其所陈情形甚为精确，而所论办法，中国整顿海军亦大有可采其意而用之者。今特译录上呈钧览。

再近日所见彗星，日本亦见之。据其海军观象台推测称：此彗星光如天狼，尾长大概七度，方向在恒星十五度之西，距赤道北纬七十九度三十四分四十三秒云。并以附陈，肃此。敬乞代回堂宪察核为祷。即请勋安！

370 号

九月初六日，出使日本国大臣何如璋等函称：

本月初八日肃呈第一百四十号函，当邀垂鉴。十六日奉到堂宪本字第五十八号赐谕。又奉到中俄新约一件，敬谨一一读悉。

日本国皇北巡，于本日回銮。开拓使官物一事，闻俟国主归后，再行决议。现在萨、长、肥各参议皆树党相争，将来胜负所在，朝局当或有变迁。据所传闻，均谓此案大有关系云。琉球一案，经详前函，是否有当，敬候指示办理。

朝鲜外交利害，前洪英植归国时，谓当归告政府，详陈一切。计洪英植此时到国未久，其政府能否乐从，俟有来函即当驰达。如果美国总兵官书斐路一时尚无必去之意，朝鲜年来举动稍觉奋发自新，俟其闻见日开，谅将来终可收效。前次日人在九浦扰骚一案，续闻东莱府拿九浦土人共十五名，分别责罚。日本小民亦由领事责饬，彼此均已了案矣。

另承抄示曾大臣往来电信二件读悉，谨当密存，不敢露泄。肃此。敬乞代回堂宪察核为祷。敬请勋安！

374 号

九月二十九日，出使日本国大臣何如璋等函称：

本月初三日肃呈第一百四十三号缄，当邀垂鉴。

此间近日各省书记官颇多更易。新闻纸之谤讪朝政者，皆惩办甚严。开拓使变卖官物一事，既经注销，而废使置县一节，尚未举行。民间皆谓必须与内地一律设县置官，北海道人民尤为不平，而政府乃将造言生事者查拿拘禁，官民之间殊属不和。

朝鲜所遣信使赵秉镐并从事官李祖渊等，现于本月初七日行抵东京。赵君此来，系专为议论税事。因日本公使花房义质去年到朝鲜时赍有国书，故此次亦赍朝鲜国书，修报聘之礼。现在尚未谒见日皇，本日方抄稿告知外务，约数日间可以进见。日来李祖渊频以密函问礼节各项，如璋经据所知，一一告之矣。

兹将朝鲜国书抄录呈览，花房所递国书亦一并钞呈。谨此。敬乞代回堂宪察核为祷。敬请勋安！

照录抄单

（1）照录日本国书

大日本国大皇帝敬白大朝鲜国大王：

曩为敦两国交谊，商当行事宜务，简派代理公使花房义质往来贵国，已有年所。能赞两国之好，朕器重之，乃陞任办理公使，驻扎贵国京城，以掌办交涉事宜。义质为人忠笃精敏，黾勉从事，朕克知其堪任。冀大王幸垂宠眷，时赐谒见，朕之所命陈述，善为听纳，以尽其职。

兹祈大王多福！

神武天皇即位纪元二千五百四十年、明治十三年十一月八日

于东京宫中亲署名钤印

大日本　　御讳　　　　国宝　　　　国玺

奉敕　外务卿、正四位、勋一等井上馨　印

（2）照录朝鲜国书

大朝鲜国大臣敬复大日本大皇帝：

两国交欢，生灵赖福。兹接使臣花房义质赍到来信，欣荷实深，礼宜报价，特选信使赵秉镐，委以商办交涉事宜。并派从事官李祖渊同赴。予知两臣均忠勤综慎，必能办理妥协。须垂眷推诚，得以永敦和好，共享休福。予有厚望焉。

开国四百九十年八月初七日

亲署名钤宝

大朝鲜　姓讳　国宝　国宝

统理机务衙门交邻司经理事　李载冕　奉教

379 号

十一月二十八日，出使大臣何如璋等函称：

本月二十五日肃呈第一百四十七号函，当邀垂鉴。

朝鲜使臣赵秉镐、李祖渊等，经于二十六日自横滨启程归国。其与外务议商之通商章程及税则，今敬以缮呈。税则之进口货，值百取十，外务必欲核减。至通商章程则第一款之地租，本系仿照横滨、长崎各口岸之通商地方定价，外务乃以其定价太贵。又第二十三款之严禁红参，第二十二款之禁货出口，随时榜示。三十款之严防偷漏①，自行设法。外务皆谓不便，要其删改。赵、李诸人以不能自专为辞，故尔告归，只好俟后来再议矣。

去年花房公使往朝鲜时，要索仁川开港、使臣驻京等七事，朝鲜许以五事。若朝鲜能于是时并作一案同议，则较易有成。甚惜其失一机会也！

又朝鲜定议，必令值百取十五，以为减让地步。然朝鲜于春初业将值百取十与花房会议，故又不能再加。外交事例，凡有求于彼，断无一索即许之理，必须持他项利益以相抵换。又或从高处落墨，以便退让，惜乎朝鲜未能知此。然朝鲜此次所拟章程税则，皆甚为精善。彼国能于此考求，将来仍可收效也。

送别之日，李君祖渊又及明年来京之事，甚望其能践此约。黎星使闻于本月十八日到沪，东渡之期，仍在下月。如璋等谅须腊月乃能交代启程回华。顺以附陈，肃此。敬乞代回堂宪察核为祷。敬请勋安！

---

① "款"下衍一"款"字，据文意删。

388 号

十二月二十七日,出使大臣何如璋函称:

本月二十一日肃具第一百四十九号缄,当邀垂鉴。

前函所陈开拓长官黑田清隆上表辞职一事,后于二十三日见太政官布告,黑田清隆准其解官,仍命充内阁顾问之职(内阁顾问,本无此官,惟从前参议木户孝允辞官,曾充此职,此外无充此官者)。据闻自开拓使变产业一事注销之后,黑田仍复上议,请开拓使勿改县,每岁由政府拨六十万圆,仍归其督办。枢府诸人依违两可,惟亲王有栖川力驳此议,因有废使置县之举,黑田遂辞职。政府以其系维新功臣,恐其怏怏或滋他患,故命以内阁顾问,以羁縻之云。

朝鲜赵、李诸人前既归国,闻其国于八月中有承旨官安骥泳及南阳府使李戴先等,欲奉今王之异母兄某谋叛(即大院君之子。大院君者,今王之生父,从前摄政。此二三年今王年长,遂还政闲居)。八月二十日为朝鲜进士放榜之期,各道儒生辐辏京师,因邀结得数百,预约于八月二十九日值国王谒陵,于中途要劫乘舆,即行举事。幸安骥泳之家人告发,遂一一捕缚,悉行处刑。今王之异母兄人本痴骏,实不预谋,惟加以禁锢,并未惩办。此事前已闻之,恐其不实,昨询朝鲜人谓为信。然据朝鲜人述,谓安骥泳等借不愿外交为名,故有此举。然国王英明,于政略并无干碍云。所闻如是,若朝鲜人有在京者,可详询之也。

如璋等驻所用经费,自去岁十一月报销,现又一年期满。今年多一闰月,比去岁差多。若除闰月计算,则比去岁尚节二千余金。谨备公牍咨呈钧案外,并以附陈。肃此。敬乞代回堂宪察核为祷。敬请勋安!

四、船政奏议汇编

编者按:此《汇编》系文海出版社影印《近代中国史料丛刊续编》第十八辑,卷首牌记"光绪戊子岁本衙门开雕"。其中卷二十三、二十四、二十五,计三卷为何如璋任船政大臣期间所奏。内中九件,见于何氏后人收藏《峨叔奏稿杂存》。

卷二十三·何如璋一

恭报到工任事日期叩谢天恩折

编者按：此折见《峨叔奏稿杂存》，不录。

南洋定制两号快船安上龙骨并厂务情形折

奏为南洋定制之两号快船安上龙骨，并陈厂务情形，恭折仰祈圣鉴事。

窃闽厂承造南洋快船两号，自定议后，即将应用之机器料件分别购制，一面修理船台，准备安上龙骨。其一切办理情形经前督办船政臣张梦元奏明在案。

嗣由出使德国大臣李凤苞，将订购之龙骨斗鲸船身铁料等陆续运闽，如数到齐。臣莅工后，即据提调道员吕耀斗禀请，诹吉安上龙骨前来。爰择于本月初七日安上第二号快船龙骨，十五日安上第三号快船龙骨，均经臣亲率在事员绅匠徒如法安置。本年所造之第五号铁肋轮船，其船身制已及半。船台鼎峙，合此而三。虽并制兼营工程不易，而通盘扯算，究于经费较省。现届岁暮，照例停工，拟乘隙查阅各厂，点盘器具，明正开工，即可添招匠徒，并力兴作矣。

臣甫经莅事，规制粗谙，唯有矢慎矢勤，加意董率，以仰副朝廷轸念要工之至意。所有南洋定制之快船两号安上龙骨并厂务情形，理合会同南洋大臣大学士两江总督二等恪靖侯臣左宗棠、福州将军臣穆图善、闽浙总督臣何璟、福建巡抚臣张兆栋，恭折由驿四百里具奏。伏乞皇太后、皇上圣鉴训示。谨奏。

光绪九年十二月二十四日拜发

修拓船台水坪并各厂火炉机器动用工料片

再前奉户部奏定外省报销新章内载：各省设立机器局并闽省船政局，如有添购机器经费若干，事前奏明立案，事后方准核销等因。

十月间前督办船政臣张梦元，将本年添盖、修拓、添制各款，陈明在案，内有未经核明工料银两者，现均一律完竣。计修拓第二座快船船台连落水坪，用银一万三千五百余两。添砌铸铁厂烘模砖炉一座，用银二千七百余两。添制铁肋厂铁平床一座，用银四千余两。又查闽厂本年续造第五号铁肋船，所用第三座船台间有朽坏，陆续修理，计用银二千七百余两。坞内起重铁水枰并铁车道已历十年，枰面率多损坏，铁辙亦有倾斜，兼行修整，计用银二千余两。水缸厂厂地不敷,添盖水缸亭一座,计用银二百余两。各厂机器不敷,计小轮机厂添制旋螺丝小轮架一副,用银一百余两;拉铁厂添制拉铜铁小碾轮二副,用银二百余两;轮机厂添制旋螺丝小轮架二副,用银二百余两;添购起重机器铁炼轮一副,用银七百余两。均应归于九年分销案造报。除咨部查照并饬另行汇案造销外,合行照章声明。至于各厂星炉沟机器间有修理,各厂家伙、学堂绘事院器具间有添置,名目既属纷繁,用款又极琐碎,碍难专案奏咨。唯有饬令极力撙节,据实汇销。

所有应行声明各款缘由,谨会同南洋大臣大学士两江总督二等恪靖侯臣左宗棠、福州将军臣穆图善、闽浙总督臣何璟、福建巡抚臣张兆栋,附片具陈。伏乞圣鉴训示。谨奏。

同日拜发

遵旨酌核轮船薪费名额练船各事宜现筹变通整顿情形折
(附清单三件)

奏为遵旨酌核轮船薪费名额练船各事宜,现筹变通整顿情形,恭折复陈,仰祈圣鉴事。

窃臣于光绪九年十月初三日,承准军机大臣字寄:本日奉上谕:张梦元奏旧定轮船经费名额酌核变通一折,据称闽厂轮船各项薪粮名额,以及公费一切,因今昔情势不同,酌易旧章,分别当减、当裁、当仍开单呈览等语,自系为核实撙节起见。张梦元交卸在即,著何如璋到闽后,详细酌核奏明办理。另片奏:拟将第五号铁肋船改作练船等语,著一并酌度等因。钦此。

臣客腊莅工后,检查卷案,细加考核。前船政大臣沈葆桢创办之始,所定各轮船名额薪粮及一切经费,斟酌再三,本无浮冒。惟炮勇名额,间有办防时添设,嗣后未经裁撤者。年来经费支绌,张梦元奏请分别裁减,诚如圣谕:"为核实撙节起见。"

臣谨就闽厂所制兵商轮船,参以泰西定制及上海招商局现办章程,详细酌核,分别厘定。

一为名额。查轮船官、弁、舵、水,系按马力之大小、船身之宽狭分配定额。然同一马力,而轮机有繁有简。同一船身,而桅帆或少或多。欲比而同之,其势转多窒碍。今即制式相同者酌分等类,有溢额者裁归一律。炮勇额设仍以平时无事为衡。其派驻各省分口岸,如在筹防之时,应否添设及添设若干,应归各省督抚随时酌办。其有前此办防时添设,未经裁撤者,现照旧额开列。能否裁撤,

249

亦应由各督抚酌办。臣缘各省防务情形不同,未便预为悬断。此名额之应行酌定者也。

一为薪粮。查全船执事,各有专司,必须熟悉风潮、沙线、天文、测算、轮机关窍、火候汤汽,方足胜管驾管轮之任。其余则上桅理索,捩舵张帆,生火司油,及操演舢舨、枪炮各技。类皆劳心劳力,危险异常,必学而后能,习而后熟,非寻常水师可比。故向章稍从优给。然较之内地水师固优,例之外国海军则绌。现值操防紧要,若复骤议核减,无以鼓士气而固军心。此薪粮之应行照旧者也。

公费一款,月支尤大。查轮船巡行,以机器油、棉纱等件为大宗。闽厂各船先系尽用尽报,颇涉浮靡。嗣乃包定数目,按月支给,相沿日久,视为固然。各管驾竟有觊觎所赢而惮于差操者,此章不改,流弊不可胜言。现拟将船面油漆、绳索及办公零杂等款,按船核定总数,归之月给。其行船时论机舱内所需机器油、棉纱等件,则按行驶时刻、程途远近,酌定各船每时需费若干,附入用煤册内,据实开报,按次核给。庶各船乐于趋事,日起有功,以言撙节。计近年各船行驶日期,岁可省五六万金。即此后常日操巡,而按次开支,断不致有逾原包之数。此公费之应行酌改者也。

至练船为练习风涛而设,轮船不如帆船,查泰西操练驾驶人等未有用轮船者,诚以帆船便于习帆缆而壮胆智也。惟议购帆船,质窳价贵,且须修改,所费不赀,故闽厂自建威朽坏后,历议购置未果,暂以扬武兵轮代之。南北洋亦用威远、澄庆,然不如帆船之容人较多,成材较速。臣拟由厂自造,以期广育人才。辰下帆船未制,且仍就扬武练习。况值防务需船,新制第五号铁肋船似应配成兵轮,以备巡防之用。

臣更有请者:轮船之制,器械实繁;驾驶之方,毫厘必慎。惟人船相习,庶指臂可联。闽厂成船之始,驾驶乏人,所有船中各执事,均由管驾招充,每值量移全船更换管带,则去留任便,难免偏私。在事以聚散不常,几同佣保。就现在情形而论,闽厂有已成十年之轮舶,而船上独无十年老练之舵工。欲期教练以成军,不啻望前而却步。因查泰西兵船统隶海部,自管驾以下,校艺叙资,按班推补,即舵、水、生火之微,亦不能滥竽充数。故各船专心执业,分之则自成一队,合之则屹若长城,万里纵横,声势联络,所恃以争雄海上者此也。今沿海所有兵船,惟北洋调集于旅顺、威海一带,特延洋师教练,结营合队,稍具规模。余则分隔乖离,十羊九牧,各管驾经时停泊,绝少操巡,偶一差调,辄复饰词守候,数日之程,动淹旬月。似此情形,缓急决不可恃,非专设海军衙门,严定章程办理,难收实效。不得已暂筹权宜整顿之法,拟请旨饬下各督抚,札调各轮船,于驾驶、轮机、桅舵、帆缆、枪炮、舢板、泅水等技,分操合校,严加甄别。俟有额缺,按格递迁。下至升火、炮勇，须禀由练船挑补，不准各管驾任意更易，庶几人与船习，久练成军。或饬令次第回工，由臣认真考核，以资整顿。当此时局艰难，海防要紧，有船尤须有驾船之人，一船务求得一船之用。

臣不敢见小欲速，稍涉纷更。亦不敢远怨避嫌，自甘推诿。所有遵旨酌核轮船薪费名额，及铁肋船不必改制练船各缘由，谨将现筹变通整顿情形，分别开列清单，恭呈御览，是否有当。理合缮折，由驿四百里具奏。伏乞皇太后、皇上圣鉴训示。谨奏。

光绪十年二月二十八日拜发

清单一

谨将奉旨发交各号轮船额配官、弁、舵、水员名，并月支薪粮公费银数，分别酌核，缮具清单，恭呈御览。

计开：

二百五十匹马力兵轮船：

管驾官一员，月支银一百八十两。

臣复查此项，原设月支二百六十两。张梦元拟减支八十两，现拟核减公费，饬将原定公费内所支幕友、书识、各口引港三款，在于薪水动支，原定薪水拟无庸裁减，月仍支二百六十两，理合登明。

大副一名，月支银六十两。

二副一名，月支银四十两。

三副一名，月支银三十两。

臣复查以上三项，张梦元原单均照原设银数开列，理合登明。

管队一员，月支银三十两。

臣复查该船原设正管队一名，月支四十两；副管队一名，月支三十两。张梦元拟裁一名，改为管队一名，月支三十两。现拟照裁照改，理合登明。

水手正头目一名，月支银二十五两。

水手副头目一名，月支银二十两。

臣复查以上二项，张梦元原单均照原设银数开列，理合登明。

管帆桅头目一名，月支银二十两。

臣复查此项，原设三名，月各支二十两。张梦元拟裁二名，实配一名。惟该船配全桅三枝，现暂作练船，各桅随时操练，必须有人专管，未便议裁，拟仍照原设三名，理合登明。

舢板头目一名，月支银一十六两。

臣复查此项,张梦元原单系照原设银数开列,理合登明。

舵工六名,月各支银一十五两,共银九十两。

臣复查此项,原设八名,月各支一十五两。张梦元拟裁二名,实配六名。惟该船暂作练船,正须多人练习,拟仍照原设八名,理合登明。

头等水手三十名,月各支银一十二两五钱,共银三百七十五两。

臣复查此项,原设四十名,月各支一十二两五钱。张梦元拟裁一十名,实配三十名。惟该船现暂作练船,正须多人练习,拟仍照原设四十名,理合登明。

二等水手二十名,月各支银一十两,共银二百两。

管炮正头目一名,月支银二十五两。

管炮副头目一名,月支银一十三两。

臣复查以上三项,张梦元原单均照原设银数开列,理合登明。

炮勇二十名,月各支银八两,共银一百六十两。

臣复查此项,原设二十六名,月各支八两。张梦元拟裁六名,实配二十名。查船上炮勇一项,前此遇有办防,即行奏请添设。该船配炮一十一尊,又系暂作练船,拟仍照原设二十六名,理合登明。

正号手一名,月支银一十两。

副号手一名,月支银九两。

鼓手一名,月支银九两。

臣复查以上三项,张梦元原单均照原设银数开列,理合登明。

正管轮一名,月支银一百两。

臣复查此项,原设月支一百二十两。张梦元拟减支二十两,现拟照减,理合登明。

副管轮一名,月支银五十两。

臣复查此项,原设月支六十两,张梦元拟减支一十两。现拟无庸议减,仍照原支六十两,理合登明。

三管轮一名,月支银四十两。

臣复查此项,张梦元原单系照原设银数开列,理合登明。

管小水缸一名,月支银二十两。

臣复查此项,原设月支二十四两,张梦元拟减支四两。现拟无庸议减,仍照原支二十四两,理合登明。

管油二名,月各支银一十八两,共银三十六两。

臣复查此项,原设二名,月各二十两,张梦元拟各减支二两。现拟无庸议减,仍照原支月各二十两,理合登明。

管水汽表二名，月各支银一十六两，共银三十二两。

头等升火一十二名，月各支银一十四两，共银一百六十八两。

臣复查以上二项，张梦元原单均照原设银数开列，理合登明。

二等升火六名，月各支银一十一两，共银六十六两。

臣复查此项，原设一十二名，月各支一十一两。张梦元拟裁六名，实配六名。惟该船水缸锅炉多只，此项升火，未便议裁，拟仍照原设一十二名，理合登明。

医生一名，月支银一十两。

木匠一名，月支银一十五两。

臣复查以上二项，张梦元原单均照原设银数开列，理合登明。

铜铁匠一名，月支银一十五两。

臣复查该船原设铜匠一名，铁匠一名，月各支一十五两。张梦元拟裁一名，改为铜铁匠一名，月支一十五两。现拟照裁，理合登明。

公费月支银二百六十两。

臣复查此项，原支四百两。张梦元拟减支一百四十两。现拟将原在此项动支之幕友、书识、引港三款，改由薪水支用。其船上各费，分别月给及行船按时支给，另单开列，理合登明。

七百五十匹马力兵轮船：

管驾官一员，月支银一百四十两。

臣复查此项，原设月支二百两。张梦元拟减支六十两。现拟核减公费，饬将原定公费内所支幕友、书识、各口引港三款，在于薪水动支，原定薪水，拟无庸裁减，月仍支二百两，理合登明。

大副一名，月支银五十两。

二副一名，月支银四十两。

三副一名，月支银三十两。

臣复查以上三项，张梦元原单均照原设银数开列，理合登明。

管队一名，月支银三十两。

臣复查此项，原设月支四十两。张梦元拟减支一十两，现拟照减，理合登明。

水手头目一名，月支银二十五两。

舵工六名，月各支银一十五两，共银九十两。

头等水手二十九名，月各支银一十二两五钱，共银三百六十二两五钱。

二等水手一十名，月各支银一十两，共银一百两。

管炮一名，月支银二十五两。

　　臣复查以上五项,张梦元原单均照原设银数开列。惟水手头目原设名为水手正头目,管炮原设名为正管炮。张梦元拟将"正"字删去,该船既无水手副头目及副管炮,其正字应即照删,理合登明。

　　炮勇一十名,月各支银八两,共银八十两。

　　臣复查此项,张梦元系照原设银数开列。惟原设炮勇名额,只供平时操演之用,遇有办防,即须添设。闽厂造成七百五十匹马力兵船三号,内除威远现作北洋练船、澄庆现作南洋练船,额设不在此论外,超武现驻浙江,该船配炮七尊,辰下应否添设炮勇,由该省巡抚自行奏明办理。其原设只照此数,理合登明。

　　正号手一名,月支银一十两。

　　副号手一名,月支银九两。

　　鼓手一名,月支银九两。

　　臣复查以上三项,张梦元原单均照原设银数开列,理合登明。

　　正管轮一名,月支银八十两。

　　臣复查此项,原设月支一百两,张梦元拟减支二十两。现拟照减,理合登明。

　　副管轮一名,月支银四十两。

　　臣复查此项,原设月支五十两。张梦元拟减支一十两,现拟无庸议减,仍照原支五十两,理合登明。

　　三管轮一名,月支银三十两。

　　臣复查此项,原设月支四十两。张梦元拟减支一十两。现拟无庸议减,仍照原支四十两,理合登明。

　　管油一名,月支银一十八两。

　　臣复查此项,原设月支二十两,张梦元拟减支二两。现拟无庸议减,仍照原支二十两,理合登明。

　　管水汽表一名,月支银一十六两。

　　头等升火六名,月各支银一十四两,共银八十四两。

　　二等升火六名,月各支银一十一两,共银六十六两。

　　医生一名,月支银一十两。

　　木匠一名,月支银一十五两。

　　臣复查以上五项,张梦元原单均照原设银数开列,理合登明。

　　公费月支银二百二十两。

　　臣复查此项,原支三百两。张梦元拟减支八十两。现拟将原在此项动支之幕友、书识、引港三款,改由薪水支用,其船上各费,分别月给及行船按时支给,另单开列,理合登明。

一百五十匹马力兵轮船：

管驾官一员，月支银一百四十两。

臣复查此项，原设月支二百两。张梦元拟减支六十两。现拟核减公费，饬将原定公费内所支幕友、书识、各口引港三款，在于薪水动支，原定薪水，拟无庸裁减，月仍支二百两，理合登明。

大副一名，月支银五十两。

二副一名，月支银四十两。

三副一名，月支银三十两。

臣复查以上三项，张梦元原单均照原设银数开列，理合登明。

管队一名，月支银三十两。

臣复查此项，原设月支四十两。张梦元拟减支一十两。现拟照减，理合登明。

水手头目一名，月支银二十五两。

舵工六名，月各支银一十五两，共银九十两。

头等水手二十九名，月各支银一十二两五钱，共银三百六十二两五钱。

二等水手一十名，月各支银一十两，共银一百两。

管炮一名，月支银二十五两。

臣复查以上五项，张梦元原单均照原设银数开列。惟水手头目原设名为水手正头目，管炮原设名为正管炮。张梦元拟将"正"字删去，该船既无水手副头目及副管炮，其正字应即照删，理合登明。

炮勇一十名，月各支银八两，共银八十两。

臣复查此项，张梦元原单系照原设银数开列。惟原设炮勇名额，只供平时操演之用，遇有办防，即须添设。闽厂造成一百五十匹马力兵船六号，伏波配炮九尊，现驻台湾；飞云配炮九尊、济安配炮七尊，现驻广东；元凯配炮九尊，现驻浙江；登瀛洲配炮七尊，现驻江南；泰安配炮七尊，现驻山东。辰下各该船有无添设炮勇，应由各该省督抚奏明办理，其原设只照此数，理合登明。

正号手一名，月支银一十两。

副号手一名，月支银九两。

鼓手一名，月支银九两。

臣复查以上三项，张梦元原单均照原设银数开列，理合登明。

正管轮一名，月支银八十两。

臣复查此项，原设月支一百两，张梦元拟减支二十两。现拟照减，理合登明。

副管轮一名，月支银四十两。

臣复查此项,原设月支五十两。张梦元拟减支一十两,现拟无庸议减,仍照原支五十两,理合登明。

三管轮一名,月支银三十两。

臣复查此项,原设月支四十两。张梦元拟减支一十两。现拟无庸议减,仍照原支四十两,理合登明。

管油一名,月支银一十八两。

臣复查此项,原设月支二十两,张梦元拟减支二两。现拟无庸议减,仍照原支二十两,理合登明。

管水汽表一名,月支银一十六两。

头等升火六名,月各支银一十四两,共银八十四两。

二等升火六名,月各支银一十一两,共银六十六两。

医生一名,月支银一十两。

木匠一名,月支银一十五两。

臣复查以上五项,张梦元原单均照原设银数开列,理合登明。

公费月支银二百二十两。

臣复查此项,原支三百两。张梦元拟减支八十两。现拟将原在此项动支之幕友、书识、引港三款,改由薪水支用,其船上各费,分别月给及行船按时支给,另单开列,理合登明。

一百五十四马力商轮船:

管驾官一员,月支银一百四十两。

臣复查此项,原设月支一百八十两。张梦元拟减支四十两。现拟核减公费,饬将原定公费内所支幕友、书识、各口引港三款,在于薪水动支,原定薪水,拟无庸裁减,月仍支一百八十两,理合登明。

大副一名,月支银五十两。

二副一名,月支银四十两。

三副一名,月支银三十辆。

水手头目一名,月支银二十五两。

舵工六名,月各支银一十五两,共银九十两。

头等水手一十名,月各支银一十二两五钱,共银一百二十五两。

二等水手一十名,月各支银一十两,共银一百两。

头等炮勇三名,月各支银八两,共银二十四两。

二等炮勇三名,月各支银七两,共银二十一两。

臣复查以上九项,张梦元原单均照原设银数开列,理合登明。

正管轮一名,月支银八十两。

臣复查此项,原设月支一百两,张梦元拟减支二十两。现拟照减,理合登明。

副管轮一名,月支银四十两。

臣复查此项,原设月支五十两。张梦元拟减支一十两,现拟无庸议减,仍照原支五十两,理合登明。

三管轮一名,月支银三十两。

臣复查此项,原设月支四十两。张梦元拟减支一十两。现拟无庸议减,仍照原支四十两,理合登明。

管油一名,月支银一十八两。

臣复查此项,原设月支二十两,张梦元拟减支二两。现拟无庸议减,仍照原支二十两,理合登明。

管水汽表一名,月支银一十六两。

头等升火六名,月各支银一十四两,共银八十四两。

二等升火六名,月各支银一十一两,共银六十六两。

木匠一名,月支银一十五两。

臣复查以上四项,张梦元原单均照原设银数开列,理合登明。

公费月支银二百六十两。

臣复查此项,原支三百两。张梦元拟减支四十两。现拟将原在此项动支之幕友、书识、引港三款,改由薪水支用,其船上各费,分别月给及行船按时支给,另单开列。再查闽厂造成一百五十匹马力商船三号,又将万年清兵船改作商船一号,共四号。现海镜派往直隶供差,万年清、永保、琛航在福州、台湾各处转运,理合登明。

八十四马力兵轮船

管驾官一员,月支银一百二十两。

臣复查此项,原设月支一百六十两。张梦元拟减支四十两。现拟核减公费,饬将原定公费内所支幕友、书识、各口引港三款,在于薪水动支,原定薪水,拟无庸裁减,月仍支一百六十两,理合登明。

大副一名,月支银四十两。

臣复查此项,原设月支五十两。张梦元拟减支一十两,现拟照减,理合登明。

二副一名,月支银三十两。

三副一名,月支银二十五两。

臣复查以上二项,张梦元原单均照原设银数开列,理合登明。

水手头目一名,月支银二十两。

臣复查此项,原设名为水手正头目,月支二十五两。张梦元拟删去"正"字,减支五两。现拟无庸议减,仍照原支二十五两,惟该船既无水手副头目,正字应即照删,理合登明。

舵工六名,月各支银一十五两,共银九十两。

头等水手一十六名,月各支银一十二两,共银一百九十二两。

二等水手一十名,月各支银一十两,共银一百两。

臣复查以上三项,张梦元原单均照原设银数开列,理合登明。

管炮一名,月支银二十两。

臣复查此项,原设名为正管炮,月支二十四两。张梦元拟删去"正"字,减支四两。现拟无庸议减,仍照原支二十四两,惟该船既无副管炮,正字应即照删,理合登明。

炮勇六名,月各支银八两,共银四十八两。

臣复查此项,张梦元原单系照原设银数开列。惟原设炮勇名额,只供平时操演之用,遇有办防,即须添设。闽厂造成八十匹马力兵船五号,湄云配炮五尊,现驻奉天;福星配炮五尊,现驻海坛;镇海配炮六尊,现驻直隶;靖远配炮五尊,现驻江南;振威配炮五尊,现驻厦门。辰下各该船有无添设炮勇,应由各该省督抚奏明办理,原设只照此数,理合登明。

号手一名,月支银一十两。

臣复查该船原设正号手一名,月支一十两。副号手一名,月支八两。张梦元拟裁副号手一名,将正号手改为号手名目,月支照旧。现拟照裁照改,理合登明。

鼓手一名,月支银八两。

臣复查此项,张梦元原单系照原设银数开列,理合登明。

正管轮一名,月支银八十两。

臣复查此项,原设月支一百两,张梦元拟减支二十两。现拟照减,理合登明。

副管轮一名,月支银四十两。

臣复查此项,原设月支五十两。张梦元拟减支一十两,现拟照减,理合登明。

三管轮一名,月支银三十两。

臣复查此项,张梦元原单系照原设银数开列,理合登明。

管油一名,月支银一十八两。

臣复查此项,原设月支二十两,张梦元拟减支二两。现拟无庸议减,仍照原支二十两,理合登明。

管水汽表一名,月支银一十四两。

臣复查此项,张梦元原单系照原设银数开列,理合登明。

头等升火六名,月各支银一十四两,共银八十四两。

二等升火六名,月各支银一十一两,共银六十六两。

臣复查该船原设头等升火八名,月各支一十四两;二等升火四名,月各支一十一两。张梦元拟将头等升火八名内移二名作为二等升火,其银数照二等升火支给。现拟照移,理合登明。

木匠一名,月支银一十二两。

臣复查此项,张梦元原单系照原设银数开列,理合登明。

公费月支银一百八十两。

臣复查此项,原支二百四十两。张梦元拟减支六十两。现拟将原在此项动支之幕友、书识、引港三款,改由薪水支用,其船上各费,分别月给及行船按时支给,另单开列,理合登明。

五十匹马力兵轮船:

管驾官一员,月支银八十两。

臣复查此项,原设月支一百两。张梦元拟减支二十两。现拟核减公费,饬将原定公费内所支幕友、书识、各口引港三款,在于薪水动支,原定薪水,拟无庸裁减,月仍支一百两,理合登明。

大副一名,月支银三十两。

二副一名,月支银二十两。

水手头目一名,月支银一十八两。

舵工四名,月各支银一十二两,共银四十八两。

头等水手八名,月各支银一十两,共银八十两。

二等水手八名,月各支银八两,共银六十四两。

臣复查以上六项,张梦元原单均照原设银数开列,理合登明。

管炮一名,月支银一十四两。

臣复查此项,原设月支一十六两,张梦元拟减支二两。现拟无庸议减,仍照原支一十六两,理合登明。

炮勇四名,月各支银八两,共银三十二两。

臣复查此项,张梦元原单系照原设银数开列。惟原设炮勇名额,只供平时操演之用,遇有办防,即须添设,该船配炮三尊,现驻福宁,应否添设炮勇,由闽省督抚奏明办理。其原设只照此数,理合登明。

> 号手一名,月支银八两。

> 鼓手一名,月支银七两。

> 正管轮一名,月支银六十两。

> 副管轮一名,月支银三十两。

臣复查以上四项,张梦元原单均照原设银数开列,理合登明。

> 管油兼水汽表一名,月支银一十八两。

臣复查此项,原设月支二十两,张梦元拟减支二两。现拟无庸议减,仍照原支二十两,理合登明。

> 头等升火六名,月各支银一十二两,共银七十二两。

> 二等升火四名,月各支银一十两,共银四十两。

> 木匠一名,月支银一十两。

臣复查以上三项,张梦元原单均照原设银数开列,理合登明。

> 公费月支银一百两。

臣复查此项,原支一百二十两。张梦元拟减支二十两。现拟将原在此项动支之幕友、书识、引港三款,改由薪水支用,其船上各费,分别月给及行船按时支给,另单开列,理合登明。

清单二

谨将各号轮船经酌核后额配官弁舵水员名并月支薪粮银数,开具清单,恭呈御览。

计开:

> 二百五十匹马力兵轮船:

> 管驾官一员,月支银二百六十两。

> 大副一名,月支银六十两。

> 二副一名,月支银四十两。

> 三副一名,月支银三十两。

> 管队一名,月支银三十两。

> 水手正头目一名,月支银二十五两。

> 水手副头目一名,月支银二十两。

> 管帆桅头目三名,月各支银二十两,共银六十两。

> 舢板头目一名,月支银一十六两。

> 舵工八名,月各支银一十五两,共银一百二十两。

头等水手四十名,月各支银一十二两五钱,共银五百两。

二等水手二十名,月各支银一十两,共银二百两。

管炮正头目一名,月支银二十五两。

管炮副头目一名,月支银一十三两。

炮勇二十六名,月各支银八两,共银二百八两。

正号手一名,月支银一十两。

副号手一名,月支银九两。

鼓手一名,月支银九两。

正管轮一名,月支银一百两。

副管轮一名,月支银六十两。

三管轮一名,月支银四十两。

管小水缸一名,月支银二十四两。

管油二名,月支银二十两,共银四十两。

管水汽表二名,月各支银一十六两,共银三十二两。

头等升火一十二名,月各支银一十四两,共银一百六十八两。

二等升火一十二名,月各支银一十一两,共银一百三十二两。

医生一名,月支银一十两。

木匠一名,月支银一十五两。

铜铁匠一名,月支银一十五两。

以上官、弁、舵、水人等共一百四十五员名,月支薪粮银二千二百七十一两,小建照扣。

七百五十匹马力兵轮船:

管驾官一员,月支银二百两。

大副一名,月支银五十两。

二副一名,月支银四十两。

三副一名,月支银三十两。

管队一名,月支银三十两。

水手头目一名,月支银二十五两。

舵工六名,月各支银一十五两,共银九十两。

头等水手二十九名,月各支银一十二两五钱,共银三百六十二两五钱。

二等水手一十名,月各支银一十两,共银一百两。

管炮一名,月支银二十五两。

炮勇一十名,月各支银八两,共银八十两。

正号手一名,月支银一十两。

副号手一名,月支银九两。

鼓手一名,月支银九两。

正管轮一名,月支银八十两。

副管轮一名,月支银五十两。

三管轮一名,月支银四十两。

管油一名,月支银二十两。

管水汽表一名,月支银一十六两。

头等升火六名,月各支银一十四两,共银八十四两。

二等升火六名,月各支银一十一两,共银六十六两。

医生一名,月支银一十两。

木匠一名,月支银一十五两。

以上官、弁、舵、水人等共八十四员名,月支薪粮银一千四百四十一两五钱,小建照扣。

一百五十匹马力兵轮船:

管驾官一员,月支银二百两。

大副一名,月支银五十两。

二副一名,月支银四十两。

三副一名,月支银三十两。

管队一名,月支银三十两。

水手头目一名,月支银二十五两。

舵工六名,月各支银一十五两,共银九十两。

头等水手二十九名,月各支银一十二两五钱,共银三百六十二两五钱。

二等水手一十名,月各支银一十两,共银一百两。

管炮一名,月支银二十五两。

炮勇一十名,月各支银八两,共银八十两。

正号手一名,月支银一十两。

副号手一名,月支银九两。

鼓手一名,月支银九两。

正管轮一名,月支银八十两。

副管轮一名,月支银五十两。

三管轮一名,月支银四十两。

管油一名,月支银二十两。

管水汽表一名,月支银一十六两。

头等升火六名,月各支银一十四两,共银八十四两。

二等升火六名,月各支银一十一两,共银六十六两。

医生一名,月支银一十两。

木匠一名,月支银一十五两。

以上官、弁、舵、水人等共八十四员名,月支薪粮银一千四百四十一两五钱,小建照扣。

一百五十匹马力商轮船:

管驾官一员,月支银一百八十两。

大副一名,月支银五十两。

二副一名,月支银四十两。

三副一名,月支银三十两。

水手头目一名,月支银二十五两。

舵工六名,月各支银一十五两,共银九十两。

头等水手一十名,月各支银一十二两五钱,共银一百二十五两。

二等水手一十名,月各支银一十两,共银一百两。

头等炮勇三名,月各支银八两,共银二十四两。

二等炮勇三名,月各支银七两,共银二十一两。

正管轮一名,月支银八十两。

副管轮一名,月支银五十两。

三管轮一名,月支银四十两。

管油一名,月支银二十两。

管水汽表一名,月支银一十六两。

头等升火六名,月各支银一十四两,共银八十四两。

二等升火六名,月各支银一十一两,共银六十六两。

木匠一名,月支银一十五两。

以上官、弁、舵、水人等共五十五员名,月支薪粮银一千五十六两,小建照扣。

八十匹马力兵轮船:

管驾官一员,月支银一百六十两。

大副一名,月支银四十两。

二副一名,月支银三十两。

三副一名,月支银二十五两。

水手头目一名,月支银二十五两。

舵工六名,月各支银一十五两,共银九十两。

头等水手一十六名,月各支银一十二两,共银一百九十二两。

二等水手一十名,月各支银一十两,共银一百两。

管炮一名,月支银二十四两。

炮勇六名,月各支银八两,共银四十八两。

号手一名,月支银一十两。

鼓手一名,月支银八两。

正管轮一名,月支银八十两。

副管轮一名,月支银四十两。

三管轮一名,月支银三十两。

管油一名,月支银二十两。

管水汽表一名,月支银一十四两。

头等升火六名,月各支银一十四两,共银八十四两。

二等升火六名,月各支银一十一两,共银六十六两。

木匠一名,月支银一十二两。

以上官、弁、舵、水人等共六十四员名,月支薪粮银一千九十八两,小建照扣。

五十匹马力兵轮船:

管驾官一员,月支银一百两。

大副一名,月支银三十两。

二副一名,月支银二十两。

水手头目一名,月支银一十八两。

舵工四名,月各支银一十二两,共银四十八两。

头等水手八名,月各支银一十两,共银八十两。

二等水手八名,月各支银八两,共银六十四两。

管炮一名,月支银一十六两。

炮勇四名,月各支银八两,共银三十二两。

号手一名,月支银八两。

鼓手一名,月支银七两。

正管轮一名,月支银六十两。

副管轮一名,月支银三十两。

管油兼水汽表一名,月支银二十两。

头等升火六名,月各支银一十二两,共银七十二两。

二等升火四名,月各支银一十两,共银四十两。

木匠一名,月支银一十两。

以上官、弁、舵、水人等共四十五员名,月支薪粮银六百五十五两,小建照扣。

清单三

谨将各号轮船分别按月常给公费,及行船按时照给公费,开具清单,恭呈御览。

计开:

按月常给公费项下:

二百五十匹马力轮船月支银一百两。

七百五十匹实马力轮船月支银八十两。

一百五十匹马力轮船月支银七十两。

八十匹马力轮船月支银五十两。

五十匹马力轮船月支银四十两。

以上所给公费银两,系备随时磨擦轮机炮械应用之松节水、棉纱、砂布、红丹各项,油斤洋烛等件,洗刷船舱、补油、船身、轮机、舢板应用之胰皂、船帚、各色漆油、煤油、油漆刷等件。暨更换旗帜、号衣、零碎修补帆缆,并各项灯油、办公心红纸张等件。惟全刮船身、舢板重加油漆,由厂另行勘办,不在此内。所给银两,小建照扣,理合登明。

行船按时照给公费项下:

二百五十匹马力轮船,每行船一点钟支银七钱。一日夜二十四点钟共支银一十六两八钱。

七百五十匹实马力轮船,每行船一点钟支银五钱。一日夜二十四点钟共支银一十二两。

一百五十匹马力轮船,每行船一点钟支银五钱。一日夜二十四点钟共支银一十二两。

八十匹马力轮船,每行船一点钟支银四钱。一日夜二十四点钟共支银九两六钱。

五十四马力轮船,每行船一点钟支银三钱。一日夜二十四点钟共支银七两二钱。

以上所给公费银两,系备行船时轮机舱应用之机器油、牛油、花生油等件。按照进出口报单,行船时刻及速率海里,提验日记簿,核实支给。其停船留火,概不准支。理合登明。

卷二十四·何如璋二

船政关系海防拟请协筹经费以扩成规而期实效折

编者按:此折见《峨叔奏稿杂存》,不录。

光绪六年至八年制船用款遵照部颁格式变通办理折
(附清单二件)

奏为光绪六年至八年制船用款遵照部颁四柱格式变通办理,开具清单,恳恩准予支销,恭折仰祈圣鉴事。

窃闽厂自光绪六年正月起,截至八年十二月底止,造船收支各款,经张梦元援案具折开单请销。光绪九年七月二十七日军机大臣奉旨:"该衙门知道,单并发。钦此钦遵"在案。

嗣准户部咨称:光绪八年十月间,本部奏定报销章程,拟将各省向来开单者,截至八年十二月止,照旧开单,先开兵勇员弁名数与口粮实数,及增裁四柱清单。再开收支银数款目四柱清单。其开单应遵照部颁格式开列等因。奏奉俞允,由部将奏定章程及清单格式刷印通行,遵照在案。今据该厂所销,系光绪八年十二月以前之款,其开单奏报之处,核与本部前奏向开单者仍开单之语相符。按单核算散总数目,亦属符合。惟查阅原单,一切人数饷数,起止日期及支放章程均未声叙,殊与新章格式不符,碍难核销,相应移咨,速将本部应销各款,如支给员绅并出洋肄业生徒,暨前后学堂、绘事院生徒、艺童、健丁、工匠人等,薪水经费、赡养饭食、盘费奖赏、口粮杂费暨书役工伙心红油蜡,洋员匠薪费等款,务须按照部颁单式将员役人等名数、饷数、起止日期,并照何项章程支发,其无例案可援者,是否奏定有案,逐款详晰另行开具清单,迅速专案奏报等因。

又准兵部咨:令将洋员匠恤赏、运夫、排工各口粮、轮船薪粮四款,所支银数,造具细册,送部核销。又支款单内,制造铁肋澄庆兵轮船,拨用前届报销案内存剩铜铁木煤各料价脚银一万六千二百三十二两一钱六分四厘一毫,应将运脚数目划分清楚,其如何分别支发之处,随案详细声明,以凭核办等因。

又准工部咨:令将单开制造及修理各轮船并舢板等船,用过工料银两,详细分晰,造册报部查核等因。各移咨前来。

臣查船政用款,均系开单请销,所有不能造册缘由,历届奏销折内,经据情入告,久在圣明洞鉴之中。

臣莅工以来,悉心体察,觉工程错综,款目纷繁,诚非笔墨所能尽罄,一切用款皆属据实支销,并无浮冒。今部臣所查者,曰四柱清单,曰支款细册,曰运脚数目,曰工料细册,自应遵饬局员分别办理。

惟户部指查之匀拨第二届出洋肄业学生经费,续派出洋肄业艺徒经费,各生童奖赏盘费等四款,或系按年匀拨,汇解外洋;或系遇事必需随时支用,均无起止四柱可开。其洋员匠薪费一款,系照西历月分支发,与中历月日起止不同,每月日数多寡不等,仅仅载明起止,究亦无从积算。

兵部指查之垫支轮船薪费一款,查轮船薪费自同治十三年四月十六日起,经沈葆桢奏明,归并台防项下支销。惟省局批解养船经费不敷支放,间于制船项下零星凑款垫支,既不能指明专支何船,亦不能指明垫支何月。且垫支银数将来应由省局登收,所有各轮船员名薪粮起止细数,省局自当汇同全数造册请销,臣衙门自无庸造册。其制造澄庆兵轮船拨用前届报销案内存剩铜铁木煤各料运脚数目一款,查船政采办各料,向系由商揽办,包运到工,统计价值报销。单内所称价脚者,脚在价中,实即到地之物价也。

工部指查之制造及修理各轮船并舢板等船用过工料细册,查此项用款,在光绪八年十二月以前,自应遵照奏定新章,向开单者仍开单办理。

以上各条,理合据情恳恩饬下部臣,免予开具四柱清单及划分数目详造细册,迅即照单核销。至员弁并出洋肄业生徒、各学堂、绘事院生徒、艺童、健丁、工匠人等,薪水盐养、饭食口粮杂费,书役工伙心红油蜡,暨广储所运夫、储材所排工口粮、洋员匠恤赏等款,均遵照部颁四柱单式变通开列员名饷数、起止日期,送部备核。惟各款四柱清单卷帙繁多,未便附折,兹谨将截至光绪八年十二月底,实存员弁、生徒、书役、丁夫名数、饷数,开具简明清单,连同支款清单,恭呈御览。伏恳天恩,逾格准予开销,以清积牍。

除咨总理衙门、户部、兵部、工部查照外,理合会同南洋大臣大学士两江总督二等恪靖侯臣左宗棠、福州将军臣穆图善、闽浙总督臣何璟、福建巡抚臣张兆栋,合词恭折具陈,伏乞皇太后、皇上圣鉴。谨奏。

同日拜发

何如璋集

清单一

谨将截至光绪八年十二月止，实存员弁、生徒、书役、丁夫人等名数，并月支薪水、赡养等项银数，开具简明清单，恭呈御览。

谨开员弁薪水项下：

道员一员，月支银四十两。

郎中、员外郎各一员，各月支银三十两

主事、通判共四员，各月支银二十两。

知县七员，各月支银一十六两。

盐大使、教谕、府经历、县丞共十二员，各月支银一十二两。

训导一员，月支银一十两。

举人，从九品，共四员名，各月支银八两。

副贡生、附生、监生共四名，各月支银六两。

承袭一等轻车都尉一员，月支银一十八两。

千总九员，各月支银一十两。

把总三员，各月支银八两。

外委七员，各月支银六两。

军功九员，各月支银五两。

外科医士一名，月支银六两。

肄业艺成回华生徒薪水项下：

学生四名，内一名月支银八十六两四钱，三名各月支银七十二两。

艺徒六名，一名月支银二十二两，五名各月支银二十两。

前学堂艺生童赡养及饭食项下：

驻堂帮教二员，一员月支银二十二两，一员月支银一十七两。

派厂帮教二员，一员月支银二十二两，一员月支银一十九两。

艺童三十四名，内一名月支银九两，一名月支银八两，一名月支银七两，三名各月支银五两，二十八名各月支银四两；又每名日支饭食银七分五厘。

后学堂艺生童赡养及饭食项下：

帮教五员，内一员月支银三十六两。一员月支银一十八两，一员月支银一十七两，二员各月支银一十六两。

艺童四十四名，内一名月支银六两，一十三名各月支银五两，三十名各月支银四两；又每名日支饭食银七分五厘。

后学堂美国回华学生赡养及饭食项下：

268

学生四名,内二名各月支银九两,二名各月支银七两;又每名日支饭食银七分五厘。

绘事院画童赡养及饭食项下:

帮教二员,各月支银一十六两。

画童一十名,内一名月支银一十二两,一名月支银六两,二名各月支银五两,六名各月支银四两;又每名日支饭食银七分五厘。

学习管轮艺童赡养及饭食项下:

帮教二员,内一员月支银一十一两,一员月支银一十两。

艺童一十八名,内一名月支银一十一两,一名月支银九两五钱,一名月支银九两,一名月支银八两,一十四名各月支银四两;又每名日支饭食银七分五厘,内有在船学习六名,加倍支给。

在船学习艺童雇用厨夫一名,月支银四两,听差一名,月支银三两。

学习电线艺童赡养及饭食项下:

艺童六名,内一名月支银二十两,二名各月支银一十六两,一名月支银一十两,二名各月支银四两;又每名日支饭食银七分五厘。

艺徒工食项下:

艺徒六十二名,内八名各日支银一钱九分,二名各日支银一钱七分,五十二名各日支银一钱五分,伙夫六名,各日支银一钱。

书役工伙项下:

经书九名,各月支银四两,缮书二十一名,各月支银三两,驿书、号书各一名,各月支银三两。

听差六名,各月支银二两四钱。

递夫二名,各月支银二两四钱。

健丁口粮项下:

管带官一员,月支银二十两。队长一名,月支银六两。什长五名,各月支银四两八钱。健丁五十名,各月支银四两二钱。伙夫五名,各月支银三两。

看管船槽匠丁工食杂费项下:

船槽机器匠二名,各月支银一十二两。小工一十二名,各月支银四两二钱。磨擦机器油料棉纱各杂费,月支银一十二两。

挖土大机船一号,配用正管机器匠一名,月支银一十二两;副管机器匠一名,月支银八两;小工一十六名,各月支银四两二钱;挖土煤炭油料各杂费,月支银七十二两。

刮土小机船一号,配用小工六名,各月支银四两二钱。

装土船四号,配用小工二十四名,各月支银四两二钱。

广储所盘运料件运夫口粮项下:

夫长一名,月支银六两;什长五名,各月支银三两六钱;运夫四十五名,各月支银三两三钱。

储材所运送木料排工口粮项下:

排长一名,月支银六两;排工六名,各月支银五两四钱。

清单二

谨将制船经费自光绪六年正月初一日接造起,截至八年十二月底止,支过各款数目开具简明清单,恭呈御览。谨开:

一支制造凑成第二十三号七百五十匹实马力铁肋澄庆兵轮船一号,工料银一十六万六千二百七两二钱六分九厘六毫。

一支制造未成第二十四号二千四百匹实马力铁肋开济巡海快船一号,已动用工料银二十六万八千七百一十三两一钱五分四厘三毫。

一支制造未成卧机七百五十匹实马力康邦轮机坯一副,已动用工料银五千八百六十三两二钱三分三厘四毫。

一支匀拨第二届出洋肄业学生,第一、第二两年经费银一万五千九百九两九分九毫。

一支第一届续派出洋肄业艺徒,第三年经费银六千一百三十八两二钱四分七毫。

一支添造铸铁轮机水缸模子、小轮机、各厂水缸炉并烟筒工料银,四千七百五十七两二钱七厘五毫。

一支添盖巡海快船样板房工料银,一千五十八两六钱三分三厘二毫。

一支修拓巡海快船船台工料银,七千五两九钱六分八厘一毫。

一支修理铁船槽并机器房工料银,一万六千五百一十五两一钱五分八厘五毫。

一支岁修各厂火炉、火沟、风沟等项工料银,四千一两六钱六厘六毫。

一支岁修各厂所并七年分遭风大修工料银,五千六百五十七两九钱一分三厘。

一支添制各厂机器工料银,二万一千九百五十一两二钱四分三厘二毫。

一支岁修各厂机器工料银,七千九百六十六两六钱七分一厘八毫。

一支购制各厂所家伙器具工价银,一万八千二百八十两五钱四分一厘三毫。

一支洋员匠薪费银,三万二千二百五十九两四钱七分二厘六毫。

一支洋员匠路费借辛银,四千六百二十两二钱二分二厘一毫。

一支洋员匠恤赏银,一千六百六两二分一厘七毫。

一支员弁薪水银,四万七千三百一两一钱三分三厘三毫。

一支肄业艺成回华生徒薪水银,一万四千三百七十三两三钱七分五厘三毫。

一支前学堂艺生童赡养银,一万二百四十二两六分六厘四毫。又饭食银,二千八百四十九两九钱二分五厘。

一支后学堂艺生童赡养银,九千三百五十五两七钱九分九厘七毫。又饭食银,三千四十四两七钱。

一支美国回华学生赡养银,一千七百四十三两二钱六分六厘六毫。又饭食银,三百八十四两五钱二分五厘。

一支绘事院画童赡养银,三千五百三十六两二钱一分六厘九毫。又饭食银,七百四十三两三钱二分五厘。

一支学习管轮艺童赡养银,四千一百七两一钱一分六厘九毫。又饭食银,一千八百四十二两一钱五分。

一支学习电线艺童赡养银,二千四十九两六钱一毫。又饭食银,三百九十四两六钱五分。

一支艺徒工食银,五千九百八十四两六钱一分。

一支续派出洋肄业艺徒赡养银,一千二百五十八两六钱六分六厘七毫。

一支前后学堂、绘事院、管轮各生童奖赏银,五百二十三两三钱九厘一毫。

一支购买学堂、绘事院洋书器具价值银,四千七百八十五两九钱七分八厘六毫。

一支各生童盘费银,六百三十六两八钱七分二厘七毫。

一支书役工伙银,四千四百一十九两九钱二分七厘。

一支心红纸张银,四百五十三两七钱四分九厘四毫。

一支油蜡银,五百四十八两五钱八分三厘。

一支健丁口粮银,一万二千一百六十一两八钱三分三厘三毫。

一支看管船槽匠丁工食杂费银,一万三千五百五十一两一分三厘三毫。

一支广储所盘运料件运夫口粮银,六千四百三十二两七钱二分。

一支储材所运送木料排工口粮,二千一十一两九钱二分。

一支购存用剩铜铁木料煤炭价值银,六万一千九百四十两七钱七分七厘七毫。

一垫支各轮船薪费银,四万七百七十四两三钱七分八厘七毫。

一垫支各轮船领用煤炭价值银,四万四千一百六十四两一钱九分三厘七毫。

一垫支修理各轮船工料银,一十万八千九百二十五两四钱三厘六毫。

一支拨借省会善后局议购铁甲船经费银,七万两。

以上共支银:一百六万八千六百九十三两四钱三分五厘五毫。

卷二十五·何如璋三

遵旨查明船政前此承造开济快船并无玩延讳饰据实复陈折

法船聚泊马江敌情叵测应亟调各省兵船协防折

近察法船举动请调南北洋兵轮以相牵制折

恭报交卸船政局务遵旨来京折

船厂受伤查造机料清册并局存经费一起移交折

兵轮伤亡弁勇由船政筹款抚恤片

船政九年分报销及应行奏咨各件暂展限期片

编者按:以上七件,均见《峨叔奏稿杂存》,不录。

五、中法越南函稿

95号

五月初一日,俄股钞付出使日本国大臣何如璋函称:

法国欲取安南东京,新闻传说既久,兹闻法国海军卿建议请加增经费,添置兵船,以经营是地。既交下议院核议矣。观其所云,非必遽剪灭其国,而逐渐经营,干预其内政。若安南积弱不振,将来恐如英之印度,守土之君徒拥虚位。而中国云南边地与之毗连,以后必益多事。故此事不知彼国下议院允准与否？须函询巴里使署,方知其详。

兹谨将海军卿书译录呈览。

照录抄单

(1)译录横滨西字报所刻"法国海军卿请于安南增设船兵议"

法国海军卿请于安南东京增加法国水师经费一折,已交民会察核矣。内言须增佛郎二百四十八万七千八百五十枚,拟以七十一万二千八百五十一枚造巴谢非罗式邮船一号,札郭式炮船两号;以一百七十万五十枚,造邮船一号,安梯罗式炮船三号;运往香港之费佛郎二十万亦计在内。

查一千八百七十四年八月四日法国、安南《条约》,约中有助安南安内御外,并扫除海盗之语。又查是年八月三十一日法国、安南《通商条约》,内载安南准开东京海口及都城,以兴泰西贸易,澜沧江一带自海口始,至云南界止,均许外国船只任意往来。以上条约均经国会议准在案。然据驻在安南法国官员声称:安南东京之兵,往往串通土匪,谋为不轨,扰害良民,阻塞通商,而地方官无力惩办,以致条约不行。故欲复法国利权,宜先扫除群寇,保固澜沧江,以便与中国往来等语。驻在安南之官久有此言,我国政府亦以其所言为不谬,然以经费、船只之未敷,至今未能举办。今若能加增水师额数,削平寇贼,非唯可使澜沧江往来无阻,且可使澜沧江以及江之左右地方胥归安靖。而现在安南东京只有邮船一号,小炮船两号,而该邮船又往往驶至安南,不敷应用,故不得不添造船只,即不得不加增经费。愿如所请,照数加增,于国必有裨益云云。

(2)照录朝鲜新派来东游历委员官职姓名

姓名年龄官职爵位:

赵准永,四十九,参判从二品。

朴定阳,四十一,参判从二品。

严世永,五十一,承旨正三品。

姜文馨,五十一,承旨正三品。

赵秉稷,四十九,承旨正三品。

闵钟默,四十七,承旨正三品。

李铣永,四十五,承旨正三品。

沈相享,三十七,参议正三品。

洪英植,二十七,参议正三品。

鱼允中,三十四,应教正四品。

96 号

六月十二日,俄股抄付出使日本大臣何如璋函称:

法国欲取安南,新闻传说既久。前次抄呈彼国海军卿增加水师兵费议,当邀俯鉴。兹又闻法遣炮船到烟台购马匹,复于英国定制浅水兵轮。有法国官员名伯朗手般者,久驻安南,归国,极陈东京可取之状。谨将所闻,一一译呈钧鉴。闻劼刚袭侯见其外部,彼云并无吞并之心。然观其举动如此,似属可忧。安南为两粤屏障,比之琉球零星诸岛情势,又是不同。而牵涉强国,事更难办,应否函嘱两粤如何设法维持。外侮日来,层出不穷,深可忧闷也。

98 号

闰七月初五日,出使日本大臣何如璋函称:

本月初八日肃呈第一百三十五号函,当邀垂鉴。法国图取安南东京,外间传说既久。前见法国海军卿请于安南增加水师经费议后,又见法人伯朗手般所陈安南情势论,均言东京可取之状。当经先后译呈钧览。本月初九日,见英伦西历七月二十三日(我六月二十八日)发来电报称:法国下议院议准筹借二百五十万佛狼(计洋银六十二万圆)为东京海湾水师经费。同日电报又言:法海军卿自言,法于安南无兼并之意。昨十四日见横滨巴得利法文报云:法海军卿格罗爱每日筹划用兵东京之事,其如何布置,既经定夺,所派统兵将军,本报馆既知其名,一俟突尼斯一案妥结,便可启程云云。是安南东京既有危如累卵之势,法师所至,将来或如英之印度,或如俄之吐谷蛮,虽未可知,而越南不能保其固有,既可想见。惟现在突尼斯一案,土耳其以突系土属,法国遽行并夺,为违背公法,既遣派铁甲船至的黎卜里,土君复辞绝法使。法国政府亦议筹办六个月军需。若使法、土二国开战(意大利以突尼斯与意国之昔昔利岛邻近,故于法国处置突案甚形不满。若土、法开战,意国或将助土也),则越南之事必当缓办。不然,则殊可虑也。强敌纵横,咄咄逼人,令人愤闷!此间光景如常。专此敬乞代回堂宪察核为祷。即请勋安!

935 号

六月二十日,船政大臣何如璋文称:

光绪十年闰五月二十六日,在福州府中歧工次,专弁驰奏《法船聚泊马江情形》一折。又闰五月二十九日,专弁驰奏《近察法船举动》一折。相应补钞折稿咨呈。为此咨呈钦命总理各国事务衙门,谨请察照施行。

照录折稿。

奏为法船聚泊马江,敌情叵测,应亟调各省兵船赴援,以遏敌冲。恭折驰陈,仰祈圣鉴事。

窃法人此次派员来议越事,乃一面令该海军提督孤拔,率领舰队驶泊马江,以图要挟。闰五月二十二日,法舰安菩黎入口。行至羊屿,搁浅船坏,于二十六日间住香港。二十四日又到嚣卢茶法船一号。二十五日又[以下阙文]

946 号

六月二十二日,军机处交出何如璋抄折称:

为近察法船举动,请调南北洋兵轮,以相牵制,恭折驰陈,仰祈圣鉴事。

窃臣于闰五月二十六日驰报,法兵船大小四艘,聚泊马江。嗣于二十七日早,驶入碰快大兵船一只,又停泊芭蕉口外大兵船二只。情形日急,遂有传二十八日限满即攻马尾之谣。船局各学堂洋师相率求避,人情汹惧。臣乃饬各兵轮管驾严密备战,不得擅移一步。万一开仗,胜则破格优奖。如不战自溃,定按军法。且告以电调南北洋援船,陆续即至。各管驾感奋听命,矢以死报。并密饬后山防营,择要埋伏,杜敌人登岸包钞。又分饬各厂弁丁,将炮械火药,周密安放,预备法人侵占厂地,为拼敌俱焚之用。布置粗定,一面饬各员绅督率匠徒,照常工作,以安人心。

二十八日清晨,会办大臣张佩纶亲率提督黄超群两营驰至,军心益固。法提督孤拔见我防军大集,戒备加严,遂函向扬武兵轮探询。臣与张佩纶令张成答以战必彼此约期,属该提督无须疑虑。该提督因邀张成相见,彼船拟即先退两艘。二十九日晨,法兵船大小两号,乘潮驶出壶江。

查此次法提督孤拔率领舰队,直趋马江,原欲以虚声恫喝,图占船局,为要索巨款地。嗣见我师船衔尾相拒,船局安固不摇,而会办大臣张佩纶又复亲率两营继至,自知诡计不行,乃明约先退两艘,显若露不侵马尾之形,隐实示趋重门之意。其横肆狡诈,不过欲遂其要索本谋,俾我惧而易从耳。现在讲款未就,敌船来往自如,而我船竟无一至。设一旦彼舰纷来,则闽船只此数艘,虽复独力支撑,而强弱势殊,彼必将肆意要求,多方挟制,冀饱所欲而后已。应请旨饬下南北洋大臣,迅派各快船克期赴闽,以助声援。倘法船移向别口,我船即衔尾并驱,互相接应,庶足杜法人狡逞之心,而议款亦较易得力。所有微臣近察法船举动,应调南北洋兵轮牵制各情形,谨缮折由轮船驰陈。伏乞皇太后、皇上圣鉴训示施行。船局幸甚!大局幸甚!

又总理衙门印有电报密本,船政未承颁发,是以近日情形,不敢由商传电,恐致宣泄,合并陈明。谨奏。

(光绪十年六月二十日,军机大臣奉旨:览奏。因应机宜,颇中肯綮。南北洋叠称船不能拨,著就著有兵力,妥筹备御,以遏凶锋。所需电报密本,已谕令该衙门颁发矣。钦此。)

1062 号

七月二十二日,船政大臣何如璋文称:

窃照本大臣于光绪十年七月初五日,在福州由驿驰奏:法船猝发,我军船坏厂伤,陆军连日抵御,法兵不敢上岸一折。相应抄录折稿咨呈。为此咨呈钦命总理各国事务衙门。谨请察照施行。

照录折稿

奏为法船猝发,我军船坏厂伤,陆军连日抵御,法兵不敢上岸。恭折驰陈,仰祈圣鉴事。

窃法将孤拔率领舰队,于闰五月二十二日驰泊马江,窥占船厂。随调集闽省大小各兵船,与之衔尾相拒,以图牵制。臣于闰五月二十六日、二十九日,两次专折驰报我水陆各军防守情形。四十日以来,迭与会办大臣张佩纶等,将我军与法船勉力相持各节,电达总理衙门在案。

六月二十五、六等日,英、美两提督来闽,商劝法船出口,未有成议。随奉电传谕旨:以法人如有蠢动,即行攻击,毋稍顾忌等因。张佩纶与臣勉励水陆各将弁,益加严防,预备战事。七月初一、二两日夜,风雨大作,又未接总署电报,心殊焦急。

初三日天忽晴明,未刻接奉电谕,知法外部议款不成,势必开战。因与张佩纶传令各船管驾,即行动手。忽闻炮声震耳,法既先发。张佩纶一面飞饬各陆营出队,一面偕臣登高指挥。彼此互攻约半时之久,扬武已被击沉,福星随坏,伏波、艺新两船,乃向中歧退回。嗣法船赶至厂前,由厂中差弁开炮横击,施即退去,随又上驶,再为击退。究因炮小,法船未受大伤。前泊在厂前琛航、永保两商船,正欲开轮往撞,为法炮遥攻,船坏不行,随被焚毁。其飞云、济安、振威三船,在下与法船互击,忽见火起,悉行自焚。福胜、建胜两炮船,往来冲击,力战逾时，一被击沉，一被焚毁。其内海各师船，及所备引火各船、水勇木簰等件，以法船格林炮子如雨集，霎时均为扫尽。时当申末，我驻防马尾之陆勇，与罗星塔炮勇，伏沟狙击，抵死不退。法因聚船攒击，相持至酉末，始各收队。是日苦战，我兵、商各轮船被毁九艘。法船亦被我击坏，其立沉者大、小船各一艘。彼军固有伤亡，而我水军伤亡更众，陆营亦有伤者，一时未能查悉。

初四日早，法驶四船至厂前，排炮猛攻。方勋营勇，由马尾移扎厂左山腰，黄超群两营，仍扎厂后山脚，与福靖后营相辅，悉力抵御。彼以大炮轰击，厂屋半毁。我军以克鹿卜陆军炮及抬枪、洋枪应之，相持至晚。闻孤拔亦被我炮击伤，又见我军力守，遂不敢登岸，复收泊罗星塔下。初五日，法大轮船八艘，小轮船六艘，开赴下游，必系移攻各炮台。刻尚未知胜负，俟探明情形，再行驰报。

此次法将以全力注闽，我水师船小将弱，独力勉支，相拒至月余日，昼夜严防，兵力已疲。故迭次请船赴援，深恐情见势绌，为敌所乘耳。乃法人横诈性成，竟敢不告而发，行同海盗，无礼至极。臣目击各船战没，未由援手。连日败残弁勇泅水得生者，类皆焦头折臂，惨不堪言。现既一面给赉养伤，设法抚慰。

臣自顾一介书生，既不能执殳前驱，力遏凶锋，又不能击楫赴敌，与之同命。惭对将士，悲愤填膺！且船厂系臣专责，又不能力筹保护，致为法所残毁，负咎实深。应请旨先行交部议处。其伤亡各弁勇，容臣次第查明，奏请优恤，以励军心。

再船厂濒水，法事未定，我无师船护助，势极孤危，当俟法船出口后，料检一切，分别奏明办理。谨将现在大概情形，恭折驰陈。伏乞皇太后、皇上圣鉴。谨奏。

1191 号

九月初四日，船政大臣何如璋文称：

窃照本大臣于光绪十年八月十五日，在福州府中歧工次，由驿四百里具奏，恭报交卸船政局务、遵旨来京一折。相应钞录折稿，咨呈总理衙门，谨请察照施行。

照录折稿

奏为恭报微臣交卸船政局务、遵旨来京，仰祈圣鉴事。

窃八月十五日，接会办大臣张佩纶咨称：准吏部咨：七月十八日奉上谕，张佩纶著以会办大臣兼署船政大臣。詹事府少詹事何如璋著来京。钦此。

伏念臣莅工甫及半年，守厂勉支逾月。兵轮遘挫，机料粗存。负职忝恩，深为惶悚！自劾之疏既上，召还之命适颁。感激隆施，曷有纪极。

船厂被法船攻击后，臣连日亲自巡阅各厂所，外围残缺，屋宇多伤，机器料件,亦间有损坏。七月初十后,工匠稍稍回厂,因饬令赶捞船炮,修补架具,以备择要安置。并督催各厂所经手员绅,将机料逐一点查,分别造册送核。理合将船政所有卷册,暨局存经费等件,并木质关防一颗,于本月十五日,移交兼署船政臣张佩纶接收。臣即于是日交卸,遵旨来京。所有微臣交卸船政日期,相应专折具陈。伏乞皇太后、皇上圣鉴。谨奏。

1192 号

九月初四日,船政大臣何如璋文称:

本大臣于光绪十年八月十五日,在福州府中歧工次,由驿四百里具奏,厂屋受伤,查造机料清册,并局存经费移交一折。又附奏兵轮伤亡弁勇,由船政筹款抚恤一片。又附奏船政九年分报销,及应行奏咨各件,暂展限期一片。相应抄录折稿,咨呈总理衙门,谨请察照施行。

照录折稿

奏为船厂受伤,查造机料清册,并局存经费移交一折,恭折仰祈圣鉴事。

窃臣于七月初五日,亲带经费赴省,与督抚臣晤商战守事宜。经将我军与法接仗、船厂受伤各情,驰报在案。随于初七日回工,巡阅各厂。濒江外围残缺,而较铼门尤甚,缘门内新设炮台,战时经厂中差弁冼懿林等击坏法船,彼乃聚船攒攻,致该处墙门悉毁,炮架亦伤。其各厂为敌击伤者:砌砖之厂,以合拢厂画楼为最,水缸厂次之,炮厂、轮机厂又次之,铸铁厂为最轻。架木之厂,以拉铁厂为最,广储所、砖灰厂次之,船停栈房又次之,模厂为最轻。船槽陡出江干,受炮最烈。新制第五号铁肋船身,将次下水,被敌炮击穿九十余孔。至学堂、匠房等处,虽受炮较轻,而器具、书籍,亦有残缺。各厂机器,则轮机、水缸等厂微有损坏,据学生勘验,略为修整,尚堪运用。至制船所需之钢铁铜铅、油漆帆缆木植等料件,经催集经手员绅,督同看守各厂所差弁丁役,截至七月初五日止,逐件盘查,分别造具清册。臣详加查核,除厂存炮弹、枪子运存后山火药库,储材所木植失数十根外,其余各厂所料件受伤损亦复无多。惟制船经费,及南洋快船拨款,为数颇巨。查向来采购外洋料件,系由香港南台洋商银号汇兑。自闰月杪,法船日逼,恐有疏虞,陆续将经费饬支应处密行汇出,以重帑项,仍存用款四万有奇。七月初四晚,由臣派员弁带领亲兵黄超群营勇,搬船运至后山。初五日,臣带省寄存藩库。经费数十万幸无遗失。衙署虽被十余炮,尚未大伤。各工匠初十后稍稍来工,因饬令赶捞船炮,修补架具,分置各要隘,以资防御。法船之赚入马江也,原欲以虚声恫喝,规占船厂,藉遂其要索偿款之谋。嗣见我水陆各军,防备加严,相持逾月,穷而无所,知我援绝守疲,乃以全力注闽,希图一逞。三日之战,彼船猝发,我将士感国家豢养之恩,悉力抵御,血战逾时。统计我兵轮马力不及九百匹,额勇不过千人,强弱迥不敌,竟能坏其坚船,伤其大将。彼船攻厂两日,欲图占据,终以一月来,见我厂前后穴地穿坎,疑有地雷埋伏,敌不敢由正道登岸。其间僻要隘,又为陆军分扎,势不得逞。仰赖朝廷福庇,船厂获全。

初五后,彼国船坏将伤,力难内犯,始移攻下游炮台,为出口计。至初十日,驶出芭蕉口外妈祖澳。迭派小船往探,报称数艘驶赴香港外,停泊该澳者尚有七艘,内三艘损坏,难涉大洋,出口后数日,集夫修葺,使有大队坚舰搏之,恐彼族且只轮不返也。闽口防务,现由会办大臣张佩纶会同将军穆图善等妥筹布置。本局机器料件,名目繁多,各厂所逐具查点,造册需时。臣现将各厂所具报伤损实存各册,并局存经费,移交兼署船政臣张佩纶接收。将来核计实用若干,另行奏咨立案。所有厂屋受伤各缘由,理合缮折,由驿驰陈。伏乞皇太后、皇上圣鉴。谨奏。

照录片稿

再,马江之役,大小各兵商轮船,被法船击坏九艘,弁勇伤亡五百余员名。谨由会办大臣张佩纶遵奉懿旨,赏银四万两。内筹拨银一万两,会同臣示给,各给家属分别具领。以各兵轮弁勇,均系船政招致募集之人,复出臣于本局经费提款,酌量加给各家属,以广皇仁而示体恤。所有抚恤一款,俟事竣附册造报外,理合附片陈明。伏乞皇太后、皇上圣鉴。谨奏。

照录片稿

再,前奉户部颁到外省军需善后报销,奏定新章十四条。第六条内开:光绪八年八月以后,各省报销,仍按各旧章或半年奏报一次,或一年奏报一次。上半年者限本年十二月到部,下半年者限次年六月到部,一年者限次年八月到部,不准经手累月汇案造报等因。

船政制船经费,截至光绪八年十二月底止,业经分案奏报。其光绪九年分报销,自应遵照部章,按年造报,依限达部。惟自去年闽省办理海防,一切炮台器械,多由厂中代制,接续不断,所有动用工料,年终未能截清。至本年四月间,始将办防应用各工料剔出,制船款目方清。臣当即分饬厂员,将九年分制船用款,赶造细册,以期应限奏报。讵料闰五月间,法船驶入闽港,停泊厂前,防务尤形吃紧。厂中添庀战具,赶制杆雷,厂员昼夜兼营,迄无暇暑,因将报册暂行缓办。辰下期限已届,而法船尚停泊口外,眈眈窥伺。厂中员弁督率各工匠,赶捞船炮,修补架具。臣又以交代在即,催造各厂所器械料件清册,而销册仍复未能起办。臣不胜焦灼,合无仰恳天恩,俯准将船政光绪九年分销案,及一切应行奏咨各件,暂展限期。一俟防务稍松,再行起限。除咨部查照外,所有报销不能依限各缘由,理合附片陈明。伏乞圣鉴训示。谨奏。

　　编者按:以上录自台湾近代史研究所《中国近代史资料汇编》之《中法越南交涉档》

六、海防档咨文

680 号

十二月二十一日,船政大臣何如璋文称:

光绪九年十二月初二日,在福州府中歧工次,由驿四百里具奏到工任事日期,叩谢天恩一折。相应抄录折稿咨呈贵总理衙门,谨请察照施行。

683 号

正月十三日,船政大臣何如璋文称:

光绪九年九月初九日,奉上谕:翰林院侍读学士何(如璋)著督办福建船政事宜。钦此。兹本大臣于十二月初一日莅工,即日接篆视事。除分别咨行外,相应咨呈。为此咨呈钦命总理各国事务衙门,谨请查照施行。

684 号

七月十四日,船政大臣何如璋文称:

光绪十年闰五月十六日,承准总理衙门咨行:光绪十年五月十一日,准总税务司呈称:官运物料免税一事,已照录专照式样转饬各口遵办在案。兹据闽海关税务司详称:现奉福州将军札开:船政衙门凡有购办机器物件,前经奏准免税,仍应照旧章办理。此外各局官用物料,业已饬令概行请给免税专照,赴关换领准单,起下货物等语。总税务司查现既订立通行免税专照,闽省各局已照新章办理行用专照,而船政衙门仍按旧法,未免两歧,致出有不便之事呈请转咨。嗣后船政衙门购运物料,亦应一律给领新式免税专照,换领起下货物准单,以符定章而昭划一等因前来。准此,相应照录专照式样,咨行贵大臣查核声复可也等因。附照样一纸,承准此。

　　查船政采办一切料件,经前大臣奏准一体免纳税厘,所有由外国暨香港各局采办装载夹板,及洋商招商轮船运到船政货物,其始将各口原来装载货单,委员持向税务司盖印画押,取回起货。惟往返需时,装货之船一经进口,无不急于卸载,难以缓待,诸多为难。是以由船政衙门刊刷三粘闽海新关免税验单,编号咨请闽海关、将军饬发税务司,于骑缝并年月上盖印画押,左幅单根截存该税司备查,右幅单根及中幅验单,饬该税司申缴将军衙门咨还船政,以便料货到时,由船政衙门填明件数,加盖船政关防,掣发起货,随到随起,不致稽迟,亦不致影射漏税,历办无异。

　　嗣于光绪九年十二月间,准闽海关汉税务司照会,转奉总理衙门札行,新章免税物件,每逢结底,将此免税之物列册,由总税务司转呈总理衙门存查等由。缘船局填发免税验单,仅载物件。嗣后请于单内将物件名目、斤两、价值载明晰,以便核估应免税数,按照新章结底造册呈报照会察夺等由。计抄前项札文一纸前来,即经查照办理,知会香、沪各采办局。嗣后遇办运各料,于起货单上分别载明斤重价值,以便填入免税验单,俾资查核并照复在案。兹总税务司以将军札行,船政衙门仍照旧章,与各局两歧,请一体给领新式免税专照,换领起下货物准单,以昭划一。

　　第查船政并无下载出口货物,采办料件,均系厂需,悉属由外进口,络绎不绝。若照新章,每货办到,须专弁进省请照换单,方能起驳,势必往返需时,辗转耽搁。货船急于卸载,掣肘时形。如改用专照准单,应请由闽海关、将军先行预印空白新式专照,另列字号,移存船署,以备货到随时填明,持换准单起货,稍见便捷。或按结、或按月,将截存照根咨还闽海关、将军查考。先经咨商闽海关、将军酌核,兹准咨复,如此办理,可免辗转耽搁,稍见便捷。与专照准单新章,仍归划一,应即照办。除札饬福州口委员立即预刷空白免税专照二百张,编列船字第一号起,至第二百号止。由该委员盖印禀缴来辕,以便移存贵衙门。俟购办料件,装载轮船到口,即随时填明,持向新关税务司换给准单起货。即请按结将截存照根移关查考可也。咨请察照转咨等因来。相应呈复,为此,咨呈总理衙门,谨请察照施行。

　　　　编者按:以上录自台湾近代史研究所《中国近代史资料汇编》之
　　《海防档》乙《福州船政》。

七、电文

关于日本梗阻琉球入贡请示电

东松田至球,举动未详。十三日,大政官示:废球为县。此事如何因应?请示遵。余俟缄呈。　三月二十七日

(录自《台湾文献史料丛刊》第四辑《清光绪朝中日交涉史料选辑》光绪五年闰三月初五日《总理各国事务衙门奏日本梗阻琉球入贡情形折》引)

何如璋张佩纶致枢垣速请南北洋拨船电

法不开炮据厂,似无此事,彼深入,非战外海,敌船多敌胜,我船多我胜。促南北洋以船入口,勿失机养患,谋定后动。总署不愿先发,急募无器械,何能小挫再振! 将与士习,操钧权者难之。璋、纶无法,惟忠愤鼓舞耳。　六月初二日

(录自王彦威编《清季外交史料》卷四十二)

何如璋张佩纶等致枢垣筹商防法电

兵轮入口,瞬息即至马尾。塞河先发,正慎战重厂也。兵,诡道,不可先传。敌船至始商各领事,无及。未到先商,足激法增船,互援是活着,先发是急着,舍此两着,布置更难! 不乘未定时先筹,若待敌船大至,当何所恃耶? 不敢屡渎宵旰,愿诸公审思:我增炮难,彼调船易,久则有变也。　六月十八日

(录自王彦威编《清季外交史料》卷四十三)

致枢垣法使来商有转圜意勿与决绝电

沪议罢谢使,复就署商云,和议不成,孤拔自取偿补,殆有脱卸转圜意。惟诡诈,不遽跌价。似可虚与委蛇,不必遽与决绝。我船来则力足以相制,孤在口内,固不敢动;即调停出口,亦不得往别口肆扰。此妥着也,乞酌。　七月初二日

（录自王彦威编《清季外交史料》卷四十五）

何如璋张佩纶等致枢垣谢议不成法必扰闽请拨快船电——附旨

谢议不成，法必以全船扰闽。英、美调停，无非袒法。和则彼全体面，我失体面。战则众寡不敌。沪无法船，请严旨速拨五、六快船来闽助势，使力足相抵，和、战方有结局。若再延宕，误闽即误大局。

附：七月初二日，奉旨：叠据何如璋、张佩纶电称"请饬拨五、六船速到闽，方可阻法战；如仍延宕，误闽即误大局"等语。法舰集闽口，被阻于台，难保不求逞于闽。增船诚为要着，南、北洋现无急警，且法尚愿商议，拨船谅不致被抢。着李鸿章、曾国荃各拨兵船二只，克日抵闽。大局所关甚钜，毋分畛域，毋存成见。法如蠢动，何如璋、张佩纶当竭力战守，不准以待船藉词诿卸。军火最要，彭玉麟等请饬南、北洋速向洋行定买，饵以重利，商令设法通融送交，着该大臣等妥速办理。据张之洞等电称："粤军难再抽拨，章高元旧部八营既扎江阴，可拨数营援台"等语。着曾国荃传知程文炳赶募数营，即日东下填扎江阴，程文炳到后，再饬章高元旧部赴台。

（录自王彦威编《清季外交史料》卷四十五，又见台湾《文献史料丛刊》第四辑《清季外交史料选辑》）

何如璋、张佩纶致枢垣长门炮台均坏电

初三日败仗，已达。顷探是日孤拔炮伤臂折，共毙法三百余人，孤殁，众口一词。然各国皆为深讳，即确，亦不足释恨。洋船焚双筒三桅一艘，击坏一艘，鱼雷一船。系都司陆桂山击碎，又一船亦损。初四日攻卡久，黄超群坚守，方勋佐之。法屡上岸施放枪炮，击坏南岸炮台，亦毁一船，余多桅折、烟筒欹，彼急修，仍能行。现长门以内炮台均损，恐彼口外新船续至。璋等同到马尾，拊循士卒，因坚守，船署未毁，厂坏两烟筒，造未成船洞穿，机器料件未大伤，纶居楼击碎。　七月十三日

（录自王彦威编《清季外交史料》卷四十五）

何如璋穆图善何璟致枢垣法船来攻我军力拒互有伤亡电（七月十七日）

连日战守情形，自初三开仗后，马尾、长门线断，水陆梗阻，传闻异词。顷探确，初四，法船复攻船厂，厂半毁，及用小轮六号冀攻上岸，方勋等军力拒，互有伤亡。初三、四、五，法分兵攻馆头，我军力遏登岸，惟营墙、兵房有毁。初五攻田螺湾炮台，守至次日旦始陷。往扑岸，被我军击伤多人。初六午，法以八艘攻闽安，南北岸遇屿各炮台、晚台坏，蔡康业施放大炮，击破船身数处，两次登岸，均经伏兵击退。长门炮台于初五击毁，进口法大兵轮一只，即歪斜驶出口外。初七、八日，法以八船攻金牌炮台。长门被攻两日，伤损较轻，毙敌甚多，又击翻进口中号法轮两只。初九、十日，法船先后出口，泊芭蕉山外，开来两趸船，运到粮食、军火，或回扑，或他往，均不可知。建、邵土匪，已派营弹压。一切和衷商办。乞代奏。　七月十七日

（录自王彦威编《清季外交史料》卷四十六）

积雪移作堆、满寺旁碍行、事探
讨别鲜，字半减松门来无人、来往
人迹绝壬午仲春、录旧作为
子我拙辉

清朝驻日本使馆与朝鲜人笔谈

　　编者按：光绪六年(1880)，朝鲜政府派遣礼曹参议金宏集为修信使，率使团访问日本，就通商、关税等事务与日本政府会谈。清朝驻日本使馆对此事异常关切，公使何如璋派参赞黄遵宪、翻译杨枢于七月十五日拜会金宏集，在金宏集寓所举行第一次会见。十六日，金宏集到中国驻日使馆拜会何如璋，再次谈话。十八日，何如璋和副使张斯桂回访金宏集。二十一日，金宏集再一次走访中国使馆。数日后，八月初二日，得知朝鲜使团归国日期临近，黄遵宪往金宏集寓所，将奉何如璋命撰写《朝鲜策略》交付金宏集，嘱其带回国，述说世界大势，劝导朝鲜放弃闭关政策，对外建交。次日，金宏集到使馆辞行，商定今后联络方式。这几次笔谈，双方达成共识，对于朝鲜改变国策，起到了关键作用。

目　录

一、黄遵宪与金宏集笔谈

光绪六年七月十五日(1880 年 8 月 20 日)

（大清钦使参赞官黄遵宪、杨枢来）

遵宪：海程遥远，王事驰驱，贤劳可敬。得接阁下大名，于四月中，有釜山递来消息，既如雷灌。及盼旌麾早临，得以略论时事，饰一切悃忱。今日初见，春风蔼然，使人起敬，第不知滞留此间，为多少日？钦使何公，亟欲图晤，从容半日，畅彼此怀抱，不审何日乃得暇？使仆敬清命。

宏集：今蒙两先生辱临，甚惬宿愿。钦使何公，业拟即谒请教，速有冗扰，又值家忌，迄此迟滞，悚甚。明当进候。

遵宪：朝廷与贵国，休戚相关，忧乐与共。近来时势，泰西诸国日见凌逼，我两国尤宜益加亲密。仆辈居东三年，与异类相酬酢，今得高轩之来，真不啻他乡逢故人，快慰莫可言。

宏集：敝邦于中朝，义同内服。近日外事纷纭，蕲望更切，他乡故人之谕，实获我心。

遵宪：以仆鄙意，若得阁下常住东京，必于国事大有裨益。方今大势，实为四千年来之所未有，尧舜禹汤之所未及料，执古人之方，以药今日之疾，未见其可。以阁下聪明，闻见日拓，将来主持国是，必能为亚细亚造福也。

宏集：此行，约于数旬间竣事即还，不可常驻。宇内大势，高论诚然，敝国僻在一隅，从古不与外国毗连。今则海舶迭来，应接戞戞，而国少(小)力弱，未易使彼知畏而退，甚切忧闷。然所恃者，惟中朝庇护之力。

遵宪：请此数语，足见忠爱之忱溢于言表。朝廷之于贵国，恩义甚固，为天下万国之所无。然思所以保此恩义，使万世无疆者，今日之急务，在力图自强而已。

宏集：自强二字，至矣尽矣，敢不敬服。

遵宪：闻高论，使人豁然开朗，又使人肃拜，亦乞波及。

遵宪：明日何时枉顾，归当禀告，必应扫径拱候也。天晚，敢告辞，笔谈数纸，乞以见惠，感甚感甚。

宏集：明日拜圣庙，仍转晋，计似稍晚也。

二、何如璋、黄遵宪与金宏集笔谈
光绪六年七月十六日(1880年8月21日)
(往大清公署)

宏集：旌节久驻海外，声威远播天下，引领东望，常切倾慕。今也萍缘幸凑，荆愿获遂，但叩谒此庭，是为悚仄。

如璋：过誉，猥不敢当。阁下冒暑远役，此行良苦。昨日敝署黄参赞上谒，荷延接周至，谢谢！今日又承枉顾，得亲雅教，快甚。

宏集：赐接款洽，极为逾分，愧甚悚甚。

如璋：旌节已来，希在此多住几日，得以从容过从，畅聆大教，尤为快事。

宏集：在此时，敢不源源拜诲。

如璋：我朝与贵国义同一家。今日海外相逢，尤为亲密，彼此均不拘形迹。容日仆当趋晤畅谈也。

宏集：盛教更为亲切然敬恭。

如璋：使节之来，闻有大事三，不知既与日本外务（省）言之否？唐突敢问。

宏集：使事概为报聘。书契中有定税一事而已。

遵宪：钦使何公于商务能悉其利弊；于日本事能知其情伪。有所疑难，望一切与商。我两国如同一家，阁下必能鉴此。

宏集：仆来此，大小事专仰钦使指导。而形迹亦不能不存嫌，所以稍迟迟，庶谅此意。

遵宪：贵国与日本所缔条约，仆未见汉文稿，能饬人钞惠一份，感谢不已。

宏集：谨当如教。仆向请大著《日本杂事诗》，仰重大名久矣。又《日本志》，未及见，敢问卷帙可将几许？

遵宪：今日承雅教，欢慰之极。仆著《日本杂事诗》，近游戏之心，不知阁下何处见之？然既承青览，他日过访，再当敬呈数部乞正。《日本志》仆与何公同为之，卷帙浩博，可为三十卷，姑未清草。

宏集：《杂事诗》见惠之教，多感。《日本志》，异日人。视同一家，感刻何极。宠临之命，猥不敢当。

如璋：此间天气，较贵国何如？月来酷暑逼人，想阁下行装甫卸，酬应纷纷，亦苦劳顿否？阁下精神志气，正是英发之时，虽天气稍暑不劳也。

宏集：此间晚暑与敝处一般。涉海之余，不应无恙也。

如璋：此间官府诸事，均极整理。阁下有暇，不妨约宫本先生到如处一览。

宏集：指教可见相爱之至，才已偕宫本公历览一处而来。

如璋：敝署斯桂先生，是我国最通时务之人，今年逾六旬，神明犹如四十许人，亦异禀也。

宏集：近读《万国公法》序文，先生蕴抱，早已仰悉。年高德劭，神明益旺，尤可敬也。

如璋：承高轩枉过，谢谢！改日走谒，畅聆大教。

三、何如璋与金宏集笔谈

光绪六年七月十八日(1880 年 8 月 23 日)

（大清钦使何如璋、副使张斯桂来）

如璋：前日承惠顾，得聆大诲，欣慰之至。今日特偕张君，亲来趋谢，并畅谈一切也。

宏集：即蒙两位大人光临，感不可言。

如璋：此寺颇宽，道园（金弘集别号）先生及诸公寓此，想俱安适。日间阁下须谒见日皇帝，定期否？所商事如何？

宏集：日主引见，姑无定期。所商事，因日来始历访太政官、各部卿，未暇更探。

如璋：从前贵国与此间所换条规，及此次送商之件，有钞稿否？如有所检出一份，借览为荷。

宏集：条规及此次送商之件，本拟鉴正，方饬人缮写，明当送纳。

如璋：近日此间，方拟与泰西各国议改条约。其议改之意，在管理寓商及通商税则各事。其稿极详细，亦极公平。大略系西洋各国通行之章程，若各国通商均照此行，固无所损也。

宏集：昨日已送草案矣。若早拜诲，可矣。掣碍因存嫌，不克先事禀质，恨恨。或说米谷不得禁，则重其税。其余出口货，并不责税。进口货亦于洋货重税，而日本零碎产物，特免其税为佳云。此说未知何如？

如璋：此说弊端极大，切不可行。阁下第观议改之稿，自知之。若答应添开口岸，极好，俟其来议，将趁此与之议立妥善章程，彼自不能不答应也。

宏集：领悉。敝邦全不谙商务利害，极闷。

如璋：此间自通商以来，于各国交涉情形及办理通商善法，均已知其曲折本末，俟取其议改约稿，细阅之便悉。《中庸》云"以人治人"，亦一法也。

宏集：承示，感深。其议改约稿，已入刻，可得一阅否？如可，觅惠尤幸。

如璋：先生所见极是，仆当为先生图之，第事须秘密为要。又敝意：此间情形，总须贵国有人久驻此，徐徐审察之，自然容易办理。卓见以为然否？

宏集：秘密之教，愚见亦然。此间情形，久驻深察，为敝邦筹划至矣。第本国，尚如中朝三十年以前士大夫，未悉外国事情，办此极不易，是为忧闷。

如璋：尊论一切此事，真无如何。第目前事情，较前时尤急，不特此间之为难，若固守旧习，恐非长策。且刻下有机，可亟图之，尚易。过此，则时会难逢，更为费手矣。

宏集：见教郑重，敢不服膺。

如璋:顷俄人在贵国北界图们江口一带,经营布置,究竟情形如何? 闻贵国民往彼处者,阁下详悉其事,请以见告。

宏集:俄土近虽接壤,从未尝通,经营布置,无由闻知。北民之逃入彼地,时或入闻,亦未如之何,切闷。向后接应,如何方得其宜? 更乞详教。

如璋:近日西洋各国,有均势之法,若一国与强国邻,惧有后患,则联各国,以图牵制,此亦目前不得已应接之一法。

宏集:均势二字,近始从公法中见之,然本国凛守旧规,视外国如洪水猛兽,自来斥异教甚峻故也。大教如此,第当归告朝廷。

如璋:便与张公拟治茗,阁下及诸先生到馆一叙,请示知,以便其具帖相邀也。

宏集:盛眷来谢,念后当如戒。阁下何日得暇?

四、何如璋与金宏集笔谈
光绪六年七月二十一日(1880年8月26日)
(往大清公署)

如璋:今日承道园先生及诸先生见过,溯慰下怀。

宏集:今蒙盛邀,谨偕诸君上谒,稳奉大海,为荣实多,三生之幸。

如璋:进谒日皇之期,曾已定否? 前呈之件,系此间由英文译书者。其中所言,颇公平详悉,尊览以为如何?

宏集:日主当于廿五日引见云矣。抄惠册乍阅,未及详究,然其言殊为公允。

如璋:西例通商,惟欲己国有益,故两国往来税则,无论出入口,均由本国自定。凡进口税则,以值百抽三十为率。更有所谓保护税则,不欲此货进,令便加重税以阻之。至出口之货,则或轻或重,均由自己酌定,告知通商之国照行。如此货欲其多出口,即免税,以便本国商民,亦无不可。总之,权由自主,则利益自归本国,不致为他国占尽便宜。故与万国通商,亦有益无损之事。若只论税,而不分别出、进之货,或税则自己不能定,而为通商之国把持,则有损无益矣。前日所译之稿,彼便是言明税则之轻重,由本国主持一语。

宏集:开谕至此纤悉,虽甚鲁愚,岂不晓得。

如璋:条件施行一节,尚无定期,经驻东京各国公使寄呈政府察核矣。

宏集:闻诸花房,改约可于明年妥定云,中国税则,何尚未行此法乎? 敢问。

如璋:尊问可谓留心之至。我亚洲各国,以前均未悉此种情形,故受损实多。此间因近日始知,故欲与西人议改。鄙见欲贵国乘机会先一日为之,此难得之事也。

宏集：敬悉。

如璋：阅昨日送来钞件，贵国与此间取缔之约，并未言及税则。趁此时议开他港之时，与之定税则，且即以其向西人议改之法行之，彼自然不敢力驳，所谓第一好机会也。卓见以为何如？

宏集：昨见花房，谈及此事，欲待改约事定，我亦准此行之。彼颇持难，故我以为贵国早行此法，必无十年议改之难。是非我争利害，独未准他国例，则有碍体面，彼亦不能更诘。

如璋：尊论极为明畅，足以析之。请到席小酌（后）再谈。

宏集：仆未曾游庄，常以为嫌。今于海外获见中邦酌杯之盛，又饱以德，感幸莫言。

如璋：贵国负山滨海，宇内所需之物产，类皆有之，今日时变如此，计不如开港通往来，与各国并驰大洋也。

宏集：我国家典章似成周，士夫趋向似赵宋，呵民俗俭啬有唐风遗意。今日时变虽如此，实无以与各国来往，势则然耳。

如璋：有一语相询：现西人竞言功利，而俄又横暴，如战国虎狼之秦。闻其近年于图们江口一带，极意经营，且本年又增设水师于东海。此事大为可虑，迟则变生。我朝与贵国，谊同手足一家，殊难漠然也。

宏集：俄事最为目下急切之忧，未知伊犁一事，如何究竟？

如璋：中土西边之事，以近情揣之，与俄人不致构隙。但观其兵舶，络绎东来，悉泊于图们江口，恐其心怀叵测也。去岁李伯相（鸿章）寄书贵国，亦以近日情形切迫。而不知贵国公论何如？昨言均势之法，亦万不得已之事。

宏集：去岁李伯相寄书，备述近日情状，为小邦多费筹划，举国成颂。然朝野风气，如上所陈，只知守经之为正。所以不能一朝开扩，奈何！往伯相书中，再举阁下来信为谕，述及东洋动静。敝邦之荷阁下仅注久矣。感之次戢，敬谢敬谢！

如璋：俄人近日有来元山津，议开口通商之说，果否？又美国兵船，近日赴釜山口通信，闻近日又再去釜山口，现贵国如何应付？先生知之否？

宏集：俄人春间到此地，欲与通好，边臣直斥之。美船向抵釜山，欲纳书，不达而去。嗣又日本外务代表为绍介我国，以其书胜国国号，且直呈至尊，为违式而缴还。仆所知者，只此而已。

如璋：愚见俄事颇急，现海内各国，惟美系民主之国，又国势富实，其与列国通好，尚讲信义，不甚图占便宜。此时彼来，善求通商，若能仿此间议改之约稿,与之缔立条规,彼必欣愿。如此,则他国欲来通商者,亦必照美国之约,不能独卖。则一切通商之权利,均操在我,虽与万国交涉,亦有益无损之事。此万世一时之机会,不可失也。若必欲深闭固拒,致他日别生波澜,事急时所结条规,必受亏损无疑。卓见以为然否?

宏集:俄美情形,披示无隐如此。敝国事务,未可遽议交涉。然盛念岂不知感。日昨伊藤博文亦言与一国立善约,则他国皆导之,交万国与一国无异云。又闻美国不欲以西洋自居,其意欲伴于东洋,而然否?

如璋:先生所述伊藤之言,自是实话。顷日人议改之约,美国已允许之,即此一节,亦徵其厚于东方之意。仆顷所云云,正是此意。又不相往来之举,今日屈指数之,宇内无几国,此事有决难终拒之势,固不如先一着为之。

宏集:日人情态,了如指掌,尤为感服。彼言中国现亦不禁米谷,未知果否?

如璋:日本米谷出口不禁,中国岁仰给安南之米数百万石。虽不禁,亦无出口。但禁出口,自是旧章,我国固未明言开禁。

宏集:此间新闻纸,有为敝国论说者:以为朝鲜不欲日使之驻京,若令于开港处常驻,遇有可议,以时赴京办理为妥,此说未知何如?

如璋:使臣驻京,无关紧要之事,近得通商与交涉利害,全在约件税则之善否而已。善则内地通商亦无害,否则开一港便是漏巵,为患不浅矣。

宏集:所教切当。阁下大著《使东述略》,敢乞多惠几布(册),欲以布敝国也。

如璋:拙著已无存矣,无以副盛意,愧惭。他日再请尊寓,畅谈一切也,今日简慢不。

五、黄遵宪与金宏集笔谈
光绪六年八月初二日(1880年9月6日)
(黄参赞来)

遵宪:行程之发有日,特来一话,能稍假容易,幸甚。

宏集:行期此迫,怅甚。午后通有干,伊前可以拜诲。

遵宪:闻花房公使同行,信否? 将附三菱商社轮船往耶? 别乘何船耶?

宏集:花房行期尚未闻。归时当乘三菱社船为计。

遵宪:仆平素与何公使商略贵国急务,非一朝一夕。今辄以其意见,书之于策,凡数千言。知阁下行期逼促,恐一二见面,不达其意,故迩来费数日之力草,虽谨冒渎尊严上呈,其中过激之言,千万乞恕,鉴其愚而怜其诚,是祷。

宏集:见示册子,万万感铭,胜似逢场笔话多矣。得暇奉阅,仍当携归,俾我国人咸知上国诸公之眷念,如是厚且挚矣。

遵宪:乞于暇时再熟览而深思之,第其中所未及,有近日商量之禁输出米、定税则二事,何公使尚有一二意见,徐陈大概。敢问此二事,既议妥否?

宏集:防米、定税,向与外务公干。两言不相合,且非委任,实难擅行,姑俟归后再行议妥。彼谓我全昧商务,而遽尔重税,必滋葛藤,非渠坚执云。本国从未识外国事情,此等处极是难办,甚闷甚闷。

遵宪:何公使每见日人,常劝其事事务持大体,且告之曰:"既欲两国之交以防俄,而多所要挟,益滋朝鲜疑惧,恐大局亦坏。"彼亦深以为然,故不甚坚执也。第输米一事,查日本全国产米甚富,所仰给于朝鲜者,惟对马岛耳,输出亦不足为大患。且我有所输出,彼亦有所输入,若遇饥馑,亦有利益。若欲防其输出太多,则惟有税则由我之一法,加税而防之,则操纵皆自我矣。前所送日本约稿,今纵不必防其值三十之重,但与之声明税则由我自定之一语,则事事不掣肘也。

宏集:指教明晰,甚感。输米事,彼亦曰重其税而抑之,又限石数而节之,何害于国。我又诘其转售他国,则曰在公法,万国谷价常欲均平云。第俟定税时,另立重税却好。税尚未定而米税之自我先言,恐无济于事。

遵宪:万国公法,不禁输米,若遇凶年,亦何以禁?英、德之米麦常仰于俄,而今年不熟,亦禁输他国,亦不得有后言。故曰:不如声明税则由我自主之一语为善。仆料禁输之事,彼不难应命。盖此事于彼无关大要也。特为朝鲜本国计,与其一切禁输,致碍他日凶年之输入,不如加税防之之由我自主也。

宏集:今观日人动静,只以我未识外事,代为闷郁,苟得交情益固,似不以从前得失挂心,此果出于其情,而无可疑否?

遵宪:日本今日情势,万万不能图朝鲜,仆策中既详言之矣。其望朝鲜强,欲与朝鲜联衡,实出于真情。特其国人好胜贪利,不甚阔达,故时时有所碍难耳。朝鲜急图外交,于一切通弊了然于胸,彼自不能多所要求也。税则一事,以彼近事为言,所谓以矛陷盾,极为妙事。

宏集:往在丙丁,敝土奇荒,彼输米到釜港出售,难民多得此粒食,始不出于好意。

遵宪:从前输米一事,彼非有别心,极欲望朝鲜之缔交,而为是而市欢心也。其所以如此者,仆策中详述之。而日本旧日收税收米不收金,是皆政府之所储,贩之又可以图利耳。

遵宪:收税之法有一极妙策,但使我定一值百抽多少之立意。如欲值百抽十,则于贸物到关时,由税吏估量时价,货值一百,则取其十。彼商人不愿,则官吏受而购之。既与时价等,转卖之人,亦不至亏,彼商人无怨言。此日本税则中所不将事事物物逐一胪列者,即用此法也.此万国通行之例,能知此,无难事耳。

宏集:此策果绝妙,仆亦来此闻之。欲为此,则税关得其人,且有财然后可行。

遵宪:此事究可行,关吏能知物价人为之足矣。受卖货物,不必国有财,盖明值百之货,结以九十,则不吃亏。总之,此刻贵国讲论税事,尚无关大得失。惟切记切记,与他人立约,必声明细则由我自主之一语,以待他日。不然,则如日本需十数年乃能议改,而尚未定矣。日本新拟约稿,本系法文,由法译英文,由英译汉文,故其文义颇未明显。其中用意甚深,措辞极微,即花房公使所谓考求十数年而后有此也。恨为日无多,不及与阁下述其故,然后阁下解人,细观之,必知其情。但能师其大意,为益多矣。

宏集:节节精到。税人多寡不足计,迟速不足论。惟自不被人牵制,为今日最急切之要务,敢不敬服。

遵宪:税之多寡,于国关系不重。惟输出之金银,多于输入,则民生窘而国计危矣。财为生人养命之源,拱手而致之他人,民贫而乱作矣。日本通商十数年,输出金银至于十二千万之多,朝野上下,半不聊生,此税则由他人商定之害也。苟能重课进口货,则外货来源不多,即金银输出不多,何至于此。故税则自定之一语,乃全国安危之所系,不可以不谨也。

宏集:输出价值,多于输入,则通商有利,安见其害?敝处输入想亦不多,而输出则国贫无产,尤当少少矣。输入之物,非公然与人,不失我之钱耶!欲救其弊,不得不师彼之所为。务农兴商,使我之出品,亦足以取人之金钱而后可耶!敝国朝野,只有凛遵成宪,安于俭啬而已,万不可议此也。

遵宪:去年一岁,朝鲜输出之货多于输入,价值七万有余。今日通商尚无害,他日须设法防之,筹策救之耳。朝鲜苟能终闭关,未始非乐国,特无如不能也。噫!

宏集:通商虽无显害,日后应接极难,以是为苦。闭关亦不足无上善策,我国读书人皆以通商为不可,此论于时务何如?窃想中朝,亦多有主持正大之论者矣。

遵宪:今日尚欲闭关,可谓不达时务之甚,仆策中既详及之,请归而与当局有力者力主持之。扶危正倾,是在君子。

遵宪:归国之后,他日欲通音讯,当从何处寄,乃不付浮沉?

宏集:惠函由釜山领事馆转寄似好,或由北京永平游太守递送,如何?

遵宪：由北京转寄（费）时日，由釜山寄，又虑万一为人偷视。若得釜山商人住址，收到（此间□商人寄去）交东莱府伯，乃妥善耳。

宏集：敝土无商业可信者，釜山有办察官常往，若此处商人到釜交伊，可免浮沉。

遵宪：仆意所虑偷视，按日本邮便规则，本无虑。特虑万一有急报，不得不密耳。寻常书函，由釜山领事官交府伯，必无阻碍否？

宏集：寻常书函，由领事交府伯无碍，密线苦未易。

遵宪：机事务密，万万如此。惟今日形势，万国皆无所讳，在有心人求之耳。

宏集：当更深思，明晤时再告。

遵宪：明日再晤，仆有一团扇，在院西手（李祖渊），乞赐书数字，明日见还。又有何公使之友人，代购朝鲜碑帖一纸，请归国后，择其都市通行，每样购二三份，其远道难致者则不必也。费神，感甚！

宏集：仆笔甚劣，恐徒污扇面。然吾辈相与，工拙亦不须计，当如戒。碑帖，归后广求副教，东人罕嗜金石，得之未易，多少不敢预告也。

遵宪：都市中有者，购之足矣。琐事不足介意，他日或有，由釜山寄来亦可。

遵宪：今日承麈教，怅慰莫甚。天涯相聚，可谓奇缘。未知何日再得良晤耳？

宏集：天涯相逢，又当相别，此恨何堪！未知钦使何当复命？若得复见阁下于金台之上，何幸何幸！

遵宪：本系三年任满，即为爪代之期。但代者未闻其人，恐在此再驻耳。若得相见于北京，幸甚幸甚！

六、何如璋与金宏集笔谈

光绪六年八月初三日（1880 年 9 月 7 日）

（往大清公署）

宏集：明当乘船，卒卒无暇，今才拨忙，将来告辞。

如璋：日来阁下酬应纷纭，想不疲乏。闻明日即挂归帆，将来顺道至大阪各处，仍有淹留否？又同来诸君一同归去，抑有人在后始归耶？

宏集：到神户换船直去，不须迂入大阪。诸人一同携去，无一留者，国规则然。

如璋：花房公使同去否？税则各节，日间更有谈及否？此不妨从容商办。又仁川开港一节，亦不关紧要。且此时各国通商情形，其口岸须近都会为宜，以都会稍为繁盛，一切可以全力维持也。若僻远之区，则恐照料不周矣。昨日黄君所呈，系揣度今日情形如此，虑阁下恐其枉直而辱教之。

宏集：花房仍未闻其出去。税事竟未定，俟再行议妥。昨日黄公见惠册子，忙未一披，容得暇细读。而揣度筹划，无所不用其极，万万感服，敢不存心。

如璋：现此间知近日情形危迫，欲与贵邦联唇齿之交，以维持东洋大局，殆其实也。又议税事，他日不必遽议加，第与言明税由本国自酌，则操纵之权在我，自无后弊。又近日俄兵船来图们江口者，已增至十余号，又派一大员来，督办已申，情形颇急，不知其有何诡谋。愚见如随后有俄人来议通好，似不宜力拒，恐其猝然生事也。

宏集：才见井上馨，为言俄兵船将由敝国东南海，转向山东省海岸云，大为关虑。

如璋：前有新闻云，俄兵船由山东烟台，此言不确。其在图们江口者，陆续来长崎，运煤至珲春海口，其举动究未知如何。现中国与之相议伊犁事，此事几分可了。若此事可了，则其兵船在贵邦之北者，恐以请通商为辞，藉生事端。

宏集：伊犁事果了，则敝邦亦蒙其福。然藉通商而生事，固必至之势，未知如何应之，可为保国之策否？

如璋：今日情形危迫，不如先与美国加结，藉以牵制之。亦急则治口之法也。若此事未能行，则万一俄人扣关讲议通商，不如勉强许之，第贱人素横，与之结约，恐多周抗也。

如璋：将来彼此通信，如何力□所达？且有机密事又当如何？请告我。

宏集：昨与黄公议此，夜来思之，苦无妙算，此间有对马人盐田真，向我国事不泛，颇可托。其人主"迁有商事"，釜山有支店，由此交送办察官却不妨。

如璋：此间有邮便，寄至釜山自易。惟盐田究系日人，有妨否？若有贵国商店在釜山尤妥。阁下若寄使馆，于外封可书"寄横滨口永昌和华商店收拆"，其内封令其转送敝署，自无不达。

宏集：敝邦本无商店如此间会社之规，所以苦无可托之处，奈何！仆欲先寄信，当如教转交横滨华商处。

如璋：盐田真釜山支店系何名？即是"迁有"二字否？其在横滨有支店否？交送办察官，属其转呈阁下，仍须另封否？

宏集：釜山支店，想亦号"迁有"，横滨又有支店，未及闻，当更问后录告。交送办察，因另封自不妨。

如璋：近日情形甚急，如阁下归国，众论稍通，请飞函告我，当相谋一善法也。

宏集：谨当留心。

如璋：明日何时乘车，当至铁路关送别。

宏集：铁路枉别，万万未安，且临歧匆匆，笔谈也不得究，何益焉。请即此告别。

与日本人笔谈

编者按：以下所收"与大河内辉声之笔谈"，系 1992 年初郑子瑜先生编订《黄遵宪与日本友人笔谈遗稿》"最新改订本"，选录其中何如璋笔谈内容。"与宫岛诚一郎之笔谈"，系据《宫岛文书》、《宫岛写本》互校整理，选录与何如璋笔谈部分。笔谈内容涉及外交事件、外事活动、中日文化交流、两国人民友谊等多方面，有重要史料价值。

笔谈中较多涉及的地名、人名，略作说明，以便阅读。

月界院：中国驻日本公使馆所在地。

如璋：字子峨，广东大埔县人，中国驻日本首任公使。

斯桂：张斯桂，字鲁生，中国驻日本公使馆副使。

公度：黄遵宪，广东嘉应州（今梅州市）人，中国使馆参赞。

梅史：沈文荧，字梅史，姚江人。公使随员。陕西省候补直隶州知州。
　　　著有《学乐录》等。

惕斋：即王仁乾，号惕斋，以经商来东京。

黍园：王治本，号黍园，后来任源辉声的诗文顾问。

琴仙：王藩清，号琴仙，与黍园、惕斋为同族人。

枢仙：廖锡恩，字枢仙。广东惠州人，使馆随员，正八品，即选教谕。

星垣：杨守敬，字星吾。

勉骞：潘仕邦，字勉骞。公使馆随员，翻译官。

桂阁：源辉声，即大河内辉声（1848—1882），初名辉照，字子斌，号桂阁。

宫岛：宫岛诚一郎（1838—1911），字粟香、粟芗，号养浩堂，著有《养浩堂诗集》。

青山：青山延寿（1820—1906），字季卿，雅号铁枪。著有《铁枪斋文集》和《大日本地理志稿》等。

省轩：龟谷行，号省轩。

鹿门：冈千仞（1833—1914），字振衣，号鹿门。世代为仙台藩藩士之

家。明治年间历任东京府教授、修史馆协修、东京图书馆馆长等
职。著有《尊攘纪事》等。

樱老:加藤樱老(1811—1884),名熙,号友邻。明治维新后任京都大学
中博士。

绥所:内邨绥所。

鸿斋:石川鸿斋。

重野:重野安绎,号成斋。

古贺:古贺谨堂,通称谨一郎。

中川:中川胐,名英助,号雪堂。

副岛:副岛种臣(1828—1905),佐贺藩士,时任侍讲。曾任内务大臣,
枢密顾问。

榎本:榎本武扬,时任海军卿。

吉井:吉井三峰,吉井友实。

金宏集:时任礼曹参议,派为朝鲜修信使,率团访日。

姜玮:朝鲜修信使团成员。

目　录

一、与大河内辉声之笔谈

戊寅笔话　第六卷·第四十二话
(光绪四年二月二十日　1878年3月23日)

　　(戊寅三月廿三日下午一时,我找梅史去。我把和韵诗送给潘勉骞。这一
天,我初次遇见了青山延寿①——天窗大兀。梅史正在抄写《华严经》。对梅史:)
桂阁:昨不图得见于履祥号楼中。弟昨日欲来谢前日失陪罪,奈昨来朔风烈吹,

---

　　① 青山延寿(1820—1906),字季卿,雅号铁枪。著有《铁枪斋文集》、《大日本地理志稿》等。

冷气彻肌,乃在家中养痾。今者虽天阴,气候暖和,于是特来前,请恕来迟之罪。

梅史:今日惠临,喜甚! 适写经未毕,简于接待,幸恕我是幸。

(梅史在写跋文。我到潘勉骞的房子里,将诗交给他。)

桂阁:前日被枉驾时,弟有疾失陪,故来谢焉。尔来有何佳话,请听焉。拙作谨呈阁下。

(这时阿滨来了。)

桂阁:顷日来之别嫔居多,其所聘之各位系谁氏?

勉骞:任谦斋翁之爱姬也。

(梅史已写完了跋文。)

桂阁:幸得窥写隶,弟真感服,其文其字,可谓完全矣。今者来访,固属闲游,决无妨尊写之意,弟请与小星相谈闺阁中耳,希写跋。

梅史:顷已毕,正可共谈。

桂阁:恐公事匆忙焉。弟固散位无职之人,不知尊署之闲不闲,叨扰尊斋,如公事匆忙,则请明告焉,弟请奉俟。

梅史:公事已毕耳。笔墨生活,原无期限。良朋见顾,幸惬素衷,何妨借毫素共谈也。

桂阁:掷公谈私,公使之谴,可怕! 可怕!

(中略)

(这时有人来告诉我:青山延寿来了。)

桂阁:青山延寿者,有名士也。他父延年者,鸿儒也,弟希见焉。君如不厌,则请同陪。

梅史:此公适来,弟因请黄公翁引见公使,顷当往。陪同君去可否?

桂阁:现往见亦可。

(我和梅史一齐到公使的内厅去见青山。这时候何、张两公使、黄公度和青山等正在笔谈。我对梅史说:)

桂阁:青山君不知弟籍贯爵位,请君幸陈焉。

(说着,我转对黄公度。)

公度:前辱赐食,感甚! 梅花绝好,惜主人以微疾不与。比日既勿药,甚幸。

桂阁:微痾大好,故特来谢罪。于梅翁处,忽闻青山君来焉。弟闻此君之名久矣,乃特来此处,复得逢两公使,盖可谓佳会。

公度:青山君以史世家,博洽多闻,品最高雅,不审素识否?

桂阁:何介绍而得来?

公度：有修史馆宫岛诚一郎①，其同寮也，尝辱敝庐，彼实闻声而来者。仆辈与之笔话者数矣。

（我转对着何璋。现在，茶、芝麻饼和酒——铭酒之类——都端出来了。）

如璋：桂阁近日好否？樱花何日便开？莫忘前约也。

桂阁：樱花以春分后二十余日为满开之期。尊邦亦有同种否？

如璋：敝国樱花开在三月初。（原编者按：中国并无樱花，此当指梅花而言。）

桂阁：前日嘱梅史翁而奉乞尊写字之敝联幅，未赐撰否？

如璋：日来公事之外，日食夜眠，忙得不了，未暇提笔，俟樱花开时当奉还。

桂阁：日食夜眠之事，独到夜眠，则恐有无聊房空之时，临其刻而请赐玉挥！

梅史：晚间书联，不若暇日向书临池。

（中略）

（这时候公度和青山笔谈中断了，我对公度说：）

桂阁：君未擒获一个女子否？

公度：有待有待，姑徐徐云尔。彼梅史者，饥者甘食，仆所不取也。

桂阁：君亦忍饿否？

公度：能忍亦盛德。

桂阁：是可忍孰不可忍也？

（公度、梅史强令喝酒。）

桂阁：弟并酒色二物俱太嫌焉。

公度：深信不疑。

桂阁：君颇信人也，故吐此金言。

公度：好好。

桂阁：此字好好，别嫔亦好好，使司马氏避三舍。

公度：如君言亦复佳好，好好。

桂阁：请去谋其好于媒婆。

公度：梅士最工媒（与梅同音），用此媒士好，不用媒婆亦好。

桂阁：好有此言，则君应卜黄花少女。

公度：好好，无所不用其好。

桂阁：好一个好丈夫，何故不得其好处？

公度：得其好亦好，不得其好亦好，好好。

桂阁：好得好，而知其好处；如弟拙劣，则争得窥其好处？

---

① 宫岛诚一郎（1838—1911），字栗香、栗芗，号养浩堂，著有《养浩堂诗集》。

公度:此好处无论贫富贵贱、智愚贤不肖,皆得窥其好。如君好固好,如弟不好亦好。如君此时窥其好固好,如弟此时不窥其好亦好。

桂阁:君好论可谓好论也,然不可得真好矣。其故何也? 云不窥其好,却以弟为窥其好;君如不窥其好,则何谓不窥其好? 是弟所以使君不云窥其好也。

公度:好之权操之人,所谓其贵国也;窥之权操之我,所谓小我也。子非我,安知我不知鱼之乐?

桂阁:勿谓不知鱼乐,弟颇有技术能知千里外朱素兰诀别掩泣之情。

公度:何所闻而来,不当堕拔舌地狱耶?

桂阁:敝邦叫廉且得之妾曰地狱,所谓王惕斋①、王柰园、王琴仙等之爱姬是也。虽潘翁、陈翁之姬,亦不免此班。如斯论,则先生等皆甘堕地狱。

公度:仆固不甘者。

桂阁、梅史:虽不入地狱(桂),恐未能上天堂(梅)。

公度:不上不下,如何是好。

桂阁:虽不能上天堂,必定乘春风。

公度:必既入春宫。

（壁龛里有很美丽的蜡烛。）

桂阁:好一个大蜡烛,恍合春姐闺中之乐趣。

公度:古乐府所谓"君作沉水香,妾作博山炉"。请师其意,为梅翁歌曰:"君作大蜡烛,妾作蜡烛台。"

桂阁:青烟散入王侯家。

公度:第如此则深恐作焚四千二百余店之灾,此间先须多买几千水龙,并告邻人。

桂阁:那蜡烛叫做如何?

梅史:乃送祝寿礼物。

桂阁:东来之赆。

梅史:乃送人寿礼者。

桂阁:此炜煌者,真与乡里妒焰相战耳,谁能御之?

公度:"春烟散入王侯家"。源侯家何以御之?

桂阁:须以墨江一滴之濂。

梅史:枢翁恐在友人处,已往觅矣。

桂阁:窃问何公使亦觅美人乎否?

---

① 王惕斋,即王仁乾,号惕斋,以经商来东京。

公度：未之前闻。

桂阁：君秘之也甚矣，请密告之。

公度：不。

桂阁：不知与魏柴门乘翰林风月否？

公度：否。

桂阁：公使亦不可无怀眷之念。且闻诸君聘别嫔之事，则欲火可炽，不知消灭之
　　　法如何？

梅史：当迎小星于家耳，然亦不急急也。

桂阁：何日能咏"嘒彼"之章？

梅史：尚未尚未，约须莲开。

桂阁：当公使未聘小星之前，而君业已有美姬，君之于公使亦不谨乎？

梅史：此事固不叙班别先后也。

桂阁：既如斯，则以各自之画策而获之；至其先后，则虽公使不能阻之欤？

梅史：遇合有定。

桂阁：君敝邦笔谈知己之中，而别说滑稽风流者有否？

梅史：弟所交贵邦之人，如加藤①、青山，皆老前辈，其余则君与宫岛、有马、植邨、
　　　关氏而已。宫岛朴讷长者，有马、植邨则君稔知之，关义臣则初交也②。

桂阁：宫岛氏不说风流，何事说而笑谈耳？

梅史：此君曾见两次，惟谈文墨寒暄而已。

桂阁：说文墨则情好之所未和谐；至说风流则交欢初睦耳。此论君以为如何？

梅史：如弟与君可谓忘形之交，和睦之至矣。

桂阁：以弟充忘形和洽，弟所大喜。敢问如春姐，是谓何之交？

梅史：此婢媵蓄之，何能同日语乎。

桂阁：是谓牡马（马阳物颇大）牝猫（猫惟媚主）之交。

公度：韩昌黎诗云"大鸡昂然来，小鸡竦然峙"，为梅士咏也。

桂阁："先帝天马玉花骢，画工如山貌不同，是日牵来赤墀下"，盖春姐引见之
　　　谓欤！

公度：君何以知之？

桂阁：闻之于魏武子。

　　　（枢仙来了。）

桂阁：前日失陪，故今日来谢耳。

---

① 加藤樱老（1811—1884），名熙、友邻。明治维新后任京都大学中博士。
② 关义臣（1839—1918），精于弓马枪炮之术。任贵族院议员。

枢仙:是日贵体违和,甚为悬念。昨遇綦园,询知已愈。今日得见,甚喜。第恐春风多厉,尚祈珍重珍重!

桂阁:前日之佳作,弟唯意飘荡耳。弟病里不能上旗亭,大抱憾矣。

枢仙:前日之诗,因足下不在坐,故酒后胡言,回来业皆忘记,祈为掩丑勿扬为幸。

桂阁:闻君未得一姬,何策之迂?

枢仙:非迂也,无春风使者,故墙杏未开,不得见耳。

桂阁:潘翁、任翁、梅翁及陈翁皆有功,君与黄君非空手藏刀之时,请一愤发而周旋。

枢仙:弟与公度未得其缘,只好善刀而藏耳。俟脱颖而出之时,当知其非碌碌也。子姑迟迟听之。

桂阁:宝刀近出日本国,越贾得之岛原,东君为如何?古诗曰:"丑妾恶妾胜空房",君不知否?

枢仙:左右之人,纵不解意,亦要顺眼,曰丑曰恶,宁可空床独守也。

桂阁:屡次受各位之周旋,千谢万谢。

梅史:黄、廖三公所书之联,数日内送来。

桂阁:数十位贵价系何等人?

梅史:皆是奴隶,非若贵处之家臣也。

桂阁:凡几十个?

梅史:十余人。

(我看延寿的笔话。)

桂阁:夺去无妨否?

公度:此纸他日以掷还为幸。

桂阁:如非有用之物,则弟收了耳。

公度:其中颇有不可传扬之言,如君辈则无妨,故幸见还,至祷至祷!

桂阁:弟决非传扬世间,惟弟见之而悦耳,幸勿怪!如见之则春姐一人耳。每每来扰公署,且啖美饼,请谢之于两公使,刻告退。

(我告辞了。梅史对青山说:)

梅史:暂送源侯,祈勿罪。

(中略)

梅史:承赐佳章及书法,甚佳。当如拱璧珍藏之。感谢感谢!

青山:不敢当。如诗文自有失声或措置之处,如书则本无一定之论。贵邦主沉着,吾邦崇流丽,君以为如何?

梅史：沉着流丽，君既兼而有之矣，故当与名家并驾。

青山：至沉着者不敢当。鄙人近摹拟贵国之书，专主沉着。长三洲岩屋某皆是。君见此二人，然否？

梅史：曾见其书，亦摹北魏人体。

青山：此人仆所不知，何人？

梅史：敝邦书法，自汉末至晋，尚行八分；晋初变为楷；北魏朝书法，变楷未成，尚带古拙，故今谓之北魏体也。

如璋：阅君前日与公度诸人笔谈，识议甚高，且家传史学著作极富，读所著今只编年、后序，已见一斑，拜服之至！

青山：仆家世业文字，实无识见过人，惟父兄所著书皆以汉文，无一书和文者，是其所以异他人也。鄙人于汉文上下颠倒读之，故语言之间往往有不成语者。大使览阅前有颠倒者，幸指示是祈已。

如璋：君在史馆现编何书？贵国史有各志否？如有成书，乞惠示一观为快。

青山：仆在史馆，搜索史料，是其任也。如撰修则在编修职，今仆所任，辑各藩史料也。《大日本史》有十一志略已就绪，兵志、刑法志已刻成，其他校合未毕也。

如璋：贵国维新之后，改革纷纭，先置六十余府县，顷定三府三十五县，封域已尽否？又近日兵刑各大政如何？所改定者有编辑成书者乎？愿阅其略。

青山：如《日本史》志表，读《感旧篇》中《丰田天功墓铭》，其详可得而知矣。在贵国则所论周当尔；在吾邦，自有正史在；舍正史猥论之，实不知国体也。

如璋：君所言"国体"二字极为斟酌允当，即此足征君之才学，史馆之职，君胜其任矣。

青山：仆固无一长，至三长则谈何容易？

如璋：山阳史笔极有生气①，识议亦高；山阳之前，当以何人为称首？

青山：山阳之前有新井白石者②，德川氏一代伟人，其论大率以和文，如《日本史论赞》，亦在吾邦，则世之所称。《外史》之前，有《逸史》者，记德川之事可见；且各议论，则醇中儒者也，不似山阳纵横縦论矣。

如璋：山阳议论虽纵横，然其谓贵国武门之祸，源于沿袭唐风，致朝廷之上，仪文繁琐，上下隔绝，其弊至于积弱不振。其言深切。其他所论，不坠一编。今时若得山阳者维持之，邦国之政，尚必有可观者。卓见以为然否？

---

① 山阳(1780—1832)，即赖山阳，名襄，字子成，号三十六峰外史。诗作以咏史见长，著有《日本外史》、《春秋讲义录》、《山阳诗钞》、《日本乐府》。

② 新井白石(1657—1725)，名君美，字在中，号白石、紫阳、勿斋。著有《新井白石全集》。

青山：山阳，吾邦苏宗也，其论犹老苏之于宋也。仆近于经世之事不用意，受贵问不详其细；唯使君若欲成书，是等书已有成绪者，若欲求之，当为周旋；仆惟耽文字，更不置于意也。

如璋：赖山阳《日本政纪》云："神武以下十代①，荒远难稽，崇神之世，始稍具立国规模。"考其时约在汉之中叶，距徐君房来，为日已久。贵国传国宝曰镜、剑、玺，皆周秦之物也。大约贵国人由中土流寓者，未知是否？

公度：自史馆散直后，在家何以消遣？尤爱读何书？

青山：散直后以读书消遣，惟仆性鄙野，日从尘事，未能专心于书也。

公度：时还读书，固仰高雅，然古来旷逸之士，皆不事生产，君得无然？

青山：不事生产，是真所愿，徒有其志，未能脱俗也。

公度：何以为生涯？史馆之俸能赡一家耶？

青山：史馆之俸大足为生涯。仆前在东京府俸倍今日，以故得起松风楼也。

公度：足为生活，甚佳甚佳！贫固士之常，然以此累心则伤道，不以之攖攘则忍饥，此向为从古高人兴叹者也。敬闻命矣，甚慰甚慰。

青山：如高人逸士，固不企及；如不以此累心，略似可学。

公度：敬仰敬仰！近者士大夫为洙泗之学想益寥寥。窃尝以谓西法之善者，兼采而用之可也，舍己而从，似可不必。

青山：此语真然。砥柱颓波，不有大有力者出支之，谁能之？如仆辈非其任，得属一好文章，犹不能也。在（中缺三字）征明画否？

公度：是。君以为何如？

青山：仆僻居东鄙，见名家书画极少，况于画手，更不能辨白黑也。

公度：大有力者，是在当道诸公。副岛种臣②，吾土颇重之，仆所未见，何如？

青山：副岛氏，仆亦闻其名未见其人。至大有力者，仆所不知，恐非其人也。

公度：副岛向为外务卿，曾使我朝，今闻致仕矣。是人闻颇伟，未之见也。

公度：仆旧有感怀诗八首，皆述欧罗巴人之来中国，容日当抄以呈，但预乞勿示人耳。

青山：高作请幸示之。如仆则于洋人之事置之于度外也。（中缺五字）有沈南蘋者来长崎，邦人从此人学画，吾邦画法从此一变。不知此人于君同族否？

梅史：沈南蘋乃江苏籍，亦是弟远族。至画学一道，敝邦从元代一变为写意，往往流为率易。如贵邦从前皆守古法，甚佳也。

公度：在家读书之外，想亦教女公子读书，于汉文当已精通也。

---

① 神武，即神武天皇，日本第一代天皇（公元前 660—前 585 年）。
② 副岛种臣（1828—1905），佐贺藩士。曾任内务大臣、枢密顾问。

青山:长则略读汉籍,少则余授《论》、《孟》,可读耳。

公度:过日相见,几误功课,甚惭甚惭。归都为问好。

青山:功课皆在学中,归省(中缺五字)所课也。

公度:他日有暇,再同访远田氏何如?

青山:不日当期。

梅史:携来书三种,请留下,于暇时细看,俟阅后再送还也。

青山:敬承。

　　(我和延寿一起辞去。延寿从正门走后,我再到梅史的房间来笔谈。)

桂阁:全凭慈爷之厚意,得见青山延寿氏,且并见两公使,黄、廖二君,大致畅话,
　　弟之快乐却胜于与婵娟同房。

梅史:有慢,祈原之。

　　(下略)

戊寅笔话　第七卷·第四十八话
(光绪四年三月一日　1878 年 4 月 3 日)

　　(戊寅四月三日,我去看闻香社租的房子。房子在茅町第二条街十九号,两层楼,是爱知县士族原钝的旧宅,林栎鸛给介绍的①。这里很适于眺望上野小西湖——不忍池。沿着御成街走去,到了五轩町,我从车上看见林栎鸛在他的铺子里,我对他道谢。在松四屋吃了午饭,下午一时左右,我到梅史家去,和他笔谈。

　　这天梅史做东,我们在长门屋吃饭。我借黄氏的书信夹子来。原在梅史屋子里的陈君,一看见我就走了。梅史画着画儿,我对梅史说。)

桂阁:访仲陈氏见弟之来而避陪,请君呼来而细谈焉。虽有密话数番,至弟不能
　　解,所无妨。

梅史:顷已画毕矣。

　　(大家都穿着漂亮的衣裳。梅史穿着紫色的。)

桂阁:以今日为更衣之期欤?

梅史:天气渐暖,所以换夹衣。

桂阁:爱宠何往?

梅史:洗浴。

─────────────

①　林栎鸛,东京书肆"拥书城"主人。

桂阁:日本天时与中国相同?

梅史:樱花想此月中旬可放?

桂阁:小西湖早樱已放。如我墨水,至中旬而可满放,少异。

梅史:敝邦梅花开在孟春下浣,亦稍早于贵邦。

桂阁:敝邦梅花已在孟春下浣而满开,独樱花俟清明而绽也。虽然,南方之国疆稍与贵邦相同。《华严经》跋文稿存坐右,则欲抄写,希暂贷。

(梅史拿出来给我看,共有三篇,那第一篇是:)

华严经音义私记跋

《华严经》为唐则天朝京兆沙门惠菀译。菀复撰《音义》两卷,日本抄录者附以和训,故名私记。标题有"马道手箱",疑即其书人也。圣武初号神龟,当唐开元十一年癸亥后六岁,政纪天平,时通使中华,始服冕受朝,敕诸道,建护国、灭罪二寺,造金铜卢舍那像及浮图,《华严经音义》流播东土,殆此时欤?其书骨力刚凝,和人音释汉文,当以此为最古,留镇山门,应不殊学士玉带。考敏达朝佐伯连赍佛像西来,距此仅一百四十载,当由世主供奉,故时人精研释教乃尔。公馀丙夜,剪烛谛玩,适月上纸格,花影横斜,清趣翛然,当与彻公共之。

光绪四年太岁在著雍摄提格律中夹钟　岭南何如璋子峨记

(那第二篇是这样的:)

陶件虎菩萨处胎经跋

晋人真迹流传后世者,有右军《曹娥碑》、扬真人《内景经》,明季董思白尚及见之,近零落殆尽。予以光绪丁丑奉使至江户,其明年,僧彻公携《菩萨处胎经》及大炭楼《华严音义私记》来,展读数过。西魏大统庚午,去今千五百有九年,不图于海东得见墨宝,自诩眼福不浅。经中见体运腕,仿佛《内景》,知渊源皆自钟太傅来。陶件虎跋,典质朴茂,所云一切乘藏,搜访尽录,则此卷在当日,匹诸麟角凤毛,何幸累劫尚存人间,彻公其宝持之,当有恒河沙数,梵天帝释于昼夜亦时为之呵护也。

戊寅仲春中浣　何如璋跋

(那第三篇是:)

苏庆节大炭楼经跋

昭陵重二王书坟。唐人书法,皆宗会稽。此册微入虞褚,笔意大似苏灵芝,虽断阙,亦无上妙品也。按《唐书》:苏烈,字定方,破贺鲁都曼百济,以功封邢国公。高宗乾封二年卒,帝悼惜,加褒赠经,末识咸亨二年,距卒已四岁。子庆节,初封武邑县公,改封章武,当在烈身后,故史不究言之。方是时,武氏专政,象法盛行;庆节于造经追荐外,另无表现,岂睹唐室中衰,翻然高蹈欤?殊令人掩卷低徊不能自已。

光绪四年戊寅二月十八日　何如璋书于芝山使廨

桂阁：此三者悉系彻上人之所乞乎？

梅史：是也。

桂阁：请二三日贷，得而抄写，乃奉还。

梅史：遵教。

　　（我拿过来抄写。）

桂阁：跋文系何公使之作乎？及至君代作欤？

梅史：公使公事无暇，故令弟代作也。

桂阁：何公自撰之文章，定在府中，他日请一阅焉，君请计之。

梅史：顷有《途中纪行诗》，不在此处，他日抄数首相赠。

桂阁："途中纪行"颇妙，必定去年来东之著，切愿君乘闲请何公而赐贷焉，弟乃
　　抄写，不秘藏耳。

梅史：暇当请之。

　　（中略）

　　（黄遵宪来了。原来阿滨恋爱的是遵宪，她以为遵宪是何如璋的弟弟。）

公度：多日未见，想甚好。

桂阁：邻房任氏爱宠滨姐能忌任氏而属意于先生。

公度："仲氏任只，其心塞渊"。至彼之于我，所谓风马牛不相及也。君其问诸
　　水滨！

桂阁：率土之滨，莫非王臣。

公度：寡人不敢与诸任齿。

桂阁：弟现诘朱素兰之事于春姐。

梅史："浩浩在水，育育在鱼"，公翁之情可想。

公度：前日所索书之绢，弟经作就，误为墨污，不堪寓目，容再购书以还。惭愧惭
　　愧！衣上墨痕亦为是也。

桂阁：君无爱宠，何故匆忙为此事？

公度：为无司砚人，所以如此，言之惭矣。

桂阁：使滨姐捧砚，万无一害。

公度：其然，岂其然乎？

梅史：君为地主，当代觅一捧砚人。

桂阁：公翁名砚，使美人捧之，则一对佳偶，岂何滨姐丑粗所及乎哉？黄公未得
　　爱宠乎？

梅史：公度求一佳者，故濡滞也。

桂阁：滨姐恋恋久矣，幸君窥隙而为鑽穴逾墙之策如何？

公度：逾墙而搂其处子，是任氏所为之事，弟所不敢也。

桂阁：他非纯良处子，谁亦妨乎？

梅史：虽有意于黄叔度，而任公子之若鱼，他人未容染指也。

桂阁：缘木求鱼之譬，是之谓也。

公度：鱼我所欲也，义亦我所欲。二者不可得兼，则舍鱼而取义。

桂阁：熊掌犹易，处女不易得。不如与任谦斋相商量，而转换黄公所新聘之美人
如何？弟如有黄公之位，则疾逾墙耳。中华人何重义之甚？

梅史：黄公所求乃绝色，所见艺者，均不当意，其眼法高矣。

桂阁：弟尝到尊府，看一物件，其形如此（原编者按：图见下页），弟欲摹制之，希
旬日贷焉。那物件多插手简名状等，倘卷之，则怀可也。

公度：尚有小者卷而怀之，乃为便当，是挂壁之物也。将小者送君为式样可也。

桂阁：后刻造尊府而应受焉，同是式样也，小者却妙。

公度：弟回即着人送来。

桂阁：使滨姐充其役如何？

公度：当请命于任公。

桂阁：速遣滨姐，请任君而为之，复决无妨，君宜嘱焉。弟请欲往廖翁处而看信
姐，往陈子麟处而看胜姐，请君与弟向导。

公度：既随公使他出矣。

桂阁：弟入馆中而不见诸贤者，独剩子麟陈君（胜姐之良友）耳。希使弟到陈处。

公度：亦他出矣。

（黄遵宪回去了。潘任邦带着吃醋的样子到来。）

桂阁：如任君风流才子，则天下丽人可延颈而来也。

（黄遵宪的使者把那件东西拿来。）

桂阁：否！非！此物则黄府圆窗右壁所悬也，而内中录同治何年云云……与此
物件大异。请君叫黄叔而为交换。

梅史：此物想仿作亦不便，弟致信中购一具奉赠可也。

桂阁：弟意不然，暂贷之而摹制，甚为妙。弟所制者都用帛而不用皮革，故今欲
贷也，不可必限。黄氏虽馆中下官，所藏亦决不厌，希君熟计焉。

梅史：弟往言明可也。

（梅史出去，把我所喜欢的东西拿来。）

桂阁：料想此物体必定系黄公常用，弟携去恐是缺其用，不知旬余贷之亦无妨

乎？弟今者顺途即到其工铺而商量也。弟性急躁，决不忽之，惟俟工之成耳。于是有此问。

梅史：君俟成后掷还可也。

桂阁：全凭君厚意所致。感谢！感谢！

（下略）

戊寅笔话　第八卷·第五十二话
（光绪四年三月七日　1878 年 4 月 9 日）

（戊寅四月九日午后一时，我到履祥号去和棣园、琴仙笔谈。）

桂阁：春涛翁复有使余列醴筵之意①，奈何？弟酒量极浅，以是事，即去。不知涛翁聘红妓否？如弟则自春斋宅址直遍游小西湖而归了。回忆涛翁与君等笔谈于长酡亭之兴，请闻焉。

棣园：君性执，仆知不能强从燕饮，只得请君随便。仆与森翁饮于他端长酡亭中，即以"游长酡亭"四字分韵。

琴仙：昨日以"游长酡亭"为韵，棣兄得"游"字，梅翁拈"酡"字，森涛翁拈"长"字，弟得"亭"字。

棣园：联袂今朝快一游，樱花满树豁吟眸。素酒雪聚无穷艳，红粉风流见亦羞。（花使张茂卿颇事声妓，一日，樱桃花开，携酒其下，曰："红粉风流，无逾此君！"悉屏妓妾。今日宴于长酡亭，不招歌妓，亦犹是焉。）上野风光逾越国，小湖烟景等杭州（不忍池一名小西湖）。归途爱趁斜阳好，试访长酡旧酒楼。

桂阁："上野风光逾越国，小湖烟景等杭州"一联可谓暗合矣。上野往昔太平时，有楼阁台榭，极尽壮丽。阁匾曰吉祥阁，榭题曰琉璃殿。而兵燹一焚，灭其址。惟今独有鸥鸰飞于茂林，不知宫女有花时来焚香于德川氏之墓茔也。西湖亦为毛贼所毁，旧山水总为乌有，我筱箬（小西湖原名）亦罹戊辰之灾，且逢开化之时代，而为西洋习气所俗了，盖复与越国杭州一般，岂可不叹？

（这是王琴仙写给森春涛的信——附诗）

昨蒙招饮湖亭，感甚谢甚！所有拙作，率尔操觚，未当大雅。今易数字录

---

①　森春涛（1819—1889），名鲁之，字希黄，号春涛、真斋。日本汉文诗人，著有《春涛诗钞》、《东京才人绝句》等。

呈,以卜一粲:

> 自蒙相识眼垂青,结契还从诗酒馨。高阁临风樱作圃,小楼侵月柳为屏。
> 夕阳隐约寻芳路,曲水萦环修禊亭。醉后狂吟归欲晚,碧阴丛里且车停。

桂阁:酡亭之诸婢有袅娜婵娟否?

琴仙:西望长安不见佳。

桂阁:奈何与樱花不为对偶?

琴仙:樱白如银,此花有清高之气,不欲与红尘为偶,所以与樱花相近之妓,皆不尚姿色也。或长酡无佳人亦未可知。昨日遍观游女,虽则如云,实非我思存,盖一无可许佳耳。

桂阁:古人往往以花充美人,其论不少。那王丹麓氏曰:"花是美人真身,美人是花小影。"足以看其风致。樱花灿烂,虽美且佳,奈何无美人比之者,君所憾可谓当矣。如那东台樱花,岂何长酡亭诸婢之伍哉!敝邦儒士,寺门静轩,许樱花曰:"东台之花,似西京名倡;墨水之花,似东京弦妓。"盖喻西京之婉顺温柔,言语极软艳,与东京之潇洒飘逸,才识极高也。故东台之花艳丽,与墨水之花,风神各有差。君请幸鉴焉。

李园:异日探赏一过,当为是花细加品评。

桂阁:东台之名胜数十处,虽一日游观,如说其细,则一一难分话。四五日中,俟樱花已谢,绿荫掩日,而伴梅、琴两兄与君而缓步,一一指示。先试言其一二则:德川五代将军常宪公铜塔①。(铜塔一基,长二三丈,铜门石砖并陈,是等最良之庙宇也。)

我家祖源辉贞坟茔②。(是我二代祖,而常宪公用以为宰相。至今叶树森然,昨业已过其侧,弟因有春涛翁在而不言也。)

李园:俟他日约伴探胜,敬谒君家先茔。

桂阁:慈源堂。(有弟知己僧志弘上人者,异日相谈耳。德川氏祖先家康公辅臣天海僧正之庙也③。天海当进取守正之时,而专为德川家帷幕之谋臣。)

东照神庙。(家康公庙宇也。)

(后来,我到公使馆去。梅史有病卧床,我去探病。我是拿吴绢来的。)

梅史:昨归感风寒,故今服药少卧。

---

① 常宪公,即德川纲吉,为德川第五代将军。

② 源辉贞,即大河内辉贞(1665—1747)。与德川纲吉关系殊深。

③ 天海(1536—1643),十一岁剃发于高田龙兴寺,进修儒学。主持校刻《大藏经》(天海版),谥号慈眼大师。

桂阁:请安眠。

　　　　春风萧条,枕中心郁,奈羁中尊疴顿发,请使小婢快执汤药。此筒中吴绢,弟当明月溺。后日再来细谈。希有尊护。

　　　　　　　　　　　　　　　　　　　　阳历四月初九日

梅史:抱疴不及细谈,后日望君来。

　　(访潘勉骞。他喝着泡盛酒。我对他说:)

桂阁:访梅翁,翁抱恙,不能细话。请君欲叙话,不知闲忙耳。

勉骞:即午下雨,不能出门,可畅谈也。

桂阁:前日长门屋之会,弟去后景况如何?

勉骞:阁下去后,大歌大舞大醉大乐,十字始散。

桂阁:歌舞者何人?

勉骞:桃代、缔吉、兼吉。

桂阁:桃代、缔吉、兼吉,一样之别嫔,必定君可垂涎。

勉骞:家中已有,何用垂涎?

桂阁:乐妃之婵妍,天下无双。除非乐妃,则三个中孰取?

勉骞:桃花色艳,自压群芳。君意如何?

桂阁:弟未有看其花。古诗曰"杏艳桃娇夺晚霞",君爱亦宜。君疾折其花欤?

　　(中略)

桂阁:黄翁未得别嫔乎? 弟总知馆中群贤,独剩张筑君、陈子麟两氏耳。如君使弟初见之则大幸。

勉骞:迟日弟当引见,夏以为期。此顷不能。

　　(我要回去,走过公署厅旁,碰见了魏通事,他带我到公使面前。这时候公使和池田宽治正在闲谈①。)

桂阁:只今访沈翁,翁抱疴平卧,只得小婢应对耳。今朝弟过入船町履祥号,得赍尊写联幅,特趋府谢之耳。

如璋:红绫二幅甚佳,而拙笔不堪,糊涂塞责耳,何足言谢。

桂阁:得尊墨而粗绢生光彩。伏冀拜观尊斋。如弟则视君如父亲,君希儿视弟,而为观斋中;纵令斋中书籍乱弄,亦何妨。

如璋:君所云云,真是恶作剧矣,未何敢? 且室中藏有宝贝、不好见人之物故也。欲观书籍,不妨一往观。

桂阁:请去拜观,并冀观美人。弟何仿平原于躄人之祸乎!

————————————

　　① 池田宽治(? —1881),名政懋,初名吴常十郎。曾随大久保访华,任日本驻天津领事、日大藏省少书记官。

（我到了书斋,书斋中有藤椅等物,非常漂亮。）

桂阁:书籍累叠如山,可谓"气压郇侯三万签",李小筌先生之所言非虚话也。墨水樱花俟四五日而可开放;如开放,则上邮书,幸垂光顾。

（回路上,我和魏通事到黄氏的房间,我对黄氏说:）

桂阁:弟入公署,普观群贤,独剩陈子麟耳。希君导弟于其处。

公度:意欲窥室家之好耶? 然恐夫子之墙,不得其门而入也。

桂阁:欲窥室家之好,盖愿见夫子耳。

公度:客请见,主人固辞。

桂阁:弟尝见陈君爱宠,乃是丰神娉婷,料想陈君必定风流之猛士。请君切导弟。

公度:猛与不猛,非他人所能知。如必欲见其宠者,请以名缣百匹执贽可也。

（陈子麟来了。）

桂阁:弟闻芳名久,岂何赞仪百匹之缣亦足乎?

公度:是亦足矣。梅士病矣,烦寄语阿春,勿复浪战也。

桂阁:非阿滨则不足与议。

公度:任氏既遣之矣。所谓"春水一池,干卿甚事"也。

戊寅笔话　第九卷·第五十八话
（光绪四年三月十四日　1878年4月16日）

（戊寅——四月十六日午后一时,何如璋、张斯桂、黄遵宪、廖锡恩、潘邦仕来了。——中间大约十个字给蠹鱼吃掉了。——黍园、琴仙迟到。文荧有病,没来。加藤樱老也来了——中间几个字给蠹鱼吃掉了——,内邨绥所陪伴着他①。这天,雨过天晴,墨水有很多看花的人。）

桂阁:天气快朗,群贤毕至,一大喜事也。

如璋:连天阴雨,快值晴明,天公真是解事。

桂阁:东洋地小,不足以慰中华人,惟以情谊不变幸为好。

绥所:大使新到异邦,起居佳胜,可贺! 弟姓内邨,名宜之,本日拜谒,幸甚! 请幸见教!

枢仙:今日天气晴和,是主人诚致。内邨兄,贵府在何处?

绥所:现住在府下砺川仲町二十三番地。

---

① 内邨绥所,即内邨宜之,号绥所,汉学家,桂阁部属。

枢仙：现在官否？抑告归林下也？

绥所：弟向在官途多年，如今闲散。

公度：向为汉学，何所喜耶？

绥所：弟少时读《论》、《孟》外《迁史》、《离》、《书》，今废久矣。

公度：近来犹读《论》、《孟》否？《迁史》此邦通用何本？

绥所：近来久废该书，只随意读诗集，着人抄之而已。

桂阁：前日访黄、廖两君，谈迫使公使登旗亭之事，即黄公转达之于子峨君，而终
　　　到蒙允许焉，弟喜出望外矣。盖弟所言者，非突然启之也，闻前日公使飨
　　　敝邦官员于东台精养轩，那精养轩的乃复一个旗亭也。纵令虽我天子特
　　　临，或赐之于金帛，颇赏其佳馔，概是不过一个旗亭也。闻那精养轩的，我
　　　丞相岩仓氏隶士某之铺，故大小官员视之异于他。虽然，君等及弟之视，
　　　则与司马之长门屋、墨水之千秋楼相同矣。盖精养轩者，以不侍红裙为
　　　贵；如司马、墨水，亦于不侍红裙，则各随客所好，则非不仿其倒者。然而
　　　余墨水之旗亭，楼台宏丽，园林阔美，而我大小官员，皆来小酌于是处，故
　　　每日曜日，驷马满塘，馆舫泛江，较诸司马酒楼，则超于数等矣。虽有捧盘
　　　搬杯之婢女，亦非如长门屋诸婢丑行者，容仪端肃，举止婉柔，使之侍公使
　　　侧，亦决无失礼仪、秽高德之状，希枉驾于千秋楼而看塘，则樱花之烂漫，
　　　士女之联袂，犹可近见矣。君等以为如何？如君等许之，则俟二王并列而
　　　俱伴耳。公使许否？

公度：旗亭可也，艺者不必招。

桂阁：弟亦软红裙污席，何招女校书？

枢仙：二王到否？

桂阁：未至，弟既延颈而俟耳。

公度：二王何以至今未来？

桂阁：恐为爱宠所阻。不然，则春台折杨柳。

枢仙：我辈先行可乎？
　　　（我请他们写字、画画儿。）

绥所：本日王氏、琴氏未到，到乃同登船，其间诸君随意请挥毫如何？

枢仙：敬闻命矣。

桂阁：我隶高木正贤请尊写字，希一挥赐佳作！
　　　（只有何如璋写一二张。）

枢仙：我等可先往看花如何？

公度：油罗须，油罗须。（按：即日语"好！好！"之意。）

桂阁:敢问携手而漫步于墨塘樱花下欤? 将刻登旗亭欤? 请揭示公使随两隶人姓名?

枢仙:纪贵、吴升。

（大家上船到对岸去。这时候,加藤樱老也来了[①],是手冢寿雄陪他来的。他带着笙、筚篥。大家在船上笔谈。）

绥所:何大使以下奉国命解缆,想送客如云。

（"小李逵"兼吉来。）

桂阁:是墨江泊之小李逵也。

枢仙:君命名甚是。第不识及时雨客。

桂阁:他亦忠义堂中一个豪杰,能使宋公明催笑。

枢仙:宋公明即阁下也,能多让乎?

（在墨堤散散步,樱老引导我们到白须神社旁边的一间茶店。之后,走到了隅田川,又走回白须神社。黍园、琴仙两人赶来了。我们上植半楼,开始笔谈。）

桂阁:远望之不如近望之,伊楼宏丽,诸婢无丑,幸缓意吃墨塘野蔬。

黍园:探赏樱花,老辈风流,兴复不浅。

桂阁:君来何迟也? 料想昨宵读书最多而夜阑乎? 公使随员一齐来,俟君久矣。

黍园:适有他友到敝寓,故迟来。

桂阁:贵友谁?

黍园:横滨来友。

（先吃蚬汤和炒蛋,都是植半特制的,很好吃。）

樱老:此蚬为墨江名品,其味颇佳。

黍园:且食蛤蜊,其味颇鲜。

桂阁:墨陀野薇,恐不耐充中华贵绅之厨,用宜转谢之两公使。

（又请他们写字。）

桂阁:伏请席上数叶挥毫,弟又赐一叶,幸甚!

黍园:席地不便挥毫,有纸取归书之可也。

桂阁:承席地不便,弟复不强愿此事,因冀诸贤能有当日之佳作;若不然,则弟誓不使君等归府。

黍园:今日非书画会,不写字,不作诗。

桂阁:复非聘红裙之会。

---

① 樱老,即加藤熙,号樱老;维新后为京都大学准博士,擅古乐,著书二百余种。

棽园:红裙不用。

桂阁:我辈来为东山名妓压倒俗妓,娃鸣犹雷轰之震,以乐献寿。

樱花:是天子之礼也。

　　　(樱老开始奏乐。)

桂阁:樱翁确有戴安道之气概,不喜为王门伶人,而喜为雅筵奏曲。

枢仙:此樱老之高旷也。所谓雅乐,当向雅人奏之,庶不致对牛弹琴。

公度:樱老此奏,殊使人飘飘有凌云气,仆固不解者。然所谓暗中摸索,亦自可
　　　识也。

樱老:吹笙者独禁饮酒,饮酒则必须簧舌,大与酒入舌出者异其趣矣。是即乐中
　　　自立酒正之意,圣人已寓酒政于乐中。其妙如是,是古人不言及也。

棽园:发《乐经》之遗意,阐《酒诰》之精旨,是能言人所未言。

　　　(这时候,妓女们唱唱笑笑,铿铿锵锵,很是热闹。)

樱老:急弦繁丝,杂嘈如咽,付之一笑。

棽园:嘈嘈杂杂如急雨。

樱老:今日盛会,和汉一席,开辟以来一大盛事,岂能无记以传后世乎?

　　　(樱老奏得好,请各位注意!)

樱老:歌管相宜潜耳而闻耳。

桂阁:先生习乐,宜使大星何公及张公周旋,予私谋之久矣。

　　　(用烟盘来做鼓。)

樱老:活玄宗,击羯鼓,宜戏闻。

　　　(这时前边的庭园里正演"大神乐"。)

樱老:堂下胡部偶与雅颂翕然并起,天上人间,俱同欢乐,是亦一奇。

棽园:刻下所奏何调?

樱老:《越天曲》。

桂阁:楼下俗乐,叫做"大神乐",至其百般妙技,则有所不可测。

公度:其始于何时? 在神武纪元之前? 后耶?

桂阁:其来也久矣。敝邦之乐,起于神武以前。相传天照大神匿身于岩穴而不
　　　出①,天下人民皆讼苦,有力士手力雄猛者,排闼而扯焉,时天钿女命(乃女
　　　神也)奏乐云,盖敝邦古乐之始也。以降数千年,有如斯之俗乐。

公度:亦殊不俗。

桂阁:使樱翁假扮那俗乐生,则其趣如何? 天下婵妍可举见其标致。

————————————

　　①　天照大神,日本皇室祖先之神:自天祖大日灵尊治高天原为天照大神,祭祀于神宫内宫及皇居内
贤所。明治初在伊势山新建神宫祭祀之。

公度：樱翁亦不为之。假令樱翁肯为之，其乐便亦不俗。

桂阁：樱翁乐雅而不乱，那俗乐野而不贵。然而樱翁数吹，不为红裙所爱；俗乐
才演，观者如堵。今日人情之堕落，于此事可知也。

公度：此理自然，无足深怪。若使人人能知雅乐，乐亦无所谓雅郑矣。

樱老：黄遵宪公乃初谒，私钦其高学，才子！才子！

棼园：字公度。

樱老：君知其为人否？

棼园：其人卓荦多才，渊博宏深，如吴之张公瑾、唐之杜如晦。

公度：樱老今日亦来，剧佳！非是花不称是名，愿祝老人年年岁岁看此花也。

樱老：不料今日来，遇群仙高会，新霁和风，樱花烂漫，使人有入桃源、上天台之
想，文缘厚福，乃奏一曲助高兴，多幸多幸。

桂阁：樱翁今日亦会，并真个樱花，好一对佳缘。

公度：此岛樱花有数百株？敢问。

樱老：一望约里许，难以数计。

公度：此花有所谓八重樱者，何以名之？

樱老：重瓣。

枢仙：或架而麻星。

绥所：二王氏先生久阔，尔来佳胜，奉贺！近来有佳作，请见示！仆姓内邨名宜
之。去岁秋月之夜，泛舟墨江时，偶见写纸，今忘耶否？何大使以下数名，
君固知已耶？

琴仙：弟固熟识。

枢仙：梅史微恙耳，特怕风，故不敢出。

樱老：梅翁寒疾如何？少好否？

棼园：已愈，但不可以风。

樱老：凭君传语梅翁："近与红粉髑髅相亲，恰若绣鸳鸯，是风之始也。宜戒慎独
耳。君而不言，则谁敢忠告！"

（这时菜差不多完了，现在拿来的是炸虾、醋拌凉菜——菜料里有魁
蛤——小碟菜。）

樱老：今日盛会，不期而会者八百诸侯。

公度：若比会稽之会，则王氏兄弟，为后至之防风矣。

枢仙：棼园早到公署，道伊昆季先到贵府候钦差驾临，今反瞠乎在后，请主人出
令，当罚依金谷酒数。

棼园：大块假我以文章，奈弟乏其才，乞减等罚以酒如何？

枢仙:酒令大于军令,乃主人赏罚不严,弟先请罚依金谷酒数矣。

桂阁:棻兄曰非书画会则不作诗,何以充金谷酒数乎,希君出其罚令之法。

枢仙:请罚酒百杯以为后至者戒。

桂阁:仅缓缓赦数等,宜罚一大白。

枢仙:君为令官,为君所命。

桂阁:君代弟罚焉。

枢仙:此是主人权利,弟不敢越俎。

桂阁:周亚夫曰:"军中有将军令,而不有天子令。"况酒场乎?君为之,弟复何妨?

　　(这时候,堤边游人很多,热闹极了。)

桂阁:何公、张公、黄公、廖公、王公二兄、潘公,敝邦人内邨绥所、加藤樱老及辉声:以上十名,以欲异日分韵而作今日之景诗,请君计之于公使,而照前日长酡亭之事而定题如何?

棻园:主人请吟,伏乞二大人首唱,附游者和之。

桂阁:君请使诸贤韵字可也。

棻园:已请大人明后日各有一诗相赠。

　　　　十里春风烂漫开,墨川东岸雪成堆。
　　　　当筵莫惜诗兼酒,如此花时我正来。

　　　　　　　　　　　　　　——何如璋

步何星使大人原韵:
　　　　千红万紫一齐开,艳似云蒸又雪堆。
　　　　墨水江边无限好,游人尽是看花来。

　　　　　　　　　　　　　　——王棻园

　　　　绝胜西园雅会开,春花烂漫似雪堆。
　　　　樱桃休作桃源想,为赋渊明《归去来》。

　　　　　　　　　　　　　　——源桂阁

　　　　向岛春深一路香,香车络绎往来忙。
　　　　淡红浅白天然丽,妒煞楼头粉黛妆。

　　　　　　　　　　　　　　——张斯桂

　　　　别擅风流红粉香,茂卿载酒为谁忙?
　　　　春江如镜花如面,点缀斜阳试晚妆。

　　　　　　　　　　　　　　——源桂阁

（这时候如璋、斯桂都乘兴写字。）

如璋：锦天绣地，咳唾成珠。

斯桂：酒地花天，兴高采烈。

黎园：宜用平声字亦可。请大人圈一字，明日步韵。

（如璋用笔在"高"字旁打个圈。）

斯桂：春风花事醉樱桃，人影衣香快此遭。归去欲携花作伴，折枝不怕树头高。

如璋：飞觞不惜醉蒲桃，海外看花第一遭。有客正吹花下笛，阳春一曲调尤高。

公度：长堤十里看樱桃，裙屐风流此一遭。莫说少年行乐事，登楼老子兴尤高。

琴仙：樱开时节赋天桃，一曲春风快意遭。沉醉旗亭天欲晚，推窗遥接月轮高。

桂阁：墨堤十里看莺桃（《月令注》以莺鸟所含，故名），诗酒来游快此遭。

　　　博得华筵才子赋，洛阳纸价一时高。

斯桂：女伴寻春一笑逢，玉颜相映浅深红。怪他游屐纷如织，不看樱花只看侬。

枢仙：墨江之水清且深，墨江之上郁森森。周回香岛皆樱树，大者十围高者寻。

　　　我来樱海正五月，时届三春花尽发。栖身节署那得知，幸有源侯通典谒。

　　　源侯源侯东国豪，世守高崎志气高。一朝解组归林下，看花饮酒自消遥。

　　　自逍遥，犹寂寞，召朋宾，就花酌，雅乐竞奏闻未闻。环侍使星互酬酢，

　　　万花招颤舞樱前，酒龙诗虎相翩跹。要知此会开何日，明治纪元十一年。

（这时候大家都醉了，没有规矩。）

绥所：何大使带大命来，真大任。然而今日杂沓，楼非适意必矣。虽然，是亦客
　　　中之一兴，可恕可恕。

桂阁：长堤十里，不似隋家柳不系。

樱老：龙船系妓船。

桂阁：希不使滨姐充殿脚女。

公度：艺者不必招。出其家姬之下为殿脚女可乎？

桂阁：名姬滨姐同迎辇女如何？

枢仙：酒地花天之说，酒地诚是矣，然无解语花，奈何奈何！

桂阁：公使如许之，则墨江红裙可联袂而来也，不知公使许否？

枢仙：此事且作罢论，当归而谋之信子。

桂阁：河东狮子吼，可怕可怕！

枢仙：划里划里。（日语"不好不好"的意思。）

　　　（我母亲的婢女乐寿来了。）

桂阁：母亲纪氏，贱荆武氏，业已谒公使，今来见君等。

樱老：窈窕淑女，钟鼓乐之。

棽园：文王与后妃并集，甚妙甚妙。

桂阁：那固小星耳，真"肃肃宵行"也。

棽园：爱厥妃，古公之遗风也。

桂阁：是沈氏之所言也，于弟复何知焉，惟不过销减阳物烈火耳。

公度：所谓爱及姜，及外无旷夫。

桂阁：内无怨女，盖阿信之谓欤？

枢仙：阿信一女，何可以况贵国女流也。

桂阁：东征。

桂阁：东征西夷怨，南征北狄怨。君之于红裙亦如斯。

枢仙：西极慈云，何足沾溉东陲？一笑。

桂阁：百姓闻车马之音，皆欣然有喜色。

樱老：王侯夫人来，亲侑杯酌，是亦文坛快事。

桂阁：其美虽比道韫、若兰，其才则碌碌耳。

棽园：道蕴、若兰未必有貌，君夫人未必无才。

桂阁：恍如苏小妹凸额，不似小妹才力。弟亦无秦观之才，却偶然好耦也。

樱老：才色双绝，君若不用，则予虽老矣，应取而代之已。王侯相丞，宁有种耶？

桂阁：樱翁矍铄如廉将军，勿使女子误传遗失之言。

　　（樱老……）

樱老：今宵亦明月，老辈渐行上于花街之五重楼，亦是一奇。醉倒于此楼，亦是一奇。应与明月相谋以决之。呵呵！

　　（中国朋友要回去。）

绥所：渐入佳境，请休归装。

樱老：君宜注意，此调不弹久矣。君其稍留！

　　（中国朋友准备回去。）

桂阁：看花而来，踏月而归，应徐徐而阔步耳。

樱老：此兴不尽，此兴不尽。

　　（樱老等都回去了，这是晚上九时的事。）

戊寅笔话　第十一卷·第七十二话
（光绪四年四月五日　1878 年 5 月 6 日）

　　（戊寅五月六日早晨，我打发人带这封信到公使馆去，交给魏梨门，并附赠何子峨公使以《前贤故事》一部。）

大臣何公台下：

　　侧闻公酷好典籍，驻我邦以来，大觅四方书，专览专读，以备参考。前日辱得私觐，入其斋，观其架，我邦古今书籍，垒垒叠叠，不下三万签，可谓邺侯之流亚也。嗟夫！我邦载籍极博，但得实者盖鲜矣。虽然，世不乏史传，而人子于视古推今之学，无关其用者，殆不惭中华文物之炽盛也。惟所憾者，古来绘画，缺彼传神之妙手，无足观者焉。中世以降，善画者大抵取法于中华摩诘、思训等诸名流，巧乎中华之画者不寡，而精乎吾邦之画者甚少，洵为可惜焉。其余至俗间画图，虽皆精写神，其陋无足言者，不过徒供妇女之卧游而已，固不得为士大夫考古之具，并又不能为文人雅客之所欣赏，其故何也？以此种画工，不学无识，不能斟酌其时样也。至今名士，往往有不释其疑者，乃阅其书，牵强附会，传误者颇多，靦乎无愧，何惰之甚也！

　　又闻公大才卓识，今世罕匹，意者当其博览吾书而观之，不敢信此等俗间史传画图。然至其隶役僮仆辈之贱，或观之信之，则自传播讹谬于中华欤，抑不可侧也。顾我邦上古文物质素，民俗醇朴，其仰教于中华学道，孔家之遗训，礼仪服饰，宫室器用，率折衷于此。又鸿儒硕学辈以我邦固有之风俗为贵，非方今专溺洋习者之比也。桂阁窃恤中华人或误信我邦人自古浮薄利，喜新奇，专学殊域之风，则不独桂阁抱杞忧，即我朝之耻也。

　　桂阁有慨于是因，今谨呈《前贤故事》全部二十卷，公若赐清览，幸甚。此书系菊池民保者所著。此翁精乎邦画，至其图，推考旧典，不毫加私意，其衣冠剑履、甲胄兵伏之类，皆善写当时之实，无有妄诞。是乃桂阁之呈公微意之所在也。公披卷观之，则必有知吾古之文物风俗之概略，宛然如接我古人，亲听其謦欬矣。而公精乎扶桑典籍之名愈扬，而中华传俗画之弊顿绝矣。《尔雅》云："画，形也。"今弃其形而写之，复何益焉？昔有韩干、周昉传写真之优劣，吴道子、阎令公木剑帷帽之病诊，可以为传神千古之鉴诫。桂阁许武保以曹霸、顾恺之之伎俩矣，不知公以为然耶？以为不然耶？必将以有诲焉。不一

　　　右启

大德望大臣何公台下

　　　　　　　　　　　春晚生源桂阁顿首拜

　　（黄公度借给我壁衣，今奉还。为了表示谢意，我送给他《名家文抄》一套，并写了这封信。）

公度仁兄阁右：

　　奉借之壁衣，即摹造了，乃奉返。尊物盖弟誓以四月三十日，而期日迟缓，

真个赧然！如弟则屡促其匠，匠惶惧，奉令而制之；谁料匠造之复未熟，故致此罪，幸宥刑。此书全部叫做《名家文抄》，谨呈阁下，幸赉清览。匆匆不一。

伍月初陆日　辱爱生源辉声

黄老爷阁下右

（下略）

戊寅笔话　第十五卷·第一〇一话
（光绪四年五月十六日　1878年6月16日）

（戊寅六月十六日早晨，我要访问梅史，带着借给他的和其他的许多东西出门，走到日本桥，骤雨来了，没有办法，只好到南传马町伊东屋去避雨，顺便和冯雪卿笔谈，这是上午八时的事。我对雪卿说。）

桂阁：弟约梅史以今日早朝相晤于公署，而途逢大雨，故进退维谷，君幸贷弟于檐下数刻，则幸甚。

雪卿：缓坐不妨。

（我送给他一块钱。）

桂阁：前日拜赐佳作，蓬庐生辉矣，乃将微仪谨奉赠，幸乞笑纳。

雪卿：仆小小之件乱涂，不敢受资。

桂阁：兄之以书画自活者，如不受我物，则我想是客气之人也。

雪卿：别友所来，只得受资。桂翁所来，况小件，若居然拜领，汗颜之至！日后必将绢画奉敬桂翁。

（他送给我一小幅画。）

桂阁：受此佳赐，不可不为其报。

雪卿：必要奉敬，倘桂翁晒纳，仆心方安。

桂阁：永为堂幅，夸曰"才友"耳。

（中略）

（雨停了，我坐车到芝滨松町桂香女士那里去，拿出枢仙所托的纨扇来，请她画画儿。后来我到梅史那里去。）

桂阁：有数十百之谈话，胡思乱想，殆失其顺序，先徐坐叙谈耳；以后玉体健全，微恙复大愈，盖朋友间成欢也。

梅史：前日经横滨，未得晤见，虽数日间，则竟似三秋矣。今日往闻香社否？

桂阁：闻香会诗会，不堪仰慕，弟些有事，不能往。

（我送给他一把长光刀。）

323

桂阁：此刀钝锈，不可当高鉴，试携以呈。

梅史：此刀甚佳，拜赐感篆。

桂阁：此刀乃系敝邦备前良冶长船长光所煅炼，弟本欲并诗赠焉，其稿半成，砺磨未了，故即携而来。后日诗成，则写红绢而呈耳。

雪卿：弟当作一诗奉谢。

（中略）

（梅史出去了。石川鸿斋来找梅史，我告诉他梅史已经出去了。原来鸿斋要和梅史一同到闻香社去，现在只好改变主意，和我一同到黄公度那里去。枢仙也在那里。）

桂阁：昨日蒙厚赐，实意外之喜也，永以为珍藏，恐欠其报物。

黄、廖两使君

弟源辉声

公度：团扇制自敝国，固非佳物，屡承琼玖之投，此特木瓜之报耳。

桂阁：惟冀永以为好。

公度：沈君既往王黍园处。黍园函约君今日往上野家中为诗会，未审既见否？

鸿斋：黍园书翰昨来，今日风雨如此，恐延期必矣，故仆来问其故也。而沈君不在家，去何处乎？

公度：沈君刻既去矣。

（这时候来了一个我还未曾相识的中国人，他会一点日本话，年纪大约三十三四。）

桂阁：高姓台名？因何会敝邦言语？其原由详载焉。

缙堂：梁缙堂。

公度：是君在横滨多年，故甚熟贵国语。

桂阁：在横滨几许岁，且活业系何？现在公署掌何职？

公度：从前曾在英公使署，兼通西语；英使偕来，遂通东语。今在公署为翻译官。

桂阁：官衔何品？

枢仙：衔同六品。

桂阁：他何故不作笔话？

枢仙：想是不惯笔话，缙堂东话颇熟，口谈为便。

桂阁：弟口讷不喜口谈，惟以一枝笔换千万无量言语，冀使他勉为笔谈，则弟之幸也。

（缙堂匆匆地走了。）

枢仙：请代求桂香女史之画，曾转致否？念念。

桂阁：过刻已递与了，惟他甚惭恼，无即诺。弟强请而去。

桂阁：何公使在馆否？

公度：在家。

（鸿斋拿出送给如璋的书件来，交给黄君，黄君就交给如璋。）

（中间空白）

（鸿斋拿出《芝山一笑》的稿子来。）

鸿斋：两公使及沈、廖诸公诗辑为一卷，名曰《芝山一笑集》。黄阁下急急赐一诗。

公度：此本幸留览，五日间必有以应命。

鸿斋：阁下留此卷，其幸赐序言。

公度：弟亦当勉为一诗。

桂阁：诗思变为色思。

公度：明日即遣樊素矣。

桂阁：使他思燕子楼中之事。

公度：不复言此事，仆行且仿石川先生为假佛印，所谓"禅心既逐沾泥絮，不逐东风上下狂"也。

鸿斋：下假佛印之名，即系枢仙。

公度：敝处卖西东食物者，大书曰"两洋海味"。仆欲一尝之，既知其无味，亦遂弃如鸡肋矣。

桂阁：此语突出，不知为何谈想？是东洋西施乳含与中华妃子荔枝，而欲尝之意欤？

公度：东洋即"东施"矣，所谓无味者即此也。

桂阁：必能有使吴宫如子胥之谏绝色，虽东施家，其美却胜于西施家。

枢仙：阁下与何星使书，请再作诗辨其非僧，弟阅之不禁忍俊。昔贤云："有酒学仙，无酒学佛。"则仙可也，佛可也。中土僧人，守戒律者不敢食肉饮酒，又不得娶妻生子；贵国之僧则食肉食酒，聚（娶）妻生子，与常人同，且不奉官役，不纳租粮，又胜于常人。弟曾有言恨不得为东洋和尚。阁下早晚脱却名缰利锁，优游泉石，以诗酒自娱，当之可以无愧。弟曾偶以为假佛印，由今思，当即真矣，乃欲辨其非，不亦多事乎？

鸿斋：仆素非辨僧与俗，赠答之诗，遂为一假佛印；若无僧俗误认之事，不为一笑也。此一笑亦与虎溪三笑相类，盖以为千古谈柄也。

枢仙：顷所云云，亦是笑话。不说不笑，何以消此淫雨之困？正可借此作笑柄耳。虎溪三笑，此又增加一笑也。

公度：当作一小引。

鸿斋：黄君为《芝山一笑》小引，仆大喜莫过焉。

（这里有何如璋《使东杂咏》的稿子。）

公度：此诗皆草稿，随后删订既就，便当抄呈，或以印送。

桂阁：滞留之久，不必紧急索之，十分删订之后，弟乃自抄写而已，如到其时，则快快贷弟是祈。

公度：稍稍删定将就，即将以呈；缘其中尚有不妥惬语，故不敢流传于外也。

桂阁：弟阅何公使草稿，则曰"小西湖山水，较之浙西山水，相去几许"云云。是等言，则明言，非虚言，弟大赏焉。如删定之后，或惮我群小官员等，或厌腐儒迂生恕之，如除是等，则弟决无借得而抄写之意。弟初见何公，知其人非浮薄谄谀，尊重尤厚，果有此作，弟钦慕益甚！伏冀弟借得何公写就携贵国去之稿而抄出耳。至示敝邦人之稿，则弟决不读也。

公度：何公告弟，俟删订既就，即以刊布，愿无不可，此刻则未能。如阁下必欲之，阁下自请于何公可乎？亦以其中未能详备采风问俗，初到多有不知故也。稍迟一二月便交君阅。

桂阁：弟欲乞何公，君如导弟，则俱往谒。何公如惮敝邦群小之愠，而删其指我天子宫为倭宫之类，则弟决不借也。

公度：即欲删润此种之类。倭者，贵国古号也，如称我曰汉宫，亦原无妨。

（恰好如璋来了，我把《使东杂咏》的稿子和我们的笔谈给他看。）

如璋：倭字即和字转音，在中土并非不好字义。

桂阁：华人谓敝邦叫倭奴，又叫倭寇，俱赫赫记载于史中，犹敝邦人谓贵邦人叫"豚尾奴"，是重国轻他之义，盖其本心而为善良；如谄谀言之，则非正直士也。

如璋：顺即和也。奴字在中土亦是妇人自称之言，系亲爱之意。

桂阁：妇人称奴定亦是贱称。冀一二日中借尊稿而抄写耳。如许之，则胜于有琼瑶之惠。

如璋：仍有数十首未汇抄，俟抄齐再借与君一观。

桂阁：现时先借得此尊稿而归是祷。

如璋：现刻不好取去，俟检点好取去。

桂阁：检点之后，恐删所惮，然则弟望空也。

如璋：诗不删，惟字句之间，或有未善者，自酌定耳，非有所惮也。

桂阁：如删订字句，则必定多删其所惮无疑矣。弟虽获之，岂何为快乎？凡诗文皆以气节为贵，失其气节，譬犹有肉无骨，不如现刻携去，冀慈爷怜弟衷情。

如璋：诗之为道，须推敲，所以字句时有酌改者，非有所惮而改之；因原者不佳，则改之乃佳，故迟迟将以佳者示君。

桂阁：初稿乃弟所欲，盖慈爷天禀大才钟而成也，切允焉。如不允，则夺去耳。

如璋：迟三四日再送，断不失约。

桂阁：弟贵其直言，不贵其虚饰。虽少陵、青莲之诗，昌黎、柳州之文，苟有虚饰，则弟措而不读。

（我终于借到了原稿。我对黄氏说。）

桂阁：何公已默许了，弟携归，经三五日而奉缴。

公度：父命不可违。所谓默许者，殆视于无形。

桂阁：子不可以不争父，况已许乎！

公度：听于无声耶？所谓"争"之一字，岂可施耶？

桂阁：《礼》曰："三谏不听，则泣而从之。"况默许乎？何用泣从！

（我们转换话题。）

桂阁：大久保氏之遭刺客①，公署之详说谓如何？

如璋：大抵顽固之俗未化，十年来贵邦文明无进步也。

桂阁：口唱进步，心为退却。中有木户孝允②，以早逝，幸免刺客，然亦不免后世伍子胥鞭尸之事欤。

公度：近来传闻如何？闻刺客党羽甚多，如何？

鸿斋：新闻妄说，俚巷之风，说（中间六字不明），非有实证也。

公度：刺客专委其罪于大久保，又欲鞭木户孝允之尸，意倘谓此二人既死，国事即将蒸蒸日上耶？

鸿斋：南萨之人，偏陋顽固，数误大事，与中国人议论不相合，故有此举也，其实不知。

桂阁：弟获刺客所怀之《斩奸状》，异日译之而呈耳。其中曰：岩仓具视③、大隈

---

① 大久保利通（1830—1878），幼名利济，号甲东。明治维新元勋之一。著有《大久保利通日记》；《大久保利通文书》等。

② 木户孝允（1833—1877），原姓大江，过继桂家，后改木户，投入倒幕运动，明治政府首脑之一，历任大阪会议议长等职。

③ 岩仓具视（1825—1883），号对岳。幕末、明治间政治家。

重信①、川路利良②、黑田清隆③、伊藤博文④，是等皆奸恶，不可不诛。如三条实美⑤等碌碌斗筲辈，何用刀斧乎！

公度:其所言奸状如何？外间人(即谓国人,以非当道在内执政者,故曰外间人)以为当否？

桂阁:识者笑之,诌者恐之。如我辈者,则呵呵大笑耳。

如璋:诸人奸状如何？不妨逐条书出。

桂阁:不如箝口。

如璋:若不说,则诗稿……

桂阁:以周勃之言答之耳。若欲问奸状事,问于当路君子,如弟则山水游玩是视耳。

公度:虽未详言,亦既言之矣。行携此册达之太政官,告源桂阁以诽谤朝政之罪。

桂阁:弟仿方孝孺耳,何为仿呼猪状之乎？虽诉之太政官而鸣罪,决无恐焉,却悦见董狐、崔浩于地下,而相笑其愚耳。

如璋:如此则何以箝口。

桂阁:邦无道则退之义也,必定连累黄氏。

公度:无所连累,仆所言皆当也。

(中略)

(如璋走了之后,我在枢仙的桌子上看到伊藤博文送给何如璋的内国博览会出览品照像册。)

桂阁:何公得之而甚喜爱否？

公度:既送来,则收之,函谢之而已。

桂阁:不知何公所恳请钦？否则何公在敝邦,此一切书籍器用之类,最喜何物？

公度:喜欢人物。

桂阁:喜欢什么人物？

公度:无论智愚贤否、居上居下,皆喜欢之。

---

① 大隈重信(1838—1922),政治家、教育家,历任外务大臣、枢密院顾问、早稻田大学校长等职,曾主持内阁,三年后下野。

② 川路利良(1834—1879),号龙泉,萨摩藩士,明治时期曾任东京警视厅长、陆军少将。

③ 黑田清隆(1840—1900),萨摩藩士。早年学西洋炮术,维新后历任外务权大丞、兵部大丞、北海道开拓使长官、参议、农商务大臣、内阁总理大臣等。

④ 伊藤博文(1841—1909),幼名利助,后改俊辅,号春亩等。农家出身,留学英国。明治时期历任兵库县知事、内务卿、首相,与李鸿章在下关谈判,签订《马关条约》。后被朝鲜安重根刺死。

⑤ 三条实美(1837—1891),明治维新元勋之一,曾任副总裁、辅相,历任修史局总裁、太政大臣等职。

鸿斋：欲观佳丽，无如西京；欲观丑夫，莫如东京；欲观英雄豪杰，莫如古；欲观懒惰愚昧之人，莫如近日。

桂阁：欲观婵妍袅娜，亦莫如近日。

鸿斋：邦俗东男西女，东京实非妇之佳者也，些有侠气；西京妇女，天下第一，其水清，其土软，其情亦致密多淫。

公度：东京妇人，有能击剑者否？有能豪负侠气如男子者否？有能通汉文者否？兼是三者，美恶老少不足计也，为仆谋之。

鸿斋：能击剑，善诗文者，皆有之，然不甚多，皆生翠帐红闺中，不敢他出也，大抵系华族、士族富者之娘；其在柳桥、今春等者，惟是容貌而已，才解弹弦，不足论也。

公度：华族、士族，不欲与人作妾，奈何？

桂阁：虽或欲作妾，亦不得不拒焉，其故何也？女子击剑，则筋力则劲，手足恍如男子；如读书属文，则或勃率，议论利口是恃；如豪侠使气，则其丈夫恐为他所隶役。不如择纯良温顺女子而与之契偕老同穴。

公度：若不如我，则吾奴隶之；若胜于我，则俯首拜下风，彼奴隶我，何恤焉。

桂阁：然则择周姬之妇可也，使他自骂文王。则便有一种女优者，当时已绝其业矣。昔敝邦诸侯盛蕃之时，不使诸侯妇女许往戏场，故有女优者而演其技，皆择良家子女而为之，他固优也，能舞剑，能读书，又能扮男子，扮英雄，而手如柔荑，肤如凝脂，如是恐适君之意？可惜今者拂地而不见。弟尝喜之，常时聘之矣，真个娇娇良家破瓜娘子皆来演，恍似赵飞燕、李夫人，可恨不使君等观其美丽。

公度：若论古昔，则赵飞燕、李夫人辈，中土者极多，亦恨君不得也。

桂阁：否。彼辈现在诸方，然皆弃业从良。

公度：甚矣。化之不可开，文之不可明也，其流毒乃至于此。

鸿斋：天下山水佳处，妇人极美。东京山水不佳，故妇亦多丑。如我乡极山水佳绝，生其间者，极美且丽。不到我乡，西施、飞燕徒为婢，亦耻焉。而男儿不甚佳，亦因风气也，非宋玉以楚夸之比也。

公度：中土向来所称美人国者，即指东土；如君所言，仆固深信而不疑也。

桂阁：弟又闻：彼美人兮，西方之人。

公度：此谓欧罗巴之义大利耳。

（我们转换话题。）

鸿斋：日前同沈梅史访增岳阳，岳阳赠诗于阁下。尔来数来敝庐，诘得阁下瑶作。阁下暇日其亦赋一诗赐之增岳阳？

公度：比邻不远，以为无日不可过从，而卒未一往，愧惭！行且订日相访，并作一
　　　诗以解嘲。

　　　（鸿斋请枢仙题字于扇子上。）

鸿斋：为（中间二字不明），仆季弟。日前张公使赐诗，想皆阁下书。观此书，始
　　　知张公使书皆伪作。

公度：廖君是学张公使书法。

枢仙：黄君之言，足以饰非，真学书于张星使。

鸿斋：否。张星使借廖君五指，非廖公学张星使。

公度：非学非借，亦真亦假，一切世事，皆如是也。

鸿斋：仆欲为廖公说一言：为张星使书者，可用草、行，自书必是用楷。不然，人
　　　怀伪念。

公度：仆欲告廖公，如为张公作书，当以左手。

桂阁：未尽其言。如作张公书则口头插笔，或足头插笔可也。

公度：总之，廖公自作书，不必学张公书法为妙，勿使人怀伪念也。

桂阁：不如使张公歇授其书法。告辞，异日再来决战耳。

公度：如此谈锋，可以一战，他日再可一书，约会于墨江，但恨君不教吴宫美人
　　　战，座中少一队娘子军，以为憾事耳。

桂阁：使木兰扮男子而战如何？

公度：大是妙事。

　　　（我走了，路上做了一首诗。）

　　　（这天鸿斋与公度又作了以下的笔谈，我没有参加。）

鸿斋：敝国以文章名世者，五六十年来，颇有其人，曰佐藤一斋也[1]，安积艮斋
　　　也[2]，野田笛浦也[3]，斋藤拙堂也[4]，盐谷宕阴也[5]，安井息轩也[6]，藤森弘庵
　　　也[7]，林鹤梁也[8]，紫野栗山也，尾藤二洲也[9]，木贺浮风也。其他减一等

---

[1] 佐藤一斋（1772—1859），名垣，字大道。儒学者，著有《大学一家私言》、《言志录》等。

[2] 安积艮斋（1791—1861），名重信、信，字思顺，号艮斋。儒学者。著《艮斋文略》、《洋外纪略》、
《东舆图考》等。

[3] 野田笛浦（1799—1859），名逸，字子明，号笛浦。儒学者，著有《海红园小稿》等。

[4] 斋藤拙堂（1797—1865），名正谦，字有终，号拙堂、拙翁。儒者。著有《拙堂文集》等。

[5] 盐谷宕阴（1809—1867），名世弘，字毅侯，号宕阴，曾为儒官，著有《宕阴存稿》、《筹海私议》等。

[6] 安井息轩（1799—1876），名朝衡、衡，字仲平，号息轩、半九陈人。儒学者，著有《息轩先生遗文
集》等。

[7] 藤森弘庵（1799—1862），名大雅，字淳风，晚年号天山。儒学者。著有《春雨楼诗钞》、《新政谈》等。

[8] 林鹤梁（1806—1878），名铁藏、伊太郎。儒者。著有《林鹤梁文钞》等。

[9] 尾藤二洲（1745—1813），名考肇，字志伊，号约山、伊豫川江人。儒学者。著有《正学指要》等。

者,赖山阳也,筱崎小竹也①,堀田虎山也。其他皆琐琐屑屑,不足见。

公度:专集多未见,选本中曾见其十之六七,俱颇佳。《林鹤梁集》近见之,惜与安井息轩皆于近年沦谢,未及见。

鸿斋:此中亦取纯粹者,以息轩、宕阴、艮斋、一斋为最。

公度:所点五家皆未见。现存诸公,近日负当世名者为谁? 敢问。

鸿斋:在世之人,其文甚少,在东京者,仅仅不足屈指:大桥讷庵(在小梅)②、古贺谨一(在浅草)③,其他不知也。在编修官者,以川田刚④、重野安绎⑤、中村⑥、青山等为魁首,然比之二十年前人,其降数寻矣。

公度:有蒲生成章者何如? 又有芳野金陵老辈又何如? 蒲生之全书有藏之否? 仆颇欲讨论。贵国典章,闻《礼仪类典》五百余册,恨非汉文,《大日本史》之十二志又未刊行,有何书可以供读否? 敢问。

鸿斋:全书无。仆处古书无可证者,间有之者,皆敝国之文。史书《大日本史》既尽矣,其他糟粕耳。以敝文所志,间有数卷中仅仅得一二段耳,未备也。

公度:《大日本史》有纪传而无表志。欲考典章,必于志乎。仆急急欲得如史志诸书览之,恨其不知也。

鸿斋:《日本外史》初卷有引书标目,仆不悉记,请在馆中示之耳。

公度:各史所引书目多和文者,仆意欲得汉文者耳。

鸿斋:有和文者,有汉文者。然汉文前古草昧未开,惟缀文字耳,恐文法不调,倒转助字,不得其法,难读也。然一一皆示焉。请取来《外史》标目。山阳著《外史》,文章粗漏,实事大误,非士君子间可行者。二十年前,有盐谷宕阴者,蒙台命,欲著国史,不成而殁,于今为遗憾。其草稿,其家仅在,然不全备也。山阳惟一时卖暴名,其实学力浅薄,不足取也,阁下读其文可知耳。

公度:山阳盖一豪杰,近于苏氏父子者流,非徒区区与文学之士争得失于行墨者,其笔力亦殊雅健,但论博学,则不可知其何如。后人从其书而正其误,亦可以补正其失,然其人不可得而毁也。

---

① 筱崎小竹(1781—1851),名弼,字承弼,号小竹、聂江。儒者。著有《小竹斋诗文集》等。

② 大桥讷庵(1816—1862),名正顺,字周道。儒者。著有《闢邪小言》、《海防汇议》等。

③ 古贺谨一(1816—1884),即古贺谨一郎,名增,字如川,号谨堂、茶溪。早年学儒学,后研究西学。著有《度日闲言》、《厄言日书》等。

④ 川田刚(1830—1896),名刚,字毅卿,号执斋、瓮江。汉学者。著有《瓮江文稿》、《日本外史弁误》等。

⑤ 重野安绎(1827—1910),名安绎,字子德,号龙泉、成斋。著作有《成斋文集》、《重野博士史学论文集》等。

⑥ 中村,即中村正直,字敬宇,先以儒学显,后通西学,明治初任职摄理师范学校。

鸿斋：阁下以山阳为苏氏之流，实敝国名誉，幸甚。然山阳氏父春水者①，以（中间二字不明）取一时之文柄，《外史》大抵父手所成。父友有武景文者，其稿过半成于景文之手，《外史》引书数十部，实非山阳氏所阅读也。此时《日本史》未行于世，惟以写本相传，山阳未及读之，故自《日本史》所引用，误谬亦不少。

公度：春水，闻其名；武景文，则所未闻也。自来史书出一手者甚少，如《史记》、《汉书》等类，亦出自父子，《通鉴》则皆借助于其友，实无足怪。其时《日本史》虽未刊布，谓山阳未读，恐未心然②。《日本史》之刊布始于何时？

鸿斋：既有《日本史》，山阳见其写本，《外史》著之后始刊行。然价贵，山阳不能偿之，仅取《赞论》而藏之，是赖氏所自言。想山阳读《日本史》仅一过，当著《外史》之时不置之坐傍也。

公度：《日本史》"赞论"，当时安淡泊，以为不可以臣子褒贬君父，故未刊，至今犹只有写本，无刊本也。山阳假写本读之，正其勤力处。君所云云，殆误记矣。

戊寅笔话　第十八卷·第一二〇话
（光绪四年六月二十一日　1878 年 7 月 20 日）

（戊寅七月廿日，我打发房吉送两把团扇和十数盏鸥灯到公使馆去。）

（这是我写给何如璋的信：）

子峨慈爹大人阁下：

儿前日虔呈寸楮，具陈奉借《红楼梦》一书之事，谁图爹不在家，小价空归了。伏冀现时切请公度兄而贷焉。如不贷，则照前日所陈之罚法而处焉。

团扇（二柄）奉呈子峨、鲁生两公使

鸥灯（十四个）右奉呈：

少爷、张子敬二君，冀命贵僮奉送焉。此灯之用，或悬轩，或提手，或放池，更各妙，请试焉。

七月二十日，乃六月二十一

（这是黄遵宪代何如璋写的回信：）

团扇、鸥灯均收到，当以转呈两公使。《红楼梦》送备清览。即请

桂阁贤侯大安！

六月廿一日　黄遵宪顿首

---

① 春水，即赖春水(1746—1816)，名惟完，字千秋。儒者，赖山阳之父，从事日本史研究和编纂。
② 心，似应当作"必"字。

戊寅笔话　第二十三卷·第一五五话
（光绪四年九月二十二日　1878 年 10 月 17 日）

（戊寅十月十七日午后一时，在公使馆的客厅里，我把《甘雨亭丛书》送给何如璋，我们作了如下的笔谈。）

桂阁：此书一部系敝邦华族板仓胜明之著（此人已物故矣，距今三十有余年，旧政府德川氏握大权之时）①，谨奉呈阁下，幸笑阅焉。恐阁下业已购之，弟不知其然否，试来呈之。

如璋：春间闻有此书，欲觅一览，嗣晤内务图书局书记何礼之，谭及此事，彼因送来一部。披览之，甚有名作。此贵国近刻好书也，大约数十年间东海名儒之作，具于此矣。

桂阁：礼之已为先鞭，儿追不及。虽然，携归亦不便，愿阁下转与少爷。

如璋：此书甚好，如兄家中未购，何不携回？暇时披阅，亦足增长识趣，且此为贵国儒者议论，参之海东风俗，尤为有用，足下固不可不阅也。

桂阁：敝库已藏此书矣，取披阅有趣味，则取来呈耳。何以不披阅之书呈渎尊览？

如璋：书价多少？请示知。

桂阁：遥下于前宵今村楼之酬宴。

如璋：仆问价有缘故，因何礼之送此书，欲觅一物以报之。请示知。前日本与石川约，有暇即到贵处，嗣以有事未果。

（如璋出门，公度来了。）

桂阁：那日增田、龟谷、石川三人来，梅史亦来，棻园与关湘云亦来，痛饮多时，诗兴大发。

公度：诸名士痛饮千秋楼，乞对之。一翻译分住三年町（麦嘉缔住三年町一番地），一贤"侯"（猴）戏跳今户町。

（我请他在洋伞上写和韵诗。）

公度：圆、然、仙、烟、天。

（梅史来了。）

桂阁：墨江之游乐乎？

梅史：惜其地离此太远，一往一还，非二时不可。

桂阁：不如费长房缩地之术。

---

① 板仓胜明（1809—1857），字子赫，号甘雨、节山人，著有《甘雨亭丛书》、《西征纪行》、《游中禅寺记》等。

梅史:我当使愚公移之近处。

桂阁:移位之期已决定否?而永田町公馆营缮一切,君为之任,敢问其式浑仿贵邦否?

梅史:昨日交付房价,已买成,当稍加营缮即移居,约在下月中间。其式因本系贵邦之屋,改殊不易,拟稍加润色,略仿中土之制耳。

桂阁:起工约在何日?其工匠复何处人乎?不知委托之于何人?日本家屋之制,颇有精粗巧拙,真不非一样,不可不察也。

梅史:匠人有旧用者,亦有新荐来者,其用何人,且再斟酌。督率之事,弟当任之,精粗巧拙,当随时留意也。

(中略)

(我到黍园的房间,只见岳阳、鸿斋、子纶都在这里,梅史的弟弟芝生也在。)

桂阁:子纶何君脚气病,有一良药,极不易得,此药乃乳姆之破瓜者也。我朝满市自古皆称之矣,贵邦书复有此事否?

子纶:此药实不易得,仆不用也。

鸿斋:凡来敝国病脚气,非风土之异,非饮食之殊,皆从女色化来。彼脐下三寸穴,众病之所发。阁下多涉猎脐下,故酿此病也。而曰日本妇人不当意,其伪最甚矣,罪可服上刑。

黍园:往往染脚气者不在佣妇女之人,子纶君其明证也。署中有沈笛翁亦染脚疾,亦未佣女,想湿热之气,亦得从汤道出耳。

子纶:何定求(名),子纶(字)。

鸿斋:令兄号璞山,君号巫山。

桂阁:宜编《断肠集》。

鸿斋:沈翁俗事繁杂,不得闲乎?

(公度来了。)

鸿斋:我俗曰蕈者,俟秋冷生山中,不知贵国亦称蕈乎?但非深山幽丛中不生。

公度:中土亦有称蕈者,但不知同种否耳。其形状殊不异,弟不知是因秋冷而生否。

鸿斋:晚秋候,产山中及松林下,采食之,其味殊佳,与青菌稍同,味复胜,其形如阳物勃起,色亦然。

公度:即菌之一种,非因秋冷生,缘受夏暑郁蒸,至秋始生耳。

鸿斋:当餐欤。

桂阁:菌之为体,似阳物,秋始能生华养院圃中。

桼园：桂林庄上多有之，与桂同发，盖亦因秋而生耳。君云似阳物，则桂林庄中阳物丛生矣。

鸿斋：仆以为秋冷为候，馆中诸君脚气诸病皆平愈，彼蕈者勃然蠢生欤。

桼园：如君所云，则和尚不可食。

　　（我对公度说。）

桂阁：今日复见得新李瓶儿，虽然，恐不如西门大官人之意，勿使廖君有子虚之思，弟以与君相谈洒落风流之会，为无上之乐，伏冀幸赐雅谈。

公度：适以上海轮舟来，多文书函札，故谈未及半而散。欲与我作何语，请先发难端。

桂阁：弟顷欲（作）《谏李瓶儿书》，而初稿未成，先于其起稿之时，不知自何事而下笔，请赐明示，是第一之难端了。

公度：高崎藩大河内辉声谨上书

　　瓶儿妆次：慕芳仪之日久矣，朝夕寝食，几至废弃。妻妾旁侍，责以何因？不言，则恐身命之陨；言之，又遭杖挞之辱。自顾渺小一沐猴，十二时跳掷不已，卒不得当，几不知置身之在何所也。辉声虽蒙宠眄，未亲芳体。顾以屡从姐夫游，或遂以子虚疑我，贾宝玉所谓早知眈了虚名不如（歇语）者也。愧恨交集，无以自存，伏惟哀怜而矜察之。

桂阁：李瓶儿回牍如何？冀并录。

公度：瓶儿复书：

　　桂阁贤侯足下：得书不解云云，原缄即以璧还，勿再唬渎，桀犬之吠，极可厌也。

鸿斋：仄闻顷者阅墙之事，辉声君以子虚疑云云此事欤？

公度：不解其云云，桀犬之吠，极可厌也。

　　（惕斋来了。）

鸿斋：名字如何？

惕斋：王惕斋。

桂阁：狡猾之商人也。

鸿斋：贤贤不易色之人。

桂阁：为其行也，终日乾乾。

　　（梅史穿着紫色呢绒，带着一本书来了。）

梅史：不知何人为介绍，疑或石川子之友，故问之。

鸿斋：阁下着丽服，往何处？

梅史：无美可访。

桂阁:闻永田街公馆已购了,君如有往于公务,则愿伴弟而拜观其所在,不知许否?

梅史:可。

(我说关于鸦片的事。)

棨园:此中鸦片大禁。馆中因尔国亦禁鸦片,何人吃此者,何得乱言?此乃大干禁,君若乱言,外人误听之,弟有当不起之罪。

桂阁:敝邦俗语谓淫行曰假鸦片,非中国之事也。

公度:君辈朝夕来此,而为此言,外人听之,将据君辈之言以为实,吾辈亦何乐与君交?

桂阁:谨领教。自今以后,弟誓不可言鸦,惟言鸢雀耳;誓不可言片,当言只耳。

(大家一同走了。)

戊寅笔话　第二十三卷·第一五九话
(光绪四年十月二日　1878年10月27日)

(戊寅十月廿七日,因为关义臣的招请,午后时,我到两国中村屋上去笔谈。何、张、黄、廖、沈、棨都来了,副岛也来了。)

桂阁:辉声前日访棨园,棨园告以今日之佳会,辉声频欲会之,问之于棨园,他道宜与湘云谋,故与湘云相约,得会华筵。

公度:蝙蝠伞前日戏作四言铭,仍用阁下韵,托棨园寄语阁下遣价来取。棨园语余,今日阁下当来华养院,或者棨园来,一并携至也。石川亦题诗。

桂阁:明日、明后日之内,到华养院而携归耳。前日见廖君之秘佛矣。

公度:放鹇飞去。

桂阁:但剩空笼,自然别可养一鹤。

枢仙:不久移居,再作后图。

桂阁:君所写伞盖之铭诗,冀现写焉。

公度:亦方亦圆,随意萧然。朝朝暮暮,可以游仙。替笠行露,伴蓑钓烟。举头见此,何知有天?

桂阁:丈夫以天为华盖,然天上一碧,别有天乎?而次韵诗请祈示。

公度:此意极言阁下高隐山林,随意自适,理乱不知,黜陟不闻耳。

枢仙:古人云幕天席地。既以蝙蝠伞为幕,则幕以上不见矣,即谓此为天可也,况其圆象天乎?

(斯桂骑马来了。)

桂阁:闻张君骑马缓行而来,可惜不使夫白蝙蝠携之。如携之,则扮一张果老耳。

梅史:此蝙蝠未满五百年,故尚黑色。

枢仙:中国官骑马用长柄红伞,以一人张之,俗名"日照"。贵邦少见,恐骇人目,
　　　自己持伞,少年人便之。张公老年,殊劳苦,故不用。

公度:同坐便于说游戏语。

桂阁:恣说游戏,余与君斗游戏耳。

　　　(斯桂的脸如往常,好像那"五脏圆"招牌上的人一样。)

桂阁:张公恍似王恬在胡床。

公度:庾亮高据胡床,所谓老子兴复不浅也。

　　　(三个雏妓来了,名字是小丝、阿爱、小好。)

桂阁:君请赐此三少艾之品评。

如璋:此爱子前有诗了。

桂阁:幸写其佳作。

如璋:问他,我忘了。

桂阁:他亦恐忘了,不如向他问一曲,想那三个处女盖系于三浦氏所见欤?

如璋:为爱莲花胜牡丹,天然富贵本来难。婷婷袅袅娇无力,妙舞真宜掌上看。

枢仙:伊(阿爱)扯大人辫发,罚他叩头谢罪。

桂阁:谋之通辨魏氏。以弟任之,则可谓越俎。

枢仙:此非魏氏所宜言也,君何不解意,殊乏雅韵。

桂阁:然则君直告之阿爱,非弟所管。

枢仙:弟苦言语不通,故情君也。若魏氏可传,早命之矣。

桂阁:阿爱可爱之人,弟何忍为之?

枢仙:惟爱之故戏言罚之,不然则不屑也。

桂阁:如戏之,则莫若罚一大白。

枢仙:亦要君代达其意。

桂阁:君覆干其碗,而代大盏,岂俟弟乎?

枢仙:爱卿不知其意,则无趣也。

桂阁:使魏氏达其意,使君罚其盏,使弟抱腹呵呵大笑,亦不稳乎?

枢仙:吾始以君为雅人,故谋之。今而知非也,不复言此矣。

桂阁:君何恐阿爱之甚也。强以弟为不雅人,君却为一雅人。

枢仙:既不为矣,请作罢论。

斯桂:评小丝曰:

　　　眉黛山烟犹未浓,桃源曾否洞门封?怜君情似蚕丝绕,挑动琴心一点通。

画出春山黛色浓,桃源曾否洞门封? 若还渡口无人问,我拟渔舟一棹通。

鸦髻高松螺黛浓,桃源曾否洞门封? 倘经攀折他人手,刘阮天台到亦重。

梅史:小鬟轻烟粉色浓,花蹊何必问云封。刘郎若觅天台逕,眉翠新松黛影重。

秦园:长袖翩翩态倍浓,桃源曾否洞门封? 武陵渔子纵多意,未许乘槎一棹通。

酒边含笑最情浓,眉样愁多半欲封。相对未能通一语,巫山在望恨重重。

桂阁:小小秋色花更浓,桃源曾否洞门封? 武陵今日迷前路,得遇仙人境自通。

（弟想通字一东,而浓、封皆二冬,张公误用通字,故随张公耳。）

梅史:此老酒醉忘之。

桂阁:春色缤纷馥又浓,桃源曾否洞门封? 此中本是神仙境,隔着武陵山万重。

（中村屋的女佣人里麻脸的很多。）

桂阁:贵邦皆于文章佳处点圈了,他亦颜貌多圈,得不美乎?

公度:当日阎罗夸彼美,多多面上着加圈。

桂阁:彼孙悟空怎能压倒阎罗?

（中略）

桂阁:副岛凭栏与君笔谈,有何佳作?

公度:言富士山,又言吾国山水人物之佳。

桂阁:山水人物者,所谓寸马豆人之类欤? 呵呵!

公度:此言富士见山。若言吾国,则如子由上韩书所云云也。

桂阁:弟闻君所言,则在贵邦贵苏轼、魏禧;在敝邦贵赖襄、古贺朴[①]。弟尝以谓
君作字,气骨勃勃,大逼苏家之风矣。不知君作字专临谁氏帖?

公度:弟作字素未临帖,生三十年,未尝一日伏案学书也。

桂阁:误勿踏项籍之辙,不知学剑否?

公度:不学项羽,欲学沛公,中土无容身处,当求之海外四大部洲。

桂阁:容身处都在东胜神州傲来国,君亦来而为石猴。

公度:我为众猴长亦自佳,所谓聊以自娱耳。

桂阁:不过为一僧之奴隶耳。

公度:至是时则此僧为中土人。

桂阁:此定逢九九之难,如那华养院所谓盘丝岭了。

公度:便当以德川氏故城为水帘洞,引玉川水为之。

桂阁:当作《东游记》也。

（九时散席。）

———————

① 古贺朴,即古贺精里(1750—1817),名朴,字淳风,号精里。德川中期儒者。著有《精里文集抄》等。

戊寅笔话　第二十六卷·第一七〇话
（光绪四年十月二十七日　1878 年 11 月 21 日）

（戊寅十一月廿一日午后，我和鸿斋到公使馆去，为的是请何如璋教《明史稿》的句读。）

桂阁：爹尝许授《明史》之句读，所以携来，幸勿叱。

如璋：此书系初印版，不漫漶，甚可观，且留案头，俟有暇时当为君一览。日来何事？今晨下午一点半钟，当偕各公使到宫内省，问贵皇上出巡回来安。

桂阁：此书目录，别无施小圈、记句读之处，惟有上表而已。宫内省园中菊花盛开，想各公使亦有其同赏耳。

如璋：此则不知，须到去再说。

桂阁：此书儿深怕毁损，故平生欲收此箱，希知悉。敢问署中随员几名相随到宫内省？

如璋：俱不去。一物无成而不毁之理，金石且然，况书乎？君何见之拘也。

桂阁：那帽名及玉名？

如璋：帽为江獭皮沽做者，系冬令时所用，顶为珊瑚。

鸿斋：今日祝仪，为皇上无恙还于本都也。赏菊系同族及宠臣。

如璋：此行即是此说。

鸿斋：阁下祭诗时，着此獭皮冠乎？

如璋：祭诗当用黄冠、卉服、芒鞋、竹杖。此系礼服，用之则不称。

桂阁：成之日，又进次册。其成之日请赐示。

如璋：全稿恐须十年告成。

桂阁：到鹤驾翔回之时，仅圈数本，决不为少，盖儿家残尊阅之书①，颇大幸也。希暇日阅之。

如璋：大概《本纪》必可句读，明太祖、成祖《本纪》定须一阅，其余择有功业者一观，其余不欲批阅之也。观史如观戏，非好脚色不好看。

桂阁：康熙帝（或疑乾隆）楹联之句"日月灯光，汤武丑净"，盖是欤？

如璋：大意如此，《楹联丛记》中有之。

（我到了何子纶的房间，他正在梳发。）

（这里来了一位叫黄房的琉球人。不一会儿，公度也来了；又一会儿，梅史也来了。）

---

① 残，疑当作"藏"字。

桂阁:现琉球军已退,倭军锐锋,想君难当,非暂休兵养气,讵笔战之为?

鸿斋:琉球亲方各有文才学者乎?

公度:琉球小国,从古自治,近为贵国小儿辈(执政之流)所欺凌。彼臣服我朝五百余年,欲救援之。

鸿斋:琉球,洋中一小国,先年为萨人岛津氏所夺掠,尔来贡于我,闻亦贡贵国,使者往贵国,忘用贵国年号;来于我者,用我国年号。中有漂然不为二国者。

公度:近来太政官乃告琉球阻我贡事,且欲干预其国政,又倡言于西人,既与我言明归日本,专属鼠偷狗窃之行,可耻孰甚?

梅史:遂夷于九县,非惟我国之所不忍听,亦西邻之所不能平也。

桂阁:琉球人笔话何故不许阅?

公度:方与贵国议此事,他日事结,亦无不可观。此事不欲告日本人,少留日本情面也。

桂阁:我非日本人,东胜神州傲来国华果山人也,何妨观。而那琉球先生姓名如何?

公度:皆其使馆之官,一尚姓,一毛姓。

桂阁:两人官系何职?

公度:毛法司,尚耳目。

(我对梅史说。)

桂阁:君有营缮之任,所以弟忠告焉。此庭植松梅花卉,甚似失景致。不如崖上施木栏,而不妨眼前远大之美景。君以为如何?

梅史:夏秋西阳酷热,故须绿荫遮蔽。

桂阁:此策极劣,如有夏日热炎害人,则讵不垂檐帷御之?

梅史:帘帷之属,恐不足当之。

公度:既由广东购碧瓦阑行,筑于崖上。此庭种小花木,不碍眼也。

鸿斋:美优名俊辰吉者,夜夜财家来促同床,辰吉不敢肯,非抛大金者不同睡也。

公度:敬闻命。

鸿斋:女优更换脚色,今又一归来,比前优美貌十倍,桂阁恋恋不能去,恍惚忘我,魂魄飞天外。阁下一日同桂君偕行睹之如何?

桂阁:我持论曰:凡天下之佳丽,才气钟于美人者,非娼妓也,非弦妓也,非良家女子也,非女史也;如那女优,或扮男,或扮女,变幻万态,使丈夫恋恋相死者也。

公度:山川清淑之气,不钟男子而钟妇人,莫日本为甚,古所谓妇儿国、美人国,殆即指日本也。

鸿斋：山川灵秀之地，以我尾及三为最。尾、三之妇，比之东北，其胜百不啻；如东京，自古山川鄙陋，妇人亦不甚美。若欲得美人，莫若我尾、三，请赍粮游于尾、三。

桂阁：上我观雨楼一览如何？

鸿斋：戏场脚色第一回：

加藤重氏者，有两美妾，在一室围棋，皆熟眠。二妾头发，逆立为蛇形，共相斗争，重氏观之，惊愕，忽起菩提心，一夜，截发为僧，登高野山。高野山，僧空海所开辟，禁妇女登山。重氏遗石童者，慕父，独步登山，半途遇父，父不子视，石童悲叹！其母在山麓，艰苦不能言。此回（中间一字不明）往事。

公度：仆谓作人自圣人外皆作平等观。孔子，吾不得为之矣，则为和尚可也，为官可也，为闲人亦可也，为色徒亦可也。吾未见和尚遂胜于色徒也，闲人遂不如作官也。

鸿斋：第二回：

加藤氏有宝珠，比之隋珠，某侯恳望之，不与，将欲及一战，加藤氏力不能对之，因约与珠。即日使者来，加藤氏曰：“此灵珠也，不使少女不遇男子者捧之，珠先失光辉。”某公因使一美少女迎珠。加藤氏出一好男子接之，饮以美酒及媚乐，美少女恍然飞魂于天外，遂与好男子密交。于是加藤氏谋作赝珠，与某少女，少女曰：“珠失光辉，如何？”加藤氏曰：“女既与男交，故失光矣。”少女惭怨，遂自刃死矣。

公度：此与《左氏》所谓使妇女饮之酒，同其狡谋，共争珠而赝作之，又与《家语》所谓赝鼎同也。少女自惭，杀身以殉，吾谓某侯失珠不足惜，失此少女，殊可哀。

鸿斋：第三回：

大阪有一艺妇，名梅枝，鲜妍如舜花，颇善舞。有忠兵者，与此妇密契，交情日深。有一财主欲购梅枝为妾，忠兵心神惑乱，欲购无金，偶有邮送他金，滥破匦而购之。忽罪恶暴露，虽得妇，身体维谷，因窃迹大阪，与妇偕至大和。途中艰劳，颇尝辛苦。

公度：异哉！夫子所谓窃妻而逃者也。

（我拿出《国史略》来给公度看。）

公度：此篇自“政体”以下，祈代为译汉，但何以酬劳，祈足下自度，与王黍园言之。

鸿斋：政体以来迄尾译与钦？

公度：是书译毕，他尚有烦君者。一切纸笔之费，仆以为不如计篇数，如每十篇需多少，足下自审度之可也。

鸿斋：此文鄙拙，译之不甚佳，惟贯串意而已。仆尘事多端，请限今年毕业。

公度：是文虽鄙，阁下熟史，以意润色贯穿之可也。他日携归，可为君刊行之。

鸿斋：印行有限制，苟文部省书，不能再印之也，惟为阁下译之耳。在修史者，不有人祸，有天刑，观文公与刘秀书可知①。仆不信柳子厚驳议。

公度：所谓印行，行于中土耳，无所谓版权免许也。仆阅史，喜阅志，故求足下先为此。

鸿斋：译新闻纸布令者，有其人乎？未否？

公度：此间本有翻译冯姓者为之，然仆观之，不译亦知其事也。通西人语言文字者多，通日本语言文字者少。

桂阁：我邦文字之作用有数样，虽邦人未能悉辨，《万叶集》、《源氏物语》、《伊势物语》等数本，是谓之国语，犹贵邦之官话，然今人寡知之者。邦人硕学鸿儒，读贵邦典籍，又少知之者。其外平生普通之言异，于其州郡而又异焉，所以邦人亦不能解。

公度：遣人购地毡，又嫌欧人之太华而俗。

桂阁：不如铺日本席，如此则腰冷难堪。

公度：因其冷，故铺毡。铺席仍冷，仍需褥。

桂阁：此褥坚硬如石，又似瓦，招冷何招暖？

公度：西京有坐褥，文而华，五色相间，何名？欲托人在大阪购之。

桂阁：必定是西陲织物，其价值弟不能知。

公度：西京亦有卓毡，亦文而华。

鸿斋：闻阁下登卖茶楼，恋慕小万，真然否？

桂阁：今日雨天，萧条无以遣闷，愿君为主，伴弟与鸿斋而游小万室如何？小万当时于弟抛财则不肯，想君抛财必来，请试试。

公度：是不如君为主，而君不往，则阿万必来。

桂阁：未闻为人抛财，使其人恣径其娱，而我傍观之愚也。

公度：若君去，则万又不来。

鸿斋：桂阁曰：同小万欲观女伎场，君肯否？黄君慕小万，小万不想黄，如何一夜梦，恐不能同床。

公度：往小万之室，索然无味。仆之好色不如好声，好淫不如好色。老子高兴登

---

① 文公，指韩愈；"刘秀"后，脱一"才"字。韩愈作《与刘秀才书》，备言"修史，不有人祸，必有天刑"，柳宗元著文驳之。

楼一醉,鹍弦乱拨,笑声哗然,是一乐也。至缠头酒食之费,殆非所吝,亦
未尝欲以此鸣豪,问钜鹿可知也。

桂阁:否。小万之幽室,结构广袤,容数客,颇便呼酒食,恍若一小酒楼,而其费
又少。至鹍弦乱拨,亦复便,何迂而待登卖茶、湖月等乎? 魏少年这厮惑
恋百代之色,而阙信于朋友,初村之遁逃偷财,盖起自此事。君参赞官,掌
管使馆庶务者讵不责问之?

公度:惑溺于色,是何足责? 人患不好色耳,好色而善用情,推之可为孝子,可为
忠臣,是人吾方病其不好色也。

桂阁:余亦既然一孝子一忠臣了,所以屡拥红裙。可惜君独今日不能访小万,虽
欲为忠臣孝子,得乎? 如欲为忠臣孝子,则请为东主而游他之室中。

公度:凡不知所自起,一往而深者为情;若此心不动,而曲徇他人之言,是伪也。
伪则可为不忠不孝。

桂阁:君知其伪言之为不忠不孝,而前日告曰:"币自归我,他日我为主,聘小
万。"今所言则食言矣。

公度:所谓他日,安知其指今日乎?

桂阁:今日亦自前日见之,则他日也。果如君主"他日安知其指今日"云云,然今
日亦他日也,今日为主又颇当。

公度:经籍中所谓他日者,如"他日君出"、"他日归",皆无定之词。

桂阁:他字,君所言固非其定之事,余以今日愿往,虽今日又他日也。况小万必
伴君来,所以促之。

公度:弟本约魏君以今日往,雨遂阻兴;足下又屡促之;仆不受逼促,故不愿往。

桂阁:君不愿往,小万愿来,弟亦愿往,魏君亦愿往,雨何惧? 况雨天萧条,天气
静寂,颇便酌酒;且人各有报恩德之仪,弟前日抛财飨君,君报之,又至当
之论也。

子纶:他不愿,弟当促他,他本邀弟同往故耳。

桂阁:促之何自君乎? 黄君密思,游小万处颇好。

桂阁:古人曰"报仇以恩",况朋友乎? 纵令投木桃,报琼琚,又可谓好矣。如此
一事,君不可不报弟前日之宴。

公度:责报不可出自友。

桂阁:君不知其报之为何物,故弟故促之,又朋友之信义也。君不忙,则畅谈无
妨否?

公度:今日无事,惟早起忽患头风;午后诸公来,又令梳发人抽之,乃觉清爽
如常。

桂阁：凡人气郁则生病。头风之患，盖不可过焉，当是时，如有使其气爽快，则病患可退。其法惟在呼美人，啖佳肴耳，况于美人之待君之驾临乎？不得郁病而何有？

公度：何不一往催小万乎？

桂阁：以弟充酒食之任，君尝任小万之聘职，而花月、卖茶皆价贵兴少，又不便呼小万，不如直向小万家而游，岂不廉宜且便乎？

公度：或卖茶楼，或花月楼，雨晴即偕往可也。小万家仆未尝一往。

桂阁：家在日枝街，新桥之侧也。闻他家玉宇雕栏，灿烂辉煌。而君登卖茶或花月，小万如前日而不应招，则空归而费财于画饼。到小万之家，则百发百中，恐他不能逃。

鸿斋：小万虽艺妓，实卖色鬻淫者，若欲同床共睡，不费数金，不能达本怀也。试掷十金，则有十金之情，掷百万，则有百金之味，欲使鸳声快活动床，非投数千金不能探其真情也。所谓倾国倾城者，不鉴前车覆辙乎？

桂阁：良话良论，真良实良。

鸿斋：良字不当，换他字可。

（枢仙来了。）

枢仙：抱良人眠，对良人语，方知良语。君亦有良人可抱可语者乎？何由知良语良论而又真良诚良也？

桂阁：良固有良人，其良人神恩良善，吐良话，为良行，是良妇，所以能事良人也。费君谈弟以小万往访，君又以谁为知己？

枢仙：弟实未遇其人，故于群婢并无一常呼唤者，至知己则更难言矣。

（黍园来了。）

黍园：因雨客少，美人不致为别客所招，大妙。黄君何其拙也。

公度：足下将毋同。

桂阁：小万必定雨中寂寞，君如访之，亦可谓一大功德。

公度：君先往小万之室，弟与钜鹿即来。

（下略）

戊寅笔话　第二十六卷·第一七八话
（光绪四年十一月二十二日　1878 年 12 月 15 日）

（戊寅十二月十五日早上，我在公使馆和何如璋笔谈。）

如璋：忽然剃须，想是欲媚内之故。

桂阁：我邦妇人喜须,所以蓄焉。

(午饭,我吃中国菜。)

桂阁：闻贵邦进士有正途、异途之二件,敢问其详。又闻君践正途,而其正途、异途之规则概事实如何?

如璋：进士只有一途,并无正、异之分。惟举进士后,则同一榜中,分用为翰林、主事、中书,外而知县,共四班,以翰林为优耳。

桂阁：尝闻他人乃曰正途得擢翰林,异途不得擢翰林,且异途虽学问才识未当其处,足以擢其任。疑是讹闻。虽然,华人亦说正、异之别,敢问其事必有焉? 想君或隐匿不明示,弟情如骨肉,何匿之有?

如璋：所谓正、异,非进士之谓。吾国服官者,如读书得贡举为官者,即算正途;其他保举、捐纳为官者,算异途。若进士则由举人而得,是正途之优者,不再别正异矣。何曰保举? 何曰捐纳? 其方法,保举者或办军务,或办国家,各事出力,赏之以官者为保举;若捐纳,则平民自揣有才力可以为官,并有家赀可以报效者,视其纳赀于国家多少,赏之以官,为捐纳出身。

桂阁：百疑尽释了。此事是国朝之政体,如欲搜是等之政事,则以翻何书为好?

如璋：捐纳者有《捐例书》可查;系保举者,须查成案,较不易。大概中土选士为官,以正途为大宗(大约千员官有八百是正途也),此查《大清会典》可知。一二品大官非正途出身者不易得。

桂阁：《大清会典》全部约几许卷? 而其部分怎么? 请赐教。

如璋：《大清会典》我朝典礼政事,分门别类,大小内外悉备。其全者共五百余本,其略而摘要者约四十本。此书东京书籍馆有之;可以借看。我公事房中亦有之。公度有摘要一部,可借观也。

桂阁：久不陪鹤驾游郊外矣,君所好之日而游君所好(之地)。

如璋：有何处可游? 梅花开于何时?.

桂阁：东京梅花非立春则不发,纵有寒梅,亦不足观,不如待冻天而赏雪。

如璋：雪亦不易见。前一二日天阴欲雪,复寒雨而不成,殊败人兴也。近邻为高岛之居,此君识之否?《拙斋集》为青山延寿之父所著,送来求序者。

桂阁：高岛氏何者? 儿未知之。

如璋：旧藩副岛之旧主。

桂阁：副岛之旧主乃锅岛氏也[①],其第系伊馆右侧,少许相距之地,想邸中树林,于是室可见。

---

① 锅岛氏,即锅岛闲叟(1814—1871),名齐正、直正。佐贺藩主。明治元年上京辅助新政后任太政官大纳言。

如璋：君与交好否？

桂阁：前年尝与秋月种树（亦华族也）俱访锅岛直大于其墨水别业①，时今参议大隈、大木、副岛等数十人相陪行酒，故一相识也。

如璋：不甚深交，不可以言。仆因阶下之地与之相连，拟借其栅外数坪地共成一小园，俟他日招其旧识者与之商也。

桂阁：此任副岛氏可也。本日君他出否？

如璋：等等再看，无成心也。

桂阁：阅小说《平山冷燕》，书署曰"天花藏"云云，不知天花藏的系谁氏？请赐教。

如璋：此等说部，皆游戏闲人笔墨，所云云不必定有其事其名其人也。松平庆永系水户旧藩否？

桂阁：庆永越前诸侯，非水户藩之类。又庆永之祖先与水户祖先同族，皆是德川氏之支族。

如璋：水户藩现为谁？维新时是何名字？

桂阁：现为德川韶武②。

如璋：其藩士有在朝者否？

桂阁：顷琉球人屡来公署，其事系谈文事欤？将系谈俗累欤？

如璋：皆系为其国事而来，非文非俗，近乎公事。此事现与外务省言之，君知之否？

桂阁：现闲散放肆之人，岂何知公事？更问琉球国或为贵邦之属，或为敝邦之属，从来论者不一定，其事实果如何？儿视其衣服暨姓名等殆为贵邦之属，君以为如何？

如璋：顷与外务省言，照旧章办理，我两国均不必计较太明，此系交邻之善法，亦情理兼行之事。外务省似不遽喻此意，殊可惜。

桂阁：外务省论此事为谁？何言而不喻之。

如璋：外务省所复之文，无理可言，第以虚词相答。鄙意琉球自为一国已千余年，非贵国诸藩可比。若外务省执而不悟，我亦无法周全其间，此事所关

---

① 秋月种树（1833—1904），名种树，号古香、三十六湾外史等。其父为高锅藩主秋月种任。明治初为明治天皇侍读，历任公议所议长、大学监、元老院议官、贵族院议员。能汉诗、书法。著有《古香公诗钞》等。

锅岛直大（1846—1921），名茂实、直大。佐贺藩主。明治年间历任横滨裁判所副总督、左近卫权少将、驻意大利全权公使、贵族院议员、宫中顾问官、国学院大学长等。

② 德川韶武（1853—1910），名昭德，字子明，号銮山。德川齐昭十八子，最后的水户藩主。明治维新后着手开发北海道，再度留学法国。

贵国利害甚大,愚当不欲尽言之。

桂阁:此议之初起,在君未来敝邦之前欤? 或顷琉球人来怂恿之欤?

如璋:愚之所以来,系为此事居多。此事琉人于前年赴闽,求闽省督抚,该省为之转奏、交使臣查办之件,非来此始受球人之请而言也。且此等事关系两国政府,出使者亦不能擅与人言,此各国通例也。

桂阁:长坐妨读书之暇,且扰郁厨,且愧愧,且谢谢。一日陪鹤驾向游一处,以偿今日之罪。

如璋:一游何能偿乎?

（中略）

（我在黄氏的房间里笔谈。）

桂阁:本约弟本日与诸友伴诸君于一酒楼而耽吟咏,昨夜桼翁有信曰今者有别友招饮。今闻之则杨君招饮者也,必定小万可聘,公度之垂涎可想,故转订二十二日,与诸友相与伴诸君于一酒楼,如此时则杨星垣君亦可伴也。

公度:二十二日之约,仆未审暇否。杨星垣精习泰西语言文字,亦通天文算学,其始为秀才,后习于同文馆凡十年,是人和平温雅,固我辈流也。

桂阁:希君二十二日之约不可违,如违则小万之来,复属空空了。纵令君不来,至其聘金,则弟可取于尊府。虽然,尚拒之否?

公度:至日或不负约,未审同坐有几人?

过日所书"大痴境"匾,感谢之至,既悬之楼上,阁下何不往观之?

桂阁:饰得整整齐齐,却愧拙书污高堂。二十二日即弟与诸友先到尊楼而叙谈,盖因在敝邦席也。

公度:谨扫榻以待。

己卯笔话　第十五卷·第八十八话
（光绪五年十一月六日　1879 年 12 月 18 日）

（己卯——明治十二年,光绪五年,公元 1879 年——12 月 18 日,我要访问何公使,把名片递给何绍文——绍文是公使的仆人,又名天育——,先和绍文笔谈。）

绍文:贵下到来,拜何大人?

桂阁:如公闲,则赐晤。君幸传话。

（我和何公使笔谈。）

桂阁:昨日阁下往观吹上御苑,试骑射否?

如璋：以雨阻，外务省有信来，告延期。此后未知何日。名为犬追物，究竟是何物事？

桂阁：此犬追物者，昔时诸侯所专用，以萨摩太守岛津氏为第一。现于吹上苑而演者，则岛津氏旧臣。盖此事大关礼式，可见我邦古礼格严，风俗淳美也。弓箭衣帽鞍鞯等一一有称有法。阁下等初观之，恐不能解其精细，得一精其事者在傍，一一言之，则阁下等或以归中土而为谈柄。仆亦蒙许观，奈朝廷有法，不能同阁下坐在傍，执笔研而说话。如在傍而一一话其事，则大有所乐。不知通辨官中能识其事否？

如璋：何以名犬追物？

桂阁：不过铁骑之演习也。以犬为敌兵，放是于旷野，追射以中者为胜。又有称丸物者，以革造帘形，一人乘马系绳引之，一人追驱射之，皆一样昔日铁骑之演习。

如璋：然则马追犬，非犬追物也。犬则何事而为人之的乎？一笑。此间译官，唯鲤门一人，恐其年幼，亦不识此礼之名称。第马射一节，吾土尚以此校武士，惟所着之礼服或不同耳。校射时有以皮为的者，亦有以圆球为的者，谓之射地球。其人有翻身仰射、侧身倒射，各逞其技巧，其名目难以枚举。

桂阁：凡演射之法，各国略同。我邦亦有此事，如犬追物则浑用此法（按："物"则"者"之误矣。又有大笠悬、小笠悬、流镝、马骑射等），我邦旧有此习，藩士悉善弓马，仆于是知之。惜乎阁下观"犬追物"大有旧礼之存者，而不能穷其礼式之精。如仆为译官，则译言一一说话，以告我昔日礼仪之正。

如璋：异日观犬追物时，当邀阁下同往，大约此等事观者人多，亦不必尽有分别。

桂阁：此日仆之席与阁下不同，颇似无便宜。他日详一部《犬追物考》以奉呈。

（省轩来了。）

省轩：龟谷行，君知否？

如璋：知之。

桂阁：如不嫌，则来此处如何？

如璋：省轩先生久未晤，想近况必佳。昨日梅史已回国，先生与桂阁来此，少一坐谈之客矣。

省轩：久不得拜，此方浊尘万斛，愿听洪讲开心茅。

如璋：日间文字酬应极忙否？现仍寓旧所，抑已移别处也？

省轩：日间甚忙，然逢文字友则抛百事接之。敝寓依然，时赐枉驾，幸甚！

桂阁：昨归旧国留几月？

如璋：不过三旬，旋来。

省轩:梅史去,惆怅欠一良友。

如璋:梅史以事去,今日想已开行。

省轩:仆又一丈夫,别离无泪。唯梅史去,仆潸然有句曰:"丈夫把别偏多泪。"

如璋:有一杨友在北京,书法极佳,学问亦博,欲招其来署,未知来否?

桂阁:阁下请察其情。有杨翁者,才学宏博,仆自今延颈而待杨翁来署。请问杨翁名字、官职?

如璋:杨名守敬,字惺吾,湖北人,辛酉举人。顷寄我《楷法溯源》数十本,钩刻考据俱精详,暇日呈君一览。惺吾古君子,非好色之徒。

桂阁:仆初学楷法于东京市川孔阳①,字米庵,以颜真卿为书祖。仆腕弱笔钝,不能窥其蕴奥,惭恼惭恼!

如璋:惺吾之书法,古雅之极。若杨、梅合之,则成毒矣。

桂阁:杨书法盖法谁氏?

如璋:源于篆隶,不拘一家。

桂阁:又来而代梅史,能挑小园子。梅也,杨也,亦一样园中之物。

（下略）

庚辰笔话　第四卷·第二十一话
（光绪五年十二月二十二日　1880年2月2日）

（庚辰——明治十三年,光绪六年,公元1880年——2月2日,我到公使馆黄公度的房间,何如璋、何虞臣都在这里。）

桂阁:据石川鸿斋言,阴历二十日公事毕,群贤闲暇,想便笔话了。今午晴明,来访黄,黄不在,恰得见阁下、虞翁等,可谓天使我引见,不知频日暇否?

如璋:岁暮无一日之暇。君所居墨江,梅花何时可开?

桂阁:清明候最好。仆现到廨前庭上,见玩贵国纸鸢,觉其形与机与敝邦相类,而借引绳,风少鸢不飏,一笑之至。却为二三童子所嗤笑。

如璋:近日在家作何事?

桂阁:连日阴天,当炉避冷而已。案上惟有时时翻译《犬追物考》,成之日,奉阁下。仆才短学狠,糊涂无成文章,他日净写,乞珠正,幸勿却。虞翁、诗翁何故去了? 不知弟来妨畅谈,请恕请恕!

如璋:午饭后坐谈片刻未散,顷诗五到书房去了。虞臣在伊房,如足下到伊处,

---

① 市川孔阳,即市河米庵(1779—1858),名三亥,字孔阳,号米庵、百笔斋。书法家,书法崇尚米芾,以教授书法闻名,门人达五千人,著有《三家书诀》、《笔谱》等。

不妨坐谈也。

（公度回来，如璋归去。）

公度：石川鸿斋之言不谬，汉土皆如此，因无日曜给假之例，故年终放假耳。此间不然，譬外务省今日有文来，便应作答，不能迟至一月后也。

桂阁：梅史有信否？言云云？李园亦有信乎？仆匆忙未写信，二人近日好否？幸见示。

公度：梅史既到家，布帆无恙。李园亦有函来。梅史并告弟，见相知诸公，代为达意。

桂阁：鸿斋言，君所编《杂事诗》稿，敝邦人加评者有之，期取出赐览。又君言，将诗稿糊涂者瘗之于敝园，敝园已竖碑镌字，而未得其稿，如使之而止，则使后世传误也。幸并出抛下。仆之来，欲言此事也。

公度：择日于梅花开时践此约可耳。数日之后，有新刻《杂事诗》相赠，其日本所评，不过偶然一二，不足观也。墨江冷否？仆亦畏寒，手为之龟。广东极暖，不须寒衣，居此觉不惯也。

桂阁：冥账已毕否？弟欲与君俱娱一夕之小酌，岁末事必多端，可俟春初乎？请回答春初出游近郊否？

虞臣：请俟新年后当踵府拜候。

桂阁：仆未拜阅尊稿，冀取出赐览，仆当躬抄录以贮家库。

虞臣：愚学浅才疏，半生来并无拙作。今冬携琴剑来游贵邦，一睹文物声华之盛至矣。

桂阁：岂何谦之甚也！仆已忝为知交，想尔来饮酒招妓之间，必可有佳叶，临其时则无，亦谁许乎？今日取出见示，又与其日乘兴示人不相异其情。请幸勿辞，亟取来，赐一见。

虞臣：愚迭承宠召，又蒙赠珍物一盒，谢谢！愚远来贵邦，无家乡粗物可答，现已购得一宋苏眉山先生遗像，敢以答君区区之意，希为受纳。

桂阁：敝家已有一琴操了，今得东坡像，恐使我吃醋。谢谢！拜受。

虞臣：请到敝房坐，当出以献之。

桂阁：仆慕坡公久矣，常言如投胎于汉土，则当为数州转任，必伴朝云。从今日日拜此公，而学其风流而已。

虞臣：有宋名臣遗像，以赠海外名公，使得日相亲近。想君与坡公有夙契乎？

桂阁：苏学士，中华之名士，便此到敝庐，可谓门户生光辉，惜乎坡公像不能言。今日现有何侍讲学士，生前降敝庐游玩，相传遗誉于子孙。

虞臣：此亦天假之缘也。

桂阁:应趋府坐谈。

（他送给我东坡的画像。）

桂阁:仆尝过何公使府中,见其隶绍文悬此幅,仆望赠,他爱不与仆,仆无力而
归。不料受惠贶,其图浑与那幅无异,仆之喜悦,何以喻之? 请问伊幅之
事历如何? 略请示。

虞臣:此幅本是星使之门房之物,其世传已数代,珍爱之至。愚因受阁下厚情,
思无可答,惟不惜以珍重之物易其所甚难求之项,伊亦忻然易之,彼此两
得其便,以之献君,此亦烈士酬剑之雅意也。

桂阁:那幅像似拓非拓,似描非描,"寿"字亦然。而此幅传来必有谈柄,不知何
州所产? 何人所作? 何时所用? 详示之。

虞臣:此幅向在敝邦亦甚少。京都琉璃厂屡有出重金以购之者,终不可而得。
大约此物流传已久,然近代有版可摹也,敝邦士大夫竞以为瑞,悬挂堂中,
可驱邪云云。至所出何处,仆不能妄举以对也。大抵物以晦而始新,千古
名人类如此矣。

桂阁:琉璃厂鬻何如物件? 或是古董铺欤?

虞臣:书籍名器不一,凡所欲各省之件,俱要从此发出乃不谬。其属珍奇古玩世
传宝物亦有。

桂阁:敝邦亦有是类铺,因顷日古代物品为世所爱玩,开其津者日盛月炽。仆自
幼时颇爱古董,经目则购,积及数十品,客岁新建一室,陈列其奇玩矣。想
贵邦亦必有古代希有之名品埋没不施世者,仆尝欲一游贵邦,拥金频购名
品,且游玩山水,则活命亦不足惜。

虞臣:尊府陈设珍奇之物,俱甚古雅,星使曾盛称之。华历新正初,当邀诗五等
一赏识焉。至云到敝邦邀游,辙迹所至,欢听一倾,仆当辔车以请也。

桂阁:星使每到敝庐,匆匆而归,故未观其小室。如君来,则当前日赐邮便,宜扫
榻煮茗以待。前日所乞之联幅,如暇则明日奉寄,幸赐玉挥。

虞臣:仆字画涂鸦,实不敢现拙。既蒙过爱,俟春间当有以奉教也。

桂阁:今日天气晴朗,同车而游玩如何? 仆约访仲陈氏相伴如何?

虞臣:陈君不卜暇否? 弟深蒙垂爱,自不敢再却也。请问陈君如何?

桂阁:仆写信问陈氏,请少俟其回答。

虞臣:未卜此刻太晚否?

桂阁:随阁下便可也。不知何时刻暇否?

虞臣:请俟明正可也。

（杨星垣来了。）

（中略）

星垣：近日尊夫人玉体康宁否？

桂阁：顷日倦绣慵妆，无为而获寒，自从搂抱无余念（原文）。如尊夫人淑顺贞
烈，寝不同席，居不同室，不同榻枷，不同饮食，何其无情之甚？

星垣：丑妇不敢见人。

桂阁：仆虽为曹孟德奸雄，尊夫人非邹夫人，何能挑之？期拜见。

虞臣：愚从中酌之，二君夫人终须相会，俾旁观者安得寓目焉，快何如乎？

桂阁：群臣啧啧。

星垣：请尊夫人到敝舍一会可也。

桂阁：好，便贱荆趋府一见，仆与君可俱隔帘一见，此策如何？

星垣：仆与君宜远避，不可近，以威可畏故也。

虞臣：狐假虎威。

桂阁：仆方梅史、黍园之在东，每饮酒招妓，登临游玩，作一诗一文，必来乞正。
今二人已去了，仆失受教者，恍若猢狲堕树，期君为仆裁正拙稿，何幸如
之！不知许否？仆祈见尊稿，仿其体，作一篇乞正。幸出一篇示之，是仆
之期也。

虞臣：阁下学博文富，洵推一世之雄歟！请出巨制拜读，俾开茅塞，幸甚之至。
仆此次来贵邦，系因敝省赴乡试后，便从海道而来，有些拙作，仍存在家，
未带行箧，俟明春公余稍暇，当录一二奉呈。

桂阁：公度云，业已有与张星使唱和之作，即示之。

虞臣：近有一二首，都不堪现拙。现有张星使数首仍在，君曾见否？

桂阁：梅史在春萍馆诗草，名《石稿文集》，公度有《日本杂事诗》，何公使有《使
东杂咏》之大作，仆浑抄写藏之。每逢佳士，不得其集，则恍若入宝山空手
而回。请君使仆得其宝。

虞臣：仆作同瓦砾，不堪入高人之目。但凡见有名才博雅之士，无不降心相从，
以为集思广益之助。至于拙作不敢出以问世者，犹敝帚自珍之意也。

桂阁：黄氏《杂事诗》二卷，如无惜，则使仆拜借。据黄氏言，原刻多错谬，不日改
正。仆频欲通读，幸贷之。据云：此二卷诗属即刻要同其校对，明日订定
后，要先行寄去总理衙门云云。俟订定后，当代觅一部可也。

虞臣：此卷亦是总署刻来的，但有错误，仍欲校正云云。

桂阁：已请黄氏矣。

（下略）

庚辰笔话 第七卷·第四十七话
（光绪六年三月一日 1880 年 4 月 9 日）

（庚辰四月初九日，何、张两公使、黄参赞等都到我家来看樱花。石川鸿斋、龟谷省轩——一行、冈千仞——鹿门、高谷龙州、石幡贞等也来了①。）

（张公使先到，我们在乐水阁笔谈。）

桂阁：前日拙稿赐细阅，何幸如之！惜乎文稿删正甚少，于仆心不安。

斯桂：文稿甚佳，无须多删。日前到麻布区去，过一桥，桥旁有一店，其牌额写
"牛能知知卖捌所"，是何物？

鸿斋：知知，敝（国）语乳也，则牛乳。

鹿门："捌"字俗字，书无此书，谓配付之义，从手从别，以手别之之义。堤上樱
标，远观却佳，先生赐一高咏，实此花之荣。

鸿斋：千住罗纱制处，不许纵览。来春开博览会，尔时偕与开室许观也。

（瓶中有棠棣之花。）

鸿斋：此黄花贵国名如何？黄宝珠，黄宝珠，真名欤？异名欤？

斯桂：大家都呼为黄宝珠，此地呼何名？

梅史：棠棣。

鹿门：郁李也，恐非草花。

桂阁：倭名曰耶魔富贵，以城州王川为最。

鹿门：先生乡贯四明，贺知章所生欤？所谓鉴湖，四明中湖水欤？

斯桂：鉴湖在绍兴府地也。

鹿门：天台山亦非四明乎？

斯桂：山跨绍兴、台州、宁波三府地也，四明山最大，天台山亦在其内。

鹿门：天台山，中华胜地，骚客所艳称，先生曾游其地否？

斯桂：天台山之几处小地方，仆曾往游，其中大胜境未曾一到。雁宕为尤胜，乃
天台之南山也。

鹿门：敝邦佛教分为八派，天台其一，意唐时高僧航渡传来者，不知今犹为缁徒
宗地乎？

斯桂：天台山中缁流最多，古时或有高僧，今虽云亦有之，但恐不实，惟习拳棒者
颇多；其不习拳棒者，多贪酒肉女色矣。

桂阁：仆想阁下倦笔话，不强责之，愿作小诗词以警倭儒是幸！

---

① 冈千仞(1833—1914)，字振衣，号鹿门。世代为仙台藩藩士之家。明治年间历任东京府教授、修史馆协修、东京图书馆馆长等职。著有《尊攘纪事》等。

斯桂：寻春来到故侯家,小阁谈诗客不哗。万树樱花开正满,隔江红出水边花。

鸿斋：万树樱开高士家,春来邀客客无哗,豹胎麟脯杯浮蚁,恨少婵嬛解语花。

桂阁：春暮风光在我家,登楼一望笑言哗,移船招妓江中去,幻作波心镜里花。

鸿斋：一年春事在君家,勿厌纷纷雅客哗,却喜绮筵无少妇,囊中不卖缠头花。

（何公使来了,黄公度也来了。）

如璋：鹿门先生是晚返家,为雨所霑否?

鹿门：无忧是事。诸公大车系在门前,唯乘人车者死人事,是事不可数。赏花者只称上野、墨陀,仆谓二地皆俗地,不若飞鸟山幽邃,纯于野趣,扇、海老二亭,临溪洒洒,尤觉可人,不知阁下一探否? 有此二亭可人,不必问樱花多少。

公度：此论更仆不能尽悉数能终,然仆稍有所见。

（中略）

鸿斋：《脊令解语》七册大斧。仆又作《八歧大蛇解》,若有备考证,请加阁下所著《日本志》。

公度：冀一读。《杂事诗》有王紫诠刻本,俟再送呈一部。

省轩：敬诵《杂事诗》,胸储二酉,华驱风云,其所考证,凿凿中窍,诚不堪叹服! 弟强指摘一二,以成下问之美,近日携之上谒。

公度：今日见阁下寄紫诠诗极佳,前有紫诠序,后则阁下跋也。仆东来后,故友邮简云集,皆询大国事者,故作诗以简应对之烦,不意为王君携去,遽付手民,非仆意也。大国人见之,定不免隔靴搔痒之诮。阁下能为改润,感谢不胜。

省轩：寄紫诠拙作,不知从何处见之?

公度：《循环日报》中。《杂事诗》中多有人名、地名避我朝庙讳改易者。

省轩：《杂事诗》中论文处,有以古贺精里比赖盐谷诸子。精里论文尚有佳作,至杂文则不能作。赖盐之文,阁下有所见乎?

公度：精里之文不多见,有《曹参论》一篇,可以步武苏氏父子。

省轩：此人有学问,有气魄,故往往有佳构。恨当时文事未开,故其集少可见者耳。《杂事诗》刻于贵邦,想洛阳纸价为之贵。

公度：一刻于北京,一刻于香港,敝邦人见之,以为见所未见,书(诗)之工拙不暇问也。

省轩：阁下之书,叙樱花之美,儿女之妍,使读者艳想。此书一行,好事之士,航海(而来)者(必)年多于一年。

公度：近又有一好事人曰陈曼寿来神户,能诗与书。

省轩：吏乎? 游客乎? 上海人乎?

公度：卫铸生流亚,禾中人。

省轩：吴瀚涛能诗，惜返去。

公度：此人卓荦不凡，不独能诗，年仅二十三四耳。

省轩：诵其诗，想其人，已知其才绝群，憾不一相见也。

公度：今在家庐墓，他日终为有用材，与仆极知好，书法亦好。昨得一书，云躬耕
　　　黄山，俟三四年再出。

省轩：守丧乎？

公度：仆若久居日本，必招之再来。

省轩：大好。人有才有识，其诗必好，书法亦随之。徒作书赋诗，亦无益耳。

公度：文章之佳，由于胸襟器识。寻章摘句，于字句求生活，是为无用人耳。

省轩：诂章训句，徒费力于断简，经生之无用更甚。

公度：国家承平无事，才智之士无所用，故令其读书，所谓英雄入彀中也。譬如
　　　富家巨室，衣食充裕，其子弟能喜古玩、好书画，亦是佳事。谓此古玩、书
　　　画为有用则不可也，谓为无用亦不必也，视其所处之时地何如耳。

省轩：洙泗之教人，本活泼事业，故其教人，常以《诗》、《书》六艺。后世天理人
　　　欲之说盛，而圣人经世之意（中间一字不明）矣，是弟所慨也。

公度：孔子大成之圣，实为上下十二万年，纵横七万余里，不能再有之人；其教人
　　　无所不备，不止《诗》、《书》六艺已也。宋儒之学，为孔门别支，推其极不
　　　过学孟子耳，彼不知圣人为何等人也。

省轩：内库所藏有楠正成之砚①，近出而赐成濑大域②。弟为大域作长歌，不日
　　　录呈，愿痛正之。

公度：愿赐一读。宕阴有《神铃记》一篇，文佳绝，若得好诗，可与之亚。

鹿门：闻之石川君，阁下近草《日本志》，仿何书体？既曰志，与史异其体者，此事
　　　水户史官所欲为而不能为，盖无足以供史料者也。蒲生君亦有此志，中途
　　　而止，亦坐无史料耳。《日本史》仆有刑法、兵马二志。

公度：有志焉，而恐力未逮，至速亦须明年乃能脱草。志之目十有二：天文、地
　　　理、职官、食货之类。此事大难，恐不成书。

鹿门：《扶桑游》上卷刻成，已付沈梅史，寄赠王先生。第二卷重野序之，不日刻

---

　　① 楠正成，即楠木正成（1294—1336），建武中兴的忠臣。后奉命伐足利幕府，失利自杀。明治间追
赠正一位，祀凑川神社。
　　② 成濑大域（1827—1902），幼名桂次郎，号桂斋。书法家。入安井息轩门下修经学，遂号大域。明
治天皇赐以楠木正成之砚；著有《十体一览》、《真书正真偈》等。

成，本稿在栗木锄云所①。

公度：彼欲索草稿。

鹿门：宜就锄云氏而谋之，仆不关此事。

公度：敬谢。今日得王紫诠书，嘱仆见足下，索《扶桑游记》草稿中下卷，云将自
　　　刻。今日即托阁下，俟暇询之锄云如何？即以函告我，庶可转复紫诠。仆
　　　不知此人，闻家在本庄。尚有本多正讷所著《清史（中间一字不明）记》②，
　　　紫诠序之，渠欲索刻本，仆未识本多氏，能代询之否？

鹿门：锄云氏为赏樱来，寓墨堤上一村亭，应后刻拉桂阁公往访，询《扶桑游
　　　记》事。

公度：北京所刻，寄到东京不过十余部，故难以赠人，今仆家既乌有矣。

鹿门：大为憾事。紫诠氏还仆文稿，一一付评，曰在香港排印，宜写一本再寄。
　　　紫诠先生何所取而为此事，真不可解者。

公度：紫诠穷老不得志，故煮字疗饥，耕砚自活。如仆诗，彼尚不惮刻而卖之，况
　　　君文乎？

鹿门：先生《杂事诗》天下争购，所谓长安纸贵者，王先生刻之以为自活之计，极
　　　得矣。惟仆文庸劣，不当半文钱者，若王先生果取仆文，命刻（工）并刻，贾
　　　无所偿。唯（王）先生恳恳至此，（真）知己。

公度：冈本《万国史记》，上海翻刻之。

鹿门：昨夜见石幡贞，闻阁下今日会此，大喜，约进陪，应继来。此人新归（来）自
　　　朝鲜，熟韩地事情，必有新话。

公度：与之相识。渠作有《归好余录》一书，仆见之。

鹿门：今方编《续录》，此书成，可领韩地一班。

公度：石幡贞颇通汉学，外务官员一人而已。

鹿门：此人曾从柳原公使游北京，有《航清纪游》，颇奇士。

公度：紫诠托其卖书，不知如何？

鹿门：闻所递《日本杂事诗》八十部，请者争至，以先睹为快。他书若求者寥寥。

公度：祈语成斋，若能代为尽卖，紫诠有托仆语曰：成斋处卖完敝处存本，假日紫
　　　诠百部，仍托成斋卖之。

鹿门：他日见成斋，应以是事告之。

----

① 栗木锄云（1822—1897），名鲲，字化鹏，号匏庵。曾继承家业有医官，后转为士籍，设立医学院、饲育绵羊等。明治初入东京日日新闻社任记者十二年。著有《匏庵遗稿》《栗木锄云遗稿》。

② 本多正讷（1827—1885），名正讷，字士敏，号鲁堂，田中藩主。明治维新后为长尾藩主，后任长尾藩知事。

公度：若买者少，则不必也。仆有二百部，系紫诠所赠。

鹿门：紫诠氏本细字不佳。先生在北京所刻大本，仆切欲。

公度：仆之殷殷问重野卖书消息，虑以此劣诗累紫诠耳。

鸿斋：先泛船，极观花之兴，归来再上斯楼，倾小酌。船中载酒，烈风亦可畏，不能暖酒也。缓步堤上，尘埃遮眼，甚不兴。阁下以为如何？

斯桂：江中涨，涂可填满，造三四间书楼，种几十本花卉，如何？

鹿门：此极好策。然如仆浮家泛宅，往来苕云间可也。书楼花卉，已是多事。

鹿门：墨陀花已经一游观否？

如璋：今日当同诸公往游。

鸿斋：已命船，上舟往观。

桂阁：千秋楼上近日之景致，饮客颇多，每日无剩席，至下午则辞客。楼婢等言，如斯势而支数旬，则腰痹足麻，盖其繁盛可想也。

公度：仆来此意在看花，不在饮酒；然不能强人人如我意，仆泛舟之后，将自往耳。

桂阁：仆颇畏喧杂，复畏河风，在家可待诸君之归，宜治杯茗，愿一见而归此处。

如璋：请觅一小舟，仆到墨堤一观樱花再来。

桂阁：阁下如有情于我，即往墨堤觅一二佳人来。

鹿门：沿岸舟行乎？上岸步行？阁下以为孰是？

如璋：不如上岸步游较为亲切。

鹿门：长命寺门前一小店楼，锄云氏小住，往物色之。

如璋：公等如可去，请在此相待。

（我和省轩都不要上岸去，只得留在船上。）

斯桂：花已全开看未迟，我随裙屐走斜陂，回头笑指沽春处，植半楼前飐一旗。

鸿斋：单瓣已开重瓣迟，寻芳尽日步长陂，杖头仅有青钱在，也到前村觅酒旗。

如璋：才见有背一酒筒者，其醉态甚可掬。

鹿门：曲江春嬉亦如此乎？

如璋：大致如此。由此可回舟，下此无多花矣。

鸿斋：前日促观花，诸公踟蹰不果看。至今日花已散矣，可慨叹哉！

公度：前日若来，亦不过尔。

（我们回到乐水阁。）

斯桂：招我来游墨水东，天然图画小楼中，半江萍藻沿堤绿，万树樱桃隔岸红。

　　　挥翰助谈逢旧雨，浮蛆打瓮醉春风。拟从彼岸移船去，游女如云一笑逢。

省轩：奉次张先生瑶韵：

　　　樱花烂漫大江东，人在兰桡桂楫中。满岸清波新柳绿，一堤芳草夕阳红。

烟深难认重重塔,春冷犹嫌淡淡风。且喜佳宾好词赋,年年常向酒边逢。东韵用无妨乎? 行未定草。

桂阁:和斯翁大人瑶韵,楼上望墨陀作,录呈粲政:

　　樱桃开满墨江东,收入楼头一望中。曳屐少年衣染艳,簪花娇女脸羞红。半瓶白乳茶寮水,一幅青帘酒国风。劝客登舟游彼岸,自惭抱病倚薰笼。

　　(红发女子恐其不美,结二语未能达意。)

如璋:写景如画。今日放舟看花,水陆俱领略之,可谓尽态极妍。又承设馔,顷已醉饱,请先告别,顺路尚可拜一客。

公度:今日之来,仆与石川子约看花耳。天晚无月,不便游矣。

二、与宫岛诚一郎等之笔谈

光绪四年五月十四日(1878 年 6 月 14 日)笔谈

　　(六月十四日,养浩堂招何、张正副两公使、黄参赞公度、沈随员梅史开宴。来会者,重野编集官成斋、三浦监事安、青山延寿季卿、小森泽长政及译官某生也。)

梅史:日前得晤芝辉,心甚念念。阁下勤劳王事,想诸务烦重,所以不常造府。今幸休沐余闲,得奉麈教,幸甚幸甚。尊大人前,乞叱名请安。

公度:园林剧好。今日初来,甚喜。比日想大好。堂上二尊人想杖履清适。

宫岛:二老幸健胜。今日愿拜何星使,不知许否?

公度:俟星使来,遵宪辈并请谒二尊人。

宫岛:两星使大人远辱来临,喜溢心胸。梅天之候,郁蒸恼人。阁下清福想多多。座上数名皆馆中同事,愿诸公同吾惠教,幸甚。

子峨:蒙爱见招,又座中都是雅客,殊快人意。唯仆智识短浅,恐笔谈不能尽达其意。如何?

重野:何公使大人:前日蒙高轩枉顾,仆适不在家,失奉迎,悚惧何堪。继当拜趋奉谢,亦以鄙冗迟延至今,不知所谢。

子峨:捡冈本君《东洋新报》,得读重野先生大著。纯茂渊懿,有经籍之光,不愧名家。想家中旧作必伙,他日仍当枉观也。

重野:过奖何当。仆燥发好文辞,但才识谫劣,且以生僻陬,未蒙大方提诲,辽豕自安。自今以往,拜趋门下,以乞教示。先生幸勿见弃。

公度:重野先生多日未相见,极以为念。比来想大好。

重野：久欠拜候，多罪多罪。时方向炎暑，台履清适，不堪欣慰。敝地梅天蒸溽，想当苦恼。何如？

子峨：三浦先生尊府何处？今日得接芝仪，实为厚幸。有暇请枉顾敝馆，一领雅诲。

三浦：何公使阁下，久仰德望。今日始接芝眉，实为大幸。敝屋在滨町第二街一号，矮陋不敢希高过。他日将必诣高馆奉教。

公度、梅史：三浦先生阁下，久仰高才，幸晤芝眉，欢欣无量。

三浦：两先生座下，久仰德音，幸接芝颜，欢喜何穷。但仆武人，尤疏文字，不能笔语。愿以通辩得款语，幸甚。

公度、梅史：过谦过谦。仆辈何所知识，得亲炙光仪，极以为幸。

子峨：冈本先生在东京否？观所辑《东洋新报》，亦有心人也。稍暇当造访之。

重野：冈本名监辅，家在椿山，故别号椿山。椿山地名，俗称目白台住东京。顷游上总，距此十六七里本地里程，近日将归到。仆且致尊意，渠应欣喜出望外。

子峨：小森泽兄在海军省，公务忙否？闻英国所购之船已到二号。管驾皆贵国人，抑英国人也？

小森泽：三舰航海中驾英人，而既到港后，我士官及水兵已尽转乘焉。现今三舰中扶桑、金刚、比睿无一个英国人。

梅史：先生燃莲炬，披竹简，谅近日必多大著。天气渐热，谅道履安和。

重野：鄙生公私多冗，不与笔砚亲昵。加之才疏学肤，时有著作，亦皆芜陋，不足录焉，能供大方青盼。比日制佐濑得所碑文一篇，录在别纸，敢请赐批正。

宫岛：是成斋吊佐濑得所文，请正之。

梅史：雍容静穆，庙堂之文，而治世之音，安得不令人佩服。

重野：不敢当，不敢当。鄙文当呈之高馆，切请先生与黄先生肆意叱正，勿吝提撕。

梅史：才短识寡，何足当他山之石。

公度：大作蕴酿深醇，意味甚深。不审积稿多少？能惠一饱读否？向读《霞关临幸记》等篇，典雅深厚，盖骎骎乎比曾南丰。其尤佳处，乃似刘子政。佩服之至。

重野：揄扬太过，非所敢当。愧死愧死。

子峨：近刻有蒲生所著《伟人传》，先生见之否？其人如何？

重野：蒲生某，仆稔知之。其人颇有慷慨气象。仆为作其小传，即在《伟人传》中，盖已经览。但其文辞则未为精练。若渠上谒，乞垂训诲，亦同人之幸也。

公度：青山先生，前在高斋相见后二三日，曾往女师范学校。见长女公子，未及通语也。

青山：四五日以前愚女归省，亦有此语。当日校师不语贵邦人至，及君等临之，始传之于女子辈。以故愚娘等学画颇觉狼狈云。

梅史：久暌杖履，寤念殊深。辰维道履绥和，阖府均吉。

青山：仆以尘事坌集，久不叩使君阍，愧谢愧谢。过日见赠尊画团扇，二女拜赐，仆代道谢。至于画则婵娟可爱，比往日所赐墨梅，殆似胜之。如何？

子峨：两位女公子好。昨到女师范学校，见其作画，笔极生秀，真美材也。

青山：顷间娘子归省，始知有大使来观。至其画，仆亦不知为何颜面也。书已不工，画亦当拙劣也。仆一两日中欲至公馆呈前日见托拙书，今日俄闻大使来宫兄宅，急赍至，乃呈左右。勿罪轻忽，幸甚。仆之书风日本风而未至者，诗者学坡之畅达，未能熟也。

子峨：诗已古雅，书尤老健。寄归以奉家君，不啻拱璧。异日当踵门叩谢也。

梅史：翁庆龙近人中有书名，先生览之若何？

青山：翁名仆不知之。使君若有藏幅，愿一见之。

重野：敝邦初严禁吃菰，而令遂不行。不知贵邦亦有禁菰之事否？菰或蔫，又作茛，何字为适当？

公度："淡巴菰"三字本西人语，中人译之作此三字，有音而无义。至或作蔫、作茛，又附会而为此。其实为敝国古来所无之物，故亦无字。敝邦人多作"菸"字，未及考其何如。

重野：顷阅《全谢山集》，有《淡巴菰赋》。云菰出自吕宋，又云传自日本。而敝邦则相传得种长崎，盖贵邦商舶赍到也。彼此传说正相反。请教示。

公度：淡巴菰实出自吕宋，西洋人能凿凿言之。彼此皆从商舶赍来，其或先或后，则不得而知。至云出日本，则讹也。

重野：菰之入敝邦在二百年前宽永年间。未审其入贵邦在何时世也？

公度：淡巴菰之来不过三四百年，盛行于明末。崇祯时尚悬为厉禁，吸者罪至斩。西洋人亦言盛行各国不过三百年。

重野：敝邦禁烟之令始发，有黠商榷买烟管以骤致富资，知令遂不行也。至今其商家犹存。

青山：闻大邦人好食蚝油。按字书"蚝"与"蛎"同，此物以蛎为之否？其味果如何？

子峨：此生食好，熟食尤佳。岭南香山港所产，其味浓厚。

青山：敬承。如油字不解得。此物唯生熟食，别无蚝油者耶？

梅史：蚝即蛎之别名。以为油，则用蚝盐榨出其汁而供调和，如酱油之类。

公度：贵国所产海苔昆布，敝邦人皆喜食之。鲨鱼翅尤为珍品。

青山：贵邦西蜀尤嗜昆布，真然否？嗜之者爱其味耶？或别有药能耶？

公度：蜀人吾所不知。岭南人喜食之，以为解热毒，化痰滞。味则索然无味也。鱼翅本为索然无味之物，敝邦人用鸡鸭汁调蒸之，必烂而后佳。盖借他物之味以为味。敝邦人习尚之，殊不可解也。

重野：鱼翅得他物成味，可知人亦藉交游成德，所谓以友辅德。异邦殊域，握手交欢，见其所未见，闻其所未闻，洵人生之幸福也。

公度：由小物悟人交游，足仰大德。其所云云，仆亦同之。敢谢厚意。并志私喜。

宫岛：此张旭书轴，我旧藩主上杉氏之所藏。朝鲜之役，藩祖从丰太阁入高丽，获之而来，三百年珍藏，未知果真否。

梅史：张颠书得之韩人者，当是真迹。其用笔沉着蕴蓄，后跋亦清挺。观吴匏庵跋，知流入三韩亦不久。唐代墨迹存人间者甚少，得见此至宝，眼福应不浅。

宫岛：他一本张旭，友人某氏所藏。

梅史：张长史书虽云狂草，然未有粗浮险躁而可以谓佳者。后得一卷，毫无深静之致，跋书如出一手，盖市贾所伪为也。

宫岛：家君今年七十二岁，请赐寿言。他日以呈家君履历，幸领此旨。

席上赋呈何张黄沈诸公乞正　　诚一郎未定

自有灵犀一点通，舌难传语意何穷。交情犹幸深如海，满室德薰君子风。

梅史：　　　奉和宫岛先生玉韵即乞郢政　　沈文荧拜稿

东指蓬莱碧海通，挥毫雄辩乐无穷。高斋啸咏皆名士，苟令香薰散晚风。

公度：　　　率笔次韵以博一笑　　黄遵宪

舌难传语笔能通，笔舌澜翻意未穷。不作佉卢蟹行字，一堂酬唱喜同风。

子峨：　　次韵　　何如璋

　　近西人有电器名德律风，足以传语，故以此为戏

何须机电诩神通，寸管同掺用不穷。卷则退藏弥六合，好扬圣教被殊风。

子峨：尊公高年令德，愿得一瞻寿星。归寓当作芜词以祝。

宫岛：妓皆系柳桥籍，一名阿滨，一名阿梅，一名阿爱。皆请诸大家之名吟，愿各咏一诗以见赠。

书赠阿滨

好是相逢洛水滨，惊鸿翩若见丰神。果然标格环肥妙，题品由来出主人。

何子峨醉墨

忆昔寻芳湘水滨，明珠解佩不胜春。偶从仙岛逢仙子，人面桃花一样新。

张鲁生戏墨

361

金钗环侍席当中,绿酒微醺烛影红。我向水滨频细问,旁人莫笑马牛风。

东海黄公

滨叮春色不寻常,绝妙金钗十二行。玉立亭亭纤影媚,就中独数窈窕娘。

醉梅史

书赠阿梅

情浓暮雨脸朝霞,信是人间萼绿华。我本罗浮山下客,欲扶清梦到梅花。

子峨

记曾点额寿阳妆,浓艳罗浮一样芳。听罢岳阳楼上笛,江城五月正飞觞。

鲁生

一曲江城唱落梅,当筵共醉酒千杯。霓裳缟袂翩跹舞,莫认人间筝笛来。

公度

梅额樱唇妆饰新,小蛮樊素斗丰神。就中仙子罗浮客,半厣宫黄粉色匀。

梅史

书赠阿爱

国色天香爱牡丹,翩然风韵本来难。婷婷袅袅十三女,如意珠宜掌上看。

子峨

花容玉貌耐人看,我亦钟情割爱难。何日贮来金屋裏,锦衾角枕共春寒。

鲁生

双鬟便既值千金,最小娇姬弱不禁。醉后欲倾东海水,一齐并入爱河深。

公度

爱听流莺调舌初,香含豆蔻十三余。明珠十斛当时选,翠翠红红总不如。

梅史

宫岛:诸大家名吟,所谓咳唾成珠者。三校书得此珠,颜色生光。余代谢。

子峨:重野、青山两先生,今夕之会,如明道先生入妓席不逃,别有风致。赋之以呈。

我是今生杜牧之,华堂亲见紫云时。狂言欲乞君应笑,且醉当筵酒一卮。

重野:厌厌夜饮,不醉无归。

子峨:"醉言归"、"醉言舞"。"彼美人兮,莫我肯顾"。

青山:君语真然。美人必云老物可恶。

子峨:他日招兄等再为雅会,赋之告辞。

旧雨不如今雨,他乡即是故乡。且订三山好会,拼他一醉流觞。

光绪四年六月三日(1878 年 7 月 2 日)笔谈
(七月二日,访清国公使于月界院。)

子峨:馆中课程,顷当酷暑。闻贵国各官署例给假五十天,从何日始?君届时仍
　　到馆中,抑过五十日后方到馆?

宫岛:给假由七月十一日始,其间六十日,到九月十日终。各官便宜交替,互给
　　三十天,即旧历六七月也。

子峨:此例是贵国旧日通行者,还是维新后方有此例?

宫岛:吾辈始列朝班,在维新之二年后。初二三年之间,百事纷冗,无此事。明
　　治六年夏初议立此例①。

公度:此月放灯,于何日止?

宫岛:定是五十日②。

公度:重野氏作大久保碑成否?

宫岛:未闻成③。

公度:川田瓮江作木户参议碑,闻至今未成,是否?

宫岛:木户遗宅顷编纂履历,未闻碑成④。

公度:有板垣退助者,亦维新功臣,闻已退居。其为人何如?〔君知其人否?〕

宫岛:明治之初年至六年,我辈大亲睦,共谋国事。其为人忠实果断,且有军功。
　　今日所见少异政府议⑤。

公度:其与政府异议者如何?

宫岛:板垣论以为,维新之初,天子下诏曰:广采众议,万机取决于公论,施行政
　　治。今日政府之所见,全国士民知识未畅,朝廷先立国是,以施政事。此
　　板垣与政府异其见也⑥。

---

① 此句,宫岛写本作"小官始列朝班在维新三年之正月,当时无此例。始定此例在六年之夏。"
② 此句,宫岛写本作"黄曰:此月墨水放灯,于何日止?诚曰:此亦五十日天。"
③ 此句,丛书作"编纂大久保履历,先作小传,然后成碑文,应不日告成。"
④ 此句,丛书作"木户遗宅近顷编纂其履历"。
⑤ 此一段,宫岛写本作"维新之初,仆与板垣交最亲切,且共谋国事。其为人忠实,颇有忧世之慨,尤多军功。今与政府异议"。
⑥ 此一段,宫岛写本作"板垣以为,维新之初,天子下诏,万机决于公论。然则今之时宜使国民参与政务。政府所见则否。全国士民智识未开,未可以参政务。朝廷先立国宪,而当施政治。板垣与政府异议者在此。"

梅史：贵国近尚西法。西人言利与民权，皆致乱之道也。人皆争利，不夺不厌。民苟有权，君于何有？西人之说则然。无为权首，必受其咎。此公之谓也。

公度：然其为人忠实果断，则大可兼收而并用也。

宫岛：兼收并用何义①？

公度：谓虽偶与政府不合，亦必有可补偏救弊者。朝廷用人，不必专以一格也。

宫岛：此论诚当②。

公度：是人近在何处？又何所作为？

宫岛：现在土佐国高知县立社，名曰立志社，想是为扩张人民权利之说③。

公度：士大夫退居，最以理乱不知、黜陟不闻为宜。自立一社，往往多事。明季士夫喜立社，推其弊至于乱国，可鉴也。

宫岛：仆亦所见有略同者，是所以忧板垣也。

公度：若如此，则忧板垣者岂第先生一人。

宫岛：大然。虽然，板垣之建论初，废藩为县，解武士之常职，广扩庶民之权利，废刀剑以起海陆之兵备，解各藩之军备以归朝廷，此事板垣之力居多。唯与一途之腕力论异矣④。

公度：其所为皆是也。废刀则不必若今所云云，近于墨人自由之说。大邦二千余年一姓相承，为君主之国，是岂可行？

宫岛：崇尊帝室，则吾邦固有之习气旁注：风。前所云之政体，决不毁伤一姓皇统。我国武门执政七百年，全国人民气风大屈。今日宇内变通之际，仅仅武士守国，庶民亦漠然不知忧国家。所以废士职，励民心，在此也。全国三千万人任护国之责，而始传帝系于万万世，昭然者不疑也⑤。

公度：是事万万不可求急效。当先多设学校以教之，后定取士之法以用之，则平民之智识渐开，而权亦暂伸矣。

---

① 宫岛写本无此句。

② 宫岛写本无此句。

③ 此一段，宫岛写本作"现在土佐国高知县。新结一社，名曰立志社。闻此社为扩张民权之论。

④ 此一段，宫岛写本作"然。虽然，板垣之向者为参议在政府，解武士之常职以广奖庶民之事业，解诸藩之兵备以归其权于朝廷，废武人各自之佩刀以定海陆军之兵制。当时废藩置县，板垣之力居多矣。"

⑤ 宫岛写本作"君主独（旁注：亲）裁，即我邦天子固有之主权。尊崇帝室，乃国民固有之良习。此是万世不易之国体也；前所说（旁注：述）者，乃政体之变通，决不害于皇统一姓。中古以来，王政渐衰。政权归于武门，凡七百余年。其间篡夺无止，天子徒拥虚器而已。全国士民气风弥卑弥屈。方今宇内一变，敝邦亦维新之秋也。今既与万国对立，固宜谋其富强。然而有护国之职者，但有武士者（旁注：仅有诸藩武士而已）；而其数亦不甚多。自余平民，岂复有知忧国家者哉！是故更革兵制，以废武士。征募兵赋，以重国民之任。如此而后，始可以独立东洋，传帝系于万万世也。弊论异于墨人自由之说，请君勿疑。"

宫岛：现今论议纷纭。虽然,到底所归如贵说①。

公度：若以素日不学无术之人遮煽自由之说,又大国武风侠气渐染日久②,其不
　　　为乱者几希。故仆私谓教士取士为今日莫急之务。如铁道等事③,其次焉
　　　者也。

宫岛：教士取士之法,他日详受高诲。

梅史：教士之法,须使知忠义大节,则尊君爱上,风俗归厚。若教之以趋利求利
　　　之法,而不知大义,则作乱者多矣④。

子峨：贵国维新之治已逾十年,上下之际,议论不一,情意不通矣。宜亟定取士
　　　任官之法。不妨多分科目,以收罗通国之英俊,则彼为平民者知进身有
　　　阶,气愤自平。此制与倡民权自由之说者,有其利而无其弊。次第行之,
　　　国本始固。否则上下不一心,其害有不可胜言者。卓见以为然否?

宫岛：取士任官之法,请闻其尊论。

子峨：欲取士由教士始,教士由学校始,学校教士须立章程,其道理则不外孔孟
　　　忠君亲上、仁义道德之说。小子初入学,须令其读《四书》,塾师为之粗解
　　　其义。稍长,则视其材质所近,如文章、词赋、天文、算法,凡西洋机器之
　　　类,分科造就。其业有成者,聚而考校之。择其尤者,授之以职事,由小而
　　　大。其奋勉者升之,不称者黜之。考而不及格者使之再学,定期再试,自
　　　不赴考者亦听之。考须有时,每县约取人数亦须有定额。其中节目繁多,
　　　有宜因地制宜者,非一言可尽也。再刻下人情有纷扰不定者,鄙意宜特令
　　　各县官撰其才异者,先授以官,亦收拾人心之一法。否则各有所私,徒滋
　　　人言,非弭乱之道也。经久之计,则须定选士取士任官之法,始行之无弊
　　　也。高见以为然否?

梅史：知义而知兵则有益于国,知兵而不知义则有害于国。孔孟之道亦不去兵,
　　　尧舜之世亦不废兵。不过有本末轻重不同耳。

子峨：顷闻欧美有所谓贫富贵贱一致之教,入其会者,不论何国人,皆同志同心。
　　　此将来该各大乱之道也。不出三五十年矣。

宫岛：贵国进士及第之法可得闻乎?

梅史：一县所举曰秀才,一省所举曰举人,合十八省而考取曰进士,在殿内皇帝

---

① 此段,宫岛写本作"现今论议纷纭,到底学校造士如贵说"。
② 又,宫岛写本作"加之"。
③ "等"字下,宫岛写本无"事"字。
④ 此一段,宫岛写本作"贵国今尚西法,言利与民权,皆致乱之道也。人皆争利,不夺不厌。民苟有
权,于君何有?"

何如璋集

亲试之,其所取第一人曰状元及第,第二人曰榜眼,第三人曰探花,皆赐同及第。

（据宫岛文书一 C29 笔谈原件,以宫岛写本校勘）

光绪五年二月二十三日（1879 年 3 月 15 日）笔谈

（三月十五日,东京府开汤岛圣庙,拜观文宣王孔子圣像,文学遗老古贺谨堂为魁。盖继述大久保故参议遗言。清国钦差何、张二公使,参赞随员黄、沈二氏来拜行礼。冈千仞为干事。清使大喜,曰:"昨年东来以后之大快事,亦两国交际之一大关门。"）

宫岛:传云此圣像来自朝鲜。

子峨:像亦俨然。然第渡海涉风涛,略瘦耳。

宫岛:今日公使所着之服,此乃礼服乎?

公度:《会典》曰补服,始于明,成于我朝。所戴珠曰朝珠,因位阶有差等。日本旧史所称冠位,意与我同。大礼小礼,以名为别。大织小织,以制为别。今我所戴水晶珊瑚,亦随官阶而别。大礼用珊瑚,小礼用水晶。别有绣蟒服,今日仅行拜礼,故未穿是服,朝会祭祀用之。

宫岛:此宿儒者古贺谨堂也,通称谨一郎。昔时当幕府之代,主宰此圣堂。幸希相识。

公度:古贺与精里先生一家否?

古贺:精里即吾祖也。

公度:仆黄姓,名遵宪。东来读精里先生《曹参》、《王猛》二论,以为可古大家之堂。不图得遇其文孙,乃须发如四皓。仰瞻先德,且喜且慰。

古贺:吾先亦出唐山刘氏也。归化二千年余,书香则以祖为初。吾父侗庵著书四百余卷、文诗六十卷,在日本为罕有。今与公等拜晤,如见同人,何喜之如。

宫岛:他日招古贺老于敝邸,请吾兄与何大人惠临,放谭今古。

公度:是灵帝后,与丹波同族否?

古贺:然。

（据宫岛文书一 宫岛写本）

366

光绪五年十月二十六日(1879年12月9日)笔谈
(十二月九日,访黄公度及何如璋)

宫岛:向者少病,为欠趋谭。顷接华翰,十一日午后三时招饮,谨遵命。日来寒
　　气弥加,想安好否?

公度:惠然有来,谢不可言。同坐者,重野、秋月、藤野数人而已,想皆素好也。
　　寒日甚,然仆颇能堪之。仆住北京者四年,住山东者比此间尤寒也。

宫岛:东京比我乡寒气殊薄。羽前极寒,下二十度。

公度:北海道久下雪矣。地动可畏。昨闻箱馆地震失火,焚二千余店。七日午
　　前五时之震。

宫岛:此事仆未闻之,先生由何知之?

公度:昨日横滨商人有电报云:箱馆税关焚去,吾土人店颇多被焚者。未知其详
　　也。今年吾土陕西、四川、甘肃皆震,其甚者山崩川竭,是则二三百年之所
　　未有也。

宫岛:是亚细亚洲可戒之兆乎?
　　前日有小盗白昼入我书斋,窥我不在,盗取数部去。所借之佳书幸不陷
　　盗手。

公度:盗书太雅。仆书苟被盗,亦所愿也。

宫岛:此贼恐系穷士族也。数部之书,换金仅二元,可悯又可笑。

公度:穷士族不自聊,乃至作贼,殊可怜悯。仆著论谓亚细亚之弱由于户口太
　　盛,他日以乞正。吾谓古人定三十娶、二十嫁之期,盖虑其过多。而画井
　　授田,乃得计口而洽仁术,不至穷也。

宫岛:我邦士族坐食几百年,今日废禄令出,而积日惯习未改,往往困穷。盗贼
　　之多盖由之也。

公度:过三十年,士族乃可兴。此理吾征之吾乡。富者经乱荡然,其始必极穷,
　　富贵之气未除故也。过是,渐习劳苦,乃得成人。

宫岛:阅历之言,可以为我鉴矣。
　　前日盗难之后,又有奇厄。有童子《荒熊新闻》者揭姓名,曰诚一入枫
　　山秘阁盗官本去,市街扬言者。仆归宅闻此事,又一惊。已诉之官,官缚
　　社长下狱。今日世人贫穷,往往有糊口之计,仆大叹①。

────────

① 此一段,宫岛写本作"有《荒熊新闻》者,揭出仆姓名,扬言市街,曰入枫山秘阁盗官本去。官缚
其社长下狱。有新闻者未显于世,先书人误事,人诉之于官,名始显也。往往有此等之事。此辈或诮政
府,或谗士民。大抵入狱为荣,障害人之名誉,为糊口上策,不必忌也。"

子峨:香港英人待狱中人极备。港中贫不能自存者,往往假犯小过,入狱以糊口。不料此中已有人接踵而起也。君所述之社长,今后不惟不怨君之诉,且将德君。然其私心又以为君已坠其术中矣。一笑。

君前所失书系何人取去?

宫岛:未获盗人,而先获书。西久保町有书肆牧野兼吉者,一日有人伺兼吉不在家,携书而卖之其妇,便我家所取之书也。兼吉归,知其所欺,直诉之官,于是书得复。贼自名大阪府士族冈本阳之进,盖伪名也。刻下盗贼充满府下,公署宜用意矣。盗之来不在夜间,多在昼间。

子峨:顷夜间添二人支更矣,唯日间则无复防之。

　　　东京新闻有多少家?大小有三十家否?闻藤田之事已白,是否?有云假做纸币无其事,是否?然则警视忽捕之,何以自解?

宫岛:此事甚难事。不能答也。他日应自明了。

宫岛:近日有雅事否?

子峨:殊乏雅兴。惟此月系西历度岁,后月则我亦将度岁。世人扰扰,吾辈亦不得安静也。君便中与当局言之:安民之道,以食为先。顷米价日贵,非治安之道。愚意与其全国力兴商务,种植出口之物,不如劝农民力耕旷土,为足食之计。粮多则价自平,贫民易于得食,自不为盗。若丝茶之类,生民日用有定,多产则价贱,只为西人役而已,非计之得也。此治世要言,愿君记之。此有征验。前岁横滨蚕卵纸过多,价低而卖不去,十余万元,所知也。去岁少做数十万张,而所得之价比前岁多。

宫岛:确言深服。

(据宫岛文书一 C29 笔谈原件,参校宫岛写本)

光绪六年五月十日(1880 年 6 月 17 日)笔谈

(六月十七日,于麹町平川邸养浩堂为招贤之会。此日来会者,清国钦差大臣何如璋、副大臣张斯桂、参赞官黄遵宪、一等侍讲副岛种臣、一等侍讲伊地知正治、正四位胜安芳、海军卿榎本武扬、大藏卿佐野常民、工部大辅吉井友实、陆军中将谷干城、驻扎和兰公使长冈护美、米泽旧知事、华族大久保利和诸公,并中川雪堂及弟小森泽长政也。命新桥艺妓数名佐酒,弹琵琶者西幸吉,吹洞箫者荒木古童。伊地知、胜两君有事不来。)

宫岛:我乡有一老儒,姓中川,名英助,号雪堂,今年六十五。今日欲谒诸公,以述素怀,请许之。

中川:稔闻鸿名,今日始接光仪,大慰调饥。且赐惠音,奚翅连城之璧,多谢多谢!

宫岛:大久保君携好弹琵琶者西幸吉来,又有荒木古童善吹洞箫,请酒间闻一曲。

子峨:大久保君足下,久违了。近况想极安好也。

　谷:息轩《孟子定本》已脱稿,他日将寿梓。一再净书后,先生请一阅之。

公度:当敬读。其《管子纂诂》一书,为敝国人之注《管子》者所不及,仆尤爱之。

子峨:此洞箫"江城五月落梅花"之句可以移赠。梅雨不已,此时弹琵琶,弦声殊妙。

宫岛:阁下于弦上悟得妙理,可谓善得性情。

副岛:在治忽出纳五言者①,于何公乎有矣。

中川:仆青衫不能湿。君以为如何? 比之于贵邦琵琶,定低声。

公度:王子渊《洞箫赋》所述为七孔,尺八止有四孔,因是知其不同也。尺八在敝土已失传。马端临《文献通考》谓即长笛,是又不然。笛皆横吹,尺八乃直吹。

(长冈君有诗)

黄梅时节雨声多,不妨嘉宾一曲歌。忆昔膳城城外泊,琵琶湖上听琵琶。

(何公使见和。)

新诗感慨让公多,好倩关西大汉歌。一阕短箫相倍和,不须铁板与铜琶。

宫岛:雪堂云我献酬之礼恐与贵邦礼矛盾。

子峨:一斗亦醉,一石亦醉。先生不必湿青衫。

中川:然则髭献一盏,君许否?

子峨:"倾盆大雨下天浆,客饮如虹亦不怕。"

中川:"宾之初筵,有口②,酌当如渑。"

子峨:旨酒佳肴,餍饫大德,谢谢!

榎本:楣上之额,赖山阳之所书。兄嘉之否? 贵国妇女吹烟否?

子峨:间亦有之。

---

① 此句疑有误。
② 口,画酒杯图。

榎本：闻贵国之妇人间有吹烟。苏堤春晓，扬州烟月，真可谓人间之快事矣。兄
　　　之说如何？吹烟未足以称快？

鲁生：南朝金粉，北里胭脂，西湖风月，最为盛事。

榎本：兄所谓老益壮者。

　谷：何公闻有《使东杂咏》之大著，愿可径快睹乎？

子峨：客日当令黄呈一部请大教。

中川：奉和张公使瑶础

今日初逢又别离，萧萧风雨欲昏时。明日家山归去道，回头应是步迟迟。

仆明日归家山　　　中川肫拜

（据宫岛文书一　宫岛写本）

光绪六年七月二十四日（1880 年 8 月 29 日）笔谈

　　（八月廿九日，花房朝鲜公使为主，邀朝鲜修信使金宏集及李祖渊、姜玮于
飞鸟山暧依村庄，涩泽氏别业。偕清国钦差大臣何如璋及参赞官黄遵宪，会三
国文士，欢饮挥毫。正午来会，到晚始散。）

子峨：今午雨，恐诸公不来。十点钟后，遣人到尊处探之，知驾已出门，始命车
　　　来也。

宫岛：今日之会系三国集一堂，旷古所稀。是为兴亚之始。惟恐路远天雨，诸公
　　　或不能来。忽得此佳契，何喜加之。

　金：今日快奉雅教，则足以补文库之踦。幸何如之。

宫岛：一昨日始拜道范，不堪欣喜。又得陪观浅草文库，库中书籍纷杂，不便纵
　　　观，想应心闷。今日天晴，远路幸蒙枉顾。是为交欢之始。自今以后永
　　　好，谋三国之益，不堪渴望。

子峨：栗香先生深重同洲之谊，所虑深且远。今日之会，素非偶然。

宫岛：仆自何公使之东来，相交尤厚且久矣。其意专在联络三大国而兴起亚洲。
　　　今先生之来，若同此志，则可谓快极。

　金：盛意偎不敢当。

　　（黄公度题额。）

宫岛：此卷仆拙作，愿记一言卷末。敢请。

　金：仆笔墨甚拙劣，恐有佛头着粪之叹。然尊意难孤，谨当于卷尾书数字署

名,以为他日替面之契矣。

姜:朱舜水先生此处有后昆否?

宫岛:此人真正义士,谋恢复不得,遂客死水户。终身不近妇人,故无后昆。

姜:敝邦先贤之裔,亦多有漂寄贵土者云。此是风闻也,然或有近似者否?

散步暧依村庄赋

素心兰馥郁,可以订交情。　诚一起承

一去沧溟阔,何由寄远程。　姜玮转结

续题求正。　　　　　　　　姜玮

燕去无遗影,人归有远情。此心朝暮遇,不必恨修程。

光绪七年九月九日(1881年10月30日)笔谈
(十月三十日,访使署,与何星使、黄参赞晤。)

子峨:先生于何日回至东京? 想远道初归,酬应必纷如。

宫岛:此行归旧里,以迎驾之暇日,与故友亲戚晤谈,颇慰十年之思。留凡四十日,便以本月十六日回东京。

公度:闻圣驾过米泽时极赞鹰山公遗泽,诚可欣忭。先生当作诗记之。

宫岛:此事实千秋快事,仆为之感泣。此行余携鹰山公真影,愿赞一语。余乡士族极多,皆能修业,生活之道已立。民亦据恒产,斯公之遗泽也。
"十年为客故乡归,城郭半非人未非。桑柘阴中三万户,家家无处不鸣机。"

公度:将来可成金穴。读之欣喜。

子峨:米泽是开化有成效,苟全国如此,复何患不富强。

公度:明治廿三年开设国会,仆辈捧读诏书,亦诚欢诚忭踏舞不已。君民共治之政体,实胜于寡人政治。况阀阅勋旧之所组织者。

宫岛:吾邦始开设国会,自今期十年。其间有余裕,宜修成宪法而发布。君民共治固佳,但如英国组织,亦不可拟吾国耳。

公度:如德国似可,断不可为米国。

子峨:先生是王权主义。近日政府已定渐进章程,先生将如何?

公度:先生为王权党耶? 抑官权党,民权党耶?

宫岛:现时党论纷如,余素不好党,只将为帝室显彰王章,以确定国本,仆之志也。

子峨:王党之权在官,自由之权在民。第上下势殊,未知胜负所在。

宫岛：仆过米泽，一方士人曾无结党之弊，将来颇乐之。

公度：望十年中贵藩鼓励人材，以备他日登用，一洗萨长政府之名。

宫岛：余过栗子隧道，此经费尽系人民，且感县令三岛氏积年忠悃。有此作："六年开凿几辛艰，隧道新通巉嶭间。至竟精神动天地，銮舆初幸羽州山。"

公度：此事亦大可贺。有云政府欲拜吉井君为参议，而君辞之。河野君，先生识之否？此君作越后游否？仆恐其他日与板垣、中岛并而为三自由党魁。福泽二三年前常持国会尚早之论，何以一变？其所著《时事小言》，君读之否？福地亦然。在新富座击论开拓事，仆终以为过。

宫岛：国之大势，一波倒，一波又起。自今十年，始得平均，又非人力之所及也。

宫岛：余今清书拙著，苦无佳手。此等一二，孰为佳书？请采择之。

公度：先生自钞当留为子孙宝用。若付手民，此二本均佳。诗序经杨君书就，而有脱字。仆恳其再书。

子峨：中川先生承远寄佳笔，又承先生代递之劳，谢谢！

（据宫岛文书一　宫岛写本）

光绪七年十二月十六日（1882年2月4日）笔谈

（二月四日，招何公使、黄参赞为饯饮，胜海舟伯、吉井三峰伯来助主。）

子峨：海舟先生久违了。即候起居佳胜为颂。

胜：此杯三个，德川旧将军所持。杯中以金画龟，聊祝君长寿，为饯别，请见收。

吉井：公度兄多年辱交谊，临别赠所持短刀，请佩用。

（税所子托当摩短刀，余转赠何氏。

席上因译人谈话，自国家经济及山川佳胜，不遑记载。雄辨如流，奇谈如涌。黄公度兴极，起席挥毫。）

天下英雄君操耳，高谈雄辨四筵惊。红髯碧眼正横甚，要与诸君为弟兄。

明治十五年春二月　遵宪

宫岛：此东西《汉书》及《史记》，我旧主上杉侯所藏。昔在镰仓为管领时，自宋国舶来之宝书。请赐览观。

子峨：此是南宋庆元板，在敝国难得见者。若论其价，一本当千金。

宫岛：酒间赋五言，乞正。

此别真可惜，此夕不可忘。相对尽怀抱，明朝是参商。

三、笔话残稿

光绪五年，明治十一年（其年 2 月间）

（宫岛诚一郎与何如璋、张斯桂两公使初次晤面的笔话残稿。）

宫岛：始接音容，温温如玉，知度量宽大，诚有大人之气象。小弟未通贵邦之言语，未能笔□恨心意未通畅。请教。

张：弟初到贵国，欲得通儒而晤谈之，不胜幸甚。今见阁下喜溢眉尖，又复冲和温润，更觉慰怀。将来多有请教，惜不通言语，未能畅所欲言，不无歉仄。

宫岛：贵邦与敝国比邻，才隔一衣带水耳。两国天皇互遣钦差大臣，结交谊始于今日，而后益亲睦，互计两国洪福，幸甚。

张：贵国与我国为贴邻，同属东洋，不如西洋之疏，自然亲密。且本地居民衣服礼仪，多有相同之处，大都为有自我国来者，可知原是一家人也。但愿自今以后永远和好，非独我国之幸，抑亦贵邦之福也。

何：贵国新设学校以汉学为教者，仍有几处？仕进之途以汉学入选者，是何名目？请示知。

宫岛：敝国王政维新后，文物未整，制度未定，就中到学政尤属创业。邦人素尽入汉学，士人仕进，最以汉学入选。方今西洋学取其长以足国用耳，道德修身学当推圣学为第一。

何：闻贵国圣庙基址极宏，宫殿结构亦如中式。又庙旁房屋极多，未识可以租寓否？

宫岛：圣庙基址一时以政府便宜为书籍纵览所，不使租寓。近顷渐渐有兴圣庙之论。

贵邦与敝国唇齿相持，真兄弟之国也。近年西洋气运旺盛，汽车汽船之电线消息相通，才有衅隙，忽开兵端，吞啮无止时。今东洋幸无事，岂无安逸怠傲之戒乎？两大国宜以此时益厚交谊，高明以为如何？

何：尊论是，极利。以亚细亚洲论，惟我国与贵国形势最近，交亦宜倍亲。近贵国政府改从西法，以求富强，亦是救时之策。惟服制与历朔二者，似为过计。顷我国于兵船各制，亦事事讲求，惟政治之大者，如礼乐文章之类，则自有圣教可遵，千古不废者也。质之高明，以为然否？

（又：新春之造访）

宫岛：寒岁未除，起居安全，奉贺！奉贺！今日远路枉顾，实失迎礼，请恕，幸正。

何：昨承枉顾，快领清谈。日来天气晴雨不时，又值馆中有事，是以迟候。今日造访喜晤，殊慊鄙怀。史馆中公事忙否？每月到馆几次？

宫岛：史馆未得闲，每月休暇仅仅五六日。昨年西隆之乱渐属治平，今方编纂其始末。一事才终忽生一事，史官之职应是终生不绝笔。呵呵！

何：史馆编辑用贵国文，抑全用汉文？自戊辰（1868 年，明治维新政府宣布王政复古，是为明治时代之始，或称明治元年——笔者注）以来，事务纷纭。近有成编发刊否？馆中同事多少？青山延寿（旧水户藩儒学家，青山节斋之子，号铁枪，1820 年文政三年生，1906 年明治三十九年卒。著有《大八州游记》，编纂《皇明通鉴》等——笔者注）尚在馆中当差否？

宫岛：编集文法素用汉文，虽然邦人未尽能读汉字，故今般所编集旁别用邦文。戊辰以后，沿革纷纭，加之西洋诸国交际新始，为敝国未曾有之多事。昨今万事渐就绪，新著渐将刊。青山老人早勉职。

何：贵国史例如何？有分别纪传各类否？国统一姓相承，自开创至今，亦是佳话。顷新定取士之法如何？学者进身何阶？可得闻乎？

宫岛：史例分别纪传各类如言谕。敝国帝统一系相承，自神武纪元，殆三千年。虽然敝国未有一定之邦字，中古人隋唐学汉文，而来六国史，日本史等，尽仿贵国编集体裁，以补时事耳，未足慰大邦君子。取士之道未立。王政维新后，先取其破旧封县建新制度者，大抵列朝班，而敝国以武建国，素乏文学之才，惭愧！惭愧！

（录自［日］伊原泽周《从笔谈外交到以史为鉴》）

编者按：据伊原泽周在"附"言中说明，《笔谈残稿》最初发表在 1936 年（昭和十一年）秘书类纂刊行会所编的《秘书类纂》外交篇。宫岛诚一郎之子宫岛勘斋（即咏士，号大八，在中国保定莲池书院留学，师事张裕钊）为书法名家，其后人吉亮先生在神户孙中山纪念馆举办"大八书法展"，笔话残稿和书简一并展出。伊原泽周前往观览抄录，不久得到杉村邦彦教授所赠残稿影片。以上见《从笔谈外交到以史为鉴》第一编第一节《首任驻日公使何如璋之笔话》。

附 录

何如璋传记资料

马尾海战事件文献资料摘录

何如璋传记资料

目　录

一、何詹事家传

番禺吴道镕撰

公讳如璋，字子峨，姓何氏。大埔县人。家世业农，至公始习儒，以科第仕宦显。年十九补县学生，中咸丰十一年举人。同治初元，左文襄公督师剿金陵余寇汪海洋于闽，公襄汀洲朱太守戎幕，论功奖叙知县，加五品衔。同治七年会试成进士，改庶吉士，散馆授编修。时海内戡定，西学东渐，中兴诸钜公亟思开通风气，朝野清流，颇持异议，公独研究西学，为词臣先。合肥李文忠公见而诧曰：词馆中尚有斯人耶？为言于宛平沈文定公。文定时方赞枢垣，又公座师也。光绪二年，朝廷简通知中外之臣，持使节分驻东西洋，于是晋公侍讲，充出使日本国大臣。

初，日本为俄、美劫盟，悟锁港非策，与泰西诸国通商结约，颇丧利权。知我国结泰西约中有利益均沾语，思以失之泰西者取偿于我，乃遣外务柳原前光求通商。初呈约草，以两国利益为词，再至则专欲仿泰西诸约。议约大臣断断持议，久而后定，中如设领事裁判、禁内地通商，皆与泰西约异。彼以为歧视，怏怏缺望。既而台湾生番戕琉球难民，彼遂冒琉球为属国，举国倡征台之议，陆军少将西乡从道冒险来犯。我执政求息事，偿以恤款，益狡然思逞。既阻琉球贡使，复挟故智，思尝试于朝鲜。会朝鲜炮击彼云阳舰，外务卿森有礼来，阳乞我劝告朝鲜，实阴伺我国举动。以慑于李文忠"高丽藩属，我所必争"一言而止，而觊觎未尽息也。

然以中国地大物博，又数千年同种同文，常欲相引为重，故闻公奉使彼国，耆旧诩为自隋唐以来千余年未有之荣。达官名流、校秀闺彦，使节所至，争望颜色，求书翰征题咏者相属。公一一酬接，各满其意去。惟事关国际，不少假借。始至，议废居留华民旧规，别设横滨、神户、长崎三口领事主裁判。初颇梗议，公据约力争，卒收回裁判权。公又以公使之职在周知与国情伪，达之本国，为凡百外交的，而稽审利病，尤当先其要者。故于内地通商，则谓日本物产多同中国，其地自北洋三口，至于浙、江、汉、闽、粤、台、琼，皆一航可达，视内地南北隔绝者运输反便。其货物入口，自关税外加子口半税，随地可售，视内地厘捐什税者成本反轻。夫同一物产，而运输便、成本轻，其取价必廉，势将攫夺内货，失业者众，害既中于民生。欲救其弊，势将减轻税厘，而害又中于国计。且西人之居内地，多属上流，顾惜名誉。日人则贫且贪，内地禁开，肩挑负贩，相率麇集，其中良莠不齐，万一勾引奸民，包揽税单，又不能绳之以法，将何策以善其后？我国西约损失，势非得已，犹幸东西各异，一旦有事于西，虽无望东之助我，尚可冀其中立。若离者纵之使合，势必转相依附，肆其要求，甚或反助敌邦，乘我危以邀厚利，此尤贻害之大者。故改约一事，除坚拒外无他办法，可断言也。

其于琉球，则谓日人志在灭球，以阻贡发端，今乘其国是未定，兵力未充，急与争衡，犹尚可及。若为息事计，隐忍迁就，阻贡不已，必灭琉球。琉球既灭，必及朝鲜。是让一琉球，未见其果能息事也。为今之计，上者一方抗议，一方出兵舰责贡于球，阴示日人以必争，彼将气慑，而球可全。次者约球以必救，使之抗日，日若攻球，我出偏师助之，彼将力屈，而球可全。又次则援公法，请由各国公使评判，自古无许灭人国之公法，彼知理屈，球亦可全。三者行其一，效虽不同，绝无无效。即使无效，极之不过弃琉球，决不至开边衅。即使寻衅，亦可罢斥使臣。仍不能解，是彼蓄意寻隙，益知非让一球所能息事。何为先自示弱，举附庸之土地人民以资敌耶？

其论朝鲜，则为朝鲜之在中国，藩卫神京，实为左臂。而在亚细亚，西人以比欧洲之土耳其，为形势必争之地。俄瞰其北，日伺其东，彼素狃于闭关，熟视无睹，近则稍稍悟矣。考泰西通例，两国战争，局外不得偏助，惟属国不在此例。又属国与人结约，多奉其主国命令。故今日之朝鲜，我能郡县其土地，修明其政治，上策也。仿蒙古、西藏设办事大臣，主持其内政外交，中策也。二者不行，则惟令其与英、美、德、法诸国通商,简派大臣往主约事,约中声明:朝鲜国王奉大清国政府命,愿与某国结约。如此则名义既正,设遇外衅,我有操纵之权,犹不失为下策。否则听其闭关,既招外侮,听其自与结约,各国皆视彼为自主。一旦有事,彼既失所依附,我亦自溃藩篱,此两败之道也。

凡诸筹议,皆先后上书于政府总署及北洋大臣,累累数千言,剀切详尽。其后内地通商,终公之任,日人百计求之不得。琉球则于公去使任后,日人遂夷为冲绳县。朝鲜则以东学党乱,我与日有甲午之战,日既战胜,马关改约,夺我藩属,强之自立。并百计求而不得之内地通商,亦图翻异。于是公之筹宪,所烛照数计于二十年前者,竟不幸而言中。则以当日任事大臣虽韪公言,顾重开衅,不能尽用,养虎坐大,以贻斯患也。

公在使任六年,壬午八年归国,一岁中自庶子四迁至詹事。逾年复出为福建船政大臣。船政厂在福州马江,始任大臣者沈文肃,闽人也,故厂之员司多任闽士。公至,勾稽工材,考课成绩,将有所兴革规划。既定,窘于经费,乃以节浮费、裁冗员为入手办法,由是失职者多怨。值法以争安南与我和议决裂,率水师犯闽。时会办海军大臣张公佩纶,公齐年生也,方调集南北洋七兵舰驻节马江,与公同筹防守。朝议谆切,戒先开衅,法人乃不戒期而袭击我,七舰歼焉。法无后顾,进攻船厂,为厂暗台炮击,始退泊五虎门。是役也,说者谓法酋孤拔实中炮殒,故船厂获全。而法人讳言之,公亦不欲以传闻之词自解免,惟引咎自请议处。朝廷察公无罪,置不问。而言者论之不已,初议革职,继而论戍。戍地苦寒,得脚气疾,在戍所三年赐环。主潮州韩山讲席,旧疾举发,卒于院舍。年五十四。

所著有《袖海楼诗文集》八卷,《管子析疑》三十六卷。《管子析疑》成于戍所,尤精博为世所称,盖公虽获谴,而用世之志未衰,实于是书寓微意云。

前史官吴道镕曰:公使日归,乞假旋里,道出韩江。余时忝韩山讲席,修后进礼谒公,微叩时事,公喟然曰:"今日之事,惟皇上当家,斯易为耳。"因思宋尹源有言:人臣之罪,无过为大。观公于球事,求任过而不得。而彼当国者方托持重,事事待宫廷裁决,务立于无过之地。俯仰数十年间,外患内忧,辗转相引,以有今日,夫岂不由于此哉!观此而知公立言之痛也。

二、清詹事府少詹何公传

邑后学温廷敬撰

公讳如璋,字子峨,广东大埔人也。其先世有从文信国于潮者,因家焉,数迁,卜居大埔同仁社之崧里。祖父世业农,父淑斋公,有子八人,公其三也。少岐嶷异常儿,年十三,父以家累故,令弃学牧牛,公辄携书自读。姑父陈芙初明经嘉其志,招令从学,明经,邑名宿,得其指授,学锐进。族人秋槎太史尤伟异之,谓异日名位必出己上。未冠,入邑庠补廪膳生,咸丰辛酉举于乡,时年二十有四也。同治乙丑,汀守朱以鉴聘襄戎幕,叙克城功,保五品衔知县。戊辰成进士,改庶吉士,散馆,授职编修。

当是时东南巨乱初平,举国讴颂中兴,而泰西诸国已环列虎视,通商传教,辄起衅端。士夫迷习帖括,其高者则标汉学、宋学之帜,或治诗古文词,鉴别金石书画,以相矜夸。其目为清流者,亦徒张客气,懵于外情,闻洋务二字则掩耳却走,或诋为汉奸。公虽夙治桐城古文之学,推曾文正公为有清古文第一,而知世变已亟,非拘常习故者所可拯救。未释褐,公车往来津沪,所至与中外士商游,间询访英、美牧师,得其国情及政术大概。已入词馆,尤究心当世之务,与其弟子昆部郎互相切磋。尝谒直督李文忠公,一见大异之,退语人曰:"不图翰林馆中亦有通晓洋务者也。"光绪乙亥,德宗御极,文忠公与枢臣沈文定公交疏以使才荐。丙子,晋侍讲加二品顶戴,充出使日本大臣,以张君斯桂为其副。寻命张归国,而以公留驻。中国使臣之驻日本者实自公始。

公已至日本,日人优礼倍至,加于泰西诸使。其朝野名士咸以诗文相质正唱和,或就乞书,得其一屏一笺以为珍玩,公亦与交欢无间。居东凡四年,日人翕然推之。任满归,公私祖别之盛,一时所未有也。公虽笃邦交,而尤争国权。始至,即议设领事,自听商民诉讼。日人靳不肯予,公据约与争,卒设三口领事官,与泰西各国及日人之在我国者均权。琉球事起,公援公法、据条约与争,不得,则请撤使罢市以持之。执政者嗫不敢语。日人知力争仅公一人意,故延宕,然终屈于抗议,议割琉球之南部宫古八里诸岛隶中国。公请以还球,立后存其祀,而球王畏日迫,不敢受。复请先声明内属,一面访球王亲属,畀以治权,待如土司。政府迄迁延不决,及公归国,而琉球遂夷为日本之冲绳县,即南岛亦未得归中国也。

吾国与泰西诸国立约,当事者昧于利害,许以一体均沾之优待。及中日订约,始删此语。日人不慊之,遣专使北京要政府加入,并许其内地通商。公以均沾之约由威迫势劫而来,在亚细亚成一合纵连横之局,隐为厉阶。日人牟利之术无微不入,若许其内地经营,小民锥刀将尽被夺。日使之请乃不行。

朝鲜介居中、俄、日三国间,关系亚东大局,甚于欧洲之土耳其。公稔知其君臣闇弱,无振奋之能,乃陈三策于政府:乘朝鲜有事,举而郡县之,改良其政治,整饬其武备,是为上策。设驻扎办事大臣,主持其内政外交之重大者,以防觇舰,是为中策。听朝鲜自与外国通商,但于约端声明"奉大清国命"云云,备有事时干预之地步,是为下策。上策非非常之人不能行,中策则杜后患,待藩属之道适得其平,固吾国当时所能为。乃并下策而不能行,滋可惜也!其时俄已据图们江,图南下。英藉日介绍求通朝鲜,俄密止之。美亦遣兵舰要互市,朝鲜尚狃闭关故习,拒不纳。公复请朝廷,遴派专使赴朝鲜主持通商,谓欲杀俄、日两国侵占之权,不如取而与各国均之。所陈凡五利,柄国者迄不能用,朝鲜卒由各国迫立约,我遂失藩属之权。其后东学党起,我国派兵平其乱,与日人天津缔约,许朝鲜有事,两国同办理,朝鲜遂与日本共之,卒基甲午之祸。

凡公所规划,皆犀烛玉剖,人始惊疑,后则大信,而尤得管子"善因之"之术。论球事,时廷臣疆吏咸虑起衅,公则力陈谓日人蓄志求逞,不如因此乘其国力未完,先发制之,以绝后患。山西大饥,公上书李文忠公,请因而移饥民实东三省,以垦边地,固国防。言虽不用,论者莫不叹公之先识远虑也。公以争球案忤沈文定意,故在日四年不迁一官。

及归国,缮呈日相组别时席间往复语万余言,始稍信公应对之能,非大言无实者。一岁中四迁至詹事,未几,执政者为高阳李文正公,与沈公有嫌,沈所援引者悉不用,独器公,得未废弃。

法越事起,公上封事六条。时中法议已裂,法人图据马江船厂。闽防棘,李公奏请以公督福建船政。马江船厂创于沈文肃,所用者多其乡里,积久弊生。公至,汰冗滥,稽工材,审支销,岁节浮费十余万。闽侯士夫咸怨之。甲申五月,法舰潜入马江,朝命内阁学士张佩纶会办福建海防。张气锐甚,自请督师驻马江,调集南北洋七舰防守。公亦于厂侧校练门扼来船要冲设暗台,令船政委弁洗献(或作懿)林、铁厂匠首李莲司之。吾国海军逊法远甚,朝命又不许先开炮。七月三日,法舰不约而战,我国海军尽歼。法帅孤拔先驱绕罗星塔上,将登岸据船厂,校练门暗台击之,中其舱,船欹,稍退;复进,再击之,中其将台,法帅殪焉,法舰乃退泊五虎门外。奏上,法人耻失帅,匿不发丧。执政又忌张,或因此免罪大用,寝其事。而闽人疾于受兵,失职者复簧鼓之,公遂被严谴,与张同戍军台。

在戍成《管子析疑》三十六卷。戊子秋,赐环归。粤督李公瀚章延主韩山讲席,所识拔多知名士。先是,在戍以积瘁苦寒得脚气病,辛卯八月复发,卒于韩山院舍,享年五十有四。

公外宽和而内有守,争球案时,至请事果决裂,则斥一使臣以谢。沈文定属密友以私书相告,谓富贵可坐致,慎勿多事。而公不为动也。张学士佩纶与公乡试齐年友善,共筹闽防,意气无间。丧师之责在于学士,而公船厂获全。部议,张拟斩监候,而公拟褫职逮。奉旨,则同发军台,人咸为公不平,学士亦引以为歉，而公不介意。其雅量如此。性孝友，早岁修赟所入，悉以佐饔飧，兄弟怡怡如也。扶持长养，死生急难，各得其所。笃于友谊，林太守达泉历官有惠政，卒于台湾，公为致书闽、苏两省疆吏，胪绩入告，得赠太仆寺卿，入国史《循吏传》。张进士薇令河南，负累甚巨，公为辗转乞河南巡抚调优缺，俾清积亏，乃得解职归。日本得能良介与公友善，甥栖原陈政少孤，不为继母所容，以托公携至使署，并挈归国教诲而衣食之。陈政卒因此成立，任北京日使参赞官，闻公卒，跋涉登门，拜公夫人，谒墓，涕泪纵横，竖二石狮于茔前以识感。知人爱士，使日时所辟僚佐，如黄君遵宪、杨君枢、杨君守敬、黄君锡铨，皆极一时之选，后各以其能名。在韩山所赏，如谢孝廉锡勋、陈孝廉宗庽、李孝廉香溪，亦各以文艺有名于时。

配杨夫人，妾陈孺人。子五人，寿昌，清岁贡生；寿朋，清光绪戊戌进士，官吉林府知府，民国选为参议员；寿萱，诸生，早卒；寿田、寿祺，日、美游学生。

论曰：余幼侍先君子，闻谈公科第家世甚悉。稍长，就试郡城，适公主韩山，余以微贱，且与公家无素，未获进谒，修乡后进之礼。然尝读公所为林太仆、朱太守碑铭，知为一代作者。及后与公子参议君游，因得尽读公诗文及使日函牍。尝辑其尤者，并为公遗集。今冬，参议君以所为公行述见示，乃约其文与事，参以一二所见闻而为之传。公之才已见知于世，骎骎大用矣，乃以时会艰难，怨家媒蘖之故，一蹶不复起。而天复故啬其寿，不留以有待。且即公所建白于当时者，亦用者一而不用者九。余盖不徒为公惜，而为中国人才与国家惜也！

三、先府君子峨公行述

七年十一月二男寿朋谨述

府君讳如璋，字子峨，先王父淑斋公第三子也。幼聪颖，诵读异于常儿。吾家世习农业，读书发名自府君始。年十三，先王父令从牧儿牧牛，府君嗜学，辄携书自读，旋受业于王姑夫陈芙初明经。明经，邑名宿，得贤师，学锐进。未冠，入邑庠，补廪膳生，领咸丰辛酉乡荐，时年二十有四也。先王父有丈夫子八人，岁抱孙，婚嫁稠繁，黄口嗷嗷，府君悉以所入佐饔飧。乙丑，襄汀州朱太守以鉴戒幕，叙克城功，督师左文襄奏保五品衔知县。府君不乐小就，同治戊辰成进士，改庶吉士，辛未散馆，授职编修。当是时东南之乱初平，清廷方自诩中兴，有太平象，不知英、法、俄、德诸强虎视眈眈，通商互市之局，轰起于域中，外忧正未艾也。府君四上公车，航海沪、津间，与中外士商交，间从英、美之牧师侦外情。西学甫东渐，译述之籍阙如，府君博考泰西政术，用力劳而效寡，深以未通其语文为憾。府君已入词馆,尤留心于当世之务。时京都士大夫,上焉者标汉学、宋学之帜,相期于不朽;次亦以桐城、阳湖之文章相切磨;或以碑版、金石、古书画之鉴赏相矜夸。与谈外事,如隔十重云雾,耳洋务二字,则惊骇却走,若恐其浼己者。府君尝谒李文忠,一见相知。退语同官,谓"不意翰林馆中亦有通晓洋务者"。京中清流,方目文忠为汉奸,斯言殆有激而发也。

乙亥,清德宗御极,求出使异国材,文忠即荐府君,枢臣沈文定师相亦疏荐①。文定名桂芬,字经笙,宛平人。府君辛酉乡试座师。丙子,府君以编修晋侍讲,加二品顶戴,充日本使臣。词臣奉使,以府君为先进。

我国与日本同处一洲,二千年未通好,遣使驻扎,以府君为第一人②。丁丑,府君乘海安兵轮东渡,江督派遣以护送府君者,为中国海军第一次之出巡。先莅长崎,次神户、大阪,最后至横滨。横滨者,隶神奈川县,距东京不百里,为日本中外商贾荟萃之一大商埠也。使车所莅③,地方官吏优礼较泰西各公使有加,而神奈川县知事待遇尤周,闻奉其政府所指令者。

吾国商民侨寓外邦久,渴望祖国使来如岁,至则扶老幼奔趋,手小龙旗,竞燃鞭炮欢迎,声涌起如潮。而彼都人士空巷纵观,以一瞻颜色为幸。同文种族,特表亲善意,千载一时之际会,非偶然也④。府君沿途成《使东述略》一卷,又有《杂咏》百首⑤,问俗采风,兼及其国之英烈遗行、名胜古迹,每首缀以子注,言赅而详,甫脱稿,东人即传刊。府君虑生国际疑问,以重金购其板毁之,而东邦学子已户诵而家弦矣。

府君既莅东,即议设领事,并收回商民诉讼自行裁判。日政府以华商居留地生聚最繁,甲他邦,隐若树敌,不肯以裁判权还我。府君据约与争,卒设三口领事官。横滨粤商多,民气甚嚣而强,狱讼尤滋,任范太守锡朋为横滨总领事官,听断明敏,当其材。吾国法权之受侮,莫甚于领事裁判权,而在国外,又不能以受于人者施之于人。惟在日本,以府君之争,而仅有此权。不幸以甲午之败,仍将此权失去也⑥。

府君在神户舟次,有琉球耳目官向笃忠来见,述日本阻贡事,称已赴闽哀

① 此句,《袖海楼诗抄》本作"文忠暨枢臣沈文定交疏相荐"。
② 此句,《袖海楼诗抄》本作"复出自词臣,盖俱自府君始"。而无前一句"词臣奉使,以府君为先进"。
③ 此句,《袖海楼诗抄》本作"辎轩所届"。
④ 此句下,《袖海楼诗抄》本有双行小字注:"日本自甲午后,始轻侮吾国,上所记述乃实事,非虚饰。"
⑤ 此句,《袖海楼诗抄》本在"问俗采风,兼及其国之英烈遗行,名胜古迹"一段之后。
⑥ "惟在日本……将此权失去也"一段,《袖海楼诗抄》本作"幸彼时不深知吾国虚实,复府君争辩得体、辛勤,而仅有此权。乃曾不十年,甲午一役,今昔异观,读东洋交涉史者,所为废书而痛哭也"。

吁,闽吏闻于朝①,奉命交驻日使臣相机妥办。府君以琉球世藩,坐视,失字小义,损国威;日本志在灭球,借阻贡发端。举附庸之土地与其人民以资邻,且长寇氛。因援公法据条规以争之。中东条规第一条,有两国所属邦土不可侵越。继请撤使罢市以持之。廷臣疆吏闽疆吏虑开衅,府君反复陈说利害,谓日人蓄志求逞,不如乘其国力未充,先发制之,以绝后患。执政者庸怯不省悟,日政府亦闻知使臣一人作梗,故延宕。终屈于府君之抗议,议割琉球之南部宫古八重诸岛隶中国。琉球南部诸岛,为太平洋往来要冲,府君请以南岛还球,立后存其祀。球王畏日人之逼,不敢受。府君再请以南部诸岛声明内属,言该岛逼近台、澎,万一为他人所窃据,恐贻卧榻鼾睡之忧;但引为自管,或有鞭长莫及之虑。可一面访求球王之亲属,畀以治权,待以云贵土司之例,既无贪其土地之名,球王可分衍其支派,而吾亦不必设官。政府迄迁延不决。逮府君爪代,而琉球一藩,遂夷为冲绳县矣。日本灭琉球改为冲绳县,球案交涉,亘四年之久,有专档凡四册。今择府君《与总署论球事书》一通,节录于此:◎阻贡,大事也。阻贡而涉日本,邻封密迩,稍有不慎,边衅易开,是事大且有关于安危利害也,某虽至愚,曷敢以轻心尝试。论国事者,百闻不如一见。某来东数月,旁观目击,渐悉情伪②,前呈《使东述略》,已大概言之。窃以阻贡一案,虽未必尽有把握,东人之不敢遽为边患,可揣而知也。其不敢遽开边衅者,约有四端:(中略)或以前明倭寇,及近年台湾之役为疑,不知倭寇举属乱民,当时乘土船随风纵掠,以致沿海骚动,若以兵舰搏之立见齑粉③。此今昔情形不同也。就令彼败约寻仇,空国来争,试思彼兵船几何? 海军几何? 能令我沿海防不胜防乎? 台湾之役,西乡隆盛实主之,非执政本谋,长崎临发,追之不及,因将错就错,使大久保来中议结。大久保归,国人交庆。西乡复议攻朝鲜,执政痛抑之,遂去官称乱,自灭其身。即此一端,可知东人之不敢轻易生衅。若以为日人无理如瘐狗焉,时思吞噬,果尔则中东之好终不可恃。阻贡不已,必灭琉球;琉球已灭,次及朝鲜。否则,以我所难行,日事要求,听之乎,何以为国? 拒之乎,是让一琉球,边衅究不能免。先发制人,后发为人所制,凡事皆然,防敌尤急。今日本国势未定,兵力未强,与之争衡,犹可克也。隐忍容之,养虎坐大,势将不可复制。(中略)为今之计,一面辩论,一面遣兵舰责问琉球,征其贡使,阴示日本以必争。则东人气慑,其事易成。此上策也。据理与争,止之不听,约球人以必救,使抗东人。日若攻球,我出偏师应之,内外夹攻,破日必矣。东人受创,和议自成。此中策也。言之不听,时复言

---

① "闽吏",《袖海楼诗抄》本作"闽疆吏"。
② "旁观目击,渐悉情伪",《家书》本作"已悉情伪"。
③ "搏之立见齑粉",《家书》本作"扑之立碎"。

之，或援公法，邀各使评之。日人自知理屈，球人侥幸图存，此下策也。坐视不救，听日灭之，弃好寻仇，开门揖盗，是为无策。（中略）然等而下之①，筹一结局，则或贡而不封，谓听其自来，托于荒服羁縻无绝之义。或封而不贡，谓怜其弱小，托于我朝不宝远物之名，犹之可也。再不然，即全与之，邀各国公使与之约曰：琉球世为日本外藩，不得如内地之废藩制改郡县。则球祀不斩，日人不能驱球人为吾敌。球人已得保其土，吾亦不藉寇以兵，犹之可也。又不然，或径告日本，以两圉和好，今愿举所属之琉球，全归日本，悉听其治。则准泰西例，许易地，或偿金币；近援俄、日换桦太洲为词，俟其理屈辞穷，而后示以中朝旷荡之恩②，不索所偿，亦于体制较为好看。他日有事交涉，亦多一口实，犹或可也。凡此皆无可奈何之办法，然较之今日隐忍不言，失体败事，犹为彼善于此。（中略）某虽愚，岂不知今日之言③，国家亦谅其无能，而不加深责。缄默之自为计，固甚得也，第念一介书生，来自田间，总署不以不材而荐，蒙圣恩假之使节，临大事而不克谨慎，冒昧轻试，贻误疆域，其罪固无可逭。若知其利害曲折，辄意存规避④，置大局而不顾，其责尤无可逃。（中略）推其极不过弃琉球，断不至于挑日本。即万一非意所料，吾发一言，彼即寻隙，亦可斥使臣一人以谢之，尚易转圜，终不致再扰台湾。苟推而至于斥使臣不足以谢，是日本时欲侵凌，亦无俟专借阻贡一事矣。

明治之初，日政府锐意变法，君若臣励精图治。以开港之始，与外人所结条约，损权利实甚，于是汲汲议改约。又以西人在吾国有一体均沾之优待，遣专使至北京，要政府加入，并许其内地通商。府君以均沾之约，由于威逼势劫而成者，地球万国，尔虞我诈，各怀异心。独于亚细亚，几成一合纵连横之局，"均沾"一语，隐为厉阶。日本与我唇齿相依，尚欲以此相毒乎？日人牟利之术工，性尤坚忍耐劳⑤。若许其内地经营，纷至沓来，腹心遍布，或开小店，或负包裹，又有子口税之优免，成本轻而销行广，小民之锥刀，将尽被挤夺。甚而以彼之子口税，为华人护符，作奸犯科，无所不至矣。至甲午后，日人以战胜之结果，凡府君时所不得逞者，无不取盈以偿。今则日商之资财，暗投于华人；日货之辐辏，充牣于商廛；内地特别之商权，几尽入日人之垄断。而在府君当日，不可谓非有先见之明也。府君有《致总署论日本通商利害书》一通，已编入文集中。

---

① 然等而下之，《家书》本作"降而下之"。
② 恩，《家书》本作"仁"。
③ 之，何维柱整理稿作"不"，今从《家书》本。
④ 规，何维柱整理稿作"趋"，今从《家书》本。
⑤ 此句下，有"若耐劳"三字，疑为衍文，俟考。今删去。

　　吾国外侮之痛创,莫甚于中日一役,而发难实起于朝鲜。朝鲜一国,关系亚东大局,甚于欧洲之土耳其。府君抵东后,晤朝鲜来使金宏集,金后为朝鲜执政,于闵妃之乱被戕。稔知其君臣闇弱,无能振奋,因陈三策于政府。乘朝鲜有事,举而郡县之,改良其政治,整饬其武备,斯为上策。比蒙古、西藏之例,设驻扎办事大臣,主持其内政、外交上重大之计划,以防他人之觊觎,斯为中策。听朝鲜自己与外邦通商,但令于约文中开端声明:兹朝鲜国奉大清国政府命,愿与某国结约云云,隐留有事时干预之地位,斯为下策。其时俄盘踞图们江,有驾驭南下之势。英藉日为介绍,求通朝鲜,俄密止之。美国亦遣其兵舰前来。朝鲜懵于外情,尚狃习闭关故智。府君复陈于政府暨李文忠,时任北洋大臣。请朝廷遴派专使赴朝鲜,主持通商,以解其目前之危急。谓朝鲜近患在俄,远忧在日。欲杀俄、日两国侵占之权,不如取而与各国共之。泰西通例,有约之国,有事即可与闻。既与各国结约,则一国不能独逞,利一。泰西属国,皆主其政治。朝鲜通商之局,既由我主持,则属国之义明,后来之交涉自易于措手,利二。朝鲜因通商而开通其风气,既知甲胄弓矢之不足恃,当益扩张其海陆军,固彼疆圉,壮我屏藩,利三。我既遣使前往,既便察地形、审国势,而沿海之东北、至图们、珲春各江,南而庆尚、全罗诸道,更可遣拨兵舰,时往游巡,藉戢俄、日两国窥伺之心,利四。无事之时,与外人结好,或可准欧罗巴之例,使流寓之商同于国人,违禁之货绝其进口,稍敛领事自主之权,兼杜教士蔓衍之祸,利五。兼此五利,乘此一机。时哉,时哉! 顾可失乎!

　　其后朝鲜有东学党之变,吾国曾派兵平其乱,虏大院君。苟乘此而郡县之,则朝鲜已隶属于我之版图矣。日本甲午之衅端,藉口于《天津条约》有"高丽有事,两国须商同办理"之文,使当时遣使主持朝鲜通商,明示属土之相关,日人何得无故出兵? 凡此皆庙堂枋事之臣一再贻误,以至于不可收拾。府君对于朝鲜之规划,老谋成算,知烛几先,其条举利害得失,若操左券验右券,而无如言之不用也①! 府君有《主持朝鲜外交议》一通,已编入文集中。

　　府君居东四年,与日本朝野上下,联文字杯酒之欢。其秉国钧者,如三条实美、岩仓具视、大久保利通等,皆彼国之俊雄豪杰,与府君交欢尤无间,公筵之余,柬约至私邸,率妻孥倒屣相迎,跪献茶果羹汤,日俗席地屈膝坐,跪拜甚便。其见敬礼如此。其在野之名士,如安井息轩,则以诗文集乞评点刊行。如石川鸿斋、冈千仞等,则唱和之篇章盈箧。日本名士与府君以文字相交者甚多,不能备举。凡以诗文相投者,悉推诚相与,莫不翕然悦服。每集会不假舌人,辄以纸笔通款

————
① "不用"之后何维柱整理稿有"何"字,今从《袖海楼诗抄》本删。

曲,镇日不闻一言,但闻欢笑拍掌之声浪间作而已。

又有花溪迹见氏,处女之至老不嫁者也,提倡女学,开迹见女校,所收女生俱华族淑媛,华族,即日本之贵族。每过从府君谦谈,携生徒二三十人来,对客挥毫。有三条相国之女公子,年七龄,书径尺字甚苍劲。各女生咸献技就正,执女弟子礼甚恭。并绘《诸女生环见公使图》征题咏,编刊成集,海国流传,佥无美谈。寿朋于甲辰与花溪相见,询知家世,出当时所赠之扇折相观,颜色犹未变更,追谈二十年事,娓娓无倦容。其见尊仰如此,是亦巾箱中一故实也。

府君返国时,东京各公卿竞以樽酒祖饯,或赠文词诗歌、古剑器物为纪念。有日友某赠府君古剑一口,二百年前之物,价值千金。积寸许铜钱,斩之立断,其锋利如此。其当国大臣复开公宴于两国桥之墨江楼,罗东京有名之艺妓以侑觞,主宾尽欢。而外务卿井上馨,又特约府君至其私邸叙别,剀谈中东两国有如辅车之相维系,意府君才长虑周,目光如炬,而手腕亦敏,归必握政权,藉此以示亲密。席间往复对答凡万余言,悉录呈政府。枢臣始益信府君专对之能,与在东隆隆之声望矣。

清季遣使驻日,以府君为第一人,事属创举,一切用人行政,均极自由。而府君力求撙节,不敢妄耗费。沈师相桂芬自京贻书,以报销事事核实,具有克己功夫称奖。既归国,德宗嘉其忠勤,特颁路装银三千两赐之。府君闻命,感激涕零,顾谓黄参赞:"吾在东久,得国俸不菲,岂可再贪天赐。"亟上章辞不受。其体国之靡不至也如此。寿祺谨按:黄参赞即梅县公度世丈。今夏归家,检叠书麓(竹头),得丈自伦敦致先府君书一通,所言不特可藉证府君居官之廉,谋国之忠,并见我国政治与社会从来腐败,凡认真办事之人,莫不怄气,令人阅之生无限感慨。特将原函附载于下:◎彼公见小多疑,耰锄德色,锥刀争利,有如村间老妪举动,实不可以一朝居。不知此种人何以竟登荐牍,屡膺重任。此间积习,竟以报销充私囊,某公任此六年,挟银八万而归,承其任者不改,(每岁英使馆薪水三万两,其他亦如其数。)然尚不朘削,今更星星求利,惟日不足。每遇一事,出一金,珠算之声,滚盘不竭。我辈吃生米人,(左文襄之语也)殊看不惯。近年中国政府亦知此为重任,而某公之卑鄙,此公之琐屑,并世当亦无多,而皆膺其选。西报传述,多有讥笑,徒辱国耳。安望其治事哉!若中国事事如此,天下事真不可为。公只求独善足矣,公前在日本,后在船政,他勿论,为国家省靡费无数,而修善获祸如此!遵宪念之,每为三叹。频年以来,遭际感轲,郁郁不舒。兼以前年家居,骨肉之间,两遭死丧,深为伤心。外顾世事,益增愤嫉;内顾身世,无足控搏,少年盛气,销磨殆尽。每欲杜门息影,谢绝人事,而俗务牵掣,众口嗷嘈,再委蛇数载,有下喂之田数顷,苞裘之筑十间,真当被发入山矣。公看遵宪能践斯语否？闻士果今岁董某馆事，有脩金数百，少年遂能襄理家务，此亦公之奇福。前数年来，每盼公复出，上为天下，下为其私。至遵宪近日心事，谓公即有机缘，亦可高卧。人生惘惘如梦，求及时行乐，乃是真实受用耳。公不斥其谬否？

先是，府君以球案之争，词涉愤激。文定师相属密友以私书相告，谓富贵可坐致，慎勿好事。至是始知府君非言大而夸者，渐有向用意。归国后，一岁中自庶子四迁至詹事，视前之滞于侍讲，四年未进一阶者，迥不相侔也。府君于壬午春自日本归，乞假省亲，旋晋京报命。时执政者为高阳李文正，李公名鸿藻，字兰荪，直隶高阳人。与文定有宿嫌，文定所援引，文正悉不用，独府君未废弃。癸未冬，持节督福建船政。

船政大臣有生杀黜陟权，名位侔督抚。府君在京，以法人侵掠越南，曾上封事六条，而政府因越南事与法人谈判不谐，将启戎。法海军元帅孤拔图据马江船厂，闽防适当其冲。前船政大臣张梦元谋他调，文正器府君，奏请以艰巨相畀。马江船厂创始于沈文肃，沈公名葆桢，福建侯官人。文肃，闽人，厂中员司俱闽侯籍，把持积为习惯。府君下车，以裁冗节浮为入手办法。莅任五月，汰除滥与贪者数百人。益以精密之手续，钩稽工材及种种支销，岁省浮费十余万。闽侯之士夫缘是私憾益深。此外，拟延聘高等工程师，冀制成优良之军舰，整兴附厂之学校，遴派生徒赴英法游学，储养适当人才，以为逐渐改良之预备。盖仅发轫，尚未能竟其设施也。吾国马江船厂成立于同治初间，与德国克虏伯炮厂之成立，不相谋而适同时，彼之声名，今已震耀全球，为世界惟一无二之炮厂。乃马江船厂，自府君后，竟引为前车之鉴，当事者专务为敷衍因循，内容日益腐败，反有今不如昔之感。《中庸》言：人存政举，人亡政息。有由来矣。

甲申五月，法人潜以兵舰闯入马江。时丰润张学士会办福建海防，张公名佩纶，字幼樵，直隶丰润人。夙为文正所倚重，雅负清望，论者至以江陵相比，与南皮张文襄、张公名之洞，字香涛，直隶南皮人；闽县陈阁学、陈公名宝琛，字伯潜，福建闽县人；归善邓侍御，邓公名承修，字铁香，广东归善人，同时有四君子之称，曾一署左副都御史，风骨峻厉，权贵被弹劾者怨之刺骨。文正既罢，继之者素恶四君子，揣丰润未必知兵，藉闽防会办排挤之，险如设阱①。同时，陈阁学被排为南洋会办，旋藉事劾之去。邓侍御亦以广西勘界事为政府所指摘，自请免职。惟南皮以已先出抚山西，得泰然。学士既莅任，自请督师驻马江。时李文忠移书学士，有"公驻马江，非计也"，盖逆知闽海军非法敌，战必败，败则船厂必为法

---

① 阱，何维柱整理稿作"陷"，今从《家书》本。

人所据。学士与府君素友善，意气浑融，朝夕共筹抵御。学士调集南北洋兵舰七艘来闽防守。府君亦于厂侧校练门扼来船必经之要隘安设暗台，置后膛大炮二尊，令船政委弁洗懿林、铁厂匠首李莲司其炮，察其胆勇且习炮法也。并挑选工兵五十名，严训练，以备不虞。与法舰相持四十昼夜，奉电谕嘉奖，有"苦守月余，忠勇坚忍"之语。

至七月三日，法人不约而战，海军尽歼。法提督孤拔为前驱，绕罗星塔而上，将登岸据船厂，校练门暗台开炮击之，中其舱，弹小力薄，船欹不沉，少退复进。又击之，中其将台，毙法帅孤拔，法舰队皆下半旗以志哀，随退泊五虎门外，而船厂赖以保全。海军既败绩，学士与府君自请交部议处。嗣奉密旨，有"果毙法帅，仍作战胜论"。法人耻孤拔之死，既讳匿不肯宣布，秉政者又怀嫉忌，遂以无确据付存疑。而闽侯人之伺隙报复者，竞肆其簧鼓，陈学士致府君书，有"往事浮云，公当一笑置之。但恨恩怨之私，出于吾闽人耳"云云。府君遂奉严谴，与丰润学士同戍军台。时部议以学士丧师，拟斩候监。府君船厂保全，拟革职。逮奉旨，则学士从轻，府君从重，迥不相侔。夫宜重而轻，非有斡旋之力不办；若宜轻而重，盖有落阱下石者。邓侍御特上疏抗问政府："丰润丧师，何独从轻？"奉旨申饬。辛卯，府君归道山，侍御挽语有"扼马江四旬，不沦尺地，功罪难明，殁后自应凭众论"，盖深以府君戍台为不平也。至孤拔之死确否，马江事过境迁，难以证实。但孤拔不死，则船厂必被所据，非厚偿无从交还，此为必然之事。又有一事，可供旁证者：有江浙提督欧阳利见，于谢恩札中叙法帅孤拔由闽窜浙，在舟山被其击毙。可见当时咸知孤拔已死，行险侥幸者，遂思以尝试冒功。又一说谓：因密旨"果毙法帅仍作战胜论"之语，当国者惧丰润且大用，不惜以全力而压抑之云云。

府君既至戍所，与学士比屋居。学士喜读《管子》，府君亦酷嗜之，谓《管子》书多依托，真伪相杂，讹谬相仍，旧附房注，或以为尹氏疏解妄浅，疑坊间所伪托；刘续补注，殊少发明；朱长春《管子权》，了无精义；王氏《读书杂志》，所校正者稍有依据，然不过十得一二，欲辨析之而未有暇也。府君乃详加研究，伪者别之，讹者正之，旧注乖谬者疏通而证明之。积六阅月，成《管子析疑》三十六卷。学士本欲注《管子》，见府君稿，叹服搁笔。府君以用脑力过度，边地又苦寒，遂得脚气病。

戊子秋，赐环，返里门。粤督张公之洞延主韩山讲席，继任粤督李公翰章遇有要，每驰牍相询。府君知无不言，李公亦言无不从。而潮嘉当道对于地方应兴应革诸大端，辄视府君之言论以为从违。普宁方照轩军门方公名耀，字照轩，广东普宁人。时任虎门提督。奉命清理潮属积案。承审官吏喜事，多株连。得府君一言,无辜立予省释。韩江流域之人士,迄今犹讴歌府君不衰。校士除文艺外,以道德经济相勖勉,士亦心倾相附,列门墙者多腾达。海阳谢孝廉锡勋、潮阳陈孝廉宗卢、饶平李孝廉香溪,其最著者也。

辛卯八月,府君以旧病骤发,脚气上冲,医治无效,终于韩山院舍,年五十四。寿昌兄弟等扶榇归葬于莒村之伯公岗。府君在日本时,与东京王子造纸局长得能良介相契最深,得能有甥名楢原子德,少孤,不为继母所容,育于舅家。得能以相托,府君携至使署,并挈之同返,教诲而饮食之。越十有五年,楢原任北京日本公使馆参赞官,闻府君卒,不惮跋涉一万余里之程途,访府君故里,拜吾母于堂。旋诣莒村伯公岗,伏诣墓门,涕泪横流。竖二石狮于墓茔之前以志纪念。府君固笃于交,而楢原君亦可谓受德不忘者矣。

大伯父觐扬公早逝,府君视二侄如子。二伯父子彬公服贾苏州,营业亏,染神经病,府君自京驰苏弥缝,送之家。四叔父子昆公辛未春官报罢,府君为捐主事,分兵部。兄弟同寝处,教学攻错,怡怡如也。壬申病殁,府君哭之痛,经纪其身后甚周。从堂叔子达公经商屡失败,府君数给与赀不稍吝,其友爱如此。凡此虽府君一节之长,已足以振式末俗而有余。

寿朋少侍府君使节于扶桑,府君长韩山,又追随在侧,稔知言行甚详。光绪甲辰,寿朋应杨公使之调,杨公名枢,字星垣,广东驻防汉军。充日本使署商务委员,与一二东京汉学老师晤谈,尚时时称说府君,谓继任使臣未有如府君者。儿子颖封肄业于名古屋第八高等学校,见一日友家挂有府君所书之屏条,以先人手泽,拟以数十金购归而不愿。即此可知当时府君之名满瀛洲矣。

呜呼,以府君之才骎骎将大用,不谓享年不永,一蹶不复起!琉球之争,朝鲜之策,其逆料将来有如烛照数计,乃所言又不行于时。马江之战,毙法元戎,不惟无功,反以得过。府君一身之荣辱显晦所关几何?而不禁为吾国之不幸,长太息而流涕也!

四、《清史稿》卷444《张佩纶传》附《何如璋传》

何如璋,字子峨,籍广东大埔。同治七年进士,选庶吉士,授编修。以侍读出使日本。归,授少詹士,出督船政。承鸿章旨,狃和议,敌至,犹严谕各舰毋妄动。及败,藉口押银出奔,所如勿纳,不得已,往就佩纶彭田乡。佩纶虑敌踪迹及之,绐如璋出。士论谓闽事之坏,佩纶为罪魁,如璋次之。如璋亦遣戍。后卒于家。

五、何如璋简谱

编者按:以俞政《何如璋传》附录二《何如璋简谱》为基础内容,参考何维柱提供《何如璋简谱与著作》的内容,并参考有关何如璋生平事迹的资料略加补充,编撰此简谱。

1838 年(道光十八年)　一岁

农历二月十九日辰时,何如璋出生于广东省大埔县双坑村(崧里)。父名何淑斋,母范氏,生子八人,何如璋排行第三。乳名行扬,契名林妹,字衍信,号子峨,别号璞山。

1839 年(道光十九年)　二岁

6 月,林则徐在虎门海滩销毁鸦片二百三十七万多斤。

1840 年(道光二十年)　三岁

6 月,鸦片战争爆发。

1842 年(道光二十二年)　五岁

8 月 29 日,中英《南京条约》签订。

1850 年(道光三十年)　十三岁

何如璋辍学牧牛。好学,携书自读。

11 月 4 日,金田起义。

1853 年(咸丰三年)　十六岁

3 月 19 日,太平军攻克南京,随后定为首都。

冬,太平天国颁布《天朝田亩制度》。

1856 年(咸丰六年)　十九岁

考中秀才,为县学生员。

8 月至 11 月,太平天国天京事变。

10 月,第二次鸦片战争开始。

1858 年(咸丰八年)　二十一岁

6 月,清政府同英、法、俄、美分别签订《天津条约》。

1860 年(咸丰十年)　二十三岁

10 月至 11 月,清政府同英、法、俄分别签订《北京条约》。

1861 年(咸丰十一年)　二十四岁

秋,参加乡试中式第九十九名举人。

1864 年(同治三年)　二十七岁

7月19日,太平天国天京失陷。

1865年(同治四年)　二十八岁

　　3月至12月,汪海洋率领太平军余部,转战闽、粤交界地区,何如璋被聘
　　为福建省署理汀州知府朱以鉴的幕僚,保奏为五品衔知县。

1866年(同治五年)　二十九岁

　　2月,汪海洋伤重而死,所部覆没。

1868年(同治七年)　三十一岁

　　春,戊辰科会试,中式第一百二十一名进士,殿试二甲第二十七名,钦点
　　第二十五名。选翰林院庶吉士。

　　日本明治维新开始,废诸侯称华族,改封建为郡县。

1871年(同治十年)　三十四岁

　　散馆,授职翰林院编修。留心时务,关心洋务。

　　中日建交,9月13日,在天津签订《中日修好条规》。

　　11月27日,琉球渔民遭风漂流至台湾,被杀五十四人。

1872年(同治十一年)　三十五岁

　　穆宗大婚,何如璋钦加二级,得从五品封典,诰授奉直大夫,翰林院编修
　　加三级。

1873年(同治十二年)　三十六岁

　　4月,四弟兵部主事何同璋去世。

　　穆宗亲政,何如璋钦加二级,得正五品封典,诰授奉政大夫,翰林院编修
　　加四级。

1874年(同治十三年)　三十七岁

　　5月至6月,日军侵略台湾。

　　10月31日,签订《中日北京专条》。

　　何如璋充任国史馆协修,武英殿协修,纂修。

1875年(光绪元年)　三十八岁

　　充任顺天乡试磨勘官,日讲官,起居注官。

　　6月,总署保举陈兰彬、何如璋等才堪出使。

1876年(光绪二年)　三十九岁

　　2月,朝鲜与日本签订《江华条约》。

　　9月,任命许钤身为出使日本国正使,钦差大臣。何如璋以翰林院侍讲
　　升用,钦加三品衔,为出使日本国副使。蒙光绪帝召见于养心殿。

1877年(光绪三年)　四十岁

1 月,许钤身奉派往福建船政局任职,何如璋晋侍讲加二品顶戴,任出使日本国正使,钦差大臣;张斯桂为副使。

出都后,至天津谒见李鸿章,详细议论外交事宜。乘招商轮船航海赴上海,赴江宁晤沈葆桢。

11 月 26 日,何如璋率使团乘坐"海安"号兵船由上海出发赴日本。30 日到达长崎港,鸣礼炮二十一响,悬挂龙旗,礼仪隆重。12 月 16 日到横滨,空巷欢迎,气氛热烈。28 日,向日本明治天皇呈递国书。

1878 年(光绪四年) 四十一岁

1 月 1 日,随同各国公使向日本天皇祝贺。

14 日,与日本外务省交涉,向日本各重要口岸派驻理事事宜。22 日,日本外务省答复派驻理事之事。2 月,任命范锦朋驻横滨理事。

4 月 1 日,据沿途和在日本的见闻,撰写《使东述略》、《使东杂咏》,并将二书寄给总署。

春,致函李鸿章,主张将山西饥民迁移东三省屯垦实边。

就琉球事件,主张采取强硬态度,向总署、李鸿章提出"琉球三策"。

6 月,任命刘寿铿驻神户理事,余瓗驻长崎理事。

9 月、10 月,为琉球事件,向日本政府抗议,递交照会。

11 月 21 日,日本外务卿寺岛宗则答复,诬蔑何如璋照会为"暴言"。

1879 年(光绪五年) 四十二岁

春,约见伊藤博文、寺岛宗则,力阻吞并琉球。

4 月 4 日,日本大政官宣布,将琉球改为冲绳县。何如璋报告总署,随后,要求回国参加总署与日本公使宍户玑的辩论。

10 日,清廷接受总署密奏,对于琉球事件,只作外交辩论,不采取军事措施。

5 月,总署就琉球改县之事,向日本公使抗议。何如璋向总署提出必要时"撤使罢市"的建议。

5 月末,美国前总统格兰特访华,在天津会见李鸿章,答应调处琉球事件。7 月,格兰特抵达日本,何如璋派参赞黄遵宪送交有关"琉球"文件。下旬,格兰特同伊藤博文等会谈。8 月初,何如璋会见格兰特随员杨越翰,会见美国驻日公使平安,美国人转达"三分琉球"方案。10 日,日本天皇会见格兰特,就琉球事件交换意见。9 月初格兰特等一行离日回国,调处没有实质结果。7 日,李鸿章接格兰特来信,将何如璋照会认为是琉球交涉的障碍。

11 月,何如璋致信国内,主张"撤使罢市",不惜决裂以争。是年,琉球紫巾官向德宏、耳目官毛精长、耳目官向笃忠等,屡次到总署、礼部、直隶总督衙门、中国驻日公使馆求救。

1880 年(光绪六年)　四十三岁

2 月,曾纪泽奉命出使俄国,修改崇厚前所签订的《里瓦几亚条约》。

春,得知美国特使薛斐尔即将访问东方,赴朝鲜,何如璋建议劝导朝鲜放弃闭关政策,开展外交。

4 月 19 日,日本竹添进一致函李鸿章,否认格兰特曾经提出"三分琉球"方案。

5 月 17 日,长崎理事余瑒获得美国特使薛斐尔《上朝鲜国王书》抄件,何如璋将其传回国内,建议主持朝鲜外交。

7 月,日本向西方各国要求修改条约,收回治外法权和提高海关税率。

8 月,朝鲜修信使金宏集访日,谈判通商事宜。金宏集走访中国驻日使馆,会见何如璋、黄遵宪等,黄遵宪奉命撰写《朝鲜策略》,交金宏集带回国内。并告诫警惕俄国南下侵略的威胁。是月,张之洞上疏,主张连日拒俄。

10 月,何如璋奉命征询琉球君臣意见,琉球国王不愿在南部岛屿立小王子主政。下旬,总署与日本公使宍户玑议定专条,次年将南部二岛交割中国,以便琉球复国。陈宝琛反对总署方案,提出"羁縻推宕"办法,暂不作结。随即李鸿章提出"支展之法",观察俄国动静而后定。

11 月,朝鲜委员李东仁会见何如璋,会谈并传达朝鲜动向。随即英国驻日本代理公使坚尼迪拜会何如璋,称朝鲜既愿外交,英、法、德、意等国,均愿前往联络。何如璋婉言劝阻。其后,撰写《主持朝鲜外交议》寄呈总署和李鸿章,建议先同美国建交。

12 月 21、22 日,何如璋与朝鲜委员卓挺植会谈。月末,收到金宏集来信,先后将朝鲜君臣会议重要文件传回国内。

受日本要求修改不平等条约的启发,分别致信总署、曾纪泽、刘坤一等,提出仿照日本,积极谋求修改不平等条约,特别指出治外法权、关税协定的危害。

1881 年(光绪七年)　四十四岁

1 月初,总署电告何如璋,否决主持朝鲜外交,只可以"密为维持调护"。随后,何如璋建议,朝鲜与外国订立条约时,要设法表露出宗主国与藩属国关系。

2月,曾纪泽在俄国签订《伊犁条约》。

3月,朝鲜儒生万人上疏,反对开放建交,攻击黄遵宪《朝鲜策略》,朝鲜国王给予批驳,与大臣们决议外交。

何如璋致函左宗棠,力主禁洋烟、平民教、复法权、增关税、练海陆军,呼吁抓住时机修改不平等条约。

4月,何如璋报告朝鲜政府机构改革,设立总统机务衙门,为开展外交铺路。

7月,关注日本海军建设的报刊报道,译呈总署。

12月,报告总署朝鲜特使赵秉镐赴日本,修改通商章程和税则的情况。

1882年(光绪八年) 四十五岁

1月,朝鲜发生安骥泳等人的未遂政变。

2月,继任驻日本公使黎庶昌到日本,何如璋与其办理交接。

3月,何如璋回国,请假返家乡省亲。

4月,法军侵略越南,攻占河内。

5月,朝鲜与美国签订《朝美通商条约》,其后,英、德等国先后与朝鲜签约。

7月,朝鲜发生"壬午兵变",朝鲜闵妃向清政府求援。

8月,何如璋补授翰林院侍讲学士。进京任职,蒙皇帝召见,晋见恭亲王与总署大臣。下旬,清军渡海赴朝平叛,诱擒大院君李昰应。

10月,何如璋上疏,论水师事宜。提出六项建议:立营制,编舰队,勤训练,谋省并,精选拔,设水师衙门。

1883年(光绪九年) 四十六岁

2月,法国政府茹费理组阁,撤换驻华公使,坚定侵略政策。

3月,何如璋上疏,请派知兵大员率军,"保属土而固边防"。是月25日,张梦元授予三品卿衔,接替黎兆棠任福建船政大臣。

何如璋升任侍读学士。

8月,法、越签订《顺化条约》。

9月,朝廷传谕,南洋防务责成左宗棠,北洋防务责成李鸿章。

10月9日,何如璋被任命为福建船政大臣。

11月,何如璋补授詹事府少詹士。

12月,何如璋上任,到达马尾。接任船政事务。

1884年(光绪十年) 四十七岁

1月,督办船政局事务,两艘快船安上龙骨。11日,就左宗棠上奏开济快船隐瞒真相事,朝廷令何如璋查明回复,并谕令:将船政局务,破除情面,切实整顿,各员绅人等,随时酌量,分别奖惩,以重要工。

3月,法国侵略军攻占越南北宁、太原。25日,何如璋上奏核定制船经费,建议专设海军衙门。

4月8日,慈禧太后罢黜恭亲王,撤换内阁、军机处大臣。史称"甲申易枢"。任命奕劻管理总理各国事务衙门。当月法军攻陷越南兴化。

5月7日,何如璋上疏,反对收束船政规模,主张扩展,制定发展规划,制造新式舰船,培养军事人才。

8日,朝廷外放京员,任命吴大澂会办北洋,陈宝琛会办南洋,张佩纶会办福建海疆。11日,李鸿章与法国福禄诺谈判,中、法《简明条约》在天津签字。

6月,何如璋回复朝廷,据实陈报开济快船实情。

7月2日,电传谕旨"彼若不动,我亦不发",告诫沿海督抚不准先发,有碍中法和谈。3日,张佩纶到达福建。12日,法国代理公使谢满禄递交通牒,索赔二亿五千万法郎。13日,法国兵舰要求进入马尾海面,闽浙总督何璟不敢阻拦。14日,法舰进口,因为无人引水,致搁浅受损。16日,法国舰队司令孤拔乘兵舰进入闽口。

针对法国军舰行动,电传谕旨"严阵以待","静以待之"。何如璋上奏请援。19日,法舰陆续增至七艘,谣传即将开战,攻打马尾,人心惶惶。何如璋部署船厂防务,校练门安设暗台大炮,埋设地雷,准备守卫船厂。张佩纶接李鸿章电报,劝将船厂作抵押,暂时让法军占领。

清廷命曾国荃赴上海,与法国巴德诺谈判。20日,张佩纶到达马尾,黄超群率领陆军两营亦到马尾。

孤拔试探清军意图,何如璋、张佩纶令扬武管带张成答复:"战必约期。"孤拔许诺先退出两艘兵舰。

21日,何如璋再次上奏,请求调南北洋快船增援,并申请电报密码本。何如璋、张佩纶连续请援,南北洋推脱无船可派。26日,给事中万培因上奏提示朝廷:福建船政紧要,理应速筹保护。28日,上海谈判进行。总署电令张佩纶,闽省官员不必拘守船厂。30日,曾国荃答复可以"抚恤"白银五十万两,巴德诺拒绝。31日,清廷申斥曾国荃擅自许诺赔款。寄希望于美、英出面调处。

广东增援舰船飞云、济安到达马江。李鸿章再示意暂时放弃船厂。

8月2日,巴德诺称:法国将自由行动。

4日,何、张联名致电枢垣,请求"塞河先发"。5日,法军炮击基隆。6日,朝廷不同意"塞河先发",并告诫"尤须慎重,毋稍轻率"。

12日,召集御前大臣、军机大臣、总署大臣、大学士、六部九卿、翰詹科道、日讲、起居注官,举行内阁会议,商讨对法政策,引据陈宝琛电报,基隆既陷,法军不遽攻闽厂,盖犹冀我转圜。故此表示:"和亦悔,不和亦悔。理为势屈,巨款坐输,示弱四邻,效尤踵起,和之悔也。筹备未密,主持难坚,商局已售,船厂再毁,富强之基尽失,补牢之策安施?不和之悔也。"因为"和战大计,于全局安危关系极重",所以"和战两端,均未可轻易从事"。谕令众官员各自提出对策。

此际,何如璋上"请调南北洋兵轮牵制"折,上谕指出:"南北洋称:船不能拨,著就现有兵力备御。"

13日,发上谕:"张佩纶、何如璋力顾船厂,苦守一月,忠勇坚忍,深堪嘉尚。"并且承诺"二十日内必有调度"。

17日,法国拒绝美国调处,清廷命令沿海、沿江各省督抚:"法人如有蠢动,即行攻击,毋稍顾忌。"又令福建官员阻止法舰出入。20日,穆图善等福建官员回复,福建水师无力禁阻法舰出口,表示"欲禁阻,必先发;欲先发,必济船"。

22日,巴德诺电令孤拔行动。当晚,法军确定作战方案。

23日,朝廷电寄何如璋:"增船诚为要着,且法国尚愿商议,拨船谅不致被抢。"并说李鸿章、曾国荃答应拨船二只赴闽,同时命何如璋、张佩纶,"竭力战守,不准以待船推卸"。

法国驻福州副领事白藻泰下旗离开领事馆,登法军舰船。英国领事通知福建当局:"三日内法必开仗。"

上午八时,法军将开战通知送交各国领事。十时,传教士把开战照会送交闽浙总督何璟,但没有立刻通知马尾前线。

未刻,何如璋收到总署21日来电,派遣魏瀚找英国领事探听消息。

一时五十分,法国大铁甲舰凯旋号冲进马江,法舰乘大潮发动攻击,五十六分,大战爆发。二时二十五分,海战结束,伏波、艺新中炮脱逃,驶至中歧搁浅。扬武等七舰二船均被击毁击沉。

其后法舰同沿岸炮台交火,至六时许停止射击。当夜何如璋住快安乡。

24日上午,法舰炮轰船厂,守军抵抗,法军未能登岸。当夜何如璋住下歧。

25日,何如璋押送船政经费银四万两进福州城,寄存藩库。奏报马尾海战战况。连日法舰攻击并摧毁马江两岸炮台。

26 日,清廷明谕对法宣战。

27 日,何如璋返回船政局,处理公事,查点船厂损失,学堂和设备损坏情况。

30 日,法国舰队驶离马江。

9 月 7 日,授命左宗棠督办福建军务,上谕召何如璋进京,命张佩纶兼署船政事宜。

19 日,朝廷先后接穆图善、何如璋、张佩纶等报告战况、自请处分。发布谕旨,总督何璟革职,巡抚张兆栋交部严议,张佩纶革去三品卿衔,交部议处;何如璋开缺,交部严议。

23 日,都察院代奏编修潘炳年等人呈文,根据闽人来信弹劾张佩纶、何如璋"玩寇弃师,偾军辱国,朋谋罔上,怯战潜逃"。朝廷命左宗棠、杨昌浚查办。

25 日,给事中万培因上疏亦奏劾闽省官吏"讳败捏奏,滥保徇私";诬陷何如璋"故匿战书,私兑银两",意欲严惩。

10 月 3 日,何如璋与张佩纶办理交接,将船政事务移交。

14 日,刘铭传奏"船政局、机器局宜加整顿"一折,主事余思诒、教职陈麟图、编修朱一新等纷纷赞成加快机器局建设。为此发上谕:"福建船政局自被轰后,机器尚未损坏,自应一面修理,逐渐整顿。"

1885 年(光绪十一年) 四十八岁

1 月 22 日,左宗棠、杨昌浚复奏,以"查无实据","事出有因",澄清马尾事件真相,洗清对何如璋指责的不实之词,建议朝廷,何如璋既已革职,可否免议。

2 月 11 日,上谕申斥左宗棠、杨昌浚,传命将张佩纶、何如璋从重发往军台效力赎罪。

9 月 3 日,何如璋抵达张家口宣化上谷戍所。其后,与张佩纶一同研究《管子》,不忘经世致用。

1886 年(光绪十二年) 四十九岁

是年,撰写《管子析疑》三十六卷。张佩纶撰写《管子学》。

3 月,获悉好友、勘界大臣邓承修被参劾,交部严议。

12 月,清廷将徐延旭、张成等人发往边远省份效力,张、何亦期望得到起用。

1887 年(光绪十三年) 五十岁

7月,陈宜人玉芳带领女儿到张家口。

1888年(光绪十四年) 五十一岁

3月,何如璋患病。是月,致函李鸿章,希望循例捐银,可否提前释放回原籍。李鸿章不敢代奏。

5月,张佩纶获释,何如璋与之话别,21日,张佩纶离开戍所。

秋,何如璋戍期届满,释回故里。应两广总督张之洞之聘,主讲于潮州韩山书院。

1889年(光绪十五年) 五十二岁

继任粤督李翰章每以政事咨询,何如璋知无不言。并尽心培育青年后进。

1891年(光绪十七年) 五十四岁

9月(辛卯八月二十三日亥时),病卒于韩山书院。

1892年(光绪十八年)

春,归葬于大埔县茔村白梅潭伯公岗。

六、何如璋传系表

(何欢言、何维柱提供)

何淑斋(配范氏),子八人。

淑斋公——耿堂(字衍恭,讳大璋　乳名觐扬)
　　　　子彬(字衍宽,讳晋璋　乳名文扬)
　　　　子峨(字衍信,讳如璋　乳名行扬)——云矫(其楚　寿昌)——启封
　　　　配偶杨金,妾陈玉　　　　　　　　　　　　　　　　进封
　　　　　　　　　　　　　　　　　　　　　　　　　　　　　　平封
　　　　　　——士果(其毅　寿朋)——邰封
　　　　　　　　　　　　　　　　　颖封(孝聪,日本名字叫达夫,
　　　　　　　　　　　　　　　　　在日本岐阜县开设惠那医院)
　　　　　　　　　　　　　　　　　武封
　　　　　　——季慈(其穆　寿萱)——书封
　　　　　　　　　　　　　　　　　禹封
　　　　　　——季威(其泰　寿田)——正封
　　　　　　　　　　　　　　　　　韶封(俱嗣自弟季武之子)
　　　　　　——季武(其绳　寿祺)——正封(嗣给季威兄)

梁封

韶封（嗣给季威兄）

官封

长封（嗣给堂弟其端为子，名
欢言）

恒封

子昆（字衍敏，讳同璋　乳名颂扬）

子清（字衍海，讳永璋　乳名淮扬）——出继歌三公

子襄（字衍惠，讳定邦　乳名赓扬）

子琴（字衍名，讳定国　乳名声扬）——出继丹山公

子纶（字衍福，讳定求　乳名锡扬）

歌三公——子清（淑斋公第五子过继）

子达（特章　德扬）

丹山公——子琴（淑斋公第七子过继）

——其忾————永年

马尾海战事件文献资料摘录

目　录

一、劾大臣玩寇疏

潘炳年等呈

为大臣玩寇弃师，偾军辱国，朋谋罔上，怯战潜逃，请上查办，以伸国法，以服人心，恭折仰祈圣鉴事。

臣等于马江失败后，迭接闽信，具言张佩纶、何如璋闻警逃窜。窃以挫败情形，众目昭著，明见万里，谅诸臣不敢再有捏饰，是以未敢率行上闻。兹恭读（光绪十年）八月初一日（1884 年 9 月 19 日）谕旨，方稔该大臣前后奏报，种种虚捏，功罪颠倒，乖谬支离，与臣等所接闽信，判若天涯，不得不为我皇太后、皇上披沥陈之。

（光绪十年七月）初一日（1884 年 8 月 21 日），法人递战书于扬武管驾张诚，张诚达之何如璋，秘不发。初二日（22 日），各国领事、商人下船，众知必战，入请戒备，张佩纶斥之出，军火靳不发。嗣洋教习法人迈达，告学童魏瀚明日开仗，瀚畏张佩纶之暴，不敢白。初三日（23 日）之晨，见法船升火起碇，始驰告，而法人已照会未刻开战。张佩纶怖，遣魏瀚向孤拔乞缓，以诘朝相请。比登敌舟，而炮已发，我船犹未起碇装药。敌发巨炮七，福星、振威、福胜、建胜殊死战，船相继碎，余船放火自焚。是役毁轮船九，龙槽师船十余，小船无数，伏波、艺新二艘逃回自凿沉。林浦陆勇尽溃。而法船仅沉鱼雷一。此初三（23 日）大败之情形也。

张佩纶、何如璋甫闻炮声，即从船局后山潜遁。是日大雷雨，张佩纶跣而奔，途仆，亲兵曳之行，抵鼓山麓，乡人拒不纳，匿禅寺之下院，距船厂二十余里。次日奔鼓山麓之彭田乡。适有廷寄到，督抚觅张佩纶不得，遣弁四探，报者赏钱一千，遂得之。何如璋奔快安施氏祠，乡人焚祠逐之，黄夜投洋行宿，晨人城，栖两广会馆，市人又逐之，复踉跄出就张佩纶。恐众踪迹及之，给何如璋回厂，自驻彭田累日，侦知敌出攻长门，将谋窜出，始回。此张佩纶、何如璋狼狈之情形也。

何璟、张兆栋平日狃于和议，于海防毫无布置。藩司沈葆靖尤以战事为非，凡属防饷，辄拒不发款。兵无主帅，饷无专责，议者固知闽师之必败。所恃为长城而无恐者，以张佩纶平日侈谈兵事，际此中外战局伊始，临事自当确有把握。及阅闽信，陈其种种谬戾情形，则丧师辱国之罪，张佩纶实为魁首，而何如璋次之。

何以言之？朝廷以督抚不知兵，简张佩纶及刘铭传。刘铭传往渡台，则封煤厂，摩法人。张佩纶出都，即闻其言，颇快。到闽后，一味骄倨，督抚畏其气焰，事之维谨，排日上谒，直如衙参，竟未筹及防务。至法船驶入马尾，仓卒入告。张德胜缉引港奸民请办，张佩纶竟置之不理，众益骇然。而张佩纶尚侈然自大，漫不经心。水陆各军，纷纷号召，迨各将请战，又以朝旨禁勿先发为谕。臣等不知各口要击之谕，何日电发，不应初三以前尚未到闽。即使未到，而谕旨禁其先发，并非轮船起碇、管驾请发军火而亦禁之也。一概不允，众有以知张佩纶之心矣。

身为将帅，足未尝登轮船，聚十一艘于马江，环以自卫。各轮船管驾连叠陈连舰之非①，张佩纶斥之。入白开战之信，张佩纶又斥之。事急而乞缓师于夷，如国体何？开炮而先狂窜，如军令何？中歧在马尾，彭田乃鼓山后麓，张佩纶自讳其走，欲混为一，如地势何？敌舟攻马尾，张佩纶于是日始窜至彭田，而冒称力守船厂，如不能掩闽人耳目何？且何如璋实匿战书，张佩纶素与之同处，知耶不知耶？臣等不能为张佩纶解也。

臣闻张佩纶败匿彭田，以请旨逮罪为词，实则置身事外。证以外间风闻，张佩纶恃与其党援之人，私函电致，有"闽厂可烬，闽厂可毁，丰润学士必不可死"之语。是则张佩纶早存一不死之心，无怪乎调度乖谬于先，闻战逃脱于后，竟敢肆无忌惮至此也！

---

① "连叠陈"的"连"字，原有注：连，疑为衍文。

何如璋实督船政,且夕谋遁,弃厂擅走,已有罪矣。而谋匿战书,竟有叵测①。复于六月一日,将船政存钱二十六万两,借名采买,私行兑粤,不告支应所绅员。而私交其昌、汇丰各洋行。群议其盗国帑,言非无因。

张佩纶素以搏击为名,何如璋荒谬至此,事后并无一疏之劾,谓非狼狈相依,朋谋罔上,臣等所不敢信。

臣维法事之起,督抚并未带兵出城,该大臣既统兵权,相持一月余,不得谓筹备不及。战书既移,学徒即白,不得谓事发仓猝。轮船十一,水雷百二十,兼以师船陆勇,不得谓无兵、无船、无械。谁为厉阶,乃一败不可收拾?非张佩纶、何如璋之罪而谁罪乎!若不严加惩办,何以谢死士二千余人?何以儆沿海七省之将帅!何以服唐炯、徐延旭之心?何以塞泰西各国揶揄之口?臣等既有所闻,理合据实公揭,谨绘图帖说粘附呈进军机处,恭候御览。吁恳密派公正不阿之大臣如彭玉麟等,驰往查办,据照各折彻底根究。福州绅民、船政员弁工匠,必能言之历历。

应请饬下钦派大臣,逐一传问,自可得其罪状。臣等疏逖微员,何敢冒昧渎请,第以闽事糜烂至此,父老子弟,哀痛迫切之情,不得不上陈黼坐,伏乞皇太后、皇上钧鉴施行。无任惶恐待命之至。谨奏。

编者按:据《中国通史参考资料》近代部分上册,引自《普天忠愤集》卷一《章奏门》页21—23录入。《梅州文史》第六辑"马尾事件的奏折、电文选",此疏的署名为"潘炳年、万培因等人"。日期为"光绪十年八月初四日"。兹据文献记载,最初,有人奏参沈葆靖、程起鹗。八月初四日潘炳年等人上奏折,奏参张佩纶、何如璋。初七日万培因又上奏折,参劾张佩纶、何如璋。俞政《何如璋传》判定万培因上折在初七日,并引《翁同龢日记》:"又万培因折参福建督抚及张佩纶,交左、杨查明。"为证。潘炳年时任翰林院编修。万培因任给事中。

二、闽海疆会办张佩纶致枢垣何如璋汇款至香港提息归公闽人谓何吞款电

制船经费存南台,何如璋以洋银二十万元,托汇丰寄至香港,议定存放,以三月为期,月息二厘,提归公用有案。纶查:汇存为存港购料用,息乃洋行通例,

---

① 此句,原有注:竟有,误,当作"意尤"。

事属因公，闽人谓何欲焚署、吞帑。谨代奏。

八月二十二日

（录自《清季外交史料》卷四十七）

三、给事中万培因奏闽省船械在事诸臣坐视沉毁折（附旨）

吏科给事中万培因奏为闽省船械缺乏，在事诸臣坐视沉毁，有心贻误，据实纠参事。

窃臣前以疆吏玩防，督师失律情形具折参劾，已蒙圣明洞察。现臣复接八月初一日闽中来信，知自法船出口后诸臣泄沓如前，善后事宜毫无布置。杨昌浚不日到防，当可会同穆图善次第举办。惟海道梗塞，轮船既难猝办，炮械亦转运维艰。该大臣等具有天良，宜如何设法补救。乃据闽函所述，事后炮船沉毁情形，令人发指，不敢不为圣明觇缕陈之。

初三日之败，毁者九船，伏波、艺新驶避上游，畏以脱逃获罪，次日捏禀督臣何璟，谓船已被伤，请凿塞林浦。该督并不查实，遽行批准，致完好之船，自凿而沉。管带、官弁至今漏网。若不严惩，何以儆后！更有永保等四艘举火自焚，管带、水勇悉行凫水而逃，该船浮沉中流，四五日后余焰犹未尽熄。盖轮船铁木相衔，外壳侵水，不易遽烬故也。船厂近在咫尺，使该大臣何如璋等逃归之后，设法戢灭，船壳虽不可用，机器、铁肋尽可收拾。听其自烬，不知何心！

尤可怪者，闽轮十一艘，并击沉之法船，就中沉炮合计不下五、六十尊，福胜、建胜二船载炮尤钜。当此炮械缺乏，该大臣等曾不议及捞取。经福州府知府张国正禀明督抚，饬督标副将岱龄雇工悬赏，计费制钱六十余千，捞得扬武船所载之三千斤及六千斤后膛大炮各二尊，及各船所载大小炮位共计二十余尊。并后膛枪子一箱，计八千粒，暨铅子、铜帽不少。呈明何如璋请赏，何如璋给以洋番八元，请益，则大怒，谓船中要物甚多，尔等既能凫取，即行札饬看守该副将，回禀督抚，始行批免，而捞炮之议遂罢。

迄臣接信之日，业已一月有余，仍听沉没，沙壅愈深，捞取愈难，且水侵易锈，日久必不可修。际此军火万紧之日，坐视可用之大炮数十百尊弃而不取，丧心昧良，莫此为甚。

谨据实纠参，请旨究办，并请饬下闽省疆吏，将所有沉溺炮械、船只，悬赏设法悉数捞取，不得再有贻误，于闽防实有裨益。谨奏。

光绪十年八月二十六日

奉旨：寄电穆图善：有人奏：闽省沉溺船械不少，设法捞取应用，着即设法。八月二十六日。

附　参考资料

《清德宗实录》光绪十年八月，"丙子（初五日）……又谕：都察院代递翰林院编修潘炳年等奏：张佩纶等偾事情形，请旨查办一折。所陈张佩纶、何如璋玩寇弃师，偾军辱国，朋谋罔上，怯战潜逃，种种乖谬。如果属实，殊堪痛恨，亟应从严惩办。著左宗棠、杨昌浚，将所奏各节，确切查明，据实具奏，毋稍徇隐。"

"戊寅（初七日）……又谕：前有人奏参藩司沈葆靖，信任程起鹗等，同误军事各款，当谕令杨昌浚秉公确查。昨据编修潘炳年等奏：张佩纶等偾事情形，请旨查办。复谕令左宗棠、杨昌浚秉公查办。

兹又有人奏：马尾一役，诸臣讳败捏奏，滥保徇私，请将督抚治罪，并将方勋等保案撤销。何如璋故匿战书，私兑该局银两回粤。沈葆靖、程起鹗朋谋营私，贪劣情形，请饬查参各折片。著左宗棠、杨昌浚归入前次各折，一并查明具奏。如果似此捏报战状，徇私妄为，亟应严行惩做。军事虚实是非，必须确凿分明，庶令众心翕服。左宗棠等务当一秉大公，持平办理，不得偏徇，致令将士无所观感。原折一件、片二件，均著抄给阅看。将此由五百里各谕令知之。"

四、钦差大臣督办福建军务左宗棠等奏查复马江失事被参偾事各员情形折（附上谕）

督办福建军务左宗棠、帮办军务闽浙总督杨昌浚，奏为遵旨查明马江失事案内被参偾事各员实在情形，谨分晰复陈事。

窃臣等迭奉八月初四、初五、初七等日谕旨，饬查马江失事一案被参偾事各员，据实复奏等因。

臣当以案情重大，头绪繁多，且所见异词，所闻异词。遵即密委福建按察使裴荫森，会同督粮道刘瑞琪，及总理营务处四川候补道刘麟祥、江西候补道陈鸣志、黄立鳌，按照原参各节，确切查明，以凭核办。一面札饬船厂提调道员周懋琦、支应委员邓承基等，据实具复。兹据该司道等禀复前来，臣等复加察核，或查无确证，或事出有因，谨缕析复陈，惟圣明垂察焉。

一张佩纶、何如璋玩寇弃师，偾军辱国一节。查原奏称："七月初一日，法人递战书于杨武管驾张成，张成达之何如璋，秘不发。初二日，洋教习迈达告学生魏瀚，明日开仗，瀚畏张佩纶，不敢白。初三早，见法船生火起碇，始驰告法人未刻开战。张佩纶遣魏瀚白孤拔乞缓师。法炮既作,我军犹未起碇"等语。

据该司道等饬传已革游击张成究问,据供:法船自闰五月内,陆续进泊马江,直至七月初三日开战,始终并无只字经由该革员接收传递。又据船政学生候选知县魏瀚供称:洋教习迈达自六月初十请假回沪,旋于月底由沪赴香港,路经闽口,七月初二船抵马江,寓英国医生洋楼,瀚往过访。迈达因言昨日法公使出京,事恐决裂。原系揣度之词,并未言明开战,何由而知战期? 初三日巳刻,何如璋传见魏瀚,令谒英领事,藉探消息。瀚乘小机轮往,未至领事舟而战事起。查张成未接战书,尚非虚饰。法人战书,应递总督,即不递总督,其时张佩纶统率兵船,法人亦当照会张佩纶,不当照会何如璋也。

迨初三日,法国照会何璟,何璟据电张佩纶等,翻译甫毕,炮声已隆隆矣。臣昌浚检查督署,存有何璟任内电报底簿,内载:七月初三日午刻,寄张佩纶电云:"顷接白领事照会,孤拔即于本日开战。"其非照会何如璋无疑。此则当日之实情也。至魏瀚往谒英领事,系何如璋所使,非张佩纶所使,缓师之请,从何而来? 盖缘七月初一日接总理衙门预备战事之信,加以迈达所云,则疑递有战书。何如璋曾有使魏瀚藉探消息之举,则疑为张佩纶遣向孤拔缓师。疑似参差,传闻失实,无怪其然。

原奏又谓:初二日各国领事洋商下船,众知必战,入请戒备,张佩纶斥之。军事以侦探为要务,如果有人来告,岂容漫不加察,反予屏斥之理? 张佩纶性虽刚愎,或尚不至此。

一张佩纶朋谋罔上,怯战潜逃一节。查原参:"张佩纶、何如璋甫闻炮声,即从船政局后山潜逃。是日雷雨,张佩纶跣而奔,抵鼓山之麓,乡人拒不纳,匿僧寺下院,明日奔鼓山后之彭田。何如璋奔快安乡施氏祠,乡人焚祠逐之,复奔南台洋行,次晨入城住两广会馆,所至哗然。张佩纶给何如璋回厂,自驻彭田,侦知敌出长门始回"等情。

查彭田距马尾十五里,以省城言之,则在鼓山之后;以马尾言之,则在鼓山之前。据该司道等复称:张佩纶于是日登山观战,战毕退至彭田。初四日清晨,驰赴马尾,仍回宿陈禹谟家。次日移居陈芳年新居,嗣后往来彭田、马尾之间。十五日始回驻马尾厂楼,八月十一日接办船政,并未一抵鼓山之麓,亦无乡人拒而不纳之事。

惟彭田在马尾中歧之后,鼓山亦有中歧。或因此讹传耳。何如璋于初三日黄昏,便服笋舆,带有勇丁八十余名,投快安乡之施氏祠,离马尾十余里,乡人传以为异,悉来观瞻。勇丁呵斥闲人,遂相争闹。外间因传有焚祠追逐之说。初四日,差弁持令赴厂提库存银两,住鼓山麓下院。初五日由东门进城,随带委员邓承基管解纹银,计库平二万三千两,番银一万三千两,寄存藩库。初六、七等日,皆住省城石井巷两广会馆。初八早,始旋船局。此张佩纶、何如璋先后回厂之实在情形也。

其谓何如璋歇住南台,到处哗然,焚祠追逐,及张佩纶给何如璋先行回厂,皆系里巷快心之说,未足为据也。

一诸臣讳败捏奏,滥保徇私一节。查原奏:"溯自法事之起,督抚弛不筹防,张佩纶未更兵事,调度乖方。该督抚规避畏怯,举统兵之责,拱手退听于张佩纶,卒至丧师辱国,敌未毁船厂而扬言克复。方勋、黄超群一律逃窜,而捏报其击退法军。自初三败后,何璟、张兆栋始终未一出城,张佩纶、何如璋各处逃匿。何自而见各军接仗?何自而见各军获胜"等语。

查自上年筹办海防,曾以将军守海口,总督驻泉州,巡抚守省城,陈奏在案。本年法船径逼马江,复于闰五月二十八日,以将军驻长门,会办大臣驻马尾,督抚驻省城,电奏有案。前敌中路及省垣重地,责任原有攸分。迨马江战败,经张佩纶电奏我军兵商各轮毁伤情形,请旨逮问,原未敢讳败也。又会同将军臣穆图善、前督臣何璟、前抚臣张兆栋,陈奏各情,中有"炮船击沉,余船皆毁"等语,亦未敢饰败而为胜也。船厂本未为敌所据,张佩纶仅称方、黄两军守厂,并未扬言克复。督抚于春夏间曾出城巡视海口数次。马江失事以后,省防危迫时,就各处军报会商汇奏,原不能得诸亲见也。

至方勋所部潮勇,黄超群所部福靖营,当法炮击厂之时,有在厂驻守始终未退者,方军有退至距厂四、五里之回头乡者,黄军有退至距厂二、三里之妈祖庙者,炮停,仍各收队回营。初四日,法兵又攻船厂,方、黄两军暨陆桂山等,尚能协力堵御,谓其一律逃窜,容有未实。若全无人堵御,安保法人不上岸进据,或纵火焚毁?此尤事理之易明者。

惟原奏称:方军闻警先溃,黄超群一军乘乱入学堂、广储所、机器房,肆行抢掠,经由臬司裴荫森查明,遗失器具、书卷百数十种,其为被抢,实有其事。但系何军抢掠,当时未经查明,事后更无从追究也。

一何如璋私兑该局银两一节。查原奏:"何如璋于九月间,将该局存银二十六万两,藉采办为名,私兑回粤,不经支应员绅,私交汇丰洋行"等语。

何如璋管理船政,责无旁贷,既不能设法护持,亦何至乘危盗帑?查船厂所需料件,向皆委员在香港设局采购,每年需款一、二千万不等。本年五、六月间,闽海关南洋解款适到,何如璋以开发该局料价,在所必需,于闰五月二十三日,饬支应委员邓承基拨库平、番银七万二千三百两。六月初七日,续拨库平、番银七万二千三百两,均交汇丰洋行兑寄香港委员廖锡恩收领。嗣张佩纶提存广东藩库。又查何如璋有银十万汇存汇丰洋行一款，据船政支应处员绅禀称，此款先因善后局商买五号铁肋船炮位之用，于闰五月十六日兑交十万两。嗣善后局拟将炮位暂行缓买，借为他用，何如璋不允中止，旋即陆续收回。至二万两一款，系与该行起票，开发各洋商采办料价，其票早已用清。船政向章如此，且经船政局提调周懋琦调查何如璋、张佩纶交接清折，均有确据。又提查汇兑月日，均相符合，其非盗帑，无待言矣。

以上各节，臣等就该司道所禀，复加咨访，准情酌理，似尚可信。

复查前督臣何璟、抚臣张兆栋，身任封疆重寄，师徒挠败，咎有攸归。原奏："请旨治罪，实属咎无可辞。"惟此次马江败挫，系由法人乘议和之际，进据要害，先事未能阻止，临时不及先发，着着失势，遂至溃裂而不可收拾。自金牌、长门，上至林浦，节次设有炮台，屯有重兵，当非漫无布置之比。

何璟在任有年，因循坐误，未能切实讲求，倚用广勇，纪律不严，闽人至今啧有烦言。惟平日居官尚属清谨，查无别项劣迹。张兆栋本非军旅之才，历任官声，老诚稳慎。此次法夷猝发，虽乏展布，尚无张皇失措举动。何璟、张兆栋业经先后革职，可否邀恩免议。请旨定夺。

张佩纶才识夙优，勇于任事，以文学侍从之臣，初涉军事，阅历未深。抵闽省之日，法船先已入口，据我腹地，未能审察形势，将我兵轮分布要隘。明知敌人船坚炮利，乃调令兵商各舰与敌舰聚泊一处，遂致被其击沉，此调度之失宜也。总理衙门于七月初一电告各省督抚备战，初二日戌刻，何璟电知张佩纶，告以所闻，谓明日法人将乘大潮力攻马尾。张佩纶复电，答云严备，乃以照会未至，迟疑不决。其既败，犹以敌人违例猝发，己不及备为言。法人照会虽无确信，何璟电报岂同谰言乎？此备战之不早也。惟张佩纶以会办大臣出驻马尾，不提一旅，身临前敌，尚属不避艰险。初意非仅保全船厂，及师船被毁，本志不遂，往来彭田，面目憔悴，此则其咎无可辞，而其心尚可悯也。即经革去三品卿衔，而人言不已，应请旨交部议处，以示薄惩。

候补道方勋、提督黄超群等部各营，虽间有逃窜，而拒敌保厂，尚非虚捏。惟法人既无大队登岸，将士自无血战之功，劳薄而赏优，未免启人议论。况所部兵勇又有抢掠学堂、机器房情事，虽事久无从查核，究系疏于防范。其平日纪律不严，亦可概见。所有赏加黄超群黄马褂、方勋勇号，应请撤销，以昭核实。

至张佩纶优加保荐，或系新挫之后，藉以鼓励将士，滥保在所难免，徇私尚无实据。何如璋私匿战书，既据张成、魏瀚等供实无其事；而汇兑银两一节，船局出款既有簿籍可凭，香港汇收亦有委札可验，前后交代复有折册可查。迹其仓皇出走，尚思设法将厂存银两押运入城，情尚可原。既经革职，可否邀恩免议。

溯自马江败后，居民一日数惊，众论纷纭，道听途说，既可任意增加，巷议街谈，岂顾情事虚实。京员据闽信以入告，而不知闽信多本于乡人愤激之词也。伏维圣明在上，前此叠降谕旨，赏功罚罪，权衡轻重，大体攸关。其他传闻失实之事，自可置之勿论。

惟已革游击张成，以多年学生管带扬武兵船，兼署闽安协副将，责任不可谓轻。军情日急，该革员身负轮船营务处重任，应如何刻刻戒备，乃平日毫无布置。及初三日法已悬旗示战，该革员始行登舟，又不督饬各船竭力抵御。福星、振威、飞云、福胜四船死战不退，而扬武著名坚大之船，仅还一炮。陈英、高腾云等尚能力战捐躯，该革员遽以船受炮伤，驶至浅处，凫水而逃。张成系有统带各船之责，似此玩寇怯战，若不从严惩办，何以服军心而作士气！相应请旨将已革游击张成从重治罪，以儆其余。

除藩司沈葆靖等同误军事，及粤勇扰民通寇各案，由臣等另行查复外，所有迭奉谕旨，饬查马江失事案内被参各员各缘由，谨合词恭折，由驿驰陈。谨奏。

光绪十年十二月二十七日，奉上谕：（略。文字与以下所录《德宗实录》"谕内阁"的内容相同。）

（录自《清季外交史料》卷五十二亦见《梅州
文史》转载自《福州文史资料》第三辑）

编者按：据《清德宗实录》，左宗棠、杨昌浚奏折，呈进朝廷在光绪十年十二月下旬，因据实回复，辨明真相，受到申斥。结果何如璋轻罪重罚，与张佩纶一同遣戍张家口。《实录》记述如下：

《德宗实录》光绪十年十二月丁酉（二十七日）：谕内阁：前据都察院代递翰林院编修潘炳年等奏"张佩纶等偾事情形"、给事中万培因奏"张佩纶等讳败捏奏，滥保徇私"各一折。叠谕左宗棠、杨昌浚查办。兹据左宗棠等查明具奏：

张佩纶尚无弃师潜逃情事，惟调度乖方，以致师船被毁。且该革员于七月初一日接奉电寄谕旨，令其备战。初二日何璟告以所闻，谓明日法人将乘大潮力攻马尾。该革员并不严行戒备。迨初三日败退，往来彭田、马尾之间，十五日始回驻船厂。其奏报失事情形折内，辄谓豫饬各船管驾，有初三日法必妄动之语。掩饰取巧，厥咎尤重。张佩纶前因滥保徐延旭等，降旨革职。左宗棠等所

409

请交部议处,殊觉情重罚轻。著从重发往军台效力赎罪。

何如璋被参乘危盗帑,查无其事。惟以押运银两为词,竟行逃避赴省。所请革职免议之处,不足蔽辜。著从重发往军台效力赎罪。

何璟、张兆栋办理防务,未能切实布置,业经革职,免其再行置议。

提督黄超群、道员方勋,前据张佩纶奏"扼险坚持,出奇设伏,截杀法兵多名",是以降旨奖叙。兹据左宗棠等查明,该提督等所部兵勇,有在船厂驻守未退者,有退至距厂数里地方者,并有抢掠情事。该提督等纪律不严,亦可概见。朝廷赏功罚罪,必期允当。黄超群著撤去黄马褂,方勋著撤销勇号,以昭核实。

已革游击张成,身负轮船营务处重任,并不竭力抵御,竟敢弃船潜逃。虽此次马尾失利,不能咎该革员一人,惟该革员有统率各船之责,玩敌怯战,亟应从严惩办。张成著定为斩监候,秋后处决。解交刑部监禁。

左宗棠、杨昌浚于奉旨交查要件,自应切实详察核奏,乃所奏各情,语多含糊。于张佩纶等处分,意存袒护,曲为开脱。军事是非功罪,关系极重,若失事之员,惩办轻纵,何以慰死事者之心。左宗棠久资倚畀,夙负人望,何以蹈此恶习?著与杨昌浚均传旨申斥。

嗣后大员查办事件,务当确切查明,据实陈奏,用副朝廷实事求是至意。不得以或"查无确证",或"事出有因"等语,依违两可,含混复奏,自干咎戾。懔之!

后 记

何如璋是近代有胆有识、有作为的外交家,赢得了当时黄遵宪等下属馆员的尊敬,也赢得了日本朝野人士崇敬和友谊,他亲手奠定了中日邦交基础,呼吁并谋求修改强加于中国的不平等条约,预见日本崛起后日益膨胀的扩张野心,警惕而且设法抑制之,作为外交官不辱使命。他又是文化使者,开启了中日交流宽广途径,促使国人真正了解邻国日本。黄遵宪所著《日本国志》,也凝聚着何如璋的心血。正是他外交工作中表现能力和远见,得到总理各国事务衙门的赏识,几次迁升,执掌船政。

随着"甲申易枢"政局更动,原军机、总署遭到罢斥,何如璋的命运急转直下。马尾战败,弹劾者不过是据闽人来信"风闻奏事",何如璋却成为政治风云变幻的牺牲者。阅读并初步研究本集所有内容之后,使我有了以上感受。

也正因为这番遭际,何如璋的大量著作,始终未能结集出版。

这部集子的内容,是在力所能及范围内,竭力搜集所得。不敢云"全集",因为何如璋的著作散佚严重,日后仍可能有所发现,故有待充实完善。

值得欣慰的是何氏后人家藏的、罕见流传的或只有珍秘抄本的一些文献,得以和读者见面,供海内外广大阅读者利用,总算填补了一个空白,编辑和出版这部集子的价值就在此了。

古籍整理工作,国家领导和有关部门日益重视,深受广大读者欢迎,这项工作不仅具有现实意义,而且具有长远意义。我任其难,人受其益,也许若干年后仍然存有使用价值。

经过数年搜罗,特别是何如璋后人何欢言先生全力支持,年来又得到何维柱先生协助,使这部何如璋的集子得以顺利地完成。在设想、策划过程中,南开大学古籍所所长赵伯雄教授欣然赞同,予以支持。刘雨珍教授亦鼎力相助,多次磋商并提供资料。在课题立项的时候,得到高校古委会的审批和大力帮助,项目按时启动,深表感谢!

天津人民出版社克服困难,毅然接受出版,刘晓津、陈益民、赵艺老师辛勤奔走,不遗余力地支持本集成书,在此深致谢忱!

　　需要说明的是,《管子析疑》是何如璋研读《管子》的专著,此次未收入集中。上海图书馆藏有一抄本,三十六卷,约三十八万字,该书的整理只好容俟他日。粗疏讹误之处,敬请方家指正。

吴振清
2009 年 12 月 21 日夜